持株会社の実務

[第 10 版]

發知敏雄 (公認会計士・税理士)
箱田順哉 (公認会計士)
大谷隼夫 (弁護士)

ホールディングカンパニーの経営・法務・税務・会計

東洋経済新報社

はしがき

　まず初めに、本書が1997年の初版発行以来このたびの第10版発行まで長年にわたるロングセラーとなっていることに読者の皆様に感謝申し上げます。

　この間、「企業経営のあり方」にも大きな変化が生まれている。

　従来の株主資本主義への反省にともない、将来にわたって企業が存続・発展していくためには、SDGs（持続可能な開発目標）やESG（環境・社会・ガバナンス）をより意識した、株主を含む利害関係者（ステークホルダー）全体に配慮した経営が求められるようになってきている。

　第10版では、持株会社をめぐる経営環境の変化に応じて大幅な改訂を行った。特に次の点については、持株会社経営の観点で章節の新設などによって全面改訂を行った。

- ●グループ法人税制・グループ通算制度
- ●グループガバナンス・ポートフォリオマネジメント
- ●ROIC・資本コスト
- ●新内部統制基準・監査機関比較
- ●東証市場改革とIPO
- ●新しい会計基準（サステナビリティ、リースなど）

　本書は、持株会社経営の実務書として常に最新情報を読者にお届けすることを使命としている。そのため、旧版同様、持株会社経営の実務書として、読者の皆様のお役に立つことができたなら、筆者たちの望外の幸せである。

　本書は次のような特徴をもっている。

1　持株会社経営の実務指針書である

　当初、持株会社経営の実務をテーマにしたものは皆無といっても過言ではない状況であったが、その後も実務をテーマにした類書はあまり見られない。その意味においても本書発刊の意義は大きいと思っている。

そこで、今回の改訂においても変わらず実務をテーマとし、内容をさらに充実したものとした。

2　持株会社の実務としての経営・会計・法務・税務の各分野からの検討を加えた

実務に焦点をあてているため、可能な限り最新の法律改正を織り込んである。ただし、法律の改正は今後もめまぐるしく行われることになろう。この点はできるだけ最新情報をお届けすべく、法改正に合わせ今後も改訂していくことでお応えしたい。

3　中堅・中小企業も十分に念頭に置いて書かれている

持株会社の経営は制度導入当初は、大会社や金融機関のものと思われている節が見受けられたが、最近では非上場の中堅・中小企業も持株会社制を採用する会社が増え、身近なものとなってきた。

4　本書は、経営者から、経営企画・法務・財務・経理・監査を担当する人まで、幅広い読者層を意識して書かれている

初版以来これら多くの方々に読まれたことは、筆者たちのこの上ない喜びとするところである。しかしながら、本書の性格上、通勤途上の車内や在宅でのリモートワークの息抜きに簡単に通読して理解できるほど初心者向けに書かれてはいないことを初めにお断りしておく。

最後に、この度の改訂にあたっては、東洋経済新報社の渡辺智顕氏および税理士の乙部隆仁先生に援助いただいたことを、心から厚くお礼申し上げます。

2025（令和7）年2月

發知　敏雄／箱田　順哉／大谷　隼夫

※本書は、2025（令和7）年1月1日現在の法律に基づいて執筆しております。

CONTENTS

はしがき ……………………………………………………………… iii

第1部　経営編 —— Management

第1章 　持株会社の経営戦略　2

1.1　持株会社（ホールディングカンパニー）とは何か …………… 2
  1.1.1　持株会社とは …………………………………………… 2
  1.1.2　持株会社体制の増加 …………………………………… 2
  1.1.3　事業持株会社と純粋持株会社の違い ………………… 4
  1.1.4　事業持株会社と純粋持株会社の選択 ………………… 5

1.2　持株会社経営のメリットとデメリット ……………………… 6
  1.2.1　持株会社のメリット …………………………………… 6
  1.2.2　持株会社のデメリット——経営の求心力の低下 …… 8
  1.2.3　持株会社か合併か ……………………………………… 9

1.3　コーポレート・レポーティングと持株会社 ………………… 10
  1.3.1　コーポレート・レポーティングとは何か …………… 10
  1.3.2　会社法に基づくレポーティング ……………………… 11
  1.3.3　金融商品取引法に基づくレポーティング …………… 11
  1.3.4　証券取引所の規制に基づくレポーティング ………… 12
  1.3.5　その他の規制に基づくレポーティング ……………… 13
  1.3.6　企業が自主的に行うレポーティング ………………… 13
  1.3.7　IFRSのインパクト ……………………………………… 14
  1.3.8　統合報告 ………………………………………………… 14
  1.3.9　持株会社におけるコーポレート・レポーティングの課題 … 16

1.4　持株会社活用による所有と経営の分離
  ——所有と経営を分離させるのに持株会社はどのように利用できるか …… 17
  1.4.1　オーナー家と経営陣の対立 …………………………… 17
  1.4.2　持株会社による解決方法 ……………………………… 18
  1.4.3　相続クーデターの回避 ………………………………… 20

1.5　M&Aにおける持株会社の活用 ……………………………… 22
  1.5.1　M&Aとは ………………………………………………… 22
  1.5.2　M&Aを必要とする局面 ………………………………… 23
  1.5.3　経営者が留意すべき点 ………………………………… 24

CONTENTS

　　　1.5.4　国際企業買収における持株会社の活用 ……………………… 30

1.6　資本提携と持株会社の活用 ……………………………………………… 32
　　　1.6.1　資本参加の目的 …………………………………………………… 32
　　　1.6.2　資本参加と受入れ組織 …………………………………………… 33

1.7　公益財団法人──公益財団法人が事実上の持株会社となった場合、
経営上どのような影響があるか ……………………………………………… 36
　　　1.7.1　公益法人制度の概要 ……………………………………………… 36
　　　1.7.2　公益財団が事実上の持株会社となった場合の経営に与える影響 …… 37
　　　1.7.3　個人が公益法人等（非営利型を含む）へ株式贈与（又は遺贈）
　　　　　　した場合の課税 ………………………………………………… 39

1.8　持株会社と株式上場 ……………………………………………………… 41
　　　1.8.1　株式上場のメリット ……………………………………………… 41
　　　1.8.2　東証市場改革の動向 ……………………………………………… 42
　　　1.8.3　持株会社の留意点 ………………………………………………… 42
　　　1.8.4　MBO と非上場化 ………………………………………………… 45

1.9　持株会社の株式評価──非上場の持株会社の株式評価のあり方 …… 45
　　　1.9.1　非上場株式の評価方法 …………………………………………… 46
　　　1.9.2　株式評価の基本的考察 …………………………………………… 46
　　　1.9.3　持株会社の株式評価 ……………………………………………… 47

1.10　非営利法人と持株会社 ………………………………………………… 50
　　　1.10.1　国立大学法人とアンブレラ方式 ……………………………… 50
　　　1.10.2　社会福祉法人と連携法人制度 ………………………………… 52

1.11　持株会社の事業ポートフォリオマネジメント ……………………… 54
　　　1.11.1　事業ポートフォリオのマネジメント ………………………… 54
　　　1.11.2　事業再編の戦略 ………………………………………………… 56

1.12　持株会社のポストコロナ戦略 ………………………………………… 58
　　　1.12.1　存在意義の再確認 ……………………………………………… 58
　　　1.12.2　選択と集中の徹底 ……………………………………………… 59
　　　1.12.3　DX（デジタル・トランスフォーメーション）……………… 59

第2章　持株会社のガバナンス　61

2.1　会社法のもとでの持株会社のガバナンス …………………………… 61
　　　2.1.1　持株会社とコーポレートガバナンス ………………………… 61
　　　2.1.2　持株会社の戦略とガバナンス体制 …………………………… 61

2.2　会社法のもとでの持株会社の機関設計 ……………………………… 67
　　　2.2.1　会社機関の選択肢 ……………………………………………… 67
　　　2.2.2　持株会社本体の機関設計 ……………………………………… 73
　　　2.2.3　グループ会社の機関設計 ……………………………………… 74

CONTENTS

2.2.4 海外グループ会社の機関設計 ……………………………… 75

2.3 コーポレートガバナンス・コード ……………………………… 75
2.3.1 コーポレートガバナンス・コードとは ………………… 75
2.3.2 コーポレートガバナンス・コードの役割 ……………… 75
2.3.3 コーポレートガバナンス・コードの内容 ……………… 77
2.3.4 コーポレートガバナンス・コードの遵守と法的責任 … 77
2.3.5 コーポレートガバナンス・コードの改訂 ……………… 78

2.4 グローバル・ガバナンス …………………………………………… 79
2.4.1 日本企業のグローバル化の進展 ………………………… 79
2.4.2 グループ本社の責任 ……………………………………… 79
2.4.3 グローバル経営の難しさ ………………………………… 79
2.4.4 グローバル・ガバナンス体制の構築 …………………… 80
2.4.5 地域統括会社 ……………………………………………… 81

2.5 海外グループ会社の管理 …………………………………………… 81
2.5.1 海外グループ会社管理の重要性 ………………………… 81
2.5.2 関係会社管理規程の整備 ………………………………… 81
2.5.3 財務管理／業績評価 ……………………………………… 82
2.5.4 報告・事前承認体制の整備 ……………………………… 82
2.5.5 経営活動のモニタリング ………………………………… 83
2.5.6 海外グループ会社の分類管理 …………………………… 83

2.6 持株会社のコンプライアンス体制 ……………………………… 84
2.6.1 コンプライアンスの重要性 ……………………………… 84
2.6.2 持株会社のコンプライアンス体制 ……………………… 84

2.7 内部統制と持株会社 ……………………………………………… 90
2.7.1 内部統制とは何か ………………………………………… 90
2.7.2 会社法と金融商品取引法における内部統制 …………… 94
2.7.3 会社法のもとでの内部統制 ……………………………… 95
2.7.4 金融商品取引法と内部統制 ……………………………… 98
2.7.5 企業グループの内部統制 ……………………………… 100

2.8 新・COSO内部統制フレームワーク …………………………… 107
2.8.1 新・COSO内部統制フレームワークの概要 ………… 108
2.8.2 改訂のポイント ………………………………………… 108
2.8.3 外部財務報告に係る内部統制への対応 ……………… 111
2.8.4 新・COSOフレームワークの持株会社への影響 …… 112

2.9 持株会社とERM（エンタープライズ・リスク・マネジメント）…… 112

2.10 持株会社と監査 …………………………………………………… 114
2.10.1 三様監査 ……………………………………………… 114
2.10.2 企業グループの監査 ………………………………… 115
2.10.3 監査役等の監査人に対する権限 …………………… 116
2.10.4 持株会社における監査の活用 ……………………… 117

2.11 3つのディフェンスライン ……………………………………… 118

vii

CONTENTS

2.12　内部統制／ERM／ガバナンスの関係 ……………………………………… 119

第3章　持株会社の組織と管理　121

3.1　組織形態と業績管理──組織のあり方と業績管理のポイント ………… 121
　　3.1.1　機能別組織における業績管理 ……………………………… 121
　　3.1.2　事業部制組織における業績管理 …………………………… 121
　　3.1.3　カンパニー制組織における業績管理 ……………………… 122
　　3.1.4　事業持株会社組織における業績管理 ……………………… 123
　　3.1.5　純粋持株会社組織における業績管理 ……………………… 124

3.2　持株会社の組織形態の実例 ……………………………………………… 124

3.3　持株会社における経営者の役割は何か ………………………………… 129
　　3.3.1　対内的役割 …………………………………………………… 130
　　3.3.2　対外的役割 …………………………………………………… 133

3.4　持株会社経営におけるスタッフの組織編成
　　──経営スタッフをどのように組織編成するか ……………………… 135
　　3.4.1　事業子会社にスタッフ部門を配置 ………………………… 135
　　3.4.2　スタッフ業務専門会社の設立 ……………………………… 135
　　3.4.3　アウトソーシング …………………………………………… 136
　　3.4.4　親会社本体にスタッフ部門を配置する …………………… 136
　　3.4.5　組み合わせ方式 ……………………………………………… 136

3.5　働き方改革と持株会社 …………………………………………………… 137
　　3.5.1　働き方改革とは何か ………………………………………… 137
　　3.5.2　改正内容 ……………………………………………………… 137
　　3.5.3　働き方の変化とメリット・デメリット …………………… 138
　　3.5.4　新しい働き方と持株会社 …………………………………… 139

3.6　事業計画──持株会社はどのような事業計画を作るべきか ………… 140
　　3.6.1　持株会社の機能と事業計画の位置づけ …………………… 140
　　3.6.2　事業計画の意義 ……………………………………………… 141
　　3.6.3　基本戦略と基本シナリオの明確化 ………………………… 141
　　3.6.4　分権と集権のバランスが大切 ……………………………… 142
　　3.6.5　グループ会社の財務管理 …………………………………… 142
　　3.6.6　事業計画のフォロー ………………………………………… 142

3.7　企業グループの経営管理の進め方 ……………………………………… 143
　　3.7.1　報告・承認体制の整備 ……………………………………… 143
　　3.7.2　財務管理 ……………………………………………………… 144

3.8　業績評価と資本コスト …………………………………………………… 145
　　3.8.1　グループ会社の業績評価 …………………………………… 145
　　3.8.2　資本コスト …………………………………………………… 147

viii

第4章 持株会社の会計 150

4.1 連結会計⋯⋯⋯⋯⋯⋯⋯⋯⋯⋯⋯⋯⋯⋯⋯⋯⋯⋯⋯ 150
　4.1.1 連結財務諸表と連結決算 ⋯⋯⋯⋯⋯⋯⋯⋯⋯⋯ 150
　4.1.2 連結企業グループの構成会社 ⋯⋯⋯⋯⋯⋯⋯⋯ 151
　4.1.3 連結財務諸表の構成 ⋯⋯⋯⋯⋯⋯⋯⋯⋯⋯⋯⋯ 151
　4.1.4 連結財務諸表作成における一般基準 ⋯⋯⋯⋯⋯ 153
　4.1.5 連結財務諸表作成のプロセス ⋯⋯⋯⋯⋯⋯⋯⋯ 153
　4.1.6 連結財務諸表の監査 ⋯⋯⋯⋯⋯⋯⋯⋯⋯⋯⋯⋯ 156
　4.1.7 連結計算書類の作成と監査 ⋯⋯⋯⋯⋯⋯⋯⋯⋯ 156
　4.1.8 連結経営における課題 ⋯⋯⋯⋯⋯⋯⋯⋯⋯⋯⋯ 157

4.2 企業グループ再編の会計 ⋯⋯⋯⋯⋯⋯⋯⋯⋯⋯⋯⋯ 159
　4.2.1 企業結合会計 ⋯⋯⋯⋯⋯⋯⋯⋯⋯⋯⋯⋯⋯⋯⋯ 159
　4.2.2 事業分離会計 ⋯⋯⋯⋯⋯⋯⋯⋯⋯⋯⋯⋯⋯⋯⋯ 162

4.3 新しい会計基準 ⋯⋯⋯⋯⋯⋯⋯⋯⋯⋯⋯⋯⋯⋯⋯⋯ 163

第5章 持株会社経営成功の秘訣 167

5.1 コーポレートガバナンスの源泉⋯⋯⋯⋯⋯⋯⋯⋯⋯ 167
　5.1.1 会社は本当に株主のものか ⋯⋯⋯⋯⋯⋯⋯⋯⋯ 167
　5.1.2 影響力の源泉は資金提供の大きさにあり ⋯⋯⋯ 171

5.2 持株会社と会社支配力の源泉 ⋯⋯⋯⋯⋯⋯⋯⋯⋯⋯ 178

5.3 成功への処方箋 ⋯⋯⋯⋯⋯⋯⋯⋯⋯⋯⋯⋯⋯⋯⋯⋯ 179

第2部　法務編——Law

第6章 会社法と持株会社の創設 184

6.1 会社法における持株会社の創設方式 ⋯⋯⋯⋯⋯⋯⋯ 184
　6.1.1 持株会社の創設 ⋯⋯⋯⋯⋯⋯⋯⋯⋯⋯⋯⋯⋯⋯ 184
　6.1.2 株式移動方式——既存事業会社の株式を移動させ、
　　　　既存事業会社の上に持株会社を作る ⋯⋯⋯⋯⋯ 185
　6.1.3 抜殻方式——事業会社自らが持株会社となる ⋯⋯ 192

CONTENTS

6.2 持株会社創設の手続 198
- 6.2.1 株式交換手続 198
- 6.2.2 株式移転手続 205
- 6.2.3 株式交付手続 207
- 6.2.4 会社分割手続 211
- 6.2.5 組織再編反対株主による株式買取請求権濫用等への対応規定 216
- 6.2.6 産業競争力強化法による組織再編の特例規定 217

6.3 持株会社創設に関わる留意事項 218
- 6.3.1 商号について 218
- 6.3.2 持株会社の定款に記載されるべき「目的」について 218
- 6.3.3 持株会社が他の事業を営むことについて 220
- 6.3.4 現物出資、財産引受、事後設立の緩和について 220
- 6.3.5 持株会社と子会社間の役員兼任について 221

第7章 会社法と持株会社の運営 225

7.1 持株会社取締役らの任務と責任 225
- 7.1.1 善管注意義務と忠実義務 225
- 7.1.2 親会社取締役の責任 225
- 7.1.3 子会社取締役の責任 227
- 7.1.4 競業取引、利益相反取引等 228
- 7.1.5 業務の執行の社外取締役への委託 229
- 7.1.6 取締役等の責任減免規定について 230

7.2 親子会社間の規律に関する規制 232
- 7.2.1 多重代表訴訟制度（最終完全親会社等の株主による特定責任追及の訴え）（会社法847条の3） 232
- 7.2.2 株式交換等による株主資格喪失後の代表訴訟提起（会社法847条の2） 233
- 7.2.3 親会社の株主総会において特別決議を要する子会社株式の譲渡（会社法309条2項11号、467条1項2号の2、469条） 233
- 7.2.4 キャッシュアウト規制 233

7.3 持株会社株主による子会社に対する閲覧、謄写権 235

7.4 子会社による親会社株式の取得制限 236

7.5 子会社保有親会社株式の議決権制限 237

第8章 持株会社と各種の法規制 238

8.1 独占禁止法と持株会社 238

CONTENTS

8.1.1 公正で自由な市場競争原理の確保 238
8.1.2 市場集中規制 239
8.1.3 事業支配力過度集中規制 240
8.1.4 銀行・保険会社の議決権保有制限 240

8.2 金融商品取引法と持株会社 241
8.2.1 組織再編成における届出義務 241
8.2.2 公開買付制度 241
8.2.3 大量保有報告 242
8.2.4 財務諸表提出 242
8.2.5 連結情報中心の報告 242
8.2.6 親会社等状況報告 243

8.3 金融関係法と持株会社 243
8.3.1 金融持株会社について 243
8.3.2 金融事業会社の子会社制限 247

8.4 労働関係法と持株会社 247
8.4.1 労働契約承継法と会社分割 247
8.4.2 持株会社と労使交渉 248
8.4.3 グループ企業間の出向、転籍 249
8.4.4 子会社に人材派遣会社をもつことによる定年退職者の
再雇用促進 250
8.4.5 高年齢者雇用安定法における親子関係会社、
企業グループにとって有利な特例 250
8.4.6 障害者雇用促進法における親子関係会社、
企業グループにとって有利な特例 251

8.5 規制産業と持株会社 251
8.5.1 規制産業とは 251
8.5.2 持株会社に対する規制 252

8.6 個人情報保護法、番号法（マイナンバー法）と持株会社 253
8.6.1 IT社会における個人情報保護の強化 253
8.6.2 親子会社、グループ会社間における個人情報の扱い 254
8.6.3 番号法（マイナンバー法）による個人情報の扱い 256

第3部　　税務編 —— Tax

第9章 持株会社経営の組織再編と税務 258

9.1 組織再編税制の概要 258

CONTENTS

9.1.1 非適合組織再編と適合組織再編 258

9.1.2 組織再編の種類とその仕組み 259

9.1.3 合併 263

9.1.4 分割 268

9.1.5 現物出資 275

9.1.6 現物分配 275

9.1.7 株式分配 279

9.1.8 株式交換等 283

9.1.9 株式移転 292

9.1.10 株式交付制度 293

9.1.11 欠損金の引継制限と使用制限 298

9.2 組織再編を利用した持株会社経営 300

9.2.1 持株会社の創設 300

9.2.2 グループ内での組織再編 302

9.2.3 グループ外部の法人との組織再編 303

9.3 組織再編にともなう消費税の取扱い 304

第 10 章 持株会社とグループ法人税制 305

10.1 グループ法人税制の概要 305

10.2 100%グループ法人間の資産の譲渡取引等 309

10.3 100%グループ内の法人間の寄附 314

10.4 100%グループ内の法人間の現物分配 316

10.5 100%グループ法人間の受取配当等 319

10.6 100%グループ内法人の株式の発行法人に対する譲渡 320

10.7 完全支配関係がある他の内国法人の
株式等の評価損の損金不算入 321

第 11 章 グループ通算制度 323

11.1 グループ通算制度 323

11.1.1 意義 323

11.1.2 グループ通算制度の創設理由 324

11.1.3 グループ法人税制との関係 324

11.2 適用対象法人 325

11.3 グループ通算制度の開始、加入、取止め、離脱 327

xii

CONTENTS

	11.3.1	グループ通算制度の開始・加入の手続	328
	11.3.2	加入形態と加入時期	329
	11.3.3	グループ通算制度の取止め	330
	11.3.4	通算グループからの離脱	331

11.4 グループ通算制度の適用 332
　11.4.1　中小通算法人と大通算法人の区分判定 332
　11.4.2　グループ通算制度開始・加入にともなう時価評価 333
　11.4.3　グループ通算制度開始・加入にともなう繰越欠損金及び
　　　　　開始・加入後に生じた欠損金の取扱い 335
　11.4.4　取止め・離脱にともなう通算法人株式の帳簿価額の修正
　　　　　（投資簿価修正） 337

11.5 所得金額の計算 340
　11.5.1　所得金額計算の概要 340
　11.5.2　所得計算の調整 341
　11.5.3　損益通算 343
　11.5.4　繰越欠損金の通算 344
　11.5.5　修更正があった場合における損益通算及び繰越欠損金通算の
　　　　　遮断措置 357

11.6 税額計算 358
　11.6.1　法人税額 358
　11.6.2　税額調整 360

11.7 地方税とグループ通算制度 362

第12章　持株会社の運営と税務　367

12.1 持株会社の損益構造 367
　12.1.1　受取配当金等の益金不算入 368
　12.1.2　持株会社の運営と消費税 371

12.2 持株会社と子会社との不動産賃貸借取引における課税問題
　　　──持株会社が所有する土地を子会社が賃借して建物を建設する場合の留意点 372
　12.2.1　借地権を無償で設定する場合の認定課税 372
　12.2.2　相当の地代を収受した場合の課税関係 373
　12.2.3　無償返還の届出による権利金認定課税の見合せ
　　　　　（相当の地代の認定課税） 373

12.3 子会社株式等の取扱い 374
　12.3.1　持株会社が所有する企業支配株式の税務上の取扱い 374
　12.3.2　持株会社の所有する子会社株式の評価方法 376
　12.3.3　子会社株式簿価減額特例 377
　12.3.4　持株会社と自社株対策 379

xiii

CONTENTS

12.4　持株会社のファイナンス機能
──持株会社のファイナンス機能には税務上どのような問題があるか……382
12.4.1　無利息ないし低利融資と課税関係……382
12.4.2　融資にともなう利率の決定……383
12.4.3　子会社に対する債務保証と保証料……384

12.5　持株会社と人事政策……385
12.5.1　出向又は転籍に係る給与の取扱い……385
12.5.2　特定譲渡制限付株式……387
12.5.3　ストックオプションの付与……391

第13章　海外子会社をめぐる国際税務　397

13.1　BEPSと持株会社……398
13.1.1　BEPSとは何か……398
13.1.2　最終報告書の内容……400
13.1.3　実効税率の違い……401
13.1.4　結論……402

13.2　外国税額控除制度……402
13.2.1　制度趣旨……402
13.2.2　外国税額控除額計算の仕組み……404
13.2.3　外国税額控除の繰越し……406
13.2.4　適用要件と文書作成義務……407
13.2.5　外国税額控除の適用時期……407

13.3　外国子会社からの受取配当等の益金不算入制度……408
13.3.1　制度趣旨……408
13.3.2　適用対象となる外国子会社……409
13.3.3　益金不算入額の計算……410

13.4　移転価格税制……410
13.4.1　制度趣旨……410
13.4.2　適用対象となる取引……411
13.4.3　独立企業間価格の算定……413
13.4.4　国外移転所得金額の取扱い……417
13.4.5　国外関連者に対する寄附金の取扱い……418
13.4.6　文書化制度……419

13.5　外国関係会社合算税制（タックス・ヘイブン税制）……420
13.5.1　制度趣旨……420
13.5.2　合算課税の判定……421
13.5.3　合算課税対象所得の計算……426
13.5.4　外国税額控除……430
13.5.5　受取配当等の益金不算入……431

xiv

CONTENTS

第14章 子会社への事業支援と撤退にともなう税務 435

14.1 デット・エクイティ・スワップ（DES）
——子会社の譲渡のために行うDESの留意点 435
- 14.1.1 債務者（S社）における税務上の取扱い 436
- 14.1.2 債権者（P社）における税務上の取扱い 437

14.2 株式の高額買取りの取扱い 438
- 14.2.1 資産の高額買取りと寄附金 438
- 14.2.2 高額部分に対する税務上の取扱い 439

14.3 子会社の解散・清算にともなう税務上の取扱い 440
- 14.3.1 清算事業年度の課税上の取扱い 440
- 14.3.2 みなし事業年度 441
- 14.3.3 解散事業年度の課税 442
- 14.3.4 清算中の各事業年度の課税 442
- 14.3.5 清算事業年度における法人株主の税務上の取扱い 443

14.4 子会社の整理損失負担等と寄附金課税 446

14.5 子会社の事業の譲渡
——子会社の事業を譲渡する場合の税務上の取扱い 448
- 14.5.1 事業譲渡の方法 448
- 14.5.2 各方法の相違点の比較 448
- 14.5.3 株式譲渡が採用されるケース 450
- 14.5.4 事業譲渡が採用されるケース 450
- 14.5.5 会社分割、合併が採用されるケース 450

巻末資料
- 資料1 社外取締役、社外監査役就任の要件一覧（会社法2条15号、16号） 454
- 資料2 株式交換・株式移転通常手続の流れ 456
- 資料3 吸収分割・新設分割通常手続の流れ 458
- 資料4 持株会社定款の「目的」記載実例 460
- 資料5 企業結合審査のフローチャート 461
- 資料6 財務報告に係る全社的な内部統制に関する評価項目の例 462

- 索引 465
- 著者紹介 470

凡例

略称	正式名称
独占禁止法、独禁法	私的独占の禁止及び公正取引の確保に関する法律
金商法	金融商品取引法
振替法	社債、株式等の振替に関する法律
労働契約承継法	会社分割に伴う労働契約の承継等に関する法律
個人情報保護法	個人情報の保護に関する法律
法法	法人税法
法令	法人税法施行令
法基通	法人税基本通達
所法	所得税法
所令	所得税法施行令
所基通	所得税基本通達
措法	租税特別措置法
措令	租税特別措置法施行令
措通	租税特別措置法関係通達
財基通	財産評価基本通達
消法	消費税法
産競法	産業競争力強化法
資金決済法	資金決済に関する法律
申告書別表	法人税申告書別表
障害者雇用促進法	障害者の雇用の促進等に関する法律
住民税	法人住民税
事業税	法人事業税

第1部

Management

経営編

　持株会社とは何か。持株会社はどのようなときに経営の役に立つのか。

　持株会社はあくまでも経営の道具であるとの立場から、この経営編では、コーポレートガバナンス、内部統制、リスクマネジメントといった経営への要求が高まる中で、持株会社が威力を発揮する局面と実務上の留意点を戦略と組織の観点から明らかにして、成功への処方箋を示す。

第 **1** 章

持株会社の経営戦略

Management

1.1 持株会社（ホールディングカンパニー）とは何か

1.1.1 持株会社とは

　持株会社とは、他の会社の株式を多数保有することにより、その株式発行会社の事業活動を支配することを事業とする会社のことである。

　会社に関する重要案件は、その最高意思決定機関である株主総会の議決を要するから、株式を多数保有する、すなわち議決権を多数保有する株主の意向が会社の事業活動に強く影響する。

　会社が他の会社の株式をどの程度保有するとその会社を支配できるかは一概にいえないが、会社法や独占禁止法では総株主の議決権の過半数を基準にして会社に強い影響力を行使できる親会社と子会社の関係が成立するとしている（会社法2条3号、4号、独禁法9条5項）。通常、持株会社といわれるのは、親会社が子会社の発行株式のほとんどを保有する場合である。

　法律用語としての持株会社は、会社法にはないが、現行の独占禁止法では上記子会社概念を前提に、「子会社の株式の取得価額の合計額の当該会社の総資産の額に対する割合が100分の50を超える会社」と定義されている（独禁法9条4項1号）。

1.1.2 持株会社体制の増加

　日本では、1947（昭和22）年に制定された独占禁止法9条により、持株

持株会社の経営戦略｜第1章

会社を作ることが禁止された。これは戦前日本の産業経済を支配していた巨大財閥の中核が持株会社であったため、戦後財閥解体を推進したGHQ（連合国軍最高司令官総司令部）の主導で設けられた規制であった。以来1997（平成9）年の抜本改正までの50年間、若干の改正はあったものの持株会社原則禁止の骨子は変わらず、わが国の経営実務を拘束してきた。

　独占禁止法は、制定当初、持株会社設立の禁止に加え、他社株式の取得にも厳重な制限を課していた。すなわち、一般事業会社は他社株式の取得を完全に禁止され、金融機関は限られた場合だけしか取得を認められていなかった。このため他社株式を取得して持株会社となることもできなかった。その後、1953（昭和28）年までの一連の独占禁止法改正により、他社株式の取得は大規模事業会社についての量的保有制限はあるが、一般事業会社については原則自由となり、金融機関についても制限が緩和された。その結果、一般事業会社については、株式所有により国内の会社の事業活動を支配することを「主たる事業」としない限りにおいては、他社株式の取得は自由になった。戦後の経済復興、高度成長の過程で、各産業の中核企業、成長企業は企業規模を拡大し、分社、企業買収を通して企業グループを形成するようになった。これらの企業も、自社独自の事業活動を行っており、他社株式の所有による事業活動の支配を「主たる事業」としない限り持株会社に該当せず、独占禁止法に抵触することはなかった。実際、わが国を代表する大企業には親会社は本業に従事し、子会社は新規事業、周辺事業などに従事するという経営形態が数多く見られる。これらの企業集団の親会社は「事業持株会社」（事業兼営持株会社ともいう）と呼ばれる。

　これに対して、他社株式の所有による事業活動の支配を「主たる事業」とする会社は「純粋持株会社」と呼ばれる。

　1997（平成9）年に独占禁止法の改正が行われ、ようやく、わが国においても、持株会社の設立が原則として認められるようになった。「持株会社解禁」である。改正当時の独占禁止法は、持株会社を解禁する一方で、持株会社に事業支配力が過度に集中することを排除する規制方式であった。これに

第1部│経営編

対し、現行の独占禁止法は同法で定義する持株会社に限らず、すべての会社について、他の会社の株式を所有することによって事業支配力が過度に集中することを排除する規制方式に改められた（独禁法9条1項、2項）。

持株会社解禁以来、持株会社体制を採用する企業グループが増加し、経済産業省の「平成27年 純粋持株会社実態調査」によると、経営理念・ビジョンを掲げ、経営戦略を策定・推進し、内部監査を行う等、グループ・ガバナンスを中心とする機能が備わっている純粋持株会社も増加していることがうかがえる。

持株会社には、経営理念・ビジョンを掲げ、経営戦略を策定・推進し、業務監査をするなどグループ・ガバナンスを中心とする機能が備わっている。今後もこのような機能にすぐれた持株会社体制は企業経営上大いに活用され、増加していくであろう。

1.1.3 事業持株会社と純粋持株会社の違い

ところで、「事業持株会社」と「純粋持株会社」の実体としての違いは何か。それは、親会社である持株会社とその傘下の子会社との特殊な関係にある。つまり、現在多くの会社が採用している事業持株会社（親会社）と当該子会社との関係は、換言すれば主従の関係にあるといっても過言ではない。多くの場合、当該子会社の業務は、親会社の業務の一部を担っているにすぎず、親会社の存在なくして子会社は独自で存続しえないという関係にある。株式の所有はもちろん、財務（債務保証も含む）から利益のさじ加減まで、すべてが親会社である事業持株会社に握られている。社長をはじめとする役員人事権も親会社に握られているのは、至極当然のことである。このような関係にある子会社に独立性など望むべくもないが、グループとしての一体性は相対的に強いといえる。また、疑似会社としてのカンパニー制などを導入してみたところで、カンパニーが真の独立した事業体とはなりえない点は同様である。これに対し、純粋持株会社（親会社）と子会社との関係は、親会社によるグループ全体の経営戦略の中で子会社自体に事業活動の独立性を求

める関係にある。つまり、純粋持株会社を中核とするグループ経営に変わりはないが、グループを形成する子会社群は、利益及び財務面において独立した事業体として運営することを求められる。したがって、純粋持株会社は事業持株会社における子会社と比較してグループの求心力という点においては潜在的に問題を抱えているのである。以上が、事業持株会社と純粋持株会社との間の実体的相違点である。

1.1.4 事業持株会社と純粋持株会社の選択

多くの企業グループの中でパナソニックのように純粋持株会社の導入へ進む例もあれば、逆にENEOSホールディングスのように純粋持株会社を廃止する例もある。

また大手の銀行では約20年前に持株会社に移行したが、最近では地方銀行も事業の変革が求められる中、銀行傘下では新しい発想が生まれづらいなどの理由で経営統合の道ではなくそれぞれが単独で持株会社を作り、持株会社の傘下に銀行と他事業を営む子会社を並列させるという再編の動きも出てきている。

では、どのような企業グループが事業持株会社を選択し、どのような企業グループが純粋持株会社を選択すべきなのか、その判断基準はどのように考えたらよいのか、以下検討してみる。

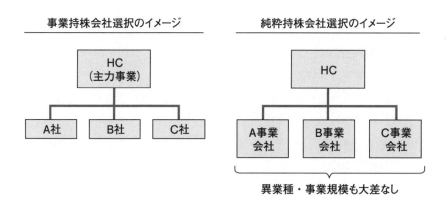

第1部｜経営編

　グループで営む複数の事業のうち、主力事業が全体の収益のほとんどを占め、他の事業規模との間に大きな格差が認められ、グループとしての一体経営をより強固なものとすることを目的とした場合には、純粋持株会社は採用すべきではなく、事業持株会社を選択すべきであろう。

　これに対し、傘下の子会社事業が異業種で、それぞれの事業規模においても大きな格差がないような場合においては、各子会社の自主性、独立性を尊重する経営を目指す純粋持株会社を選択すべきではなかろうか。

　また、最終的には一体経営を目標としつつも、いきなり合併などの一体化を行うと、グループ内での反発、混乱を招きかねず、それを避けるために、時期が熟するまでの経過措置として純粋持株会社を選択しているというのも現実の実務においては多いのではなかろうか。

　いずれにせよ、この選択に絶対的な基準など存在せず、それぞれの企業グループの事情を十分に考慮したうえで判断するしかない。

1.2 持株会社経営のメリットとデメリット

　持株会社経営への移行は経営構造の根本的変革をともなうものである。したがって持株会社のメリットとデメリットを慎重に比較検討して意思決定を行う必要がある。

1.2.1 持株会社のメリット

① 戦略と事業の分離

　第一に挙げられるのが「戦略と事業の分離」である。すなわち、持株会社本社は、企業グループ全体の戦略の発動と経営管理・リスクマネジメントを行い、各々の事業会社は、担当する事業をひたすら推進するというものである。経営機能の推進母体の分離により企業グループ全体の経営効率を向上させることができる。

6

持株会社の経営戦略 | 第1章

　このメリットを発揮するためには、事業持株会社では不十分であり、純粋持株会社を設立する必要がある。事業持株会社では、どうしても事業持株会社本体が担当する主力事業の状況に企業グループ全体の戦略が引きずられがちになるためである。純粋持株会社によってはじめて小さな本社による機動的な戦略の発動が実現できる。

②　経営構造変革のスピードアップ

　M&A（企業の合併・買収）、事業譲渡・事業譲受等の大規模な経営構造変革は、法的手続に加え、関係者のコンセンサスの醸成に時間を要し、また、困難をともなうものである。特に、合併、事業譲受により、他の会社の人員を受け入れた場合には、人の融和に数年から数十年かかるようである。持株会社経営の場合には、M&Aの手段としては合併よりも買収により、買収した会社は持株会社傘下の一事業会社となる。事業部門等、統合が必要な部門のみ、人員の移籍等により統合させるなどの多様な手法をとることができる。合併の際に必ず悩む労働条件、賃金体系をいかに統一させるかという人にまつわる問題から解放される意味は大きい。従来、合併によっていた統合手法にかえて、持株会社を核とした各種代替手法を講じることにより経営構造変革のスピードアップを図ることができる。

③　グローバル・スタンダードの充足

　欧米の企業は従来、持株会社を選択可能な経営手法としてとらえ、必要に応じさまざまな形態の持株会社を設立してきた。親会社本体が持株会社となることもあれば、下位の系列会社を持株会社とすることもある。また、海外事業など、特定の事業分野を対象とした持株会社も設立されている。さらに、経営戦略の変更を受けて、これらの組織形態が変更、解消されることもある。わが国の企業が事業部制組織を経営組織の1つのあり方と位置づけ、活用しているのと同様に、欧米企業は、単一企業の枠を超え、企業グループ全体の経営構造の視点から持株会社を活用している。必要に応じて持株会社

第1部 | 経営編

を活用できるということは経営のグローバル・スタンダード（国際標準）である。持株会社を経営手法の1つの選択肢としてもつことにより、わが国の企業は経営のグローバル・スタンダードを満たしたことになる。ただし、このメリットを享受するためには、必要な局面でいつでも持株会社を設立できるようによく研究、準備する必要がある。

④ 経営責任の明確化

　純粋持株会社傘下の事業子会社では自立した法人として独立採算の経営が行われる。会計制度と監査制度によって決算の信頼性も担保される。事業部制、カンパニー制などの従来のわが国の組織形態では不十分であった経営責任の明確化を純粋持株会社組織で実現することができる（詳しくは「第3章　持株会社の組織と管理」参照）。

1.2.2　持株会社のデメリット──経営の求心力の低下

　担当する事業の成長に邁進することを要求される事業子会社は、自立性、主体性を高め、親会社に対して遠心力を働かせることになる。それだけ企業グループの経営の求心力は低下することになる。このデメリットを克服するためには、しっかりした経営哲学をもって企業グループを束ねる経営理念、経営ビジョンを確立することが重要である。

　経営組織を再編して持株会社を作るべきか。これは慎重に検討しなければならない経営課題である。従来から純粋持株会社の設立が認められていた米国で持株会社をもつ企業グループが必ずしも多くはないことを考えれば、企業グループの経営形態として持株会社が唯一最適の手法といえないことは明らかである。また、持株会社の多いヨーロッパでも持株会社を解消したケースもある。半面、欧米、アジアの成長企業には持株会社を核にした企業グループの運営体制がよく見られる。米国企業では、海外事業統括会社を持株会社としているケースが多い。持株会社に有効な局面があることは事実であ

持株会社の経営戦略 | 第1章

る。しかし、持株会社は万能手法ではない。持株会社は経営の1つの選択肢である。

1.2.3　持株会社か合併か

① 合併とは

　ⅰ）合併とは、2つ以上の複数の会社が会社間の契約により1つの会社に合体することである。

　　合併契約をする会社のうち1つの会社が存続し、他の会社が解散して清算手続を要せず消滅し、存続会社に吸収される場合を吸収合併といい、合併契約をするすべての会社が解散、消滅して新会社を設立する場合を新設合併という。

　ⅱ）手続的には、まず合併する会社間で合併契約を締結するが（会社法748条）、これについてはいずれの会社においても株主総会において、特別決議による承認を要する（会社法309条2項、3項、783条、795

	持株会社制	合併
形態	グループ全体の経営戦略を担う親会社（持株会社）とこれを受けて事業に邁進する子会社から成る。	複数の事業会社が合体して規模の大きな事業会社となる。
法的手続	株式交換、株式移転、会社分割その他多様な手続がある。	合併手続による。
メリット	子会社は法的には独立しているため、社風、労働条件、各種稼働システムなどをそのまま維持できる。 子会社単位で事業展開するので、案件に機敏に対応できる。	強大な事業会社としてのスケールメリットを活かせる。
デメリット	株式を保有するだけで戦略を示せない持株会社では、実力をつけた子会社の独立の動きに抗し切れなくなる。	社風、労働条件、稼働システムなどの異なる会社が合体するため、その統一や調整など合併実現までに相当な準備期間を要する。 合併後も人事問題などが残り、1つのまとまった企業として落ち着くまでには年月がかかる。

9

第1部 経営編

条）。

iii）合併すると消滅会社の権利義務はすべて存続会社又は新設会社に承継
され（会社法2条27号、28号）、消滅会社の株主には存続会社又は新設
会社の株式の割当てなど対価が交付される（会社法750条、754条）。
消滅会社の株主に交付される対価が存続会社の親会社の株式である場合
を三角合併という。また、対価が金銭に限られる場合の合併はキャッ
シュ・アウト・マージャーといわれる。

② 持株会社か合併か

吸収合併の場合も新設合併の場合も複数の会社の事業が1つの会社の経営
傘下に置かれることになるから、同業会社間の合併であれば競争を回避し市
場占有率を高めることにより、また異業種会社間の合併であればより多くの
関連事業部門を1社でもつことにより、競争力を強化し、経営の効率化を図
ることができる。

つまり合併は、複数の企業が結合して全体の経営規模を拡大し、競争力を
強化するとともに経営効率の向上を目指すという点では持株会社体制と共通
する。

実際の企業統合やM&Aの場面では、持株会社制と合併の相違点を比較し
ながら、いずれが適しているかを検討して選択されることになろう。

1.3 コーポレート・レポーティングと持株会社

1.3.1 コーポレート・レポーティングとは何か

企業は、企業活動についてさまざまな方法で報告を行っている。企業が行
う対外報告を総称して「コーポレート・レポーティング」という。コーポ
レート・レポーティングは、コーポレートガバナンス（企業統治）の重要な
柱であるディスクロージャー（情報開示）の中核をなすものである。経営者

持株会社の経営戦略 | 第1章

は、適切なコーポレート・レポーティングを行うことによって経営受託者としてのアカウンタビリティ（説明責任）を果たす。

　コーポレート・レポーティングの内容は種々多様である。大別して、会社法、金融商品取引法、証券取引所（金融商品取引所）の規制などの法規制によって義務づけられたレポーティングと企業が自主的に行うレポーティングの2種類に分けられる。また、報告内容に着目して、財務報告と非財務報告という分類も従来行われてきた。ここでは、持株会社の観点でコーポレート・レポーティングを概観し、ディスクロージャーの充実を図るうえで持株会社が取り組むべき課題について述べる。

1.3.2　会社法に基づくレポーティング

　会社法上の大会社（資本金5億円以上又は負債200億円以上の株式会社）の場合、次の報告が会社法及び関連規則で義務づけられている。これらはいずれも年次報告である。

1. 計算書類（貸借対照表・損益計算書・株主資本等変動計算書・注記表）
2. 事業報告……企業グループの現況、業務の適正を確保するための体制などの非財務報告が中心
3. 監査役会監査報告書（指名委員会等設置会社の場合は監査委員会監査報告書、監査等委員会設置会社の場合は監査等委員会監査報告書）
4. 会計監査人監査報告書（公認会計士又は監査法人が作成）

　その他、「連結計算書類」について「4.1.7　連結計算書類の作成と監査」参照。

1.3.3　金融商品取引法に基づくレポーティング

　上場会社や非上場会社でも株主数が1,000人以上の会社などには、年次に有価証券報告書を作成し、当局に提出することが金融商品取引法及び関連規則で義務づけられている。持株会社の観点における有価証券報告書の主要項目は次のとおりである。

11

第1部 | 経営編

1. 連結財務諸表……連結ベースの貸借対照表、損益計算書、包括利益計算書、株主資本等変動計算書、キャッシュ・フロー計算書、注記表、附属明細表（詳細は、「4.1　連結会計」参照）
2. 財務諸表（親会社単体ベースの上記諸表）
3. 監査報告書（公認会計士又は監査法人が作成）
4. その他の開示項目……企業グループの概況、事業などのリスク、コーポレートガバナンスの状況などの非財務報告が中心

有価証券報告書の作成が義務づけられている会社の中で上場会社には、有価証券報告書と併せて次の書類を提出することが義務づけられている。

1. 確認書……有価証券報告書の適正性についての経営者の確認書
2. 内部統制報告書……連結ベースの財務報告に係る内部統制の有効性に関する経営者の評価の報告書

経営者が作成した内部統制報告書は、公認会計士又は監査法人の監査証明を受けることも義務づけられている。

また、第1～第3の各四半期には、有価証券報告書に含まれる財務報告・非財務報告の簡略版の報告が四半期報告として義務づけられていたが、2024（令和6）年4月から四半期報告書が廃止され、取引所が義務づけている四半期決算短信に一本化された。なお、上場会社の場合、第2四半期に半期報告書と監査人によるレビューが求められる（「4.3　新しい会計基準」参照）。

さらに、特定の業種に属する会社には中間財務諸表などが、特定の事態に際しては臨時報告書などの提出が法定されている。

1.3.4　証券取引所の規制に基づくレポーティング

法令で定められた報告に加えて、東京証券取引所などの証券取引所は、上場会社に次の報告を求めている。

1. 決算短信（年次、四半期）……連結決算及び業績予想の速報など
2. コーポレートガバナンス報告書

3. 独立役員届出書……独立役員とは、一般株主と利益相反が生じるおそれのない社外取締役又は社外監査役をいう。東証などでは独立役員を1名以上確保することを求めている
4. その他……適時開示ルールに基づく開示書類など

1.3.5 その他の規制に基づくレポーティング

海外に上場している会社には、現地国の法規制に基づく報告が求められる。また、一定の規制業種については、内外の業法などに基づく報告が求められる。

1.3.6 企業が自主的に行うレポーティング

以上の法規制によって義務づけられたレポーティングに加えて、企業はさまざまなレポートを自主的に発行している。以下に企業グループにおける代表的なレポートの例を挙げる。

① 一般向けのレポート

アニュアル・レポート、年次報告書、統合報告書、ディスクロージャー誌、ニュースレターなどの一般向けのレポートである。株主や消費者など、特定のステークホルダーを重視した内容のレポートも多い。

② IR（インベスター・リレーションズ）情報

決算説明資料、ファクトシート、株主通信（株主向け冊子）などの株主・投資家向けのレポートである。内容は、法定開示資料をカラフルに編集したものから、新製品など企業が強調する項目に重点を置いた資料まで、企業の工夫によりバラエティーに富んでいる。

③ CSR関連レポート

CSRレポート、環境報告書、安全報告書などCSR（Corporate Social

第1部 | 経営編

Responsibility、企業の社会的責任）関係のレポートである。環境対策に特化したレポートから企業の社会的責任を幅広く取り扱ったレポートまで各社のディスクロージャーの方針に基づいてさまざまなレポートが発行されている。公認会計士などの第三者の意見やコメントを添付したレポートも多く見られる。

④　統合報告（1.3.8参照）

　このような情報は企業のホームページに掲載し、自由に閲覧できるようにしている企業が多い。また、海外事業を展開する企業は、英語版のレポートも発行している。

1.3.7　IFRSのインパクト

　会計基準の統一を目指す国際的な動向の中で、会計基準の世界標準であるIFRS（International Financial Reporting Standards、国際財務報告基準）を導入する企業がわが国でも増えている。IFRSが導入されると開示される企業の財務報告が充実する。

　IFRSが導入されると、会計だけではなく、財務やM&Aなど、企業の経営を変革することになる。さらに、経営変革に応じて経営のインフラであるリスクマネジメントや内部統制・内部監査も変革を求められることになる。持株会社はIFRSの動向や他社のIFRS導入状況を注視して対応策を用意する必要がある。

1.3.8　統合報告

　以上見てきたとおり、企業はさまざまなレポートを発行して対外的な報告を行っている。近年、このような各種の報告をばらばらに行わず、統合して行おうという動きが世界的に強まっている。企業が行う外部報告を統合して行うレポーティングの方法を「統合報告」（Integrated Reporting）という。

持株会社の経営戦略 第1章

　従来、企業の対外報告については「財務報告」が重視されてきた。財務以外の報告については、性格の異なる報告内容であっても一括りに「非財務報告」といわれてきた。企業を取り巻くステークホルダーの最近の傾向として、主に過去の財務情報に基づく報告を行う財務報告だけではなく、現在及び将来の情報を取り扱う非財務報告へのニーズが高まっている。非財務報告の中で世界的に重視されているのが、次の3項目である。これらを総称してESGという。

　Environment（環境）

　Social（社会）

　Governance（ガバナンス）

　企業の持続的成長のためにはESGが重要であるとの認識が高まっていることを反映して、ESGを核にして自社の成長シナリオを描き、戦略と、財務数値ともリンクした実績をまとめる統合報告書をよく見かけるようになった。ただし、中には500ページを超える大部の報告書もあり、一般投資家などに読んでもらうためには、まだまだ工夫が要るであろう。

　統合報告は、「非財務報告」の重要性を認知し、「財務報告」と「非財務報告」の有機的な関連性をもたせて、統合的なコーポレート・レポーティングを目指すものである。また、統合報告には、各種情報の統合開示によってレポートの作成者と利用者の双方の負担を軽減する効果もある。

　統合報告を目指す動きと並行して、企業が行う統合報告を公認会計士などの専門家が独立した立場から合理的保証を行う「ブローダー・アシュアランス」を目指す動きも強まっている。欧州が先行しているが、わが国でも公認会計士は、企業が作成した環境報告書に対して環境監査報告書を発行するといった「非財務報告」分野でのアシュアランス（合理的保証）を既に提供している。従来行われてきた財務諸表などの財務報告に対するアシュアランスと「非財務報告」に対するアシュアランスを結合させることによって統合報告に対するアシュアランスを提供する素地はあるといえよう。

15

第1部｜経営編

1.3.9　持株会社におけるコーポレート・レポーティングの課題

　持株会社のコーポレート・レポーティングは、傘下のグループ会社の情報を集約して連結ベースで企業グループの情報を開示することに意義がある。

　持株会社は、必要とするグループ会社の正確な情報をタイムリーに収集して、ステークホルダーのニーズや持株会社のディスクロージャーの方針に合うように加工・集約しなければならない。

　そのために、持株会社には、コーポレート・レポーティングの信頼性を確保する内部統制をグループ全体にわたって構築することが求められる。

　財務報告の分野では、連結決算体制の整備・改革、決算早期化や管理会計と財務会計の連動が課題になる。具体的には、海外グループ会社を含めたグループ会社全体で使用する経理マニュアルや連結決算マニュアルといったマニュアルを整備し、企業グループ全体に展開して、マニュアルの改訂を含む実務の継続的な向上を目指すことが大切である。

　非財務報告の分野では、どのような情報を持株会社を取り巻くステークホルダーが求めているか、どのような情報を持株会社はステークホルダーに知らせたいか、といったことを分析して集約すべき情報を識別することが重要である。次に、対象とする情報について、財務報告分野と同様にグループ全体にわたって組織的に集約する体制を構築し、実務の継続的な向上を図ることが課題になる。

　また、コーポレート・レポーティングの実務が適切に行われていることを確かめて不備の指摘や改善提案を行う内部監査をはじめとするモニタリングも、持株会社にとって不可欠な経営機能である。

　発信すべき情報は経済・経営環境の変化や持株会社の経営戦略の変革に応じて変わるものである。その意味において、常によりよいコーポレート・レポーティングを目指す努力が持株会社には必要とされる。

持株会社活用による所有と経営の分離──所有と経営を分離させるのに持株会社はどのように利用できるか

1.4.1 オーナー家と経営陣の対立

　よくマスコミなどでおもしろおかしく伝えられるものに、いわゆる創業オーナー家と経営陣との対立がある。これも度が過ぎるとマスコミの餌食となるだけでなく、そこに働く従業員のみならず、取引先など多くの利害関係者に多大な迷惑をかけることになる。極端な場合には、会社そのものの存続問題にも発展しかねないことにもなる。このようなトラブルは、創業者が亡くなり、2代目として子息が事業を引き継いだあたりから顕在化することが多い。そして、創業オーナー家としては、株式所有の力、つまり資本の論理をかさに企業支配を続けようとし、これに対し、他の経営者たちは、この力による支配に何かと抵抗しようとして、ますます対立が激化していくのである。このような状況に置かれた企業では、創業者のようなリーダーシップがとれる人は見当たらない。そこで何事につけても合議で決定される。こういうと、何やら体裁のいい民主主義のルールに従って公平な会社運営がなされているように聞こえるが、裏を返せば、会議をやっても意思決定は遅く、会社の将来の方向性を決めるような大事なことは何一つ決まらないともいえるのである。世の中が安定している時代ならいざ知らず、今日のように企業を取り巻く環境の変化の激しい時代においては、こんな悠長なことはやっていられないはずである。そのときあわててももう手遅れである。読者の皆さんの中にも、自分の会社によく似ていると思い当たる人も多いのではないだろうか。
　ところで、本書は持株会社をテーマとしているにもかかわらず、資本の論理だけによる会社支配が錯覚であるということを後の第5章で詳述するが、その結末は世の中の多くの企業の歴史が示しているところである。このような権力闘争は、勝っても負けても後味が悪いものである。第一勝って喜んでいるようなレベルの者がトップをあずかるような会社の前途は決して明るいとはいえない。

そこで、この対立に巻き込まれる個人のみならず、社会的にも大きなマイナスとなるこのようなトラブルの解決策の1つとして持株会社の利用がある。

1.4.2 持株会社による解決方法

① 現状

図表1-1　所有と経営一体型組織

この組織段階（図表1-1）では株主である親族が同時に経営者である場合が多く、仮に経営者が親族以外の者であったとしても、親族株主の意向を配慮しないわけにはいかず、株主が経営に与える影響は大である。この段階では株主と経営者との意識の分離が行われにくい。株主だから当然経営者だと思っていることが多い。

② 事業会社から事業を分離する

第1ステップとして、事業会社から各事業を分離する。

この段階（図表1-2）では、従来の事業会社が単に持株会社に変身しただけで、各事業会社の経営は従来どおり親族株主の影響を強く受けることになる。この段階では実質的には先のケースと変わりない。そこで、この影響を排除するために次のステップに進む必要がある。

図表1-2　単一持株会社型組織

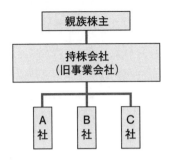

③　新持株会社の設立

　第2ステップとして、持株会社（旧事業会社）の有する各事業会社の株式を現物出資などをして、もう1つ持株会社を新たに設立する（図表1-3）。

　このように、従来の持株会社と事業会社との間にワンクッションとして純然たる持株会社を入れる。こうすることによって、新持株会社の経営者は、親族株主ではなく、直接的には株主たる持株会社（旧事業会社）の経営者の影響を受けることになる。つまり、できるだけ親族株主との間に距離を置くのである。これがやがて重要な意味をもってくる。

図表1-3　複数持株会社型組織

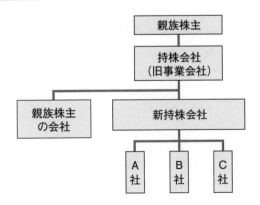

第1部 経営編

　そして、旧事業会社はオーナー家の資産管理会社へとその性格を変容する。この新たに設立した持株会社こそを真の意味での持株会社とする。組織だけ作っても、そこに魂を入れなければ絵に描いた餅となってしまう。したがってこの新持株会社が、これまで述べてきたように、持株会社としての本来の役割を発揮できるかどうかが鍵となる。そして、この新持株会社が本来の機能を発揮したとき、グループ全体は、新持株会社のもとに運営され、所有と経営は自ずと分離されていく。やがて親族株主は、経営者としてではなく、株主としての地位がより鮮明となってくる。新持株会社の経営者は、グループ全体の経営者として適任か否かの基準で選任される限り、親族株主の中から選任されようと、また、第三者から選任されようと構わない。

　また、選任された新持株会社の経営者にとって、親族株主も重要な利害関係者の一員である以上、グループの成果配分を含め、親族株主との協調を図ることも重要な役割となることを忘れてはならない。

　また、親族株主が自ら経営したい事業については、旧事業会社である持株会社自らで行うか又はその子会社（新持株会社とは兄弟会社）として運営するようにしてはどうか。現実問題として、親族株主の会社の資本は旧事業会社で負担せざるをえないからである。

　さらに、この新持株会社が上場会社ともなれば、なおさら資本と経営の分離は進むことになろう。単一持株会社の上場にはオーナー家としても抵抗があっても、新持株会社の上場であればオーナー家の持株会社（旧事業会社）は大株主として上場株式を保有することになるため、資金化しやすく自らの親族会社の事業のために資金を使いやすくなる。

1.4.3　相続クーデターの回避

　譲渡制限株式を発行している会社は、相続その他の一般承継によりその譲渡制限株式を取得した者に対し、取得した株式を会社に売り渡すよう請求できる旨あらかじめ定款に定めておけば、売渡請求しようとするつど株主総会で承認決議を得ることにより、株式取得者から強制的に買い取ることがで

持株会社の経営戦略 | 第1章

き、その価格について折り合わないときは裁判所に決めてもらうことができる（会社法174条ないし177条）。

　一般承継とは、個々の権利、義務を個別に承継する特定承継と異なり他人の権利義務を一括して承継する場合で、包括承継ともいわれる。一般承継の場合は譲渡制限付き株式でも個別の譲渡ではないので、株式発行会社における譲渡承認を要しない。

　この相続人らに対する売渡請求制度は、一般承継により株式所有者が分散したり、好ましくない者が株主となることによる弊害を防止するために設けられたものであるが、オーナー会社のクーデターを可能にする規定でもある。すなわち、オーナー会社の場合、創業者個人が大部分の株式を保有し、他の株主は残りの僅かな株式を保有するにとどまり、株式所有の面から見れば創業者が会社を支配しているが、創業者が亡くなるとその株式は創業者の家族に相続される。

　ところが、このとき少数株主側主導で株主総会を開き、この相続人らに対する株式売渡請求の決議をすれば、この決議に相続人らは加われないので（会社法175条2項）、承認されてしまう。その結果、相続人らが取得していた株式は全部会社の所有となり、創業者の相続人は一挙に会社から追い出されてしまい、まさにクーデターとなる。

　これを回避する1つの方法が、持株会社の活用である。つまり、創業者が元気なうちに、その保有株式を現物出資するなどして新会社を設立し、この新会社に創業者の保有株式を全部移して持株会社としておけば、創業者が亡くなっても、相続人が引き継ぐのは持株会社の株式であって本体の事業会社の株式ではないので、本体の会社との関係では相続問題は生じないことになる。

　この新会社は、純粋な持株会社というより、むしろ創業者のいわば財産管理会社であるから株式会社とせず、より簡便な組織、運営のできる合同会社でもよいであろう。

21

第1部│経営編

1.5 M&Aにおける持株会社の活用

1.5.1 M&Aとは

　M&AとはMerger and Acquisitionの略である。マージャーとは企業合併のことである。アクイジションとは企業買収のことである。

　「M&A」と一括りにされた用語が一般に使われているが、M&A対象会社について、取締役会等の会社機関を維持する企業買収と、従来どおりの会社機関を維持することのできない企業合併は性質が異なる経営行為である。

　企業合併は法的手続の面から吸収合併と新設合併に分けられる（「1.2.3-①　合併とは」参照）。吸収合併の存続会社も、新設合併の新会社も、合併によって消滅する会社の権利・義務関係の一切を包括的に承継する。したがって、吸収合併と新設合併は合併にいたるプロセスが異なるだけで、合併の効果に差異はない。わが国の合併の実務では吸収合併が多い。ただし、吸収合併という言葉が使われることは稀で、合併比率のいかんにかかわりなく、通常「対等合併」という言葉が使われる。これは、合併時に人の融和を何よりも重んじるわが国の経営風土に根ざすものといえよう。ただし、合併の会計処理では、「対等」ではなく、合併する企業のいずれが「取得企業」か決める「パーチェス法」が適用される（「4.2.1　企業結合会計」参照）。

　企業買収は株式取得と事業譲受に分けられる。株式取得は買収対象会社の株主に対価を支払って株式を取得し、子会社化するものである。事業譲受は、相手企業に対価を支払って、あるいは第三者割当増資を引き受けることによってその会社の事業用財産の全部ないし一定部分を買い取るものである。相手企業の立場からは事業譲渡を行うことになる。

　さらに、M&Aに類似した経営手法として資本参加、資本提携、合弁事業、業務提携が挙げられる。当初、このような緩やかな提携関係からスタートして相互理解を深め、やがて本格的なM&Aである企業合併や企業買収にいたるケースもある（図表1-4。資本参加、資本提携については、「1.6　資本提

22

図表1-4　M&Aの分類

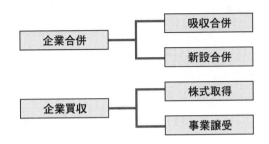

携と持株会社の活用」参照)。

1.5.2　M&Aを必要とする局面

　M&Aは次のように経営のさまざまな局面で経営戦略実現の有効な手段として活用される。

① 事業成長の加速化

　従来、わが国の企業は人材育成からすべて自前で事業の成長、拡大を図る傾向が強かった。しかし、それでは成長のテンポが遅く、経営のスピードが要求される大競争の時代についていけないという認識が高まっている。企業の成長戦略を短期間に実現する手段としてM&Aが利用されることが多い。

② 海外進出、新市場進出

　新たに進出する国、地域で既に経営基盤をもっている企業を買収することはスピーディーに本格進出を果たす有効な手段である。また、ゼロから自力で事業を立ち上げるよりもM&Aの方がコスト面で有利な場合がある。

③ 事業多角化、拡充強化

　自社事業の川上・川下事業分野、ないし周辺領域に進出して経営のシナ

第1部 経営編

ジー効果（経営資源の結合による相乗効果）を図る際、社内で新規事業を立ち上げるよりもM&Aの方がより早く、より大きな規模で目的を実現できる局面がある。

④ 事業承継対策

オーナー・カンパニーで、オーナー経営者が引退する際に適当な後継者がいない場合、有力な取引先、同業他社がM&Aを行うことがある。最近では、この後継者不足によるM&Aが増加傾向にある。この場合、売手のオーナーは、交渉次第で創業者利潤の獲得とともに従業員の雇用の安定確保という株式公開と同様のメリットを受けられる。また、買手にも事業拡充、成長加速などのメリットがある。

⑤ ねじれ現象の利用

親会社の保有する子会社株式の時価総額が親会社自身の株式の時価総額を上回っている（「ねじれ現象」という）ような企業グループの場合、親会社を買収することで、結果としてそれ以上の価値を有する子会社も取得することになる。

⑥ その他

その他、規制緩和による業界構造変化の際の経営破綻会社の救済などにM&Aが利用される。

1.5.3 経営者が留意すべき点

M&Aは経営構造に変革をもたらす重要な戦略実行手段である。しかし、M&Aは実現まで特に慎重に機密保持を図らなければならないことから、稟議制度に象徴されるボトムアップ型の経営意思決定はなじまない。ごく少数の戦略スタッフと経営コンサルタントにサポートされて経営者が意思決定を行うことが求められる。経営者がM&Aを決定する際の留意点は次のとおり

24

である。

① 経営戦略との適合性

　経営課題を解決するうえでM&Aが最もふさわしい手段か、自社の経営戦略に照らして慎重に検討する必要がある。わが国の企業の場合、「受け身のM&A」をよく見かける。取引先に頼まれたとか、誰かに紹介されたということを契機にしてM&Aに乗り出すというものである。こういう場合、単によい会社だからとか、条件がよいとかという理由だけでM&Aを行うべきではない。自社の経営戦略を実現するうえでこのM&Aが必要か、最適の選択肢かということをよく検討して意思決定を行う必要がある。特にクロスボーダー M&A（外国企業の買収）の場合には、相手の国の文化とビジネスをよく研究して相互理解できることがM&Aの前提となる。

② 周到な事前調査

　M&Aはきわめてリスクの高い経営行為である。M&Aの失敗は経営の命取りになりかねない。合併・買収後にこんなはずではなかった、ということがないように事前に相手先企業をよく調査する必要がある。

　調査は、財務内容、内部統制、法務、設備、技術、人事、マーケティング、環境など、その案件にとって重要な経営活動の側面を中心に行う。どのM&Aでも財務内容の調査が重要な役割を担う。調査結果、財務内容が予想以上に悪いためにM&Aを断念したというケースも多い。この財務内容の調査は通常、公認会計士・監査法人が行う。デュー・デリジェンス・レビュー（Due Diligence Review）ないし買収監査といい、体系的な調査手法に基づいて調査が行われる。単にデュー・デリジェンスともいわれる。また、法律関係については弁護士に調査を依頼することが多い。

　公認会計士などの専門家に調査を依頼しても、対象企業の経営実態が完全に把握できるわけではない。しかし、調査の結果、M&Aを断念するケースが多いことからもわかるように、専門家の調査によって経営意思決定にとっ

第1部 経営編

て重要な情報がもたらされることが期待できることは確かである。

③ 議決権所有割合の検討

　M&Aを行う場合、投資先の議決権をどの程度の割合で所有するかを検討する。会社法、金融商品取引法などの関連法規制を総合すると、投資先を自社の企業グループに加える場合、次の4段階の議決権所有割合がポイントになる。

　i ）100％所有

　　投資先を完全に支配することができる。また、持株会社を親会社とする完全親子会社関係を作る際には不可欠である。

　ii ）2/3以上所有

　　株主総会特別決議事項について支配権を行使できる。株主総会特別決議事項には、定款変更、合併、会社分割、株式交換、株式移転、監査役の解任などが含まれる。定款自治を基本的な考え方とする会社法のもとで定款変更の権限をもつことは重要である。また、グループ会社再編のためには、合併、会社分割、株式交換、株式移転といった事業・企業再編の基本スキームで決定権をもつことも重要である（図表1-5）。

　iii ）50％超所有

　　株主総会特別決議事項以外の基本的な事項について支配権を行使できる。これには、取締役、監査役、会計監査人、会計参与の選任、及び、取締役、会計監査人、会計参与の解任など、重要な人事権の行使が含まれる。また、会社法では、株式譲渡制限会社には取締役会を設置しないことが認められ、その場合、重要事項は株主総会で決議されることになる。この場合、50％超所有していれば、投資先の企業統治を直接行うことができる。

　iv ）20％以上所有

　　連結決算において原則として持分法適用により投資先の損益を取り込むことができる。

持株会社の経営戦略 | 第1章

図表1-5　株主総会特別決議

> **株主総会特別決議とは**

議決権の過半数（定款で1/3以上の割合を定めた場合はその割合以上）を有する株主が出席し、その2/3以上（定款で2/3以上の割合を定めた場合はその割合以上）の多数で決議。その他の要件を定款で定めることもできる（会社法309条1-2項）。なお、特定の事項については、株主の半数以上の出席や議決権の3/4以上の多数決議を求める場合もある（会社法309条3-5項）。

株主総会特別決議を要する主な決議事項:

会社法の条項	決議事項
第2編第6章	定款の変更
第2編第7章	事業の譲渡等（事業全部の譲受け、賃貸、経営委任）
第2編第8章	解散
第5編	合併、会社分割、株式交換、株式移転、株式会社・持分会社間の組織変更
140条2項	譲渡制限株式の買取り
140条5項	譲渡制限株式の指定買取人の指定
156条1項、160条1項	特定の株主からの株式の有償取得
171条1項	全部取得条項付種類株式の取得対価
175条1項	相続人等に対する株式の売渡しの請求
180条2項	株式の併合
199条2項	募集株式の募集事項
200条1項	募集株式の募集事項の決定の取締役又は取締役会への委任
202条3項4号	株式譲渡制限会社における株式の割当てを受ける権利の株主への付与
204条2項	募集株式のうち譲渡制限株式の割当て
238条2項	新株予約権の募集事項の決定
239条1項	新株予約権の募集事項の決定の取締役又は取締役会への委任
241条3項4号	株式譲渡制限会社における新株予約権の割当てを受ける権利の株主への付与
243条2項	譲渡制限株式を目的とした募集新株予約権及び譲渡制限新株予約権の割当て
339条1項、342条3-5項	監査役の解任、累積投票により選任された取締役の解任
425条	役員の損害賠償責任の一部免除
447条1項	資本金の減少（定時株主総会における欠損範囲内の減資を除く）
454条4項	金銭以外の配当財産の割当てを一定数以上の株式とすること

第1部 経営編

④ 価格は交渉で決めるもの

企業合併の場合には合併する会社それぞれの1株当たりの企業価値を評価して合併比率を決定する。企業買収のうち株式取得についても同様に企業価値を評価する。また、事業譲受の場合には、有機的一体として機能する事業財産を、買収対象部門の企業価値として評価する。いずれの場合も評価額は合併比率あるいは買収対価に反映される。

対象会社が上場会社の場合には公表時価が評価基礎として重視される。非上場会社の場合には、1) 純資産価値を基準とする方法、2) 収益価値を基準とする方法、3) 市場価格から推計する方法、4) これらを組み合わせる方法によって評価する。各方法ともさまざまな評価方式が開発されている（詳しくは「1.9.3 持株会社の株式評価」参照）。

このように各種の評価方法があるが、実際のM&Aにおいて唯一絶対の客観的評価額というものは存在しない。それは、一般に売手は高く売りたいが、買手は安く買いたいという当事者間のスタンスの差に加えて、M&Aの目的によって評価観点が異なるからである。すなわち、対象会社の事業を自社の新規事業として取り込むことがM&Aの目的の場合には、前述の2) 収益価値を基準とする方法に属する評価方式である収益還元価値法（将来の収益を予測して評価計算を行う方法）、DCF法（Discounted Cash Flow Method、将来のキャッシュ・フローを予測して評価計算を行う方法）などが用いられる。また、M&Aの目的が対象会社の不動産である場合には、純資産を時価で評価するなど、前述の1) 純資産価値を基準とする方法が用いられる。M&Aの実際の局面では、いろいろな要素が絡んでいることから、各種方式を併用することが多い。

また、同じ会社でも取得割合によって評価額は異なる。出資比率が高くなるほど株価に反映される経営支配権のプレミアムが高くなるからである。1株当たりの経営支配権のプレミアムは前述の持株割合（100%、2/3以上、50%超、20%以上）の順に高くなる。

以上の要素を総合的に検討して売手、買手は価格交渉のテーブルに臨む。

持株会社の経営戦略 | 第1章

M&Aの価格は交渉で決めるものである。ただし、高い価格を主張するにせよ、低い価格を主張するにせよ、相手を説得するに足る論理性をもって価格算定根拠を示す必要がある。M&Aの経験の少ない一般企業は、金融機関、公認会計士、弁護士などの専門家に価格交渉について助言、支援を求めることが賢明である。

⑤　M&A後の経営統合の検討

　M&Aの相手先の会社・事業を自社の企業グループにスムーズに統合するM&A後の経営統合（PMI＝Post M&A Integration, Post Merger Integration）も重要な経営課題である。PMIは、製造、営業といったコア・ビジネスの基幹機能から、人事、財務、システムといった間接機能まで広範囲に及ぶ統合作業である。事業や経営機能を担うのは「人」であることから、人事処遇や企業文化の融合といったソフト面が重視される。

　デュー・デリジェンスの結果、大きな障害がなくM&Aを予定どおり進めることが明らかになった段階からPMIを計画すると、M&A後の統合をスムーズに推進することができる。

⑥　M&Aにおける持株会社の活用

　企業の一事業部門をM&Aの対象とすることは実務上さまざまな困難をともなう。価格交渉の基礎となる事業価値の評価の難しさ、切り離される部門に所属する社員の処遇の問題などである。対象部門が事業子会社として分社されていれば、各種評価方法を適用して評価額算定が企業内事業部門の評価よりもはるかに容易にできる。また、持株会社のもとで分社経営が行われていれば、M&Aの売手にとっては出向、転籍などの措置を講じることなく、社員在籍のままで株式譲渡が可能である。また株式交換制度を利用すれば、無資金でM&Aを実行することも可能である（「第6章　会社法と持株会社の創設」参照）。M&Aの買手が持株会社経営を行っていれば、新たな事業子会社として企業グループへの受入れもスムーズに進めやすい。欧米では会社の

第1部｜経営編

売買がごく一般の取引として行われている。わが国の企業も持株会社の活用によりM&Aを加速することができる。

⑦　M&A後のモニタリング

M&A後の経営は当初の計画通りに実現できないことが多いことから、M&A後のモニタリングは重要である。取締役会等の場で計画の進捗状況をモニタリングして、計画と実績に大きな差異が生じている場合には、原因分析を行い、適宜軌道修正を行う必要がある。

1.5.4　国際企業買収における持株会社の活用

①　日本企業のグローバル化の進展

少子高齢化の進展で国内市場が狭隘化する一方で、新興国を中心に海外市場は急拡大している。さらなる成長を目指す日本の企業グループにとってグローバル化は避けて通れない道であろう。

実際、大企業から中小企業まで数多くの企業が海外に進出している。中国やインドへの進出によって瞬く間に連結企業グループの社員総数の過半を外国人が占めるようになった企業グループもある。

このような企業経営のグローバル化の波は、自動車、家電などの輸出型産業にとどまらず、流通などの内需型産業にも押し寄せている。さらに、証券取引所のようにこれまで国別に活動領域が限定されていた事業体もグローバル競合への対応を迫られている。

企業グループにとって、激化する国際競合の中で持続的な成長を図るために経営のグローバル化は重要な課題である。

②　グローバル化の手法

海外進出・海外事業拡大の手法としては、大別して自社単独による進出と、他社を巻き込んだ進出の2とおりの経営手法がある。

自社単独による進出は、グリーンフィールド・インベストメント（Greenfield investment、未知の地における新規投資）といわれ、洋の東西を問わず、昔から行われてきた国外進出の手法である。駐在員事務所の設置から、事業活動の本格化・事業規模の拡大に合わせて支店・現地法人への現地組織体の格上げを図る手法である。漸進的な事業拡大の過程で遭遇するリスクの評価や対応策を練ることができ、比較的低いリスクで海外進出を実現することができる。また、事業を断念するときの傷は浅い。成功しても失敗しても自社の社員が努力を傾注することから、社員は学んで育ち、将来へ向けてのノウハウを蓄積することができる。

しかし、自社単独による進出には、時間がかかるという難点がある。スピードが求められる国際競合の局面においては不向きな手法である。

他社を巻き込んだ進出としては、他社と長期的な提携関係を構築する経営手法と国際企業買収（Cross-Border Acquisitions）が挙げられる。いずれも自社単独による進出よりも早く海外進出を達成できる。

他社と長期的な提携関係を構築する経営手法としては、長期売買契約、委託契約、ライセンス契約などの特定の取引についての長期契約から、業務提携、事業提携、資本参加、資本提携、戦略提携、合弁事業など、さまざまな経営手法がある。これらはいずれも他社の経営自主性を尊重した提携であり、自社の経営支配権を他社に及ぼすものではない。他社の経営資源は依然として他社の経営支配下にある。

国際企業買収は、このような提携と異なり、自社の経営支配権を他社に及ぼし、他社を自社の企業グループに取り込む経営手法である。他社の経営組織、技術、顧客、ブランド、サプライチェーンを一挙に手中に収めることができる海外進出の速攻手段である。ただし、想定外の事態に遭遇するリスクもあり、高リスクの経営手法である。また、国際企業買収は一般に自社にとって多額の投資を必要とすることから、失敗したときの傷は深い。

日本市場の狭隘化と新興国市場の拡大という市場構造の変化に対応して、日本企業は海外進出・国際化を急ピッチで進めてきた。そのような状況において、グローバル化の手法の中で、局面打開、形勢転換・逆転の決定打とな

第1部 経営編

りうる国際企業買収が注目されている。

③ 持株会社の活用

国際企業買収は、リスクは高いが、スピードが求められる局面において企業が早急に達成したいグローバル展開の目的を一挙に実現することができる決定的な経営手法である。

持株会社体制における国際企業買収は、買収先企業の経営の自主性を損なうことなく企業グループを拡充することができ、一方で、買収先企業も買収元である持株会社グループの資金、技術、販売チャネルなどの経営資源を活用することができるようになり、持株会社はもとより買収先企業にとってもメリットのある経営統合の方式である。

ただし、国際企業買収は、メリットがある半面、リスクの高い経営手法であることから、買収案件の検討にあたっては周到なデュー・デリジェンスとPMIのプランが重要である。さらに、買収後は、PMIの各種施策の実行とともに、買収先企業の経営動向のモニタリングも十分に行って投資に見合う成果を確実にあげることが大切である。

1.6 資本提携と持株会社の活用

1.6.1 資本参加の目的

国際的競争時代の生き残りをかけた事業戦略として業務提携がますます盛んになっている。業務提携の目的も、市場シェアの拡大、新規事業への進出、販売戦略の強化、さらには新技術の獲得などさまざまである。そして、この業務提携をより強固なものにするために「資本参加」をすることもしばしばある。

資本参加の方法としては、大きく分けて、既存株主から参加企業の株式を取得する方法と、第三者割当増資による新株引受けの方法がある。

資本参加の目的としては、参加する側からは、参加企業に対する発言権を確保するという意味があり、受け入れる側としては、新たな資金導入（第三者割当の場合）のほか、資本参加する企業との業務提携強化及び企業イメージアップなどの意図がある。

いずれにせよ、資本参加の程度によっては（必ずしも過半数の持株比率はなくとも）、実質的に企業買収したのも同然となる場合もありうる。

1.6.2　資本参加と受入れ組織

ところで、他社からの資本参加要請があった場合、受入れ側としてはどのような組織形態で受け入れればよいのか、以下で検討していく。

① 第三者割当増資引受けという形で資本参加を受け入れる形態

この受入れ形態（図表1-6）の問題点としては、資本参加企業にとっては、受入れ企業の特定の事業にのみ関心があり、その事業にのみ資本参加したいのであって、受入れ企業のすべての事業に興味があるわけではない場合や、受入れ企業が不良事業を抱えているような場合には、特に会社全体への資本参加は希望しない場合も往々にしてある。それにもかかわらず、この資本参加形態は、企業全体に出資する結果となってしまう。

図表1-6　全社型の資本参加

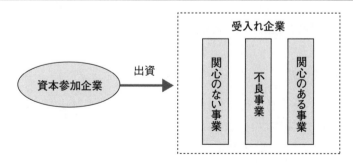

② 会社分割による受入れ形態

　不採算事業など資本参加側が関心を示さない事業を事前に分社化によって切り離したうえで、関心のある事業部分にのみ資本参加してもらう形態である。ただし、分社型分割によって分割した場合、関心のない事業を子会社として分社化し、残った関心のある事業会社に資本参加しても、将来分社化された子会社がお荷物となる懸念が残るので、分社化されるのは資本参加側が関心のある事業ということになろう（図表1-7）。

　また、この変形の形態として、受入れ企業と資本参加企業が出資して新会社を設立し、新会社に資本参加企業が関心のある事業だけを受入れ企業から事業譲渡する形態もある（図表1-8）。

図表1-7　分社型の資本参加

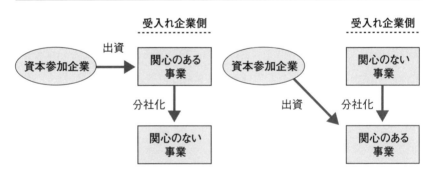

図表1-8　新会社設立の資本参加

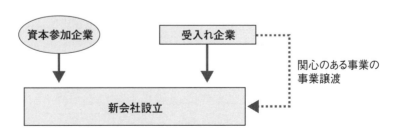

図表1-9　分社・配当型（分割型）の資本参加

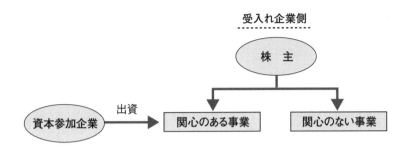

　また、分社型分割と配当の方法（分割型分割）によって資本参加側が関心のある事業を分離し、その分離された会社に資本参加する場合においても大きな違いはない（図表1-9）。

　以上のいずれの受入れ形態においても、次のような問題がある。つまり、分離された側から見ると、意識としてどうしても本体から切り離され、そこに他社が資本参加してくるため、いわば、身売りされたようなイメージでとられやすい。そして、そのことからくる従業員のモラール（士気）の低下を招くことにもなる。また、資本参加する側にしても、事業会社の子会社への資本参加という、意識として何か釈然としないものがあるかもしれない。

③　持株会社形態による受入れ組織形態

　この場合の資本参加は、この持株会社形態のもとで分社された関心のある事業へのみなされることになる（図表1-10）。分社された子会社においても、組織編成の一環として受け入れられやすく、また、資本参加する側においても、事業会社である親会社の子会社へ資本参加する場合よりも、持株会社の傘下子会社へ参加する方が気分的にもすっきりしたものとなる。このように、資本参加を受け入れる形態として持株会社方式は望ましい形態となるであろう。

図表1-10　持株会社型の資本参加

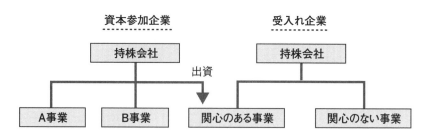

1.7 公益財団法人——公益財団法人が事実上の持株会社となった場合、経営上どのような影響があるか

1.7.1 公益法人制度の概要

　2008（平成20）年12月1日より新たな公益法人制度がスタートし、現在に至っている。さらに、2025（令和7）年4月より公益法人制度の改正、翌2026（令和8）年4月からは公益信託制度の改正が予定されている。公益社団・財団法人は、一般社団・財団法人と並列する関係ではなく、一般社団・財団法人に包含される関係となっている。

　一般社団・財団法人とは、「一般社団法人及び一般財団法人に関する法律」によって設立された法人をいい、公益社団・財団法人は、この一般社団・財団法人のうち、公益目的事業を行う法人としての認定（「公益社団法人及び公益財団法人の認定等に関する法律」）を受けた法人をいう。そして、法人税法上は、さらに公益社団・財団法人以外の一般社団・財団法人で、次のいずれかに該当するものを非営利型法人という（法法2条9号の2、法令3条）。

① 非営利性の徹底された法人

　その行う事業により利益を得ること又は利益を分配することを目的としない法人で、定款に剰余金の分配を行わない旨の定めがあるなど一定の要件を満たすこと等により、その事業を運営するための組織が適正であるもの

図表1-11　一般社団・財団法人と公益社団・財団法人の関係

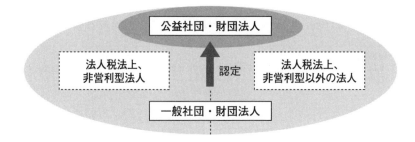

② 公益的活動を目的とする法人

　会員から受け入れる会費により、会員に共通する利益を図るための事業を行う法人で、主たる事業として収益事業を行っていないなど一定の要件を満たすもの

　以上の関係を図示すると図表1-11のようになる。

　一般社団・財団法人は、行政庁による監督もなく、事業の公益性の有無にかかわらず、登記のみで設立できる。一方、公益社団・財団法人は、従来同様行政庁による監督があり、公益目的事業を行うことを主たる目的とする。

　なお、公益法人及び非営利型法人と判定されるためには、一定の要件を満たす必要がある（図表1-12）。

1.7.2　公益財団が事実上の持株会社となった場合の経営に与える影響

　従来、財団への株式贈与が財団本来の公益のためというよりもむしろ、相続税対策として利用されてきたケースも多い。公益財団への株式贈与がなぜ相続税対策として有効であったかといえば、後述（1.7.3）するとおり、贈与する側も国税庁長官による譲渡所得の非課税承認という特例があり、一方、受贈する側である財団においても原則として課税されず、双方非課税での株式移動が可能であったことによる。そして、移動した株式は相続財産からも除かれ、相続税が課税されないこととなる。

第1部 経営編

図表1-12 公益法人と非営利型法人の要件

【公益法人の要件】

次の①、②及び③の要件を満たしている旨を記載した申請書を提出し行政庁の「公益認定等委員会」などの認定を受ける必要がある。

①公益目的事業を行っていること
学術、技芸、慈善その他の公益に関する別表各号に掲げる種類の事業であって、不特定かつ多数の者の利益の増進に寄与するものであること。

②認定基準（18項目）に適合していること
主なものは次のとおりである。
イ．公益目的事業を行うのに必要な経理的基礎及び技術的能力を有すること。
ロ．社員や理事などの法人の関係者などに「特別の利益」を与えないこと。
ハ．公益目的事業に係る収入の額が、その事業に必要な適正な費用を補う額を超えないこと。
ニ．公益目的事業比率が100分の50以上であること。
ホ．遊休財産額が1年分の公益目的事業費相当額を超えないこと。
ヘ．各理事について、理事及びその配偶者又はその理事の親族等である理事の合計数が、理事の総数の3分の1以下であること（監事についても同様）。

③欠格事由に該当しないこと
主なものは次のとおりである。
イ．理事、監事、評議員のうちに一定の要件（公益認定を取り消された公益法人の業務を行う理事であって、取り消しから5年を経過していないなど）に該当する者があるもの。
ロ．定款又は事業計画の内容が法令や行政機関の処分に違反しているもの。
ハ．事業を行うにあたり法令上必要な行政機関の許可などをうけることができないもの。

出所）内閣府ホームページ。

【非営利型法人の要件】

次の①又は②のいずれかに該当すれば非営利型法人となる。

		要件
①非営利性が徹底された法人	1	剰余金の分配を行わないことを定款に定めていること。
	2	解散したときは、残余財産を国・地方公共団体や一定の公益的な団体に贈与することを定款に定めていること。
	3	上記1及び2の定款の定めに違反する行為（上記1、2及び下記4の要件に該当していた期間において、特定の個人又は団体に特別の利益を与えることを含む。）を行うことを決定し、又は行ったことがないこと。
	4	各理事について、理事とその理事の親族などである理事の合計数が、理事の総数の3分の1以下であること。
②共益的活動を目的とする法人	1	会員に共通する利益を図る活動を行うことを目的としていること。
	2	定款などに会費の定めがあること。
	3	主たる事業として収益事業を行っていないこと。
	4	定款に特定の個人又は団体に剰余金の分配を行うことを定めていないこと。
	5	解散したときにその残余財産を特定の個人又は団体に帰属させることを定款に定めていないこと。
	6	上記1から5まで及び下記7の要件に該当していた期間において、特定の個人又は団体に特別の利益を与えることを決定し、又は与えたことがないこと。
	7	各理事について、理事とその理事の親族などである理事の合計数が、理事の総数の3分の1以下であること。

出所）国税庁ホームページ。

持株会社の経営戦略 | 第1章

　ただし、創業オーナー健在のうちはあまり問題とはならないであろうが、創業オーナー亡き後は、オーナー家が公益財団に与える影響は減少し、世代が代われば代わるほどオーナー家の手元から離れていく。

　いつまでも公益財団の生みの親であるオーナー家の影響力があると思っていたら大きな間違いである。

　公益財団とは本来、そうしたものであるということを認識しておく必要がある。

　以上のような性格を有する公益財団が持株会社となった場合、グループ全体の経営戦略を担うなど持株会社本来の役割を果たすことは可能だろうか。はなはだ疑問といわざるをえない。そもそも、公益財団と持株会社とでは、その目的、役割、組織、運営方法など全く異なるからである。ただし、現実には、公益財団が傘下子会社の株式を保有したとしても、多くの場合は、持株会社というよりはむしろオーナー一族の所有する資産保全会社の性格を有するにすぎず問題が生じることは少ないが、持株会社としての機能を発揮しようなどと公益財団の役員などが考えるようになったとしたら話は別である。もし、公益財団が持株会社と化した場合には、もはや、その財団は実質上は財団ではなくなっているはずである。要は、公益財団と持株会社はその性質上、両立しないのである。以上のように、公益財団が持株会社となった場合には、会社経営に対しても大きな影響を与えることになる。

1.7.3　個人が公益法人等（非営利型を含む）へ株式贈与（又は遺贈）した場合の課税

① 　個人（又は贈与者）の課税関係（図表1-13）

図表1-13　株式贈与（又は遺贈）

〈株式贈与者（又は遺贈者）〉　　　　　　　　〈受贈者〉

ⅰ）寄附する株式は譲渡所得の基因となる資産に該当するため、原則として、みなし譲渡による譲渡所得課税が課税される。ただし、特例として、生前贈与、遺贈の場合のみならず、相続人からの贈与の場合においても国税庁長官による譲渡所得の非課税承認があれば、課税されない。

ⅱ）寄附が特定寄附金に該当する場合
　　所得税における寄附金控除の適用がある。

以上の課税関係を、受贈者別に整理すると図表1-14のようになる。

図表1-14　個人贈与者の課税上の取扱い

贈与者の課税＼受贈者	公益社団・財団法人	非営利型法人	非営利型以外の法人
①譲渡所得課税	特例対象（国税庁長官の承認が非課税要件）		原則（譲渡所得課税）
②寄附金控除	適用あり		適用なし

② 受贈者の課税関係
　ⅰ）法人税課税
　　　法人税法上は、公益社団・財団法人以外の一般社団・財団法人をさらに、非営利型法人と非営利型以外の法人の2つに分けてそれぞれ課税対象の範囲等を規定している。整理すると図表1-15のようになる。

持株会社の経営戦略 第1章

図表1-15 公益社団・財団法人等の課税上の取扱い

法人税法上の区分	法人の種類	課税所得等の範囲
公益社団・財団法人	公益法人等	収益事業から生ずる所得
非営利型法人		
非営利型以外の法人	普通法人	すべての所得

　法人税法における収益事業とは、物品販売業、不動産販売業、金銭貸付業等の34業種で、継続して事業場を設けて行われるものをいう。

　よって、株式の贈与は収益事業には該当せず、公益社団・財団法人及び非営利型法人においては課税されない。

　これに対し、非営利型以外の場合には受贈益として法人税が課される。

ⅱ）相続税などの負担の不当減少となる場合

　個人とみなして贈与税又は相続税が課税される。

　なお、不当減少に該当する場合の規定がある。

　また、相続税の非課税特例は、公益財団・社団にのみ適用がある。

1.8 持株会社と株式上場

1.8.1　株式上場のメリット

持株会社が上場するメリットとして次の点が挙げられる。

- 持株会社グループ全体の知名度、信用力の向上
- 社員の士気の向上、採用への好影響
- 資本市場からの資金調達が可能になることによる資金調達の多様化
- 社外からのガバナンスが機能することによるコーポレートガバナンスの充実

第1部 経営編

1.8.2 東証市場改革の動向

東京証券取引所（東証）は、2022（令和4）年4月に上場市場区分を従前の1部、2部、マザーズ、JASDAQから、プライム、スタンダード、グロースの3市場に変更した。新3市場の概要は、図表1-16のとおりである。

図表1-16 東証の市場区分

市場区分	概要
プライム市場	多くの機関投資家の投資対象になりうる規模の時価総額（流動性）を持ち、より高いガバナンス水準を備え、投資家との建設的な対話を中心に据えて持続的な成長と中長期的な企業価値の向上にコミットする企業向けの市場
スタンダード市場	公開された市場における投資対象として一定の時価総額（流動性）を持ち、上場企業としての基本的なガバナンス水準を備えつつ、持続的な成長と中長期的な企業価値の向上にコミットする企業向けの市場
グロース市場	高い成長可能性を実現するための事業計画及びその進捗の適時・適切な開示が行われ一定の市場評価が得られる一方、事業実績の観点から相対的にリスクが高い企業向けの市場

出所）東京証券取引所「2024新規上場ガイドブック」。

1.8.3 持株会社の留意点

新規上場を検討する持株会社は次の点に留意する必要がある。

① 上場市場区分の検討

上場を検討するにあたって、流通株式時価総額、売上高、利益などの金額水準やコーポレートガバナンスの水準も考慮する必要がある。

特に、プライム市場は、より高いガバナンス水準を備えた企業向けの市場と位置づけられていることから（「2.3 コーポレートガバナンス・コード」参照）、プライム市場を選択する会社はコーポレートガバナンス充実の意思をもつ必要がある。

スタンダード市場、グロース市場は、プライム市場ほどではないにせよ、

一定の水準のコーポレートガバナンスが求められることになる。特にオーナー会社は、取締役会の構成・運営や、後継経営者の指名など、非上場会社とは異なるレベルのガバナンスが求められることに留意する必要がある。

　なお、東証市場改革の参考にされていたロンドン証券取引所は、2024年7月にプレミアム市場（東証のプライム市場に該当）及びスタンダード市場を統合してメインマーケットであるESCC（Equity Shares（Commercial Companies））とした。この結果、ロンドン証券取引所の市場区分は、ESCCと中小規模の成長企業向け市場であるAIM（Alternative Investment Market）の2つから構成されることになった。この改革は、今後東証にも影響を及ぼすことになるであろう。

② 　資本政策

　上場に際して、誰に株主になってもらうかということが重要な検討課題になる。安定した経営を行うために経営者は友好的な投資家が一定割合の株式を保有することを望む。一方で、証券取引所は上場株式の市場流動性を確保するために一定割合の株式が市場に流通する「流通株式」であるように規制している。

　東証の規制では、上場株式数の10％以上を所有する株主や当社（自己株式）、役員、関係会社、国内の普通銀行、保険会社、事業法人等の所有する株式は「流通株式」と認めていない。上場会社は、この東証の規制の範囲内で、安定株主対策としてメインバンクや取引先に自社の株式を保有してもらっている。往々にして、当社も相手先の株式を保有する関係になり、「株式持合」が生じている。

　上場会社には、安定株主と流通株式の両面の確保といった資本政策を、コーポレートガバナンス原則等で要求されている株式持合の縮減への対応とともに緻密に検討することが求められる。

第1部 経営編

③ 上場持株会社のグループ・ガバナンス

　企業グループの頂点に立つ持株会社にとって、グループ・ガバナンスはきわめて重要である。

　上場持株会社のグループ・ガバナンスは、投資家、顧客、取引先、政府機関、上場会社本体及び内外グループ会社の役職者等のステークホルダーに信頼されるように、グローバルスタンダードとされるフレームワークや手法に則って構築することが有効である。具体的には、次のステップで検討する（カッコ内は第2章の関連項目）。

1) グループ・ガバナンスとそれを支えるERM（エンタープライズ・リスク・マネジメント）と内部統制のグランドデザイン（2.12）
2) ERMの設計（2.9）
3) グループ全体の内部統制の設計（2.7、2.8）
4) グループ全体の監査体制の設計（2.10）
5) 機関設計、コンプライアンス体制等の検討（2.2、2.6）
6) 「3つのディフェンスライン」によるガバナンス体制構築の確認（2.11）

④ 子会社上場

　支配株主やそれに準ずる主要株主のいる上場会社を「上場子会社」という。支配株主等にあたる親会社が上場会社で、その子会社も上場している場合、「親子上場」という。日本は諸外国に比べて親子上場が多いと指摘されている。

　親会社と上場子会社の間に構造的な利益相反リスクがあることが、海外はもとより国内の機関投資家からも指摘されている。持株会社がオーナー企業の場合には、オーナーファミリーと上場子会社の利益相反リスクもある。

　このような利益相反関係に対処するために、一般株主等の少数株主を含む上場子会社の株主の利害を重視した、上場子会社自体の独立した意思決定を確保する上場子会社のガバナンスが求められている。そのために、取締役会

持株会社の経営戦略 | 第1章

の経営者からの独立性や、取締役会の独立性を担保するための独立社外取締役の確保が課題となる。

　一方で、持株会社グループの全体最適戦略と上場子会社の戦略の不一致のリスクへの対応等の経営戦略上の課題もある。

　持株会社が上場する場合、又は、中間持株会社等の上場会社の子会社が持株会社として上場する場合には、ガバナンスと経営戦略の課題について検討する必要がある。

1.8.4　MBOと非上場化

　最近、経営陣が参加するMBO（マネジメント・バイアウト）手法を使って上場を廃止する非上場化の動きが多く見受けられるようになった。上場廃止の理由は企業によってさまざまであろうが、抜本的な再建や事業変革のスピードを図るため、株主の短期的な意見に振り回されることを回避することなどがある。MBOは一般的に経営陣が参加（株式所有する）すると説明されることが多いが、創業家などの大株主から株を買い集めるためには多額の資金が必要となる。しかし、現実問題として経営陣がその資金を調達することは不可能である。そこで、株式を買収する会社（SPC）を設立し、そのSPCが金融機関から借り入れをするか、ないしは投資会社（ファンド）などが多くの資金を提供することになる（その意味ではMBOという呼称については若干違和感がある）。そして長い目で見れば、融資によって取得した株式買収資金は対象となる会社自身の将来キャッシュフローによって返済されていく仕組みとなっている。

1.9　持株会社の株式評価
——非上場の持株会社の株式評価のあり方

　非上場の持株会社の企業評価ないしは株式評価はどのように考えたらよいのかということが、この節のテーマである。

45

第1部｜経営編

1.9.1 非上場株式の評価方法

　持株会社の株式評価を考える前に、現在、実務で行われている非上場会社の株式評価について検討してみる。株式は株主の財産権を化体したもので、企業の価値を表すといわれる。したがって、株式を評価するということは企業価値を評価するということを意味する。この株式評価については、会社法・経済・経営・税法などいろいろな分野でさまざまな立場・目的から議論・検討がなされているが、これらの立場を総合した統一的な評価理論は未だ確立されておらず、非上場株式の評価に画一的な方法は存在しない。

　現在、非上場会社の株式評価実務においては図表1-17のような方法が比較的採用されている。

　しかし、これらの方法にも、それぞれ長所・短所があり、実際の評価においては、株価算定の目的、その背景、評価対象会社の規模や状況、さらに、株主や売手・買手の状況などを総合的に判断したうえで、その最も適した評価方法が選択される必要がある。

1.9.2 株式評価の基本的考察

　現在の日本企業の株式評価ないしは企業評価の基本的フレームワークとして最も適当な考え方は、将来の収益力を営業権（のれん）評価という形で織り込んだところの時価純資産価値で評価する方式であろう（図表1-18）。

　すなわち、図表中の（A）は、取得原価ベースの純資産で、取得原価主義会計のもとで一定時点における財政状態を表しているが、現時点における企業全体の価値を表してはいない。次に、（B）は、狭義の時価純資産を意味しており、上場株式や土地などの含み損益を反映させたものである。さらに、その企業のもつ営業権評価を加えたものが本来のあるべき企業価値（C）ということである。営業権とは、いわゆる超過収益力を有する無形の財産的価値で、人・組織・顧客・信用力・販売力・技術力・ブランド力・その他のノウハウなどが有機的に結合したものである。したがって、営業権は、知的財産権も含まれ、将来における超過収益力を評価時点で資産化したものである。

持株会社の経営戦略 | 第1章

図表1-17　非上場株式の評価方法の類型

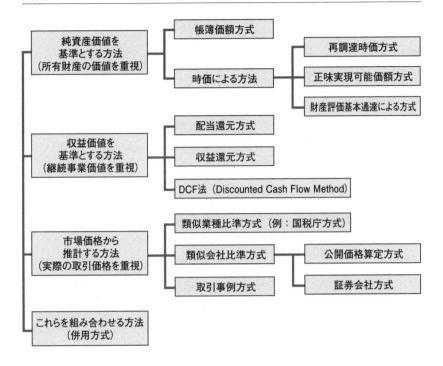

図表1-18　株式評価の考え方

1.9.3　持株会社の株式評価

　持株会社の株式評価ないしは企業評価の場合も基本的には、前述したフレームワークで評価することが適当と考える。しかし、その具体的評価にお

第1部 | 経営編

いては、個々の企業評価とは異なる面があることも事実である。この点を踏まえ以下検討してみる。

① 持株会社を個別の会社としてとらえ評価する方法

つまり、従来の親会社の株式評価をすることと同じと考えればわかりやすい。傘下子会社の株式評価をすべて前述した営業権を含む時価純資産価額で評価し、それを単純に合計したものを子会社株式の評価としたうえで持株会社の時価純資産を算定するというものである。

以上の考え方は図表1-19のようになる。

② 連結時価純資産をもって持株会社の株式評価をする方法

この方法は、連結財務諸表をもとに（なお、①の方法と同様に、子会社株式の評価をもとに算定しても理論上は同じ結果となる）持株会社と子会社（子会社間）との間の、ⅰ）投資勘定と資本勘定の消去、ⅱ）債権・債務の消去、ⅲ）未実現利益の消去が行われた後の連結ベースでの純資産に、土地や有価証券などの含み損益を加え、さらに、連結ベースでの営業権を加えて評価する方法である。ここで問題は、連結ベースでの営業権（「連結調整勘定」も一部を構成することがある）をどのように評価するかという点であろう。持株会社自体の営業権を評価することは意味がないような気がする。なぜなら、持株会社の収益力とは傘下子会社からの配当収入がその主たるもので、それは収益力というよりむしろ、配当政策に依存するものだからである。そうしてみると、やはり、個々の傘下の事業子会社の営業権の合計をもって持株会社の営業権評価とすることが適当と思われる。

先の例と同様、図で示せば図表1-20のようになる（なお、B子会社の商品等の中には、50の未実現利益が含まれているものとする）。

以上の設例においては、①と②の評価方法の差は未実現利益の差となって表れている。こうしてみると、持株会社の株式評価は、後者②の連結ベースでの営業権を含む時価純資産価額方式の方がより理論的であるように思う。

図表1-19　単体評価方式

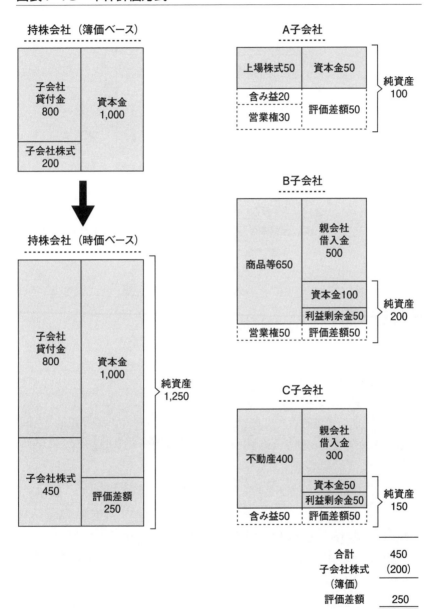

図表1-20　連結評価方式

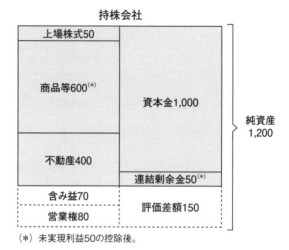

（＊）未実現利益50の控除後。

1.10 非営利法人と持株会社

1.10.1　国立大学法人とアンブレラ方式
① 国立大学法人法

　従来「国立大学設置法」に基づいて設立されていた各国立大学を、2003（平成15）年に新たに制定された「国立大学法人法」に基づき、各大学ごとに法人化し、国立大学法人が設立されるようになった。

　さらに、18歳人口の減少や大学運営費交付金の削減等を背景に、2019（令和元）年にこれまでの「1国立大学法人1大学制」から「1国立大学法人複数大学制」を可能とする国立大学法人法の改正が行われた。

　これを企業の持株会社制に対してアンブレラ方式と呼んでいる。

　なお、国立大学法人の資本金は、政府から出資があったものとされた金額と規定されている（同法附則9条2項）。つまり、国の100％所有ということ

である。

なお、国立大学法人は税務上は公共法人（法法別表一）に該当する。

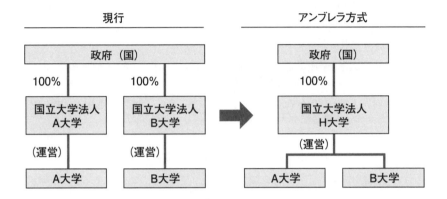

② アンブレラ方式による運営

アンブレラ方式では国立大学法人の長が、持株会社における経営と同様、グループ全体の経営を担い、各大学の学長は教育・研究を担当することになる。

1. 経営の効率化
    - 各大学に存在する経理や人事・法務などの管理部門を統合
    - 調達や産学連携などの窓口の共有化
    - 人材や施設の共有化
2. 教育・研究の質の向上
    各大学における強みを生かしたカリキュラムの作成や共同研究など

第1部 経営編

③ アンブレラ方式採用例

大学名	時期
●名古屋大学と岐阜大学 〔国立大学法人東海国立大学機構〕	2020（令和2）年4月
●静岡大学と浜松医科大学	未定
●小樽商科大学と帯広畜産大学と北見工業大学 〔国立大学法人北海道国立大学機構〕	2022（令和4）年4月
●奈良教育大学と奈良女子大学 〔国立大学法人奈良国立大学機構〕	2022（令和4）年4月

なお、私立大学である慶應義塾大学と東京歯科大学が、目途を設けず合併について協議を継続していると報じられた。これは、慶大による歯学部設置を目的とした実質上の吸収合併による統合と思われるが、将来的には、国立大学法人に限らず、持株会社に類似した統合形態が私立大学等にも広がる可能性がある。

1.10.2　社会福祉法人と連携法人制度

① 社会福祉法人とは

社会福祉法人は、社会福祉事業[注]を行うことを目的として、社会福祉法に基づいて設立される法人をいう。

設立には、原則として都道府県知事の認可が必要である。

（注）社会福祉事業とは次の事業をいう。

●第1種社会福祉事業（特別養護老人ホーム、児童養護施設等）

●第2種社会福祉事業（保育所、訪問介護、デイサービス等）

社会福祉法人には「資本金」はなく、類似するものに「基本金」があるが、両者は全く異なる性質のものである。

基本金は、社会福祉法人の設立や施設の設置、増築などのために受けた寄附金などをいう。

基本金の拠出者が持分などの権利を有することはなく、拠出者が社会福祉

52

法人を所有するわけではない。

また、拠出者に利益の分配が行われることもない。

なお、社会福祉法人は税務上は公益法人（法法別表二）に該当する。

② 連携推進法人制度

非営利ホールディングカンパニー型法人制度として議論されてきたが、社会福祉法人について連携推進法人制度として創設されることになった。

社会福祉法人は、1つの法人が1つの施設を小規模で運営するケースが多い。

そこで、こうした小規模な社会福祉法人が連携できるように、持株会社のような機能を有する法人の設立が認められた。

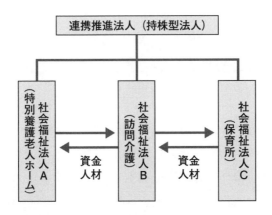

1つの法人のもとで一体として運営することにより、人材や資金を相互に移動することができ、採用や研修もまとめて行うなど経営の効率化を図ることが期待できる。

社会福祉法人は合併も可能であるが、経営理念の相違や統合時の会計処理が難しい等の問題があり、一方、連携推進制度はそれぞれの法人が一定の独立性を保持したままで運営ができるなどのメリットがある。

第1部 経営編

1.11 持株会社の事業ポートフォリオマネジメント

1.11.1 事業ポートフォリオのマネジメント

　企業や企業グループが展開している事業の全体構成を、事業ポートフォリオという。

　持株会社企業グループの場合、純粋持株会社では事業子会社が事業を担い、事業持株会社では事業持株会社の事業部門と事業子会社が事業を担う。いずれの形態でも企業グループ本社は、独自のビジネスモデルに基づいた事業ポートフォリオを構築して企業グループの事業推進を行う。経営環境が目まぐるしく変化する中で事業ポートフォリオを絶えず見直す必要がある。複数の事業子会社を傘下にもつ持株会社にとって事業ポートフォリオマネジメントは重要な経営課題である。特に上場持株会社にとっては、機関投資家は自身が複数の投資先企業や産業セクターに対する投資のポートフォリオを組むことから、自社が複数の事業子会社をもつ持株会社の経営方式には必ずしも好意的ではない、ということにも留意する必要がある。

　グループ本社は、自社グループがどのような事業を行っているか分析する必要がある。複数の事業、特に内容の異なる事業を展開している場合、横並びで比較検討できるように基本的な分析は財務数値によって行う。この場合、自社グループの事業を成長性、資本収益性等の観点から分類して概観することが事業ポートフォリオの現状を理解するうえで有益である。成長性と資本収益性によって4象限に分類する例を図表1-21に示した。

　使用する財務数値は、成長性と資本収益性の各々一つの指標を使う。成長性については売上高がシンプルで使いやすい。資本収益性については、投資に対する利益率として投下資本利益率（ROIC＝Return on Invested Capital）が最適である（「3.8.1 グループ会社の業績評価」参照）。

　従事している事業の分析を行ったうえで、事業ポートフォリオマネジメントは各事業の将来性を見極め、経営資源の配分を決めて中期経営計画に落と

図表1-21　成長性と資本収益性による事業の分類

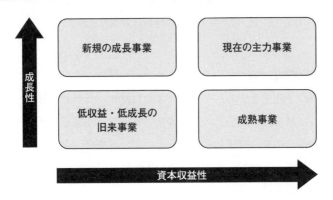

出所)「事業再編ガイドライン」(経済産業省、2020年7月) p.42の図表より作成。

し込んで事業推進し、進捗状況をモニタリングして適宜軌道修正を行う、といったPDCAサイクルを回す作業を核として行う。その過程で必要に応じて事業構造を転換することも選択肢になる。

　成長を続ける企業は、有力な既存事業をもち、さらなる成長のために新規事業も手がけることになる。このような企業グループでは、既存事業と新規事業にグループ会社を分類して、両方の事業領域で競争する戦略を立てなければならない。

　成熟した既存事業と新規事業を同時に進めるための経営手法として「両利きの経営」(注) が参考になる。「両利きの経営」は、組織を、既存事業を効率的に運営して改善するための「深化を担う組織 (Exploitation)」と、新規事業やイノベーションを追求するための「探索を担う組織 (Exploration)」に分けて運営し、成熟企業の強みを新規事業に活かすための共有リソースの活用も図りながら全体としての中長期的な企業価値の向上に取り組むことを目指している。

　(注)「両利きの経営」

第1部｜経営編

『両利きの経営（増補改訂版）──「二兎を追う」戦略が未来を切り拓く』
（チャールズ・A・オライリー／マイケル・L・タッシュマン著、入山章栄監訳、冨山和彦解説、渡部典子訳、東洋経済新報社、2022年）

1.11.2　事業再編の戦略

　経営環境が変化する中で、グループ本社はグループ各社で展開している事業の収益性、将来性、戦略上の意義等を考慮して、事業を再編することが必要になる局面がある。持株会社体制をとっている場合、事業再編は事業子会社の再編を核として検討する。主に次の3点の方策を検討する。

　①　既存事業会社の分離・統合

　②　グループ外の企業・事業の買収（M&A）

　③　既存事業会社のグループ外への切り出し

　各方策のポイントは、以下のとおりである。

①　既存事業会社の分離・統合

　経営環境の変化によって、事業構造を組み替えることで経営資源の効率活用を図ることができる局面がある。共通するマーケットをターゲットとする事業会社を統合して商品・製品・サービスラインの充実やスケールを拡大し新たな成長を図るケースや、成熟した事業を統合する、あるいはシェアード・サービスを活用することによって間接費を削減して収益率の向上を図るケースである。この場合、持株会社本体の事業や機能との統合も検討課題になる。

　重要なことは社員の士気である。社員が新たな職場環境で安心感と意欲をもって仕事に取り組めるように人事諸施策を講じる必要がある。やむを得ずリストラする場合も離職者への配慮が重要である。

　事業を拡大する場合でも、M&Aに比べて経営リスクが相対的に低いことから、まずは既存事業会社の分離・統合を検討すべきである。

56

持株会社の経営戦略 | 第1章

② グループ外の企業・事業の買収（M&A）

事業の成長・拡大を速やかに実現する前向きの事業再編の手段として M&Aが有力である。しかし、M&Aはリスクの高い経営手段であることから、慎重に検討する必要がある。詳細は「1.5 M&Aにおける持株会社の活用」を参照。

③ 既存事業会社のグループ外への切り出し

中長期的な企業価値の向上に向けて、今後の貢献が期待できない事業会社や持株会社の事業部門をグループ外へ切り出すことが検討課題になる局面がある。次のような手法がある。

- 株式譲渡……子会社の株式を売却する方法。完全にグループ外に切り出す場合には持株100％を売却する。他社に経営権を委ねるが、一定の資本関係を維持する場合には、部分売却とする（どの程度売却するかの検討については「1.5.3-③ 議決権所有割合の検討」を参照）。
- 事業譲渡……子会社や持株会社の一部の事業を譲渡する方法。子会社が複数の事業を行っている場合、切り離したい事業だけを分離する手法。

いずれの方法をとるにせよ、切り出す事業に従事する社員に対する配慮が重要である。一緒に仕事をしてきた仲間であり、彼ら彼女たちをどう処遇するか、すべての社員が関心をもって見守っていることであろう。持株会社のレピュテーションのためにも社会的な納得を得られるような処遇を心掛けなければならない。その際に、切り出す事業のベストオーナー[注1] は誰なのか、自社か、他社かといった冷静な分析も有益である。切り出す事業のマネジメントの事業継続意欲が強い場合には、持株会社としてMBO[注2] を支援することも選択肢になる。

（注1）ベストオーナー

当該事業の企業価値を中長期的に最大化することが期待される経営主体を指す。具体的には、当該事業を経営戦略上重要で優先すべき分野（コア事業）

第1部 経営編

として位置づけて成長投資を行う意思とそのための経営資源を保有していることや、当該事業から付加価値を創出するオペレーション能力が他社に比べて高いことなど、その組織能力（ケイパビリティ）や資本力を活かして競争優位を築き、当該事業の成長戦略を実現する可能性が他社より高いと見込まれる（つまり、当該事業を有することが企業の経営戦略及び組織能力に適合している）企業が該当する。（出所：「事業再編ガイドライン」経済産業省、2020年7月、p.20）

（注2）MBO（マネジメント・バイアウト）
　対象会社・事業部門のマネジメントが、株式や事業を譲り受けて事業を続行する経営行為

1.12 持株会社のポストコロナ戦略

　新型コロナウイルス感染症（COVID-19）は世界に大打撃を与え、過酷な経営環境の中で企業は存続をかけて新たな戦略を打ち出した。ここでは、持株会社経営にとって重要な次の3つの戦略課題について概観する。
　①　存在意義の再確認
　②　選択と集中の徹底
　③　DX（デジタル・トランスフォーメーション）
　社会活動は落ちつきつつあるが、これらの戦略課題への取り組みを完遂することが重要である。

1.12.1　存在意義の再確認

　コロナ禍が世界を覆う中で、企業は、"VUCA：Volatility（不安定性）、Uncertainty（不確実性）、Complexity（複雑性）、Ambiguity（曖昧性）"に晒されているといわれている。
　このような時代においては、まずもって、自社が何のために存在するのか、といった原点に立ち返って企業経営を考え直す必要がある。このこと

は、さまざまな企業や従業員を束ねる持株会社にとってはことさらに重要である。

ポストコロナにおいて、将来を見据えて、企業の存在意義、ミッションや企業目的（パーパス＝Purpose）を見つめ直し、企業のありたい姿を経営ビジョンとして描くことが求められる。そのうえで、ビジョンを実現するための経営戦略を再構築することが持株会社経営者の重要な課題である。

1.12.2　選択と集中の徹底

経営戦略を再構築する過程で、持株会社グループ全体で事業ポートフォリオやビジネスモデルを見直すことになる。従来にも増して厳しい経営環境においては、鋭い選択眼と集中力をもって事業の選択と集中を徹底しなければならない。

見直しの結果、事業再編の必要性を認識することもある。事業再編については、過去の成長期においては、企業規模の拡大や多角化、国際化のために他社を合併・買収するM＆Aが中心であったが、今後は、事業のスピンオフ等、事業分離も選択肢として重視しなければならない。分離対象の事業の従業員にとっては、自分たちを必要とする新たな出資者や経営者のもとで仕事をする方が望ましい場合もありえよう。

1.12.3　DX（デジタル・トランスフォーメーション）

紙と手作業による事務処理から電子処理への移行、RPA（Robotic Process Automation）、リモートワーク等は、コロナ前から進めている企業も見られたが、コロナ危機を契機にこのようなビジネス・プロセスのデジタル化は一挙に加速している。

さらに、ビジネス・プロセスのデジタル化にとどまらず、現在進んでいるのが、ビジネスモデルの変革をともなうDXである。現代は新たな産業革命の時代ともいわれている。

DXを余儀なくされている業種として、小売業を挙げることができる。店

第1部 経営編

での消費が伸び悩む一方でインターネットでの消費が急増し、小売企業はリアル店舗（店）とネット販売の販売チャネルの複線化を進め、並行して、現金販売からカードさらにはスマホによる電子決済に軸足を移している。電子決済から得られる顧客データのマーケティングへの活用も企業競争に影響を及ぼしている。このような消費市場をめぐる競合は、東南アジアや中国の方が日本より激しいという見方もある。

　消費行動が変化した以上、DXはコロナ後の環境においても重要性を失うことはないであろう。

　持株会社は、傘下の事業会社の業種・業態を問わず、グループ総体でDXを考慮した経営のイノベーションを図る必要がある。そのためにはデジタル人材の確保も重要である。

　このような諸施策を講じるとともに、ビジネスモデルやビジネス・プロセスの変革に応じて、持株会社グループ全体のリスクマネジメントや内部統制の再構築も必要である。

第 **2** 章

Management | # 持株会社のガバナンス

2.1 | 会社法のもとでの持株会社のガバナンス

2.1.1 持株会社とコーポレートガバナンス

経営の求心力の確保を生命線とする持株会社（ホールディングカンパニー）にとって、有効なコーポレートガバナンス（企業統治）の体制構築はきわめて重要な経営課題である。わが国では、2005（平成17）年に会社法が制定され、株式会社には多様な機関設計が用意された。さらに、2014（平成26）年には会社法が改正されて新たなガバナンス形態である監査等委員会設置会社制度が導入されて機関設計の選択肢が増えた。持株会社においては、持株会社本体と傘下のグループ会社各社で会社法に基づいて機関設計を行う必要がある。

会社法のもとで株式会社はさまざまな機関設計が可能となる（後掲の図表2-3参照）。

どのような株式会社でも、株主総会と取締役は必ず設置しなければならない会社機関である。その他の機関の設置については、会社規模と株式譲渡制限の有無によって必須設置と任意設置の機関が定められ、多様な組み合わせが可能となる。

2.1.2 持株会社の戦略とガバナンス体制

多様な機関設計の選択肢がある中で、どのようなガバナンス体制を構築す

61

第1部｜経営編

るかは、持株会社の戦略に基づいて決定すべきことである。すなわち、持株
会社としてどのようなグループ経営の戦略をもっているのか明らかにし、そ
の戦略発動を支える組織的インフラとしてガバナンス体制を構築する必要が
ある。持株会社のガバナンス体制構築のポイントを図表2-1にまとめた。以
下、図表2-1に基づいて持株会社のガバナンス体制構築のポイントを解説す
る。

図表2-1　持株会社のガバナンス体制構築のポイント

> ① 企業グループ経営戦略と各グループ会社の位置づけ
> ② 各グループ会社と企業グループ全体における経営リスクの状況
> ③ 持株会社主導のグループ・ガバナンスとするか、グループ会社各社
> 　の自主経営を尊重するか
> ④ グループ会社各社の会社規模の調整は可能か
> ⑤ 株式譲渡制限を設けることの可否
> ⑥ コーポレートガバナンスを担う会社機関の設計
> ⑦ 海外グループ会社各社所在国のガバナンス規制との調整

① 企業グループ経営戦略と各グループ会社の位置づけ

　まず、企業グループの経営戦略において個々のグループ会社がどのように
位置づけられるかを明らかにする。持株会社本体が純粋持株会社の場合、持
株会社本体はグループ本社の役割を担い、各グループ会社はいずれかの事業
を担う事業会社となる。企業グループで複数の事業を大規模に行う場合、そ
れぞれの事業で中核事業会社が位置づけられる場合が多い。持株会社本体が
一定の事業も行う事業持株会社である場合には、持株会社はグループ本社の
役割を担うと同時に、一定の事業の中核事業会社としての役割も担うことに
なる。

　経理、システム、購買といった特定の経営業務機能を企業グループ全体で

共有する場合もある。この共有機能を持株会社本体にもつ場合もあれば、その機能だけ切り出して機能子会社を作る場合もある。その子会社が力をつけてグループ外部からのアウトソーシングを受注するようになれば、それらの子会社は機能子会社であると同時に事業子会社ともなる。

　グループ会社全体がどのような位置づけにあるか、一覧表に整理するとよい。上場会社は、有価証券報告書に、事業の内容について事業系統図や関係会社の一覧表を掲載して事業の全体状況を開示することが求められている。これらの開示資料を参考にして、社内資料としては、売上高、純利益、総資産、従業員数も記載するとグループ会社各社の事業の状況を主要数値でコンパクトに把握することができ、データを適宜更新すれば、グループ経営の実務に役立つ。

　グループ会社の編成は多種多様であり、また、経営環境、経営戦略の変化とともに変化するものである。

②　各グループ会社と企業グループ全体における経営リスクの状況

　企業グループの全体像が把握されたら、次に、事業を推進するうえで直面する経営リスクの棚卸を行う。この経営リスクの棚卸は、各グループ会社のレベルと、企業グループ全体のレベルの2段階で行うと効果的である。

　リスクの棚卸を行う際にリスクマップを使うとわかりやすい。よく使われるリスクマップの例を図表2-2に示した。

　このリスクマップは、縦軸を「リスクの影響度」、横軸を「リスクの発生率」として、経営が直面するリスクとその重要性を一覧表示するものである。このリスクマップをまず各グループ会社のレベルで作成する。たとえば、貸倒れリスクは、影響度も発生率も高いので右上にプロットする、為替リスクは、発生率は高いが、ヘッジをかけているので影響度は低いとして右下にプロットする、という具合に想定されるリスクを表上に示し、自社の抱える経営リスクが一目瞭然となるようにする。出来上がったリスクマップは各社の社長が頭の中で思い描いていたイメージと一致するはずである。グ

図表2-2　リスクマップ

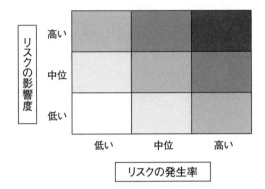

ループ会社別リスクマップは会社の数だけ作る。

　次に企業グループ全体のリスクマップを作成する。ここでは、グループ全体の観点での個別リスクを表示するリスクマップとともに、企業グループのコーポレートガバナンスの基礎資料としては、個々のグループ会社を表示するリスクマップも役に立つ。たとえば、大規模な海外新規事業会社は、リスクの影響度も発生率も高いので右上にプロットする、成熟事業に属する安定子会社は、リスクの影響度も発生率も低いので左下にプロットする、というように、経営リスクの高い会社、低い会社を一覧表示する。

　今日、ERM（エンタープライズ・リスク・マネジメント＝企業グループ全体のリスクマネジメント）が脚光を浴びている。各グループ会社のレベルのリスクマップとそれをもとにした企業グループ全体レベルのリスクマップの2種類のリスクマップが作成されていれば、初歩レベルのERMはできているといってよい。ERMを本格的に進めるためには、リスクの識別、評価（必要に応じ計量化）、対応策の策定といった、リスクマネジメントの各局面にさまざまな手法を投入して作業することになる。持株会社のガバナンス体制構築の目的では図表2-2のイメージの企業グループ全体のリスクマップで足りる。

③ 持株会社主導のグループ・ガバナンスとするか、グループ会社各社の自主経営を尊重するか

　企業グループのガバナンス体制を構築するうえで、持株会社主導のグループ・ガバナンスとするか、グループ会社各社の自主経営を尊重するか、といったグループ運営の基本方針を明確にする必要がある。企業グループ全体の経営リスクの状況を把握し、リスクマネジメントを含めて持株会社主導か、各社の自主経営か、その中間か、といったことを検討する。

　仮に、子会社の自主経営を尊重し、持株会社のもとで各社は緩やかな連合体のような組織とする場合には、各グループ会社それぞれにおいて完結したコーポレートガバナンスを整備する必要がある。持株会社本社は、各グループ会社のコーポレートガバナンス（「ローカルガバナンス」）を包含して持株会社グループ全体のグループ・ガバナンスを構築する。

　持株会社主導のグループ・ガバナンスとする場合には、各グループ会社のレベルではコーポレートガバナンスを完結させる必要はなく、グループ全体でコーポレートガバナンスを完結させることになる。各グループ会社のレベルでは、機関設計の自由度を高めるために、会社規模と株式譲渡制限について検討することになる。

④ グループ会社各社の会社規模の調整は可能か

　会社法では、大会社（資本金5億円以上又は負債総額200億円以上の株式会社）とそれ以外の中小会社で機関設計の選択の幅を変えている。中小会社の方が機関設計の自由度が高い。したがって機関設計の自由度を高めるためにグループ会社各社を会社法上の中小会社とできないか、会社規模の調整を検討することになる。

　資本金の規模については、経営者の意思と資本調達力いかんである程度自由に決めることができる。負債については、ビジネスの必要に応じて資金調達が行われることから規模設計の自由度は低くなる。負債も資本金もバランスシート（貸借対照表）の貸方であるから、借方の資産と同額の貸方を負債、

第1部｜経営編

資本金と剰余金（内部留保）で構成する必要がある。創業間もない会社や業績不振の会社は内部留保が薄いから資産を資本金と負債で支える必要がある。200億円を超える資産を運用してビジネスを展開していれば、資本金規模を5億円未満にしても負債が200億円以上になり大会社となる可能性が高い。反対に、内部留保の厚い会社は、資本金規模設計の自由度が高まる。無借金会社となれば、ビジネスの規模は大きくとも、資本金を5億円未満、負債を200億円未満に維持して制度上は中小会社として比較的自由な機関設計ができる。

　グループ会社各社の機関設計の自由度を確保するためには、ビジネスの規模と収益性を見ながら資本金を5億円未満かつ負債を200億円未満に抑えて会社法上の中小会社とすることができるかどうかがポイントになる。

⑤　株式譲渡制限を設けることの可否

　会社規模の次に株式譲渡制限についての検討を行う。会社法では「その発行する全部又は一部の株式の内容として譲渡による当該株式の取得について株式会社の承認を要する旨の定款の定めを設けていない株式会社」を「公開会社」と定義している（会社法2条5号）。公開会社以外の株式会社は、すべての株式について譲渡制限を設けている会社であり、株式譲渡制限会社と呼ばれる。一般に上場会社のことを公開会社というが、会社法では、上場の有無にかかわらず株式の譲渡制限を一部でも設けていなければ公開会社となる。株式譲渡制限は定款で定める。したがって、定款で株式譲渡制限を定めていなければ公開会社となる。図表2-3で明らかなとおり、株式譲渡制限会社は公開会社と比べて必須設置機関が少なく、それだけ機関設計の自由度が高い。また、定款に株式譲渡制限を設ければ、株式を譲渡する際には、取締役会、株主総会などの一定の機関決定が必要になり、株主の安定性が確保され、予期せぬ株主の登場を防止できる。

　グループ会社各社に上場を含め高度の経営の自主性をもたせる場合には、株式譲渡制限を設けず、公開会社とする場合もあろう。

持株会社主導のグループ・ガバナンスとする場合には、100％子会社、あるいは、親会社以外のグループ会社各社の株主に株式譲渡のフリーハンドを与える必要がない会社については、グループ会社各社を株式譲渡制限会社にすることが機関設計の自由度を高めるうえで有効である。最もシンプルなケースとしては、株式譲渡制限を設けた中小会社の場合、取締役を1名選任すれば足りる。

持株会社本体についても株式譲渡制限会社とするか否か検討する必要がある。株式譲渡制限は最強の乗っ取り防止策といえる。半面、資本市場からの資金調達等の目的で上場するためには株式公開が不可欠であり、株式譲渡制限を設けることはできない。また、持株会社本体の場合には、グループ全体のコーポレートガバナンスの要として、たとえ制度上許されても簡易な機関設計は採りがたく、充実した機関設計が必要になる。したがって、持株会社本体を株式譲渡制限会社にするかどうかは、上場か乗っ取り防止かといった経営上の判断によることになろう。

⑥　コーポレートガバナンスを担う会社機関の設計

⑦　海外グループ会社各社所在国のガバナンス規制との調整

以上の検討を行ったうえで、持株会社本体及びグループ会社各社の機関設計を行う。海外グループ会社については、所在国のガバナンス規制との調整も検討する。以下、詳述する。

2.2 会社法のもとでの持株会社の機関設計

2.2.1　会社機関の選択肢

2014（平成26）年改正会社法によって「監査等委員会設置会社」制度が導入された。その結果、株式会社は、前述の会社規模と株式譲渡制限の有無

第1部 経営編

図表2-3 会社法のもとでの会社機関

会社の機関／会社の種類		株主総会	取締役	②監査役設置会社の場合		
				取締役会	監査役	監査役会
大会社	公開会社	必須	必須	必須	必須	必須
	株式譲渡制限会社	必須	必須	任意。但し、監査役会を設置する場合は必須	必須	任意
大会社以外の会社	公開会社	必須	必須	必須	必須	任意
	株式譲渡制限会社	必須	必須	任意。但し、監査役会を設置する場合は必須	必須	任意

表の見方：まず、「大会社」か「大会社以外の会社」かを確認し、さらに、「公開会社」か「株式譲渡制限会社」かを確認する。次に、会社の種類に応じた「必須設置機関」を確認する。そのうえで、「任意設置機関」の選択を検討する。

注）1. 大会社……資本金5億円以上又は負債200億円以上の株式会社。
2. 大会社以外の会社……資本金5億円未満かつ負債200億円未満の株式会社。
3. 公開会社……すべて又は一部の株式について譲渡制限を設けていない株式会社。
4. 株式譲渡制限会社……すべての株式について譲渡制限を設けている株式会社。
5. その他、会社法上の役員である「会計参与」は、すべての会社で設置することができる。公開会社でない取締役会設置会社で「会計参与」を設置する場合、監査役を設置しなくてもよい。

に応じて、①株主総会と取締役のみ設置する会社、②監査役設置会社、③指名委員会等設置会社、④監査等委員会設置会社、といった会社法上の機関設計の選択肢をもつことになった（図表2-3）。

さらに、いずれかの法定機関形態を基本型としたうえで任意の機関を追加設置して⑤ハイブリッド型の組織を設計することもできる。以下に、各機関設計の会社の特徴を説明する。

会計監査人	③指名委員会等設置会社の場合				④監査等委員会設置会社の場合		
	取締役会	指名委員会監査委員会報酬委員会	執行役代表執行役	会計監査人	取締役会代表取締役	監査等委員会	会計監査人
必須	必須	必須	必須	必須	必須	必須	必須
必須	必須	必須	必須	必須	必須	必須	必須
任意	必須	必須	必須	必須	必須	必須	必須
任意	必須	必須	必須	必須	必須	必須	必須

① 株主総会と取締役のみ設置する会社

「大会社」に該当しない「株式譲渡制限会社」であれば、株主総会と少なくとも1名の取締役を設置すれば、会社法上の必須機関は満たされる。最もシンプルな会社形態である。

「大会社に該当しない株式譲渡制限会社」でない限りは、次の3つのガバナンス形態から選択することになる。

② 監査役設置会社

取締役に加えて監査役を設置する。

大会社の場合、会計監査人（公認会計士又は監査法人）が必須設置となる。

公開会社の場合、取締役会が必須設置となる。

公開会社である大会社の場合、取締役会に加えて監査役会も必須設置となる。

株式譲渡制限会社の場合、監査役会は任意設置であるが、設置する場合に

第1部 経営編

は取締役会が必須設置となる。

取締役会は、取締役の中から代表取締役を選定しなければならない。

監査役会は、監査役の中から常勤監査役を選定しなければならない。

③ 指名委員会等設置会社

取締役会、指名委員会、監査委員会、報酬委員会、執行役・代表執行役及び会計監査人が必須設置機関である。

各委員会は、取締役の中から取締役会によって決議・選定された委員3人以上で組織される。各委員会の委員の過半数は社外取締役でなければならない。各委員会の役割は次のとおりである。

● 指名委員会……株主総会に提出する取締役・会計参与の選任・解任の議案の内容の決定。

● 監査委員会……執行役・取締役・会計参与の職務執行の監査と監査報告の作成。株主総会に提出する会計監査人選任・解任・不再任の議案の内容の決定。監査委員（監査委員会の委員）には、業務執行取締役・執行役・使用人等の兼務不可等の独立性の規制がある。

● 報酬委員会……執行役・取締役・会計参与の個人別報酬等の内容の決定。

執行役は、取締役会の決議によって選任される。執行役の役割は、取締役会の決議によって委任を受けた会社の業務執行の決定及び業務の執行である。なお執行役が2人以上いるときは、取締役会は執行役の中から代表執行役を選定しなければならない。

④ 監査等委員会設置会社

2014（平成26）年改正会社法によって導入された制度である。取締役会・代表取締役、監査等委員会、及び会計監査人が必須設置機関である。

監査等委員会の設置は、取締役会と会計監査人の設置会社であれば大会社や公開会社でなくてもできるが、監査役や法定の指名委員会等と併存するこ

とはできない（会社法327条）。

監査等委員会の構成は、3人以上の取締役から成り、その過半数は社外取締役でなければならない（会社法331条6項、399条の2、1項、2項）。また、その取締役は、当該会社やその子会社の業務執行取締役、支配人その他の使用人又は子会社の会計参与や執行役を兼ねることができない（会社法331条3項）。

監査等委員会の職務は、取締役、会計参与の職務の執行の監査及び監査報告の作成等を行い（会社法399条の2、3項）、この職務を全うするため取締役らに職務執行に関する報告を求めたり、業務、財産状況を調査できる（会社法399条の3、1項、2項）。

そして、取締役の不正行為もしくはそのおそれなどを認めるときは、遅滞なく、これを取締役会に報告し（会社法399条の4）、取締役が株主総会に提出しようとする議案等が法令や定款に違反すると認めるときは、その旨を株主総会に報告しなければならない（会社法399条の5）。

また監査等委員は、取締役が法令、定款に違反し、会社に著しい損害が生ずるおそれがあるときは、行為差止めの仮処分を申し立てることができ（会社法399条の6）、監査等委員会が選定する監査等委員には、取締役会招集権者が定款に定められていても、独自に取締役会を招集できる（会社法399条の14、417条）等の権限が与えられている。

⑤　監査機関の比較

上記の法定3監査機関、すなわち監査役会（監査役）、監査委員会（取締役監査委員）、監査等委員会（取締役監査等委員）を比較すると図表2-4の通りである。

なお、次の権限・責任は、法定3監査機関のいずれも保持する。

●取締役、執行役（監査委員会の場合）、会計参与の職務執行の監査と監査報告

●取締役、執行役（監査委員会の場合）の不正行為等、またはそのおそれ

第1部 | 経営編

図表2-4　監査機関の比較

	監査役会 (監査役)	監査等委員会 (監査等委員)	監査委員会 (監査委員)
取締役会における議決権	なし	あり	あり
構成	3名以上 半数以上は社外	3名以上 過半数は社外	3名以上 過半数は社外
常勤者	必要	不要	不要
選任・選定	株主総会で選任	株主総会で選任 (監査等委員以外の取締役会と区分して選任)	取締役会で選定
任期	4年	2年	1年
解任・解職	株主総会の特別決議	株主総会の特別決議	取締役会決議(監査委員の地位の解職) 株主総会の普通決議(取締役の地位の解任)
報酬	定款の定め又は株主総会決議	定款の定め又は株主総会決議(監査等委員以外の取締役と区別して決議)	報酬委員会の決定
監査対象	取締役の職務執行	取締役の職務執行	取締役・執行役の職務執行
独任制の有無	あり	なし(内部統制システムを利用した組織的監査を想定)	
監査報告書	各監査役及び監査役会	監査等委員会	監査委員会
株主総会における他の取締役の選解任・報酬についての意見陳述権	なし	あり	なし

　がある場合の取締役会への報告

- 取締役、執行役(監査委員会の場合)の法令・定款違反行為、またはそのおそれがあり、会社に著しい損害を与えるおそれがある場合、行為差し止めの仮処分の申し立て
- 必要に応じ取締役会を招集

●株主総会に提出する会計監査人の選任・解任・不再任に関する議案の内容決定

⑥　ハイブリッド型の組織

　上記のいずれかの法定機関形態を基本型としたうえで任意の機関を追加設置した組織である。監査役設置会社を基本型として、「執行役員」を任命して指名委員会等設置会社の「執行役」と同様の業務執行にあたらせる形態がよくみられる。また、同じく監査役設置会社を基本型として、指名委員会や報酬委員会を任意に設置する例も散見される。なお、コーポレートガバナンス・コードでは、独立社外取締役が取締役会の過半数に達していない監査役会設置会社又は監査等委員会設置会社では、独立社外取締役を主要な構成員とする独立した指名委員会・報酬委員会を設置することが原則とされている（補充原則4-10①）。

2.2.2　持株会社本体の機関設計

　以上の会社機関設計の選択肢を考慮に入れて、持株会社企業グループでは、まず、持株会社本体（ホールディングカンパニー）の機関設計を行い、次いで各グループ会社の機関設計を行う。

　持株会社が「大会社」に該当しない「株式譲渡制限会社」の場合には、上記①株主総会と取締役のみ設置する会社を選択することも法的には可能である。しかし、企業グループ全体を統括する持株会社は、法律で強制されていなくても、取締役会などの統治機関を設置することが必要である。

　したがって、持株会社は、上記の②監査役設置会社、③指名委員会等設置会社、④監査等委員会設置会社のいずれかのガバナンス形態を選択することになる。三者択一である。会社機関の組み合わせが望ましい場合には、これら3形態から1つの形態を選択したうえで、上記⑤ハイブリッド型の組織の設計を検討することになる。

　会社法上の「大会社」と「公開会社」のいずれか、あるいは両方に該当す

第1部│経営編

る場合には、②監査役設置会社、③指名委員会等設置会社、④監査等委員会設置会社の三者択一が必須となる。

　選択にあたっての各形態のメリット・デメリットとして次の点が挙げられる。

　②監査役設置会社……明治時代から続いている会社形態で、多くの会社が
　　採用しており、わが国では違和感なく受け入れられる。ただし、わが国
　　独特のガバナンス形態であり、海外では説明しにくい。

　③指名委員会等設置会社……米・英等で幅広く採用されているガバナンス
　　形態であり、国際的な理解を得やすい。ただし、2002（平成14）年の
　　制度導入後、採用する会社は少数にとどまっている。経営者の指名や報
　　酬決定を社外取締役が過半を占める委員会で行うことに抵抗があるよう
　　である。

　④監査等委員会設置会社……比較的シンプルなガバナンス形態である。た
　　だし、どの程度のガバナンス機能を発揮できるか、国際的な信認を得ら
　　れるかは、未知数である。

　いずれの形態を選択するかは、各社の状況や方針による。

2.2.3　グループ会社の機関設計

　持株会社本体の機関設計に目途を立てた後、個々のグループ会社の機関設計に着手する。まず、会社の規模と株式譲渡制限の有無を切り口として、検討対象の会社が図表2-3の4区分のどこに該当するかを確認する。そのうえで、持株会社同様のガバナンス形態の選択と機関設計を行う。

　グループ会社の機関設計においては、持株会社主導のグループ・ガバナンスとするか、グループ会社各社の自主経営を尊重するか、といった持株会社の戦略がガバナンス形態の選択及び任意設置機関の設置の基本方針となる。

　グループ会社各社の自主経営を尊重する場合には、グループ会社各社独自にコーポレートガバナンスを完結させるような機関設計が必要である。

　一方、持株会社主導のグループ・ガバナンスとする場合には、グループ会社各社のレベルではコーポレートガバナンスを完結させる必要はないので、

持株会社のガバナンス | 第2章

持株会社の観点でグループ・ガバナンスを行いやすいようにガバナンス形態を選択し、各形態における必須設置機関を設置したうえで、個々のグループ会社の規模、経営リスクなどを見て任意設置機関を設置することとなる。

2.2.4 海外グループ会社の機関設計

海外のグループ会社各社は、機関設計にあたって所在国のガバナンス規制に服する必要がある。所在国で求められる会社機関は現地の法規制どおりに設置する必要がある。したがって、海外グループ会社各社については、グループ全体のガバナンス構造を基本としながらも、所在国のガバナンス規制と調和する形で機関設計を行う必要がある。

2.3 コーポレートガバナンス・コード

2.3.1 コーポレートガバナンス・コードとは

コーポレートガバナンス・コードとは、政府が決定した日本再興戦略の1つとして、有識者会議で策定された企業活動の行動規範であって、東京証券取引所（東証）は2015（平成27）年6月からこれを上場会社に適用している。

持株会社を頂点とする親会社とその傘下子会社のガバナンス体制構築について、前節までは法制度の面から解説したが、コーポレートガバナンス・コードは、法制度の1つではなく、法制度の枠組みの中で実際に活動する会社の行動規範となるものである。東証には日本の有力企業が数多く上場しており、それらは純粋持株会社に限らず子会社を有しているから、持株会社組織体制を解説するにあたって、東証のコーポレートガバナンス・コードについても概説することとする。

2.3.2 コーポレートガバナンス・コードの役割

企業活動は、株主、経営者、従業員、取引先など多くの利害関係者（stakeholder、ステークホルダー）が関わるため、その利害を調整するための会社法をはじめとする企業関係の法のほか、行き過ぎた企業活動から市民や社会を守るための消費者関係、環境関係の法などさまざまな法規によって規制されている。

　法規制は年々厳しくなるものの、不祥事はなかなか後を絶たない。

　しかし、近年はIT技術の進歩による情報網の発達に、法による内部告発者保護も加わり、企業の不祥事は以前に比べて発覚しやすく、しかも発覚すると瞬く間に社会全体に知れ渡って、厳しい批判に晒される。

　ひと度発覚した企業の不祥事は、その企業のイメージダウン、信用低下につながり、株価が急落したりする。社会に多大なる損害を与えると、消費者による不買運動にまで発展する。その結果倒産に追い込まれる企業も稀ではない。

　政府は、2013（平成25）年に過去20年以上にわたる景気低迷からの脱却を目指して、日本再興戦略を打ち出したが、その1つとして東証と金融庁を共同事務局とする有識者会議で策定した企業経営の行動規範となるコーポレートガバナンス・コードを発表し、東証上場企業に実践させることにした。

　コーポレートガバナンス・コードは、有価証券上場規程に添付され、コードの各原則を実施するか、実施しない場合はその理由をコーポレートガバナンスに関する報告書において説明することが定められている（同規程419条、436条の3）。この報告書では、原則を実施しない場合のその理由に加えて、一部の原則については実施していても実施内容を開示することが義務づけられている。また、コーポレートガバナンスの実務が進展するにつれて、開示義務がない項目も含めて「コーポレートガバナンス方針」等の文書を開示してコーポレートガバナンスの全体像を明らかにしている企業も増えている。持株会社の場合には、親会社はもとより国内及び海外のグループ会社の関係者にも当社の姿勢を理解してもらうためにコーポレートガバナンス方針を開示することが望ましい。

　コーポレートガバナンス・コードは、法規制のように罰則をともなうものではないが、これを実践させることによって経営の透明性が高まり、コンプ

ライアンス（法令遵守）が徹底される。その結果企業の不祥事が減少して健全経営が推進されると海外からの投資も増えて企業活動が活発化し、収益増によって景気回復にもつながるというものである。

2.3.3　コーポレートガバナンス・コードの内容

　コーポレートガバナンス・コードは、冒頭において、その定義を「会社が、株主をはじめ顧客・従業員・地域社会等の立場を踏まえた上で、透明・公正かつ迅速・果断な意思決定を行うための仕組みを意味する」と定め、その意義について「実効的なコーポレートガバナンスの実現に資する主要な原則を取りまとめたものであり、これらが適切に実践されることは、それぞれの会社において持続的な成長と中長期的な企業活動の向上のための自律的な対応が図られることを通じて、会社、投資家、ひいては経済全体の発展にも寄与することとなるものと考えられる」としている。

　コードは基本原則として、「株主の権利・平等性の確保」「株主以外のステークホルダーとの適切な協働」「適切な情報開示と透明性の確保」「取締役会等の義務」「株主との対話」の5つを挙げ、さらに基本原則について具体的な実務指針を示した「原則」とそれぞれの原則を補充する「補充原則」によってコードの全体が構成されている。

2.3.4　コーポレートガバナンス・コードの遵守と法的責任

　事業経営が失敗し経営者責任が問題となったときでも、経営者が日頃からコーポレートガバナンス・コードを遵守して、定められた経営理念や取締役会の行動規則に従いながら事業計画を立て、これを取締役会に諮って、その検討経過を詳しく議事録等に残し、実施状況も詳しく記録しておいて、これらの資料なども含めて失敗の原因を調査分析し、その結果を株主に十分説明できるならば、法的責任を問われないで済むことが期待できよう。

第1部｜経営編

2.3.5　コーポレートガバナンス・コードの改訂

　コーポレートガバナンス・コードは、企業を取り巻く環境の変化に応じて絶えず改訂が図られている。最初の改訂は2018（平成30）年に行われた。

　さらに、2021（令和3）年6月に再改訂された。これは並行して進行した東証市場改革（2022年4月より新市場区分適用開始）と軌を一にしたもので、東証市場改革で開設された「プライム市場」に上場する企業に一段高い水準のガバナンスを求めることになった。持株会社の観点では、次の改訂が注目される。

- ●グループ・ガバナンス／上場子会社のガバナンス
- ●取締役会、経営陣、管理職層におけるダイバーシティ（ジェンダー、国際性、職歴、年齢等）の確保
- ●独立社外取締役の増員
- ●指名委員会、報酬委員会の活用
- ●サステナビリティ／ESGの取り組み
- ●グループ全体の内部統制／全社的リスク管理体制の取締役会による構築と運用状況の監督
- ●監査に対する信頼性の確保（内部監査部門による取締役会。監査役等に対する直接報告等）
- ●事業ポートフォリオ戦略

　特に、プライム市場に上場する会社の場合には、グローバルな機関投資家の視点から、次の原則が付加されている。

【補充原則1-2④】議決権の電子行使（少なくとも機関投資家向けに）

【補充原則3-1②】英文開示

【補充原則3-1③】気候変動リスク／収益機会の開示

【原則4-8、補充原則4-8③、4-10①】独立社外取締役を多めに選任

78

持株会社のガバナンス | 第2章

2.4 グローバル・ガバナンス

2.4.1 日本企業のグローバル化の進展

　日本企業のグローバル化が急速に進んでいる。国内市場の伸び率が縮まるにつれて輸出から海外投資へと海外シフトを強める企業が増えるようになり、さらには、海外企業のM&Aによって企業グループ全体で海外のウェイトが高くなった企業が近年多くなっている。特に連結ベースの従業員構成で外国人が日本人より多くなっている企業もごく普通に見るようになった。為替相場の影響を受けつつも、今後とも日本企業のグローバル化は着実に進展するであろう。

2.4.2 グループ本社の責任

　国際的に事業活動を行うグローバル企業において、グループ本社の責任は重大である。

　かつては、海外子会社の自主性を尊重することが日本的グループ経営の特徴といわれることもあった。しかし、海外子会社の業績がグループ全体の業績に及ぼす影響が大きくなり、さらには、海外子会社の不祥事がブランド毀損を招く事態からレピュテーション・リスクのマネジメントという観点でもグループ本社が海外子会社にグリップをきかせることが必要になってきた。順風満帆のときは効率のよいモニタリングを、非常時には迅速かつ強力なリーダーシップを発揮することがグループ本社には求められる。

2.4.3 グローバル経営の難しさ

　欧米の企業は、国境を越えた事業展開や、規模が大きくなるとグローバル・カンパニーとしての経営の経験が豊富である。

　一方、日本では、欧米企業と違ってグローバル・カンパニーの経営に慣れていない企業が多い。

第1部｜経営編

　日本企業にとってグローバル経営は難しいという認識をもつことが大切である。特に次の点を理解することが必要である。
- 海外は日本国内と事業環境が異なる。
- どこの国も、その国の歴史、宗教や文化をもっている。
- 法制度やビジネスも、往々にして日本とは異なる。
- どの国も、日本語とは違う、それぞれの国の言葉をもっている。
- 海外子会社は、本社の目が届きにくい。
- 海外事業は、国内事業よりもリスクが高い場合が多い。
- 現地の経営者、ビジネスパートナー等の関係者への配慮が重要である。
- 地理的に遠く、出張に時間を要することや、時差がコミュニケーションの制約になる。
- ダイバーシティが求められる。ダイバーシティは企業の強みにもなる。

2.4.4　グローバル・ガバナンス体制の構築

　グローバル企業は、このようなグローバル経営の難しさを理解したうえで、グローバル経営を支えるグローバル・ガバナンス体制を構築する必要がある。

　グローバル企業のコーポレートガバナンス方針は、わが国のコーポレートガバナンス・コードをもとに自社の実情に即した方針として作成することになる。このような方針策定方法は一般企業と変わりない。策定されたコーポレートガバナンス方針に基づいてグローバル・ガバナンスの体制を構築することになる。

　グローバル・ガバナンス体制の一環として、主要海外子会社のガバナンス体制を自社のコーポレートガバナンス方針と所在国の法制度・ルールに基づいて構築する。どこの国もその国の文化・宗教や歴史的背景をもった法制度やルールがある。その国で事業を行ううえで、その国の法制度やルールを守ることはとても大切なことである。

80

持株会社のガバナンス | 第2章

2.4.5 地域統括会社

　海外事業が拡大すると地域統括会社を設置する場合がある。北米統括会社をニューヨークに設置する、東南アジア統括会社をシンガポールに設置する、といったケースである。さらに、事業のグローバル展開をスピーディーに行うために、これらの地域統括会社を廃し、日本の事業中核会社、カンパニー本社が傘下の全世界の事業子会社を統括することもある。このような事業統括会社を海外に移す場合もある。ビジネスのグローバル展開の進展状況や国際政治・経済の変化に合わせて地域統括のあり方を絶えず見直す必要がある。

2.5 海外グループ会社の管理

2.5.1 海外グループ会社管理の重要性

　近年、不祥事が海外グループ会社で発生するケースが頻発している。中には親会社の経営に影響を及ぼす重大な不祥事が海外グループ会社で発生したケースもある。親会社事業所や国内子会社よりも海外グループ会社の方がリスクが高いといえる。企業グループの経営者は海外グループ会社管理の重要性を認識する必要がある。

2.5.2 関係会社管理規程の整備

　海外グループ会社を組織的に管理するために、まず、海外グループ会社を含むグループ会社をコントロールする根拠規程となる関係会社管理規程を整備する必要がある。規程には、関係会社管理の基本方針、親会社の事前承認を要する事項、親会社に報告を要する事項、親会社による内部監査等、親会社として関係会社を管理するうえで必要な事項を規定し、さらに、親会社における関係会社管理の組織や権限・責任関係を規定する。海外グループ会社向けに規程を英語、中国語等の現地の役職者がわかる言語に翻訳して、全グ

81

第1部 | 経営編

ループ会社の役員、幹部職員に周知徹底する必要がある。

　さらに、親会社が作成した関係会社管理規程に海外グループ会社が服することを担保するために、関係会社管理規程遵守に関する海外グループ会社における機関決定や親会社と海外グループ会社の間での契約／覚書の締結も必要である。

2.5.3 財務管理／業績評価

　海外グループ会社の日常的な管理の中心はグループ会社の財務データに基づく財務管理（計数管理）である。各社に月次など定期的に経営・財務報告書を提出させて経営分析を行い、必要に応じて各グループ会社に支援措置を講じたり、軌道修正などの指示を行う。

　財務管理は、損益管理、キャッシュ・フロー（資金繰り）の管理、財政状態の管理の3つの観点から行うとグループ会社の事業活動の全体像が掌握できる。特に業績不振・経営変調などの異変は、まずキャッシュ・フローに表れることから、キャッシュ・フローが悪化してきた会社は要注意である。子会社の経営実態をタイムリーに把握するために各グループ会社には月次で報告させることが望ましい。

　財務数値を基礎に、ESGその他、各社独自の定性的な評価ポイントを加味して海外グループ会社の業績評価を行う。会社業績についての評価をもとにした経営者の評価も行う。

2.5.4 報告・事前承認体制の整備

　海外グループ会社の経営活動について、親会社の事前承認を必要とする事項と親会社に報告すべき事項を明示して、海外グループ会社と親会社の間の報告・事前承認の体制を整備する。事前承認事項には、取締役の選任・解任など、会社法上の株主総会決議事項はすべて含まれる。さらに、中長期経営計画など、グループ全体での調整が必要な事項も事前承認事項に含まれる。報告事項は、定期的な経営概況・財務報告が基本事項となる。

2.5.5　経営活動のモニタリング

　海外グループ会社の財務管理と連動して、経営活動のモニタリングも重要である。内部統制フレームワークでモニタリングの主要手段とされるCSA（Control Self Assessment、内部統制自己評価制度）と内部監査がモニタリングの手段として有効である。　いずれも、経営者の目の届きにくい海外グループ会社等のモニタリングにおいて特に威力を発揮する手段である。さらに、重要子会社には、常勤・非常勤役員、経理役職者の派遣も検討する。

　海外グループ会社で特に注意しなければならないのがコンプライアンスである。外国で事業を行ううえで、その国の法令を遵守することは海外グループ会社の最優先の課題である。所在国の法令を遵守しつつ親会社のルールに従うことが海外グループ会社に求められる。親会社のルールが所在国の法令と齟齬をきたす場合には、親会社の法務部門と連携して両方を充足する方策を考案する必要がある。場合によっては、親会社のルールの改編も選択肢になる。このようにコンプライアンスの妥当性がモニタリングの重要な観点になる。

2.5.6　海外グループ会社の分類管理

　数社程度の海外グループ会社を管理する場合には個別対応が可能だが、数多くのグループ会社を管理する場合には、グループ会社を管理上の観点から分類して組織的に管理する必要がある。

　グループ会社を分類する切り口としては、出資比率、会社規模、経営戦略上の位置づけ、事業リスク等、さまざまな観点があるが、複雑な分類は管理を煩雑にするので、1～3項目程度に絞った方が実務的である。出資比率については、100％出資完全子会社、50％超出資等による子会社、20％以上出資等による関連会社といった法的観点からの分類が考えられる。

第1部 | 経営編

2.6 持株会社のコンプライアンス体制

2.6.1 コンプライアンスの重要性

不祥事が頻繁に報道される中で企業はさまざまなリスクに直面している。特に不正事件などの不祥事は企業の経営に大きな影響を及ぼしている。このような深刻な不祥事は、子会社・関連会社や業務委託先などで顕在化することもある。こうした状況において、企業はコンプライアンスの強化に取り組んでいる。

持株会社にとっても不祥事の防止・対応は重要な経営課題である。特に国内外にグループ会社をもつ持株会社には、グループ本社の立場で企業グループ全体を包含するコンプライアンス体制を構築することが求められている。

2.6.2 持株会社のコンプライアンス体制

良好なコンプライアンスは企業のカルチャーともなるものであり、持株会社はしっかりした方針をもち、しかるべき手順を踏んでコンプライアンス体制を構築する必要がある。体制構築の手順として以下に「コンプライアンス体制構築の9ステップ」（図表2-5）をもとに説明する。

① コンプライアンス体制のグランドデザイン

まず、親会社はもとより持株会社グループ全体にわたってコンプライアンスの実務の体系をどのように構築するか、コンプライアンス体制の全体像をデザインする。その際に、持株会社グループの内部統制やリスクマネジメントとの連動も考慮する。

グランドデザインの初めに、持株会社グループの規模、ビジネスの複雑性・国際性、内部統制の成熟度等に応じて、コンプライアンス体制構築の期間を想定する。社内体制が未整備の場合は、少なくとも1年以上かかることに留意する。

84

持株会社のガバナンス 第2章

図表2-5　コンプライアンス体制構築の9ステップ

1. コンプライアンス体制のグランドデザイン
2. 法規制環境の確認
3. 法規制リスクの分析
4. ルールの整備
5. コンプライアンス体制の整備と運用
6. 関係者に対するコミュニケーション
7. モニタリング
8. ルールの徹底
9. 改善努力の継続

　一定の期間を要する場合には、法務、企画、経理、監査等の関係部門から人材を選抜してプロジェクトチームを組成する。特に、法律の専門家の参画は不可欠である。社内弁護士やコンプライアンスに強い法律事務所の参画が必要である。目標とする体制の姿とマイルストーン（中間到達点）を示すロードマップを作ると関係者がプロジェクトにおける現在の立ち位置を共有するのに役立つ。ロードマップは、最初はラフでよい。プロジェクトが進むにつれて細部が見えてくるので、適宜精緻化して改訂する。

　海外事業を行っている場合には、事業を行っている国における法務対応が求められる。多くの国の法務に慣れているグローバル企業でない限り、外国の弁護士との折衝は報酬交渉を含めて会社の顧問弁護士等のサポートを得る方が実務的である。

　また、国際的な事業展開をしている持株会社の場合には、新たに作るコンプライアンス体制に対するグループ会社の信頼を得るために、グランドデザインの段階から人種・国籍などの多様なメンバーの参画（Inclusion）を考慮すべきである。

85

第1部 経営編

② 法規制環境の確認

グランドデザイン後の最初の仕事として、持株会社グループを取り巻く法規制の環境を確認する。事業を行うにあたって遵守すべき法規制にどのようなものがあるか、棚卸を行う。日本の法規制はもとより、事業を行っている国の法規制にも留意する必要がある。さらに、米国の「海外腐敗行為防止法」（FCPA＝Foreign Corrupt Practices Act）や「英国贈収賄禁止法」（UK Bribery Act）のように、立法国以外の国での事業活動でも抵触するおそれのある法規制にも注意を要する。

③ 法規制リスクの分析

法規制環境を確認したら、次のステップとして持株会社グループが直面する法規制リスクを分析する。

法規制リスクは、持株会社グループが事業を推進するうえで遭遇するさまざまなリスクの1つである。法規制リスクが単独で存在することは稀で、多くは他のリスクと重なっている。したがって、法規制リスクだけに着目してリスク分析を行うことは効率的でないばかりか、大きなリスクを見逃すことになりかねない。法規制リスクは、他のリスクも考慮した持株会社グループ全体のリスクマネジメントと内部統制の一環として行うべきである。関係者の連携が重要である。

持株会社グループ全体の観点で重視すべきは、レピュテーション・リスクと不正リスクである。

レピュテーション・リスクは評判リスクともいう。顧客等のステークホルダーの信頼を損なう不祥事は企業の命取りになりかねない。たとえグループの末端で起きた事件や持株会社に法的責任がない不祥事でも、持株会社に責任があると社会がみなせば持株会社の評判を傷つけることになる。このようなレピュテーション・リスクを持株会社はいつも意識する必要がある。

企業不祥事の中でも不正事件を見る社会の目は厳しい。不正事件は企業のレピュテーションの棄損に発展する。特に経営者が関与する粉飾決算などの

経営者不正はあってはならないことである。"Tone at the Top"というように、経営者の姿勢は内部統制の基盤であり、経営者不正が生じる会社の内部統制は信用できなくなる。持株会社グループ全体にわたって不正を許さない倫理観や文化を醸成して不正リスクに対処する必要がある。

持株会社グループの法規制リスク分析では、レピュテーション・リスクと不正リスクを重視してリスク分析を行い、持株会社グループ全体のリスクマネジメントと内部統制につなげることが望まれる。

④　ルールの整備

持株会社グループのコンプライアンスは、グループ会社全社のすべての役職員の日々の仕事の積み重ねで維持されるものである。そのために、グループの役職者全員を律するルールを定める必要がある。

コンプライアンスに関するルールは、持株会社のミッション、パーパス（目的）、企業理念といった基本文書をもとに、行動規範（Code of Conduct）・方針・規程といった一連の文書体系として整備する。

グループの全員が主体的に取り組めるように、グループ会社所在国の言語対応や諸状況に応じた調整も求められる。必要に応じて実務支援のためのマニュアルやガイドラインを作成する。規程類等の実務に近い文書は、親会社の規程類の単なる適用や翻訳では済まず、グループ会社役職員の主体的な取り組みを確保する仕組みが必要である。

⑤　コンプライアンス体制の整備と運用

コンプライアンスのルールを遵守して業務が行われることを確保するためにコンプライアンス体制を整備する。具体的には、持株会社親会社及びグループ各社の業務活動のプロセスにルール遵守のコントロールを織り込み、関係者に役割と責任を割り当てる。さらに、コンプライアンス関係の専門部署による支援体制を整える。経営層・管理職に対しては、評価・報酬インセンティブにコンプライアンス対応の項目を織り込むことも検討する。

第1部 経営編

　もともと、COSO（Committee of Sponsoring Organizations of the Treadway Commission）内部統制フレームワークにせよ、日本版内部統制の枠組みにせよ、コンプライアンスを内部統制の目的の1つにすえていることから、内部統制システムを構築している持株会社グループは、既存の内部統制の再点検によって、このステップを実施することができる。財務報告を重視するあまりコンプライアンス関連の内部統制が手薄になっていた持株会社では、内部統制の本来の目的を再認識するよい機会にもなるであろう。

　体制が整ったら運用に入る。大規模な持株会社グループでは、特定のグループ会社を対象にしたパイロットテストを行って順次グループ全体にロールアウトする進め方も考えられる。コンプライアンス体制構築の動機が特定の不祥事である場合には、不祥事に関連するグループ会社を対象に新体制を先行適用して、必要な手直しをしてグループ全体に展開する方法もある。

⑥　関係者に対するコミュニケーション

　持株会社のコンプライアンス体制が効果を上げるためには、グループ会社のすべての役職員の協力が欠かせない。協力を得るためにはコミュニケーションが重要である。

　まず、当社にとってのコンプライアンスの意義をしっかり理解してもらうことが大切である。そのために、トップメッセージが果たす役割が大きい。トップが自らの言葉で当社にとってのコンプライアンスの意義を伝え、役職員の共感を得ることはコンプライアンス・カルチャー醸成の第一歩である。そのためにトップはさまざまな場と手段でメッセージを伝える。役職員の心に根付かせるために繰り返し伝えることが必要である。トップは宣教師にならなければならないともいわれる。

　トップメッセージの実践としてコンプライアンス意識をもって日常の業務に従事してもらうために、継続的な教育研修を行う。会社のルールは何か、どのような行為がルールに違反するか、ルールに違反したらどのように処分されるか、といったことをグループ会社の新入社員にもわかるように教育する。

コンプライアンス体制・方針・手続等の理解のために全体研修、職務別・階層別研修等をスクール形式、オンライン形式等で企画する。その中で、問題が起きたときの相談窓口や内部通報制度についても説明する。参加者が自分の言葉でコンプライアンスを語ることができるように、グループディスカッション、ロールプレイ等も適宜行う。

　持株会社グループでは、グループ会社の全役職者に理解してもらうために、言語別研修や、国別状況に応じた研修も企画する必要がある。最初に日本人向け研修を企画して、これをモデルにグループ会社向けに加工・展開する方式が実務的である。

　このような教育研修と並行して、経営層と従業員の双方向のコミュニケーションを確保するために、ミーティングやメール等による意見交換の場も整備する。問題に直面したときに従業員などが安心して連絡できるように匿名性を確保した内部通報制度も重要である。

⑦　モニタリング

　コンプライアンス体制が有効に機能していることを確かめるためにモニタリングを行う。モニタリングの方法としては、内部統制やリスクマネジメントで使われる方法であるCSA（2.7.5③ 参照）と内部監査が有効である。

　CSAの一環として行われるコンプライアンスの自己評価は、各部門が自部門のコンプライアンスが適切か自ら確かめて、適宜改善する手法である。内部監査は、各部門から独立した客観的な立場で各部門のコンプライアンスの状況を監査して、適宜改善へ向けて指摘する。両手法を組み合わせて実施するとモニタリングの効果を高めることができる。コンプライアンス意識の浸透度を確認するためのサーベイも有益である。

　通常行われている内部監査やリスクマネジメントの一環としてコンプライアンスのモニタリングを行うと、監査手法などを援用することができて効率的である。

第1部 経営編

⑧ ルールの徹底

しっかりしたコンプライアンス体制を運用するために、ルールを徹底する必要がある。不正防止などの重要なルールの遵守徹底のためにはエンフォースメント（違反者の処分等の強制的な措置）も必要である。

ルール徹底のために、コンプライアンス関連あるいは広く内部統制全体の内部評価の結果に責任をもつことを明示するために部門責任者が署名する確認書や、コンプライアンス上求められていることを遵守していることを従業員等が誓約する誓約書等の制度がある。

ルール違反には厳しく対処しなければならない。さらに、ルール違反者の処分の公平性が重要である。懲戒制度も不可欠である。国際企業の場合、日本人だから処分が甘かったと海外グループ会社の人に思われるようなことがあってはならない。

⑨ 改善努力の継続

コンプライアンス体制が一とおり整備されたら、プロジェクトチームは解散して主管部署によるコンプライアンスの推進・支援・評価を行ってPDCAサイクル（Plan-Do-Check-Action）を回すことになる。

持株会社グループのコンプライアンスは一朝一夕に出来上がるものではない。グループ内外の経営環境の変化に対応させて不断の改善努力が求められる。向上心をもって取り組めば自ずからコンプライアンスの実質は強化されるであろう。

2.7 内部統制と持株会社

2.7.1 内部統制とは何か

① 内部統制の定義

内部統制のグローバル・スタンダードとなっている米国のCOSOの内部

統制フレームワーク（1992年版）を参考にして、わが国の内部統制フレームワークが作成され、「財務報告に係る内部統制の評価及び監査の基準」（「内部統制基準」）の「Ⅰ．内部統制の基本的枠組み」に組み込まれた。内部統制基準とその実施基準である「財務報告に係る内部統制の評価及び監査に関する実施基準」（「内部統制実施基準」）に基づく「内部統制報告制度」（金融商品取引法による上場会社を対象にした財務報告に係る内部統制の経営者による評価と公認会計士等による監査）が2008（平成20）年4月1日に開始された。

2023（令和5）年に「内部統制基準」と「内部統制実施基準」が改訂され、2024（令和6）年4月から新たな「内部統制報告制度」が開始された。持株会社経営にとって2023年改訂の重要ポイントは以下の2点である。

①　内部統制の目的に非財務報告を加えた。

②　ガバナンスや全組織的なリスク管理（ERM）と一体的に内部統制を整備及び運用することを求めた。

さらに、不正リスク評価、情報セキュリティ確保、内部監査の取締役会・監査役等への報告の重要性等も強調された。

この改訂によってわが国の内部統制フレームワークは、グローバル・スタンダードである新・COSO内部統制フレームワーク（2.8参照）と実質的に同じ内容になった。以下、2023年改訂後の「内部統制基準」と「内部統制実施基準」をもとに説明する。

わが国において内部統制は、「基本的に、業務の有効性及び効率性、報告の信頼性、事業活動に関わる法令等の遵守並びに資産の保全の4つの目的が達成されているとの合理的な保証を得るために、業務に組み込まれ、組織内の全ての者によって遂行されるプロセスをいい、統制環境、リスクの評価と対応、統制活動、情報と伝達、モニタリング（監視活動）及びIT（情報技術）への対応の6つの基本的要素から構成される」と定義される（「内部統制基準Ⅰ-1」）。端的には、内部統制は、組織目的達成のために業務に組み込まれ、組織内のすべての人たちによって遂行されるプロセス、ということがで

きる。

内部統制の4つの目的、6つの基本的要素と事業・業務単位の全体像は図表2-6に示される。

② 内部統制の目的

内部統制は、次の4つの目的を達成するために構築される。

ⅰ) 業務の有効性及び効率性……事業活動の目的の達成のため、業務の有効性及び効率性を高めること。

ⅱ) 報告の信頼性……組織の内部及び外部への報告（非財務情報を含む）の信頼性を確保すること。

ⅲ) 事業活動に関わる法令等の遵守……事業活動に関わる法令その他の規

図表2-6　内部統制のフレームワーク

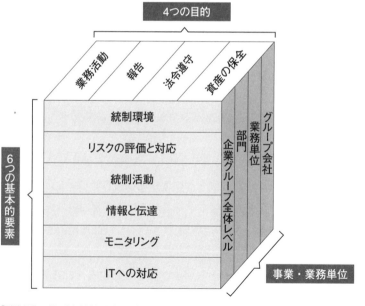

出所）「財務報告に係る内部統制の評価及び監査の基準並びに財務報告に係る内部統制の評価及び監査に関する実施基準の改訂について（意見書）」企業会計審議会、2023（令和5）年4月改訂より作成。

範の遵守を促進すること。

iv）資産の保全……資産の取得、使用及び処分が正当な手続及び承認のもとに行われるよう、資産の保全を図ること。

③ 内部統制の基本的要素

内部統制の目的を達成するために必要とされる内部統制の構成部分を内部統制の基本的要素という。内部統制の目的を達成するため、経営者は、内部統制の基本的要素が組み込まれたプロセスを整備し、そのプロセスを適切に運用していく必要がある。それぞれの目的を達成するには、すべての基本的要素が有効に機能していることが必要であり、それぞれの基本的要素は、内部統制の目的のすべてに必要になるという関係にある。したがって、基本的要素は内部統制の有効性の判断の規準となる。

内部統制の基本的要素は、次の6項目から成る。

i）統制環境……組織の気風を決定し、組織内のすべての者の統制に対する意識に影響を与えるとともに、他の基本的要素の基礎をなし、リスクの評価と対応、統制活動、情報と伝達、モニタリング及びITへの対応に影響を及ぼす基盤。

ii）リスクの評価と対応……組織目標の達成に影響を与える事象について、組織目標の達成を阻害する要因をリスクとして識別、分析及び評価し、当該リスクへの適切な対応を行う一連のプロセス。

iii）統制活動……経営者の命令及び指示が適切に実行されることを確保するために定める方針及び手続。

iv）情報と伝達……必要な情報が識別、把握及び処理され、組織内外及び関係者相互に正しく伝えられることを確保すること。

v）モニタリング……内部統制が有効に機能していることを継続的に評価するプロセス。

vi）ITへの対応……組織目標を達成するためにあらかじめ適切な方針及び手続を定め、それを踏まえて、業務の実施において組織の内外のIT

第1部 経営編

に対し適時かつ適切に対応すること。

④ 内部統制の実質が大切

　内部統制の基本的枠組みは以上のとおりである。それでは、持株会社グループは具体的にどのような内部統制を構築すればよいのであろうか。「財務報告に係る全社的な内部統制に関する評価項目の例」（「内部統制実施基準」（参考1）（巻末資料6参照））が参考になる。この資料は、内部統制の6つの基本的要素について、主に財務報告の信頼性という目的の観点から、わが国の企業が連結企業グループ全体の全社的な内部統制を構築する際の評価項目として例示したものである。実際の評価項目の選定にあたっては、業務の有効性及び効率性などの内部統制の他の目的や、各社の企業特性、経営環境なども考慮する必要がある。

　この資料に掲載されているような評価項目の実質を作り上げることが内部統制構築の本質である。J-SOX対応では、ともすると文書化が強調されるきらいがあるが、内部統制の実質があってこそ、文書化は意味をもつ。たとえば、この資料の「統制環境」の最後に、「従業員等の勤務評価は、公平で適切なものとなっているか」という評価項目がある。そうなっている、と経営者がいうためには、持株会社本体はもとより国内・海外の子会社にわたって、公平・適切な勤務評価制度を整備し、運用し、適切に運用されていることを確かめて評価する必要がある。これは大変な努力を必要とする。

　このように、内部統制は経営の実態であり、作文でできるものではない。内部統制の文書化、評価に先立って内部統制の実質を作り込むことが大切である。

　内部統制の実質を念頭に置いて以下に述べる会社法と金融商品取引法（以下「金商法」という）への対応を図ることが重要である。

2.7.2　会社法と金融商品取引法における内部統制

① 内部統制をめぐる2つの法規制

　わが国では、会社法と金商法の2つの法律が内部統制を規制している。す

持株会社のガバナンス | 第2章

べての株式会社は会社法によって規制される。さらに、上場会社は金商法の規制を受ける。したがって、上場株式会社は会社法と金商法の両方の法律の規制を受け、非上場株式会社は会社法のみの規制を受ける。

持株会社企業グループの場合、いずれの法律も連結企業グループを対象に適用されることから、グループ会社各社が両方の法律の規制を重層的に受けることになる。すなわち、持株会社が上場株式会社の場合、持株会社は会社法と金商法の両方の法律の規制を受け、連結企業グループを構成する持株会社の子会社及び関連会社である株式会社は、親会社の会社法／金商法の規制と同時に、自社自身に対する会社法の規制を受けることになる。グループ会社も上場している場合、法律の適用はさらに重層的になる。

② 内部統制の実態は1つ

このように、わが国の上場会社は、会社法と金商法の2つの法律の規制を受けるが、企業の内部統制は1つである。

内部統制の法規制で重要なことは、会社法、金商法ともに「企業集団」全体の内部統制の構築を求めていることである。「企業集団」について、会社法は適用対象会社をその親会社及び子会社を範囲とし、金商法はこの範囲に関連会社を加えている。このような法適用の差異はあるが、持株会社の場合、持株会社本体を頂点とする企業グループ全体にわたって内部統制を構築することが必要である。

2.7.3 会社法のもとでの内部統制

会社法は、内部統制（内部統制システム）について次のように規定している。なお、法文上、「内部統制システム」という文言はない。

ⅰ）取締役会設置会社の場合

「第362条4項 取締役会は、次に掲げる事項その他の重要な業務執行の決定を取締役に委任することができない。

第1部　経営編

　　　～中略～

　　　6号　取締役の職務の執行が法令及び定款に適合することを確保する
　　　　ための体制その他株式会社の業務並びに当該株式会社及びその子
　　　　会社から成る企業集団の業務の適正を確保するために必要なもの
　　　　として法務省令で定める体制の整備

　　5項　大会社である取締役会設置会社においては、取締役会は、前項第
　　　6号に掲げる事項を決定しなければならない。」

ⅱ）取締役会非設置会社の場合

「第348条2項　取締役が2人以上ある場合には、株式会社の業務は、定
　款に別段の定めがある場合を除き、取締役の過半数をもって決定する。

　3項　前項の場合には、取締役は、次に掲げる事項についての決定を各
　　取締役に委任することができない。

　　　～中略～

　　　4号～上記ⅰ）6号と同様の条文～

　4項　大会社においては、取締役は、前項4号に掲げる事項を決定しな
　　ければならない。」

　取締役会設置会社に適用される362条4項6号に規定されている「業務の
適正を確保するために必要なものとして法務省令で定める体制」について、
会社法施行規則は次のように定めている。

第100条1項

　　一　取締役の職務の執行に係る情報の保存及び管理に関する体制
　　二　損失の危険の管理に関する規程その他の体制
　　三　取締役の職務の執行が効率的に行われることを確保するための体制
　　四　使用人の職務の執行が法令及び定款に適合することを確保するため
　　　の体制
　　五　次に掲げる体制その他の会社並びにその親会社及び子会社から成る

企業集団における業務の適正を確保するための体制

イ　子会社の取締役、執行役、業務を執行する社員、会社法第598条
　1項の職務を行うべき者その他これらの者に相当する者（ハ及びニ
　において「取締役等」という。）の職務の執行に係る事項の会社へ
　の報告に関する体制

ロ　子会社の損失の危険の管理に関する規程その他の体制

ハ　子会社の取締役等の職務の執行が効率的に行われることを確保す
　るための体制

ニ　子会社の取締役等及び使用人の職務の執行が法令及び定款に適合
　することを確保するための体制

　そして、監査役設置会社以外の会社の場合、前項の体制には取締役が株主
に報告すべき事項の報告をするための体制も含まれる（同規則100条2項）。

　さらに、監査役設置会社については会社法施行規則に次の規定が設けら
れ、監査役監査の実効性が確保されている。

第100条3項

　「監査役設置会社（監査役の監査の範囲を会計に関するものに限定する
　旨定款に定めがある会社を含む。）である場合、1項に規定する体制に
　は、次に掲げる体制を含む。

一　監査役がその職務を補助すべき使用人を置くことを求めた場合にお
　ける、その使用人に関する事項

二　前号の使用人の取締役からの独立性に関する事項

三　監査役の一号の使用人に対する指示の実効性確保に関する事項

四　次に掲げる体制その他の監査役への報告に関する体制

　イ　取締役及び会計参与並びに使用人が監査役に報告をするための体
　　制

第1部 経営編

　　ロ　子会社の取締役、会計参与、監査役、執行役、業務を執行する社
　　　　員、会社法第598条1項の職務を行うべき者その他これらの者に相
　　　　当する者及び使用人又はこれらの者から報告を受けた者が監査役に
　　　　報告をするための体制
　五　前号の報告をした者が当該報告をしたことを理由として不利な取扱
　　　いを受けないことを確保するための体制
　六　監査役の職務の執行について生ずる費用の前払又は償還の手続その
　　　他職務の執行について生ずる費用又は債務の処理に係る方針に関する
　　　事項
　七　その他監査役の監査が実効的に行われることを確保するための体
　　　制」

　取締役会非設置会社の場合は、会社法348条3項4号を受けた同法施行規則98条において、上記の取締役会設置会社とほぼ同様の内部統制規則を定めている。
　監査委員会及び監査等委員会についても、同様の規定が設けられている。
　事業報告で内部統制の整備状況と運用状況の概要を記載することが求められている。

2.7.4　金融商品取引法と内部統制

　2006（平成18）年に「証券取引法等の一部を改正する法律」が成立し、証券取引法が大幅に改訂され、法律の名称も「証券取引法」から「金融商品取引法」に改正された。
　金商法は、内部統制について次のように規定している。
「第24条の4の4
　　第24条1項の規定による有価証券報告書を提出しなければならない会
　　社（第23条の3第4項の規定により当該有価証券報告書を提出した会社を
　　含む。次項において同じ。）のうち、第24条1項1号に掲げる有価証券の

発行者である会社その他の政令で定めるものは、内閣府令で定めるところにより、事業年度ごとに、当該会社の属する企業集団及び当該会社に係る財務計算に関する書類その他の情報の適正性を確保するために必要なものとして内閣府令で定める体制について、内閣府令で定めるところにより評価した報告書（以下「内部統制報告書」という。）を有価証券報告書（同条8項の規定により同項に規定する有価証券報告書等に代えて外国会社報告書を提出する場合にあつては、当該外国会社報告書）と併せて内閣総理大臣に提出しなければならない。」

「財務計算に関する書類その他の情報の適正性を確保するための体制」が、金商法が要求する内部統制である。上場会社の経営者は、子会社、関連会社を含めた連結企業グループの財務報告に係る内部統制を構築し、その整備・運用状況について評価し、「内部統制報告書」を内閣総理大臣に提出することが求められる。加えて、「内部統制報告書」について、公認会計士又は監査法人による監査証明を受けることが義務づけられている（金商法193条の2）。

　さらに、金商法に基づく財務報告に係る内部統制の評価及び監査の基準として企業会計審議会の「財務報告に係る内部統制の評価及び監査の基準」（「内部統制基準」）が該当することが法定された（財務計算に関する書類その他の情報の適正性を確保するための体制に関する内閣府令（2015（平成27）年最終改正、1条4項））。

　内部統制基準では、内部統制のフレームワークと経営者による構築・評価及び外部監査人による監査について規定された。さらに、経営者による構築・評価及び外部監査人による監査の具体的な実施方法について、企業会計審議会の「財務報告に係る内部統制の評価及び監査に関する実施基準」（「内部統制実施基準」）によって規定された。

　このような内部統制についての法規制は、米国のサーベンス・オクスリー法（通称SOX法）を範にし、日本的要素を織り込んでいることから、J–SOXとい

図表2-7　J-SOXの全体像

われる。J-SOXにより、上場会社の経営者は、財務報告の信頼性の確保を主目的として「2.7.1①　内部統制の定義」で述べた内部統制を整備・運用し、その状況を評価して「内部統制報告書」を作成し、その報告書は公認会計士・監査法人の監査を受けることになる。このJ-SOXの一連の流れを図表2-7に図示した。

持株会社の内部統制・内部監査部門には、企業グループ全体にわたって効率的・効果的な内部統制業務を推進するようリーダーシップを発揮することが求められる。

2.7.5　企業グループの内部統制

① 　企業グループ内部統制の全体像

「2.7.1　内部統制とは何か」で説明したとおり、わが国の内部統制は、4つの目的（ⅰ）業務の有効性及び効率性、ⅱ）報告の信頼性、ⅲ）事業活動に関わる法令等の遵守、ⅳ）資産の保全）を達成するために、6つの基本的要素（ⅰ）統制環境、ⅱ）リスクの評価と対応、ⅲ）統制活動、ⅳ）情報と伝達、ⅴ）モニタリング、ⅵ）ITへの対応）によって構成される。

持株会社を頂点とする企業グループの場合、このような内部統制を、ⅰ）持株会社における企業グループ全体の内部統制、ⅱ）子会社等における個別企業全体の内部統制、ⅲ）子会社等における業務プロセスの内部統制、という3つのレベルで構築することが実務的である（図表2-8）。

図表2-8　持株会社グループの内部統制

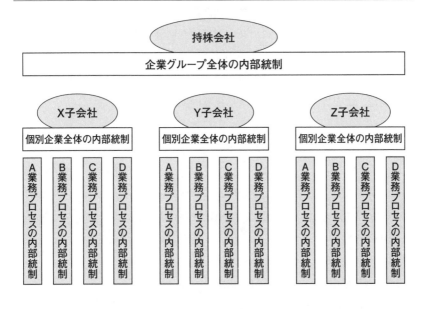

i ）持株会社：企業グループ全体の内部統制

　持株会社本体では、子会社、関連会社を含めた企業グループ全体を統括する内部統制を構築する。経営支配権の及びにくい関連会社に対してどの程度の内部統制を構築するかは、持株会社の方針による。関連会社の自主的な経営管理を尊重する場合には、大局的な経営活動のモニタリングに重点を置いた内部統制が中心になるであろう。ただし、関連会社の不祥事が持株会社のレピュテーションにダメージを与えることがあるから、不正リスク等の経営リスクには注意を要する。

　持株会社が事業持株会社の場合には、持株会社においても主要業務プロセスの内部統制を構築することになる。

　なお、企業グループ全体の内部統制のうち、連結ベースでの財務報告全体に重要な影響を及ぼす内部統制を「内部統制基準」では「全社的な内部統制」と称している。

第1部 経営編

ⅱ）子会社等：個別企業全体の内部統制

子会社等ではその会社全体の内部統制を構築する。傘下に子会社等が
あればそれらの会社も含めた内部統制を構築する。

ⅲ）子会社等：業務プロセスの内部統制

企業グループ全体の内部統制を基盤として、子会社等における購買、
製造、販売等の業務プロセスに係る内部統制を構築する。

② 企業グループ内部統制構築の手順

以上の3つのレベルにわたって企業グループの内部統制を、ⅰ）内部統制
構築の基本方針の決定、ⅱ）内部統制の状況把握と文書化、ⅲ）内部統制の
整備状況の評価、ⅳ）内部統制の運用状況の評価、というプロセスで構築す
る（図表2-9）。

ⅰ）内部統制構築の基本方針の決定

まず、持株会社本体で、会社法・会社法施行規則で求められている
【業務の適正を確保するための体制】（「2.7.3 会社法のもとでの内部統

図表2-9 内部統制構築のプロセス

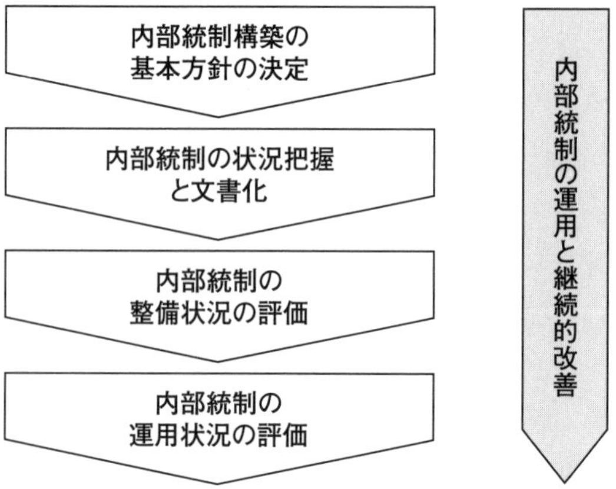

内部統制構築の
基本方針の決定

内部統制の状況把握
と文書化

内部統制の
整備状況の評価

内部統制の
運用状況の評価

内部統制の運用と継続的改善

制」参照）について基本方針を決定する。子会社等においても持株会社が策定した基本方針と整合するように自社の基本方針を策定する。

　さらに、上場会社の場合には、金商法への対応として、財務に係る内部統制について、取締役会は、内部統制の整備及び運用に係る基本方針を決定することが義務づけられている。経営者が定めるべき基本的計画及び方針としては、以下が挙げられる。

1. 構築すべき内部統制の方針・原則、範囲及び水準
2. 内部統制の構築にあたる責任者及び全社的な管理体制
3. 内部統制構築の手順及び日程
4. 内部統制構築に係る人員及びその編成、教育・訓練の方法、等

ⅱ）内部統制の状況把握と文書化

　内部統制の基本方針をもとに、現状の内部統制がどのような状況にあるか把握する。全社的な内部統制、次いで業務プロセスの内部統制について状況把握を行い、必要な範囲と詳細度で文書化を行う。

ⅲ）内部統制の整備状況の評価

　状況把握が行われると、内部統制の整備状況の評価を行う。評価作業も、全社的な内部統制、次いで業務プロセスの内部統制という順序で行う。内部統制のあるべき姿を想定し、内部統制の現状とあるべき姿の比較というギャップ分析を行うと、内部統制の不備を整理しやすい。内部統制のプロジェクト・マネジメントがしっかりしていれば、内部統制の状況把握と並行して整備状況の評価を行うことも可能である。発見した不備については、直ちに是正作業に取り掛かる。

　全社的な内部統制の評価に際しては、「財務報告に係る全社的な内部統制に関する評価項目の例」（「内部統制実施基準」（参考1）（巻末資料6参照））が参考になる。

ⅳ）内部統制の運用状況の評価

　内部統制の整備状況の評価が終わり、良好に整備されていることが確認された内部統制について、所期の目的を達成するように実際に内部統

制が運用されているか確かめるために、運用状況の評価を行う。

整備状況の評価の過程で不備であると評価された内部統制については、運用状況を評価してもあまり意味がない。不備を是正し、改善された内部統制について整備状況の再評価を行ったうえで運用状況の評価作業を行う方が効率的である。

内部統制に不備はつきものである。不備の是正と改善後の内部統制の再評価が企業グループの随所で行われることになるであろう。各社、各部署で継続的改善を行いながら内部統制を運用することになる。

③　企業グループ内部統制のモニタリング

企業グループの内部統制の構築が進むと、次の課題は内部統制のモニタリングである。これは、内部統制が有効に機能していることを継続的に評価するプロセスである。モニタリングは、PDCAサイクルのCheckにあたるものである。

モニタリングには、日常業務に組み込まれて行われる「日常的モニタリング」と、業務から独立して行われる「独立的評価」がある。

ⅰ）日常的モニタリング

日常的モニタリングは、日常の業務実施過程で、管理職者・管理担当者などがルーティンとして行う業務報告書や会計記録レビュー、チェックなど、さまざまな形態で行われる業務処理のレビューである。日常的モニタリングは、企業グループの全社、全部門で行われる。

業務活動を遂行する部門内で実施される内部統制の自己点検ないし自己評価も日常的モニタリングに含まれる。内部統制の自己評価を社内制度として実施する場合、CSA（Control Self Assessment）という。目の届きにくい子会社までカバーするCSAは持株会社にとって有効なモニタリング手法である。

ii）独立的評価

　業務部門から独立した者が、客観的視点から業務部門の内部統制を評価することを独立的評価という。独立的評価は定期的に行われることもあれば、必要に応じ随時行われることもある。日常的モニタリングでは発見できないような経営上の問題が内部統制にないか発見することが独立的評価の主眼である。

　独立的評価は主に次の四者の実行主体によって行われる。

1．経営者による独立的評価

　経営者は、組織の代表者として内部統制の整備及び運用に最終的な責任を有しており、この観点から内部統制の独立的評価を実施することになる。経営状況や業績についての報告書のレビューや経営会議などでの審議を通じて経営者は内部統制を含む経営活動のモニタリングを行う。

　ただし、経営者が直接実施できる活動には限界がある。したがって、経営者自身が行うモニタリングと併せて、内部監査部門などに指示して、評価作業をさせて、その結果をレビューすることによって経営者は独立的評価を遂行することとなる。

　持株会社経営者は、企業グループ全体のモニタリングを行い、各グループ会社経営者は自社のモニタリングを行うことになる。

2．取締役会による独立的評価

　会社法に基づき、取締役会は連結企業グループ全体の内部統制の整備及び運用に係る基本方針を決定する。また、会社法上、取締役会は取締役の職務の執行を監督する責任を負う。このような責任を果たすため、取締役会は、経営者が連結ベースの内部統制を取締役会の決定に従って適切に整備し、運用しているか監視する責務を負っている。取締役会による独立的評価は、取締役会会議という会議体における審議を通してのモニタリングが中心になる。

持株会社本体の取締役会は企業グループ全体のモニタリングを行い、各グループ会社の取締役会は自社のモニタリングを行うことになる。

3. 監査役等による独立的評価

監査役等（監査役、監査委員会、監査等委員会）は、取締役等の職務執行を監査することが会社法で義務づけられている。内部統制の整備・運用は取締役の重要な職務執行である。したがって、監査役等は、会社法に基づく監査の一環として、取締役が実施する内部統制の整備・運用のモニタリングを行う。

持株会社本体の監査役等は企業グループ全体のモニタリングを行い、各グループ会社の監査役等は自社のモニタリングを行うことになる。監査業務の重複を避け、企業グループの監査を効率的に行うために、持株会社及び各グループ会社の監査役等の連携が重要となる。

4. 内部監査部門による独立的評価

内部監査部門は、業務活動の遂行に対して独立した立場から内部統制の整備及び運用の状況の独立的評価を行う。

わが国企業における内部監査部門の位置づけは多様である。経営トップ直属、担当役員管轄、経理部門などの一部、といったように各社各様である。最近は経営トップ直属が増えている。内部監査の客観性、実効性の観点から、内部監査部門は経営トップ直属とし、同時に監査役等への報告経路も確保して、聖域を作らずに企業グループ全体を監査させることが望ましい。

2021（令和3）年のコーポレートガバナンス・コード改訂や2023（令和5）年の内部統制基準改訂等によって重要性が認識されるようになった内部監査の活用を充実することが持株会社の課題である（「2.3.5　コーポレートガバナンス・コードの改訂」、「2.7.1①　内部統制の定義」参照）。

④ 内部統制と持株会社経営者の課題

　以上の手順で持株会社経営者は企業グループ全体の内部統制を構築し、モニタリングを行う。それは同時に、内部統制の不断の改善のプロセスでもある。内部統制の向上を目指し、強力にリーダーシップを発揮することが経営者に求められる。そのためには、経営者自身が内部統制の意義をよく理解し、企業グループの内部統制の現状と向上の方向性を認識する必要がある。

　ともすると内部統制の文書化が強調されがちであるが、持株会社経営者にとって最も重要なことは連結経営の実質を作り込むことである。連結経営の実質を備えてこそ、内部統制の文書化、評価作業は意味をもつ。

　経営が生き物であることと同じように内部統制も変化するものである。経営環境の変化、経営戦略の変革に合わせて、あるべき内部統制の形は変わり、あるべき姿を目指して内部統制の改善、改革の努力は永遠に続けられる。経営者は、自身も社員も息切れすることのないように、改革の努力を継続しなければならない。

2.8 新・COSO内部統制フレームワーク

　2013（平成25）年5月に、COSOは内部統制フレームワーク（1992（平成4）年公表）をはじめとする内部統制関係の報告書の全面見直しを行った最新の内部統制のフレームワーク（「新・COSO内部統制フレームワーク」）に関する報告書を公表した（*COSO Internal Control Integrated Framework*, May 2013：八田進二・箱田順哉監訳、日本内部統制研究学会・新COSO研究会訳『COSO内部統制の統合的フレームワーク』日本公認会計士協会出版局、2014（平成26）年）。

　新・COSO内部統制フレームワークを反映させてわが国も2023（令和5）年に「内部統制基準」と「内部統制実施基準」を改訂して2024（令和6）年4月から新たな「内部統制報告制度」が開始された（詳細は2.7.1参照）。今後は持

第1部　経営編

株会社の内部統制も新・COSO内部統制フレームワークを参照して実務を進めることが望まれる。

2.8.1　新・COSO内部統制フレームワークの概要

内部統制は、以下のように定義される。

内部統制とは、事業体の取締役会、経営者及びその他の構成員によって実行され、業務、報告及びコンプライアンスに関連する目的の達成に関して合理的な保証を提供するために整備された1つのプロセスである。

このような目的を達成するために、内部統制は以下の相互に関連する構成要素によって構成される。

- ●統制環境
- ●リスク評価
- ●統制活動
- ●情報と伝達
- ●モニタリング活動

これらの目的と構成要素は、全社レベル（企業グループ全体）及び部門（子会社を含む）、業務単位、機能などの各構成単位にわたって適用される。「図表2-10　新・COSOキューブ」が内部統制フレームワークの全体像を示している。持株会社の観点からすると、新・COSOキューブに示される内部統制を企業グループ全体にわたって構築することになる。

2.8.2　改訂のポイント

改訂の主要ポイントは、内部統制の目的に含まれる「財務報告の信頼性」を「報告」へ変更したことである。これは、財務報告に加えて近年重要性が高まっている非財務項目についての報告（Non-Financial Reporting）を含めた報告全体の信頼性を内部統制の目的として明確にすえたものである。これ以外にCOSOキューブに示される全体像の実質的な変更はない。

内部統制によって信頼性等を確保すべき報告の内容について、「財務報告」

持株会社のガバナンス | 第2章

図表2-10　新・COSOキューブ

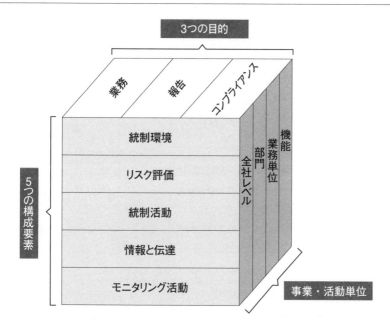

出所）*COSO Internal Control Integrated Framework*, May 2013：八田進二・箱田順哉監訳、日本内部統制研究学会・新COSO研究会訳『COSO 内部統制の統合的フレームワーク』日本公認会計士協会出版局、2014（平成26）年。

と「非財務報告」に分類し、一方で報告対象の観点から「内部報告」と「外部報告」に分類して整理している。「外部報告」のうち、「財務報告」の代表的な例として「年次財務諸表」などが、「非財務報告」の代表的な例として「内部統制報告」「サステナビリティ報告」などが挙げられている。報告目的の各カテゴリー間の全体関係について「図表2-11　報告目的のカテゴリー内における関係」が示されている。

その他、次のような改訂ポイントが挙げられる。

- 原則主義アプローチの採用……内部統制の構成要素別に原則を提示して、効果的な内部統制を実現するためのマネジメントの判断材料としている。
- 有効な内部統制に係る要件の明確化……内部統制の各構成要素と関連す

図表2-11　報告目的のカテゴリー内における関係

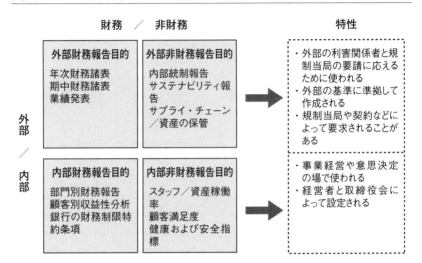

出所）*COSO Internal Control Integrated Framework*, May 2013：八田進二・箱田順哉監訳、日本内部統制研究学会・新COSO研究会訳『COSO 内部統制の統合的フレームワーク』日本公認会計士協会出版局、2014（平成26）年。

る原則が存在して機能し、同時に5つの構成要素がともに機能することが有効な内部統制の要件であると明示。

- ガバナンスに関する論点の強調……内部統制はビジネスの意思決定に寄与すると同時に、組織のガバナンスにも寄与することを強調。
- 内部監査機能の強調……（「2.11　3つのディフェンスライン」参照）の考え方を示し、最後の砦である内部監査機能の重要性を強調。
- 不正防止に関する論点の強調……不正を引き起こす3つの要件を「不正のトライアングル」（「図表2-12　不正のトライアングル」参照）として示した。
- グローバル化の進展を反映……マーケットやビジネスのグローバル化の内部統制への影響を反映。
- ビジネスモデルと組織構造の違いについての考慮……外部パートナーとの協業など、ビジネスモデル等の進化に応じた内部統制を考慮。

図表2-12 不正のトライアングル

動機・プレッシャー……資金不足、業績に対するプレッシャー等の不正を誘発する動機・プレッシャー

機会……内部統制の不備等、不正を許す環境、不正を起こすことのできるチャンス

姿勢・正当化……不正を起こしても構わないという姿勢、自分に正当性があるとする意識

- 法規制・ルール・基準の要求と複雑性についての考察……ステークホルダーの保護と外部報告の信頼性に関する法規制等を考慮。
- 業務遂行能力と説明責任に対する期待についての考察……組織の複雑化・組織変革や新製品・新サービスや業務プロセス・技術の新規導入に応じたより高度の業務遂行能力や説明責任についての期待を考察。
- 増大する技術との関連性を反映……技術（特にIT）の進化が内部統制のすべての構成要素に影響を及ぼすことを指摘。
- 内部統制の目的設定の明確化……内部統制の目的の設定はマネジメントプロセスの一部であり、内部統制の前提であることを明示。

2.8.3 外部財務報告に係る内部統制への対応

前述のとおり、内部統制の目的に含まれる「財務報告の信頼性」を「報告」に変更するが、現行のCOSO内部統制フレームワークが米国、日本その他各国の内部統制報告制度の基本・参照フレームワークとされている実状を踏まえて、COSOでは、「外部財務報告に係る内部統制：適用方法及び適用事例の解説」を同時に公表した。新・COSO内部統制フレームワークを外部財

第1部 │ 経営編

務報告に係る内部統制に適用する場合の参考資料としてこの解説書を活用することが期待されている。

2.8.4　新・COSOフレームワークの持株会社への影響

新・COSO内部統制フレームワークは、内部統制の新たなグローバル・スタンダードであることから、企業グループを束ねる内部統制を整備・運用する持株会社の有力な手段となる。特に、海外グループ会社の役職者や投資家などの利害関係者に自社グループの内部統制を説明する際に、新・COSOフレームワークに基づく内部統制は説得力をもつであろう。

また、米国の上場企業は、依拠するCOSO内部統制フレームワークについて、2014（平成26）年末までに1992（平成4）年版フレームワークから2013（平成25）年版新フレームワークへ移行した。このような米国の動向は、わが国の内部統制報告制度にも影響を及ぼすことになるであろう。

持株会社経営者は、新・COSO内部統制フレームワークをグループ経営の向上に役立てることが期待される。それは、わが国の内部統制報告制度改革への対応ともなるであろう。

2.9　持株会社とERM（エンタープライズ・リスク・マネジメント）

組織全体のリスク管理体制を整備して運用することをERMという。持株会社の場合には、持株会社本体及び傘下のグループ会社全体のリスク管理体制を整備して運用することになる。

前述の内部統制と同様に、ERMにもグローバル・スタンダードがある。米国のCOSOが2004（平成16）年に発表した *Enterprise Risk Management —— Integrated Framework*（ERM統合的フレームワーク）がそれである。この報告書によって提示されたERMのフレームワークはCOSO ERMフレームワークと呼ばれる。

図表2-13　COSO ERMフレームワーク（2017年改訂版）

出所）一般社団法人日本内部監査協会・八田進二・橋本尚・堀江正之・神林比洋雄監訳、日本内部統制研究学会COSO-ERM研究会訳『COSO 全社的リスクマネジメント──戦略およびパフォーマンスとの統合』p.18、同文舘出版、2018（平成30）年。

2017（平成29）年6月に、COSOは、*Enterprise Risk Management —— Integrating with Strategy and Performance*というERM統合的フレームワークの改訂版を公表した（図表2-13）。

改訂版COSO ERMフレームワークは、その副題が示すとおり、Strategy（戦略）及びPerformance（パフォーマンス）と統合したERMを標榜している。

また、新・COSO内部統制フレームワークと同様に、改訂版COSO ERMフレームワークは原則主義を採用している。具体的には、ガバナンス／カルチャー、戦略／目標設定、パフォーマンス、レビュー／修正、情報／伝達／報告というERMの5つの構成要素を示し、各構成要素を機能させるための原則を提示している。その他、COSO ERMフレームワーク改訂のポイントは次のとおりである。

- 戦略にフォーカス
- リスク・戦略・パフォーマンスの連鎖を重視
- ガバナンスとカルチャーがERMの基盤
- リスクのポジティブな影響にも着目
- COSO内部統制フレームワークと共存

わが国は2023（令和5）年に「内部統制基準」と「内部統制実施基準」を

第1部 経営編

改訂して、ガバナンスや全組織的なリスク管理（ERM）と一体的に内部統制を整備及び運用することを求めるようになった。持株会社グループはERMの構築にあたって、改訂版COSO ERMフレームワークを活用することが望まれる。

2.10 持株会社と監査

2.10.1 三様監査

わが国には3とおりの監査がある。①監査役等（監査役、指名委員会等設置会社における監査委員会、又は、監査等委員会設置会社における監査等委員会）による監査、②会計監査人（金商法上は「監査人」という）による監査及び③内部監査である。これを「三様監査」という。

会社法では、定款で株式譲渡制限を設けている中小会社（資本金5億円未満かつ負債200億円未満）以外のすべての株式会社（指名委員会等設置会社及び監査等委員会設置会社を除く）には、監査役による監査が義務づけられている。さらに、監査役設置会社のうち大会社（資本金5億円以上又は負債200億円以上）には会計監査人（社外の公認会計士又は監査法人）を、大会社のうち「公開会社」（すべて又は一部の株式について譲渡制限を設けていない株式会社）については、監査役会及び会計監査人を設置することが義務づけられている。指名委員会等設置会社と監査等委員会設置会社には、企業規模を問わず、会計監査人を設置することが義務づけられている。さらに、指名委員会等設置会社では監査委員会による監査が、監査等委員会設置会社では監査等委員会による監査が行われる（詳しくは図表2-3参照）。

このように監査役等と会計監査人は法律で規定されている監査人である。会計監査人は経営者から独立した立場で計算書類・財務諸表等の適正性を確かめる会計監査や、上場会社の場合には内部統制監査を行い、監査役等は取締役等の業務遂行状況の監査を主眼とした業務監査や会計監査を行う（一定

114

の条件のもとに会計監査に限定することもできる）。

第3の監査である内部監査は法律によって義務づけられた監査ではない。内部監査は経営者の指示に従い、各部門の業務遂行状況を監査する。通常、内部監査部門は代表取締役社長（指名委員会等設置会社においては代表執行役社長）の直轄部門として設置される。近時は、監査役等に対する報告も重視されている。

2.10.2　企業グループの監査

これらの三様監査は、親会社とともに子会社も含めた企業グループ全体を対象にして行われる。また、単体企業と違い、企業グループの場合、親会社に加えて子会社にも会計監査人、監査役等や内部監査人が設置されるという監査の重層構造が多くみられる。

企業グループにとって監査は重要な役割を担う。会計監査人（監査人）は、親会社及び各子会社の監査を行い、計算書類、財務諸表、連結財務書類及び連結財務諸表や内部統制報告書の適正性について監査報告書を提出する。これらの監査報告書によって各財務書類等の適正性について専門家の客観的な裏づけが得られる。また、公認会計士・監査法人は、通常、監査の過程で発見した内部統制上の問題点などを経営者に報告し、改善勧告を行う。

会社法のもと、監査役等は、必要に応じて、子会社に事業の報告を求め、子会社の業務及び財産の状況を調査することができる。

なお、会社法では、子会社について「会社がその総株主の議決権の過半数を有する株式会社その他の当該会社がその経営を支配している法人として法務省令で定めるものをいう」（会社法2条3号）と定義している。会社法は、旧商法の持株基準（持株比率50％超の会社を子会社とする）を廃し、金商法と同様に持株の過半を所有していなくても「経営を支配している法人」であれば子会社とする「支配力基準」を導入している。

内部監査部門は、親会社、子会社の業務活動に主眼を置いた監査を行う。購買、製造、販売などの経営活動について企業グループの経営方針に沿った

第1部 経営編

業務が行われているか監査し、内部統制の不備などの問題点が発見された場合には改善勧告を行う。監査勧告に従って業務改善を進めれば管理体制はますます充実する。

わが国では、かつてはともすると子会社の不祥事については親会社が責任を問われることはないとする風潮があった。一方、欧米では、従来親会社の一部門であろうと、子会社であろうと、重大な問題を起こせば、親会社の経営者が責任を追及される。米国には、「海外腐敗行為防止法」（FCPA＝Foreign Corrupt Practices Act）という法律があって、外国政府の役人への贈賄等の不正行為を行った場合、たとえ子会社による行為であっても米国の親会社の経営者が責任を追及される。2011年には全世界のビジネスを適用対象とする英国贈収賄禁止法が施行された。このような経営責任のあり方はいまやグローバル・スタンダードである。また、わが国でも会社法で国外犯処罰規定（取締役の特別背任罪等）が設けられ、海外での違法行為は厳しく処罰されることとなった。わが国の企業も企業グループを運営するにあたって経営者の責任をよく自覚する必要がある。経営者が頼りにするのが内部監査である。欧米企業は数十名ないし、それ以上の内部監査部門をもち、監査法人と連携させて全世界の子会社を監査させている。

わが国でも金商法に基づく内部統制報告制度導入（2008（平成20）年）以降、内部監査は内部統制の要としてその重要性を増している。いかに実効性のある内部監査体制を構築するかが今後の課題である。監査に完璧を期待することはできないが、内部監査がグループ運営の重要なモニタリング機能であることは確かである。

2.10.3 監査役等の監査人に対する権限

2014（平成26）年の会社法改正によって監査役等に会計監査人選任・解任・不再任議案の内容の決定権が付与された。従来は経営執行部が作成する議案への同意権が与えられていたにすぎないことから、決定権をもつようになったことの意味は大きい。コーポレートガバナンスを担う統治機関として

持株会社のガバナンス 第2章

の監査役等の役割が認められたといえるであろう。

一方、日本内部監査協会は2014（平成26）年に内部監査基準を改訂した。改訂によって、監査役等への報告経路の確立を内部監査人に義務づけた。

欧米では、このような外部監査人及び内部監査人に対する統治機関の権限強化が日本に先行して行われている。たとえば、米国では、2002年サーベンス・オクスリー法制定以降、一連のハードロー（法律・法令等）とソフトロー（証券取引所上場規則等）の組み合わせによって、ニューヨーク上場会社の監査委員会は外部監査人の選任・解任・報酬の決定権と監督権をもち、内部監査人に対しても監督権をもつようになっている。

日本においても、2014（平成26）年の会社法改正によって、監査役等の権限強化を基軸とした三様監査の新たな展開が図られるようになった。

2.10.4　持株会社における監査の活用

監査役等、会計監査人、内部監査人はそれぞれの立場から監査を行う。三様の監査人がそれぞれの立場の違いをわきまえたうえで連携を図り、監査全体の有効性を高めることが重要である。

持株会社においては、親会社、子会社、そして企業グループ全体で重層的に行われる三様監査の体制を組織的に整備することが重要である。体制整備にあたって、監査役等と会計監査人は選任後は経営者の指揮権の範囲外で監査を行うことについての経営者の理解が必須である。

企業グループ全体にわたっての三様監査の体制を整備してからは、持株会社経営者は、三様の監査人のそれぞれの立場からするアシュアランス（合理的保証）とアドバイスを活用することによって、持株会社経営の安定性を確保し、経営改善へ向けた示唆を得ることができる。このような観点で、持株会社経営者は、監査を活用して企業グループ経営のモニタリングを行うことが望まれる。

117

第1部 経営編

2.11 3つのディフェンスライン

これまで見てきた内部統制、リスクマネジメント、監査、そして当局規制の全体像を俯瞰するフレームワークがある。「3つのディフェンスライン」である。

「3つのディフェンスライン」は、コーポレートガバナンスを支える内部統制とリスクマネジメントのフレームワークとして欧米金融機関の実務の中から発展してきたものである。わが国では、銀行持株会社をはじめ、国際的な企業グループで参照されているフレームワークである。

「3つのディフェンスライン」の体制は図表2-14に示すとおりである。

わが国の監査役・監査役会、監査委員会及び監査等委員会は、この図の

図表2-14 3つのディフェンスライン

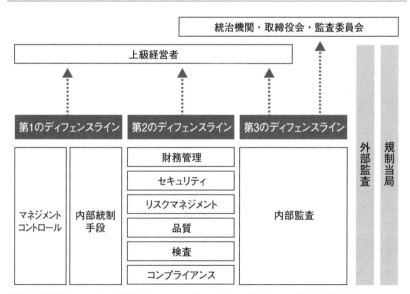

出所）COSO, *Leveraging COSO Across the Three Lines of Defense*, 2015 より作成。

「統治機関・取締役会・監査委員会」に含まれる。したがって、この図には、わが国における三様監査の担い手と規制当局が網羅されているということができる。

　持株会社では、自社グループのコーポレートガバナンス、内部統制及びリスクマネジメントの全体像を構築又は俯瞰するうえで「3つのディフェンスライン」を参照することが有益である。

　なお、COSOを構成する機関の1つで、内部監査人の国際組織であるThe Institute of Internal Auditorsは、2020年7月に 'The IIA's Three Lines Model' を公表した。そこでは、内部監査のガバナンス機関への報告機能の強化が提言されている。

2.12 内部統制／ERM／ガバナンスの関係

　以上見てきた内部統制、ERMとコーポレートガバナンスを持株会社は有機的に構築する必要がある。それでは、これら3つの概念をどのように整理すればよいか。COSOレポートが簡潔に整理しているので、自社の体制を構築するうえで参考になる。

　COSOレポートは、内部統制、ERMとコーポレートガバナンスの関係を3段階の構造として示している（図表2-15）。すなわち、基礎に内部統制を置き、その上にERMを、そして最上部にガバナンスを置く構造である。COSOは政府機関その他、企業以外の組織体も対象としていることから、単に「ガバナンス」といっている。企業の場合には「コーポレートガバナンス」ということになる。

　三者のうち、コーポレートガバナンスは、各国のガバナンス制度に規制されることからCOSOはフレームワークを作成していない。一方で、ERMと内部統制については、COSOは、どの国の、どの組織体にも適用できるグローバル・スタンダードとして、ERMフレームワークと内部統制フレーム

図表2-15　内部統制／ERM／ガバナンスの関係
　　　　　　（COSOフレームワークにおける三者の関係）

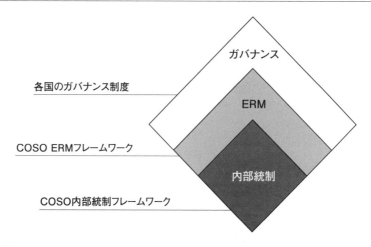

出所）*COSO Internal Control Integrated Framework*, May 2013：八田進二・箱田順哉監訳、日本内部統制研究学会・新COSO研究会訳『COSO 内部統制の統合的フレームワーク』日本公認会計士協会出版局、2014（平成26）年フレームワーク篇p.215の図より作成。

ワークを作成して公表している。

　この構造をわが国に当てはめてみると、コーポレートガバナンスについては、会社法とコーポレートガバナンス・コードが基準となる。ERMについてはCOSO ERMフレームワークを、内部統制についてはCOSO内部統制フレームワークを、それぞれグローバル・スタンダードとして活用することができる。さらに内部統制については、金商法や会社法の規制を受けることになる。

　各企業の経営環境や、経営理念・経営目標・経営戦略には違いがある。それらを踏まえたコーポレートガバナンス、リスクマネジメント、内部統制やその全体像は、企業がそれぞれの状況に応じて構築しなければならない。ただし、何も指針や目安がない中で複雑な仕組みを持株会社グループ全体にわたって構築することは至難の業である。ここで紹介したCOSOレポートのフレームワーク等を活用して自社のあり方を検討することが実務的である。

第 **3** 章

持株会社の組織と管理

Management

3.1 組織形態と業績管理——組織のあり方と業績管理のポイント

　会社の規模が大きくなると、部門別業績管理が重要な経営課題となる。各組織形態における業績管理のあり方を、機能別組織、事業部制組織、カンパニー制組織、事業持株会社組織及び純粋持株会社組織について見てみよう。

3.1.1　機能別組織における業績管理

　本業中心の業態では、製造、営業などの経営機能を主軸にした機能別組織がとられる。営業部門など収益を生む部門はプロフィット・センター（利益責任単位）として位置づけ、収益性に重点を置いた管理を行う。管理指標としては、売上高、営業利益などの実績値を、予算対比、前年実績対比、部門間比較などにより分析、評価する。規模の違う部門間の比較を容易にするためには売上高営業利益率、1人当たり売上高などの経営指標を用いる。工場など、原価を発生させる部門はコスト・センター（原価責任単位）と位置づけて原価管理を行う。製品を工場から営業部門に引き渡す際の仕切価格を設定すると、工場などの製造部門も収益を生むプロフィット・センターとして管理することができる。

3.1.2　事業部制組織における業績管理

　経営多角化が進み、複数の事業を展開するようになると事業部制組織がと

第1部│経営編

られるようになる。事業部とは生産から販売までの経営活動の主要機能を内包した組織である。総務、経理などのスタッフ部門については企業の組織戦略によって組織形態が異なる。すなわち、事業部の自主性、自立性を強調した組織戦略をとる場合には、各事業部に管理部門が設置され、総務、経理などのスタッフが配置される。一方、事業部の経営権限を限定させる場合には、経営・管理スタッフは本社管理部門に集中させる。いずれの場合にも事業部に配置されるスタッフは最低限の要員数となる。各事業部はプロフィット・センターとして位置づけられて業績管理が行われる。

　事業部制移行前の営業部などのプロフィット・センターでは売上高から営業利益までの業績管理が一般的だが、事業部になると、営業利益に営業外損益を加減した経常利益レベルまでの業績管理が行われるようになる。もっとも、各事業部が銀行取引などを行い独自にファイナンス（資金調達）することは稀である。一般には、本社資金部門がファイナンスを一括して行い、各事業部には所要資金に応じて社内金利を課すことになる。また、各事業部に社内資本金を配賦して利益との対比により資本効率を管理しているケースもある。

3.1.3　カンパニー制組織における業績管理

　事業部制組織をさらに発展させた組織形態がカンパニー制組織である。カンパニー制組織では、本社に残るのは経営企画部門などのごく少数の戦略スタッフだけで、企画、経営、総務などの大部分のスタッフ機能は各カンパニーに移管される。研究・開発など、スケール・メリットが要求されるスタッフ部門については各社の実情に応じて要員配置が行われる。すなわち、カンパニーに配置される場合もあれば、本社部門に集中配置される場合もある。このようにしてカンパニー制組織は企業内分社という様相を呈するようになる。

　カンパニー制組織では各カンパニーは社内資本金の割当てを受け、担当する事業に関係する資産、負債も各カンパニーが管理するようになる。した

持株会社の組織と管理 | 第3章

がって、各カンパニーは、売上、コスト、利益などの損益計算書とともに、資産、負債、資本によって構成されるバランスシート（貸借対照表）についても管理責任をもつ。この点が、営業利益など一定の損益レベルまでしか責任を負わない機能別組織のプロフィット・センター、損益しか責任を負わない事業部と大きく異なる点である。

　プロフィット・センター、事業部制組織、カンパニー制組織ともにタイムリーな業績把握により経営責任を明確にすることを目的にしている。しかし、業績数値が社内の想定計算に基づく仮定数値であり、必ずしも客観性がないなどいずれの組織体制にも弱点がある。客観性が認められるのは社外への売上高だけである。社内間の製品引渡しには仕切価格が設定される。管理経費などの間接費、社内金利といった各部門で直接発生額が把握できないコストは配賦基準を設定して各部門に配賦することになる。事業部、カンパニーなどの利益は各種の仮定に基づいて計算された、いわば理論値である。

3.1.4　事業持株会社組織における業績管理

　1997（平成9）年の独占禁止法改正前のわが国の大企業の多くは事業持株会社である。親会社は主力事業を担い、子会社は周辺事業、新規事業、海外事業などを担い、全体で企業グループを形成するという形態が一般的である。各子会社は独立した法人格をもつ経営主体である。親会社同様、子会社も企業会計基準に準拠した経理処理を行うことになる。親会社との取引も独立した法人間の取引を行い、取引事実に則した経理処理が行われる。したがって、機能別組織、事業部制組織、カンパニー制組織に見られた仕切価格による社内取引、社内金利の配賦、社内資本金の割当てといった想定計算は行われず、取引事実に則した会計処理を企業会計基準に準拠して行うことになる。その結果算定された利益などの業績数値は会計基準に裏づけられた社会的な客観性をもつことになる。子会社化することによって業績管理は客観的妥当性をもって行うことができるようになる。

　しかし、事業持株会社の業績管理にも弱点がある。子会社の経営責任は新

123

第1部　経営編

規事業など、自らが担当する事業をひたすら推進することである。一方、親会社は、自ら担当する本業（主力事業）の推進とともに企業グループ全体の統括という役割も担っている。したがって親会社の担当する本業と子会社の担当する新規事業などを並列的に管理することには無理がある。また、親会社、子会社の社員、さらには経営者の意識においても親会社の事業と子会社の事業とは並列的にはとらえられていないことが多い。このようなことから事業持株会社の業績管理は、親会社の事業と子会社の事業とでは別個に行われる傾向にある。

3.1.5　純粋持株会社組織における業績管理

　1997（平成9）年の独占禁止法改正をうけて純粋持株会社が設立されるようになると業績管理のあり方は一変した。主力事業も子会社化され、ROE（3.8.1① 参照）などの経営指標をもとに他の子会社群と並列的に管理されるようになった。規模が大きくとも資本効率が悪ければ主力事業担当子会社の経営者も厳しい評価を受けることになる。純粋持株会社の設立によってはじめて全事業の業績管理を客観的に、公平に行うことができるようになるのである。年月を重ねるにつれ、経営者、社員の本業に対する意識も変わるであろう（各組織形態のイメージについては図表3-1）。

3.2 持株会社の組織形態の実例

　持株会社の組織形態はさまざまである。最近設立された持株会社の組織形態を見ると、企業グループのコーポレートガバナンスとの兼ね合いで組織のあり方が検討されていることがうかがえる。代表的な実例として、20年以上かけて持株会社体制を進化させてきたみずほフィナンシャルグループのケースを見てみよう。

　みずほフィナンシャルグループは持株会社体制のもとで段階的に事業再

持株会社の組織と管理 | 第3章

図表3-1　組織形態の進化（監査役設置会社のケース）

①機能別組織

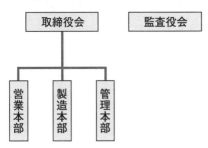

④事業持株会社組織

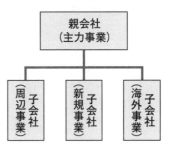

②事業部制組織

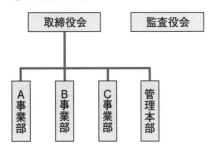

⑤純粋持株会社組織

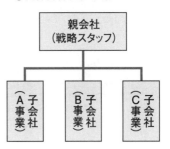

③カンパニー制組織

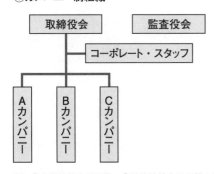

注）④事業持株会社組織、⑤純粋持株会社組織の場合、通常、監査役（監査役会）は親会社・子会社の各社に設置される。

第1部 | 経営編

編・組織再編を進めた。第一勧業銀行、富士銀行及び日本興業銀行の3行は2000（平成12）年9月に株式移転により完全親会社であるみずほホールディングスを設立した。この段階では、傘下の中核事業子会社は第一勧業銀行、富士銀行及び日本興業銀行の3行とし、これをフェーズ1と位置づけ、2002（平成14）年春を目途とするフェーズ2では、「銀行」（リテール金融）、「コーポレート銀行」、「証券」、「信託銀行」のビジネスライン別の中核事業子会社に再編するという構想であった（図表3-2）。

それではその後の展開はどうなったであろうか。図表3-3に2024（令和6）年6月時点のみずほフィナンシャルグループの組織図を掲載した。現在は、「リテール・事業法人カンパニー」等のカンパニーによってグループ組織を編成している。さらに、図表3-4に示されるとおり、各カンパニーに各事業会社を配置して事業ドメインを形成している。これを見ると、みずほ銀行、みずほ信託銀行及びみずほ証券の中核事業会社はすべてのカンパニーの事業を担っている。

このように、大規模な持株会社体制を構築するためには、長期的なビジョンをもって人の融和を図りながら10年単位のスパンでフェーズを進めていく必要がある。

持株会社の組織と管理 | 第3章

図表3-2 みずほフィナンシャルグループの持株会社構想

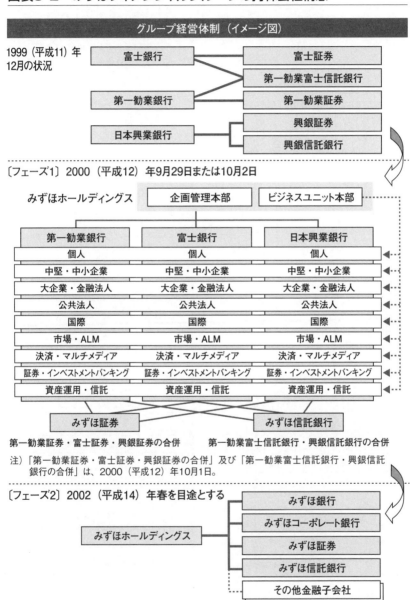

出所）みずほホールディングス「プレスリリース」1999（平成11）年12月22日。

第1部 | 経営編

図表3-3　みずほフィナンシャルグループ組織図（抜粋）

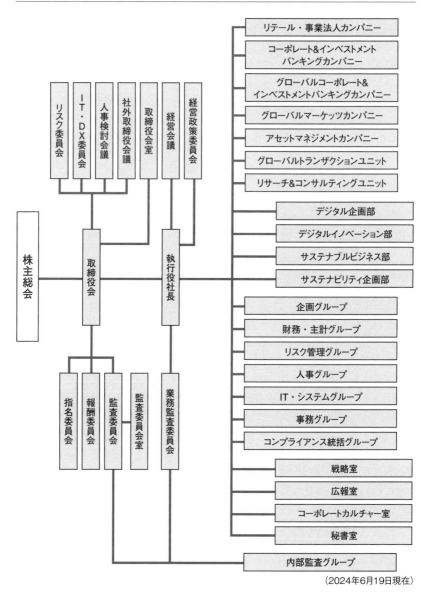

（2024年6月19日現在）

出所）株式会社みずほフィナンシャルグループ2024（令和6）年3月期有価証券報告書。

持株会社の組織と管理 | 第3章

図表3-4　みずほフィナンシャルグループの事業系統図（抜粋）

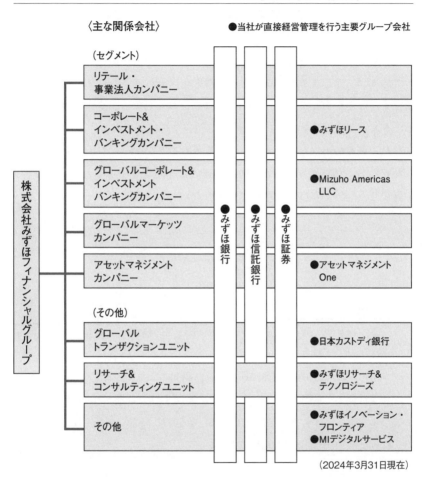

出所）株式会社みずほフィナンシャルグループ2024（令和6）年3月期有価証券報告書。

3.3 持株会社における経営者の役割は何か

　持株会社における経営者の役割には、大きく分けて対内的役割と対外的役

割の2つがある。第一の対内的役割とは、一言でいえば、持株会社の果たすべき業務の遂行である。では、持株会社の果たすべき業務とは何か。それは、傘下のグループ企業に対し、吸引力ともいうべきリーダーシップを発揮し、グループ全体の活力と調和のとれたグループ運営を担うことにある。そのためには、第5章で述べるような経営理念・経営哲学のもと、各種業務を遂行することが重要である。第二の対外的役割としては、持株会社を中核としたグループ企業全体の持続可能性、SDGs(注)の遂行である。

なお、利益の追求とSDGsは相反するものではなく両立する問題である。なぜなら、利益がなければSDGsの達成は不可能であるし、一方、SDGsを無視した経営からは将来利益は生まれないからである。

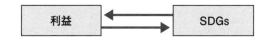

（注）SDGs

SDGsとは、Sustainable Development Goalsの略で、一般に「持続可能な開発目標」と称されている。

SDGsは、2015年に国連で採択され、2030年までに達成すべき国際社会の共通目標で、貧困や環境問題、男女平等など17の目標と169の具体策からなっている。日本でも2016（平成28）年5月に「SDGs推進本部」が設置されるなど国内体制作りが進行している。

3.3.1　対内的役割

① グループ全体の事業戦略機能

これは、現在、大企業における経営者は既に行っていることであろう。しかし、現在の事業持株会社の運営のもとにおいては、「3.1.4　事業持株会社組織における業績管理」のところでも触れたように、どうしても本業の事業経営が中心となり、グループ全体の事業戦略に専念するというわけにはいか

持株会社の組織と管理 | 第3章

ないのが現実ではないだろうか。新規の事業分野への進出にしても、本業の経営に引きずられながらその戦略を練ることなど土台無理な話である。ましてや、他企業との合併や買収による新規事業への進出を図る場合には経営者のそこに注がれるエネルギーたるや、精神的にも、肉体的にも大変なものがあるはずである。場合によっては、この決断が企業グループの将来の盛衰をも決めかねないのである。

② グループ全体の資金調達・運用機能

純粋持株会社のもとでのグループ各社は、従来の事業持株会社における子会社と違い、独自で経営主体となることが期待されている。その意味では、資金の調達・運用もすべて子会社独自で遂行することが考えられる。しかし、グループ全体の財務戦略を考えたとき、経営資源配分の効率性などの観点から、持株会社がこれを行った方が有効な場合もあろう。特に新規事業を立ち上げるための経営資源の配分などは、持株会社が行う以外に方法はない。そのため、常にグループ全体の資金状態を把握しておくことはいうまでもない。

③ グループ全体の経営企画・管理と監督機能

グループ全体の調和を視野に入れた経営企画の策定は、持株会社をあずかる経営者の重要な役割の1つである。グループ全体の戦略企画を実現するために事業計画を作成し、計画と実績との対比などの比較分析やROEなどの経営分析を行うなど計数による業績管理を行う。また、一連の企業不祥事に見られるような海外子会社での不正問題に対する監視機能の強化は、ビジネスのグローバル化にともない、今後特に重要な問題となってくるであろう。この種の不正が発覚するとその不正金額の大きさに驚かされるだけでなく、やがて持株会社をあずかる経営者の責任問題へと発展していくことになるだろう。監視機能といえば、M&Aなどにより未経験の事業を営む企業を傘下におさめた場合などは、特に注意を払う必要がある。このようなコンプライ

131

第1部 経営編

アンスの問題は最近ではグループ内の一企業の問題にとどまらず、グループ企業全体の存続にも影響しかねないほど重要度が増している。

④　グループ全体の一体感の醸成

　持株会社を中核としたグループ経営を維持・発展させていく鍵となるのは、グループ各社の人材であることはいうまでもない。特に最近では少子高齢化の影響により働き手が不足してきたため、政府も「働き方改革」と称して残業時間制限や同一労働、同一賃金の導入を検討している。

　そのため従業員の働き方に関しても注目を浴びるようになっている。

　いずれにせよ、持株会社の経営者は各グループ企業の従業員の働き方についても注意を払っていく必要性がより強まってきている。

　「ブラック企業」の烙印を押された企業がグループ内に1社でもあれば、それはグループ全体のイメージダウンにもつながりかねない。また、後継者の育成も含めグループ企業の人材育成は、持株会社の経営者にとっても非常に重要な役割となってくる。持株会社経営においては、どうしても俗に「同じ釜の飯を食う」という連帯感が欠如しがちとなるおそれがある。そこで、グループの一体感を生むための役割は、持株会社の経営者が担う重要な役割の1つである。たとえば、グループ会社の社長で構成する「社長会」のようなものを結成したり、又は、グループ企業間における人事交流を持株会社が音頭をとって推進したり、CI（Corporate Identity、コーポレート・アイデンティティ）などいろいろな工夫が必要となってくる。もっとも、持株会社の経営者自身がグループから蚊帳の外に置かれないよう注意する必要があるかもしれない。

　いずれにせよ、長期的観点から見れば、対内的な求心力はそこに働く人々が誇りと希望をもって企業グループに属することのできる「経営理念」を共有し、それを指針とした経営が実行されていくことである。

3.3.2 対外的役割

持株会社は、対外的にはグループ企業全体を代表する会社として位置づけられる。

そして、その持株会社の経営者はグループ企業全体の顔であり、顔である以上そのグループ企業が属する業界や財界活動なども対外的活動の1つといえるかもしれない。

そのグループ企業全体の社会に対する影響が大きければ大きいほど、その果たす役割の重要性は増してくる。

その中でも、持株会社の経営者が果たすべき対外的役割として最も重要なものは何かといえば、それはグループ企業全体の調整機能、つまり上述した企業を取り巻く利害関係者（ステークホルダー）間のバランスをとることである（図表3-5）。

企業は、生まれたときから社会の一員として存在している。社会の一員として存在している以上は社会に対して責任を負っている。そこに働く従業員をはじめ、資金の提供者である株主や金融機関、取引先、消費者、地域社会などはもちろん、これら利害関係者のすべてに対して責任を負っていることになる。最近では現実味を帯びてきた、地球上の生命体すべてに対してといっても過言ではない。

最近よく耳にする「ESG」（環境・社会・統治）などの問題も、すべてのステークホルダーに対して果たすべき責務である。

投資家はESGに積極的に取り組んでいる企業に投資先を求め（ESG投資）、また、そこで働く従業員もそのような企業に魅力を感じ、そのような企業で働きたいと思うようになってきている。

そして、このESG収益を数値化（見える化）しようとする試みもなされてきている。

ところで、私たち人間（自然人）は体内バランスを崩すと病になるが、病になると自然治癒力が働いて病を治そうとしてくれる（薬が病を治しているのではない）。

図表3-5 利害関係者(ステークホルダー)

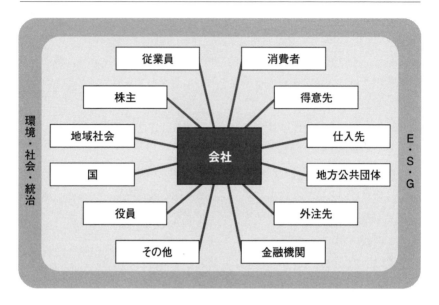

同様に、自然界にはバランスを保つための自浄作用という機能が備えられている。環境問題というのは、この自浄作用では治せない、自浄作用を超えてしまったことにより生ずる問題といえる。

企業もまた収益、財務、資金などのバランスを崩すと倒産(たとえば黒字倒産)ということになる。

人と企業との違いは、人には自然治癒力が生まれながら与えられているが、企業にはこの自然治癒力は内在されていない。

そのため、このバランスを人為的にとるのが経営者である。

したがって、これら利害関係者のうち、時には株主、時には従業員など特定の利害関係者に偏った経営は、長い目で見ればやがて必ずその弊害が表面化してくる。

それが将来、企業グループの致命傷となることもありうる。

したがって、企業グループをあずかる経営者は利害関係者の調和に配慮し

持株会社の組織と管理 | 第3章

た経営を行うことこそが対外的に果たすべき最も重要な役割である。

3.4 持株会社経営におけるスタッフの組織編成
──経営スタッフをどのように組織編成するか

　純粋持株会社（親会社）と傘下の事業子会社は企業グループを形成することになる。事業子会社はそれぞれが担う事業を推進し、親会社は企業グループ全体の戦略の発動と統括を行うことになる。親会社に残るのは基本的には企業グループの経営者と経営者を補佐する戦略スタッフである。製造、営業などのライン部門は各事業子会社に配置される。総務、経理、情報システムなどのスタッフ部門については次のような組織編成が考えられる。

3.4.1　事業子会社にスタッフ部門を配置

　事業子会社は事業運営に必要な経営機能をすべて内包した組織編成とする。この場合、親会社は、戦略スタッフしか残らない本格的な純粋持株会社となる。事業子会社のスタッフが各社の事業推進上の実務的なスタッフ業務を担うのに対し、親会社の戦略スタッフはトップ・マネジメントのグループ・レベルの戦略的経営意思決定と戦略発動及びモニタリングをサポートする。

3.4.2　スタッフ業務専門会社の設立

　純粋持株会社傘下に専門的なスタッフ業務を事業として行う事業子会社を設立する。たとえば、情報システム会社、ロジスティクス（倉庫管理・配送などの物流）会社、経理・総務代行会社などである。他の事業子会社はこれらの専門会社にスタッフ機能の業務委託を行う（シェアード・サービス）。同時にこれらの専門会社はグループ外部からの業務受注にも努めて事業拡大を図る。

第1部 経営編

3.4.3 アウトソーシング

「アウトソーシング（Outsourcing）」とは経営資源を外部調達することである。欧米では、自社の「コアコンピタンス（Core Competence）、強みの中核となる企業力」を発揮するために必要なビジネス・プロセスに経営資源を集中投入し、その他のビジネス・プロセスはアウトソーシングするという経営手法が広く利用されている。わが国でも持株会社経営への移行を機に、経営資源を投入すべきビジネス・プロセスの選択と集中を行い、社内の人材で業務を行うことが非効率な業務は外部の専門会社にアウトソーシングする企業が増えている。具体的には、高度な専門知識と経験に裏づけられた組織的業務遂行力が要求される情報システムの開発・運用や内部監査などのアウトソーシングが挙げられる。

3.4.4 親会社本体にスタッフ部門を配置する

前述の3.4.1〜3.4.3はいずれも親会社にはライン部門同様、事業関連のスタッフ部門も配置しない組織編成である。親会社には経営者をサポートする戦略スタッフしか残らない。しかし、このような本格的な純粋持株会社の経営スタイルが自社の経営風土になじまない場合は、管理部門など経営中枢機能と直結したスタッフ部門は親会社に配置することが考えられる。その場合には、親会社本社部門の出先機関が事業子会社に配置されることになる。これは、事業部制、事業持株会社などわが国の従来の組織形態で広く見られる経営スタイルである。ただし、この方式では「小さな本社」を実現することはできない。また、本社部門と事業子会社におけるその出先機関との業務分担を明確にする必要がある。そうしないと業務が重複し、持株会社経営によって経営効率がかえって悪化してしまうことにもなりかねない。

3.4.5 組み合わせ方式

以上の方式の組み合わせで経営スタッフの組織編成を行う。

持株会社の組織と管理 | 第3章

　以上見てきたとおり経営スタッフの組織編成にはさまざまな方法がある。経営戦略、経営風土に照らして自社に最適な方法を選択し、組み立てることが重要である。選択のポイントは、グループ全体で業務を効率的に推進することである。その際、各社間の人事交流など、人材の育成とグループ一体性の維持に必要な中長期的な諸施策も併せて検討することが望ましい。

3.5 働き方改革と持株会社

3.5.1　働き方改革とは何か

　「働き方改革」とは、働く人々が個々の事情に応じた多様で柔軟な働き方を自分で選択できるようにするための改革とされている（厚生労働省リーフレット「働き方改革～一億総活躍社会の実現に向けて～」、2019年）。

　2018（平成30）年に「働き方改革関連法（通称）」として成立し、2019（平成31）年4月1日より一部が施行されている。

　この法律は、1つの法律ではなく、労働基準法、労働安全衛生法、労働契約法、パート労働法、派遣法など複数の法律に含まれ改正内容も多岐にわたっている。

　これは、大企業だけでなく中小企業においても重要な経営課題の1つとして改革の必要性が求められている。

　また、新型コロナウイルス感染拡大の影響により、これまでの働き方が大きく見直されてきた。

3.5.2　改正内容

　深刻な労働力人口の減少を背景として、生産性の向上を図る必要があること、女性や高齢者の活用により働き手を増やすこと、さらには少子高齢化対応として出生率の上昇などを目的として、図表3-6に示すような3つの柱（重要課題）を中心に改正が行われている。

137

第1部 │ 経営編

図表3-6 働き方改革による改正項目

重要課題	改正項目
①長時間労働の解消	●労働時間の上限規制 ●使用者による労働時間把握義務 ●医師による面接指導 ●有休義務化 ●勤務間インターバル制限　など
②非正規と正規社員の格差是正	●均等・均衡待遇の推進 　（同一労働同一賃金等）
③柔軟な働き方の実現	●フレックスタイム制 ●労働時間規制の適用外としての高度プロフェッショナル制 ●テレワークの拡充 ●副業・兼業の許容

3.5.3 働き方の変化とメリット・デメリット

コロナ禍により表面化した働き方の変化の代表的なものにテレワーク（リモートワーク）、在宅勤務、副業の許容などがある。

これら働き方の変化には、メリットもあればデメリットもある。

また、このメリット・デメリットも業種・業態、会社の抱える内外事情、従業員の立場からは個々人の抱える家庭事情や個人の考え方などによってさまざまである。ある人のメリットはある人にとってはデメリットということもある。

たとえば、在宅勤務1つとってみても、よくメリットの1つに挙げられる通勤時間がなくなり、仕事の効率性が上がったというものがあるが、人によっては通勤時間が気分転換の場であったり、机から離れた思考の場であったりもする。また、在宅勤務では人との接触が少なくなる。しかし、人との接触・雑談の中に仕事上のヒント、気付きがあることを経験した人は少なからずおられるであろう。さらに、在宅での労働環境や家庭事情は人それぞれである。

一方、企業の立場からは、在宅勤務が普及すれば、従来は退職していた有

138

持株会社の組織と管理 第3章

能な従業員を継続して雇用できるというメリットや、コスト面でもオフィス賃借料や通勤費用の節約というメリットもあるかもしれない。

逆に在宅勤務により増加する費用もあるので、コスト面でのメリット・デメリットはまさにケース・バイ・ケースであろう。

さらに、社会的には、勤務機会の少ない地域に在住する人に対しては、リモートワークによる在宅勤務は働く機会を広く提供することになるかもしれないというメリットも考えられる。

いずれにせよ、働き方改革のもたらすことの良し悪しは別にして、この流れは加速こそすれ、逆戻りすることはないであろう。

3.5.4　新しい働き方と持株会社

働き方改革の柱の1つに柔軟な働き方の実現がある。

以下、非現実的と思われるかもしれないが、1つの試みとして検討してみてはどうか。たとえば、持株会社を中核とする企業グループでは、従業員の募集、採用、教育を持株会社が担い、従業員は全員が持株会社に籍を置きながら各傘下の子会社に出向（派遣の場合は派遣法の制約を受けるため）という形態で勤務する。

テレワークにより1人の従業員が複数の子会社で勤務することも可能となる。これは従来のいずれが本業か副業かということではなく、すべてが本業なのである。プロフェッショナル機能であれマネジメント機能であれ、その従業員のもつ能力を複数の会社に提供し、給与も勤務した会社からそれぞれ支給される。

それにより、何らかの理由で（たとえばパワハラ等）1社がダメでも他の会社からの給与で即生活に困窮するようなことはなくなるという可能性もありうる。

以上の勤務形態を図示すれば図表3-7のようになる。

このような勤務形態を採用することにより、従業員は持株会社を中核とする企業グループに所属しているのであって、勤務先である子会社に所属して

139

図表3-7　新しい働き方のイメージ

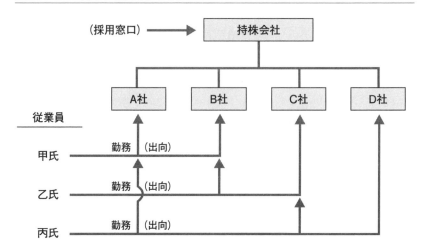

注）矢印（↑）は勤務する会社を示す。

いるのではないという帰属意識が生まれ、コーポレート・アイデンティティ（CI）上も好ましいものと思われる。

　以上は試みの1つであるが、このような発想転換も必要なのではないかと思われる。

3.6　事業計画──持株会社はどのような事業計画を作るべきか

3.6.1　持株会社の機能と事業計画の位置づけ

　持株会社の業務のうち、重要なものの1つに、グループ全体の経営企画の策定がある。事業計画はこの経営企画の中に位置づけられる。

　経営企画の業務を一言でいえばグループ企業の明日を考え、その将来のための構想の策定とその構想の実現を図ることである。この経営企画という仕事を欠いた場合、グループ企業にとって羅針盤をもたない船と同じ状態とな

持株会社の組織と管理 | 第3章

り、グループ企業間にその事業の収益性や成長性、潜在力に応じた経営資源の適切な配分を行えなくなる可能性がある。したがって、持株会社の事業計画は、グループ企業全体をめぐる経営環境の変化に企業グループが適応するために必要不可欠な羅針盤機能といえる。

3.6.2　事業計画の意義

　3.6.1で述べたように経営企画の仕事を行ううえで欠かせないのが事業計画である。言葉を換えていえば、事業計画という道具を使って持株会社本社におけるグループ全体の経営企画の機能を発揮するのである。事業計画の中でグループ企業全体としての長期的な経営方針、戦略を明確化し、事業計画のフォローという形でその実現を図ってゆく。その意味で、事業計画を単なる数字合わせの利益計画やグループ各社からの予算数字の合計表に終わらせてはならない。

　このような計画を作るには当然手間も時間もかかる。中途半端な計画では効果はない。また策定するための企画スタッフなど経営企画の人材、組織も充実しなければならない。

3.6.3　基本戦略と基本シナリオの明確化

　事業計画の作成目的が中長期的な事業環境の予測とその環境への適応にある以上、企業グループをめぐる将来の事業環境の予測と、その環境への適応のための基本戦略、さらにそれを実現するためのグループ経営のシナリオ（戦略実現のためのストーリー）を策定することはきわめて大切なことである。この部分こそがグループ企業をリードする事業計画の要となるため、作成にはあらゆる角度からの十分な検討が必要とされる。事業計画が過去や現在の環境に依存した現状延長型で目先の業績重視だけの計画になってはならない。

141

第1部｜経営編

3.6.4　分権と集権のバランスが大切

　持株会社によるグループ経営の難しさは、権限の分散（分権）と集中（集権）のバランスにある。つまり、あまりに子会社の経営に干渉しすぎると子会社のやる気をそぐことになる。逆に、経営面での監督を怠れば各社が勝手な方向に走りだしてしまい、グループの総合力の発揮は難しくなってしまう。事業計画においてもこれと同じことがいえる。したがって、グループ全体の基本方針を持株会社がリーダーシップを発揮して作成した後は、各事業会社の事業方針はできるだけ各社の独自性、自主性に任せる必要がある。一般に業績のよい会社は独立心が強くなり、逆に業績のよくない会社はグループへの依存心が強くなりがちとなる。このような状況でいかに持株会社への求心力と持株会社からの独立心をうまくバランスさせるような事業計画作りと運営を行うかが、経験とノウハウの蓄積の求められるところである。

3.6.5　グループ会社の財務管理

　事業計画でグループ会社に対してリーダーシップを発揮しようとする場合、グループ会社の業績や財務の状況をタイムリーに把握してレビューするためにグループ会社の財務管理の仕組みができていなければ事業計画はうまく機能しない。なぜならば財務管理の弱い会社では事業計画で挙げた業績目標に対して実績の集計、フォローが十分できないため、目標に実績を近づける行動が遅れたり業績目標達成意欲も低くなってしまうからである。さらには、財務状態やキャッシュ・フローに大きな欠陥が生じていることを発見することが遅くなりグループ経営に影響を及ぼすことになりかねない。グループ会社の財務管理が重要である。

3.6.6　事業計画のフォロー

　事業計画を作成したがどうも計画どおりうまく進まないという会社は非常に多い。原因としては環境予測のミスや作成方法の甘さなど多くあるが、計画を作りっぱなしでフォローを疎かにしているということが間々見受けられ

持株会社の組織と管理｜第3章

る。最初から予測も完全、実施も完璧という計画はまずありえない。作成後のフォローを十分行うことで事業計画の浸透、定着化ができ、計画の進め方の誤りにも気付き、軌道修正ができる。したがって事業計画を策定したら必ず定期的に子会社各社に進行状況を報告させフォローし、事業計画の方針どおり進んでいるか、進んでいない場合何がネックか、ネック解消のために施策や行動をタイムリーに起こしているか、グループ本社のサポートが必要か、などの検討が必要となる。

企業環境の激変している中で事業計画を実現していくことはそう容易なことではない。しかし、環境変化に合わせタイムリーに計画も修正し、スピーディーな事業展開と経営改善を行っていくことが持株会社による計画経営のコツともいえる。

3.7 企業グループの経営管理の進め方

純粋持株会社設立により企業グループを形成してからは、純粋持株会社の取締役会、経営会議などを構成する経営者は企業グループ全体の経営管理を行うことになる。経営管理のポイントは次のとおりである。

3.7.1 報告・承認体制の整備

まず、関係会社管理規程を制定し、グループ会社の経営活動について、①親会社の承認を必要とする事項と、②親会社に報告すべき事項を明示する。承認事項には、役員の選任・解任、事業譲渡など、会社法上の株主総会決議事項はすべて含まれる。さらに、中長期経営計画などグループ全体での調整が必要な事項も承認事項に含まれる。報告事項は、定期的な経営概況・財務報告が基本事項となる。海外にグループ会社をもつ場合には関係会社管理規程を英訳し、全グループ会社の役員、幹部職員に周知徹底する必要がある。

第1部｜経営編

3.7.2 財務管理

　日常の経営管理の中心はグループ会社の財務データに基づく財務管理である。各グループ会社に月次で経営・財務報告書を提出させて、内容分析を行い、必要に応じて各グループ会社に支援措置を講じたり、軌道修正などの指示を行う。財務管理は、①業績の管理、②キャッシュ・フロー（資金繰り）の管理、③財政状態の管理の3つの観点から行うとグループ会社の事業活動の全体像が掌握できる。

　財務管理は、以下のグループ会社の財務3表をもとに行う（図表3-8、図表3-9参照）。

　①　損益計算書……業績の管理
　②　キャッシュ・フロー計算書（資金繰り表）……キャッシュ・フロー（資金繰り）の管理
　③　貸借対照表（バランスシート）……財政状態の管理

図表3-8　グループ会社の財務管理

管理項目	報告資料	管理手法
●業績の管理	●月次損益計算書	●営業部門別に予算・実績対比、前年実績対比などの比較分析、趨勢分析を行い、経営活動が順調に推移しているかモニターする。 ●ROEなどの経営指標を使って資本効率などの経営分析を行う。
●キャッシュ・フロー（資金繰り）の管理	●キャッシュ・フロー計算書（月次資金繰り表）	●キャッシュ・フローを①営業活動、②投資活動、③財務活動に分けて分析する。 ●特に、事業不振・破綻は早い段階からキャッシュ・フローに異変が表れることから、キャッシュ・フローが悪化傾向にある会社は要注意会社としてマークする。
●財政状態の管理	●月次バランスシート	●ROEとともに、各資産の回転率、流動性分析などの経営分析を行い、財務健全性が維持されていることを確かめる。 ●バランスシートに計上されないデリバティブ金融商品についても残高内容を報告させ、含み損が生じないよう監視する。

144

持株会社の組織と管理 | 第3章

図表3-9　財務諸表の構造

貸借対照表（バランスシート）

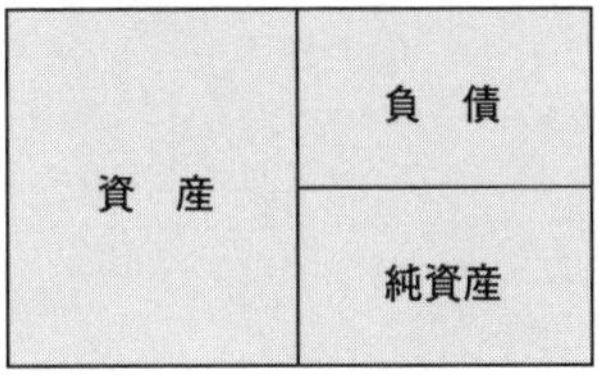

資　産	負　債
	純資産

損　益　計　算　書

売　上　高	100
コ　ス　ト	△80
利　　　益	20

キャッシュ・フロー計算書

●営業活動によるキャッシュ・フロー	30
●投資活動によるキャッシュ・フロー	△40
●財務活動によるキャッシュ・フロー	20
キャッシュの純増加	10

　グループ会社から提出された経営・財務報告書をもとにグループ会社の業績評価を行う。評価の頻度としては、グループ会社の重要性等に応じて年次あるいは四半期ごととなろう。会計システムがよく整備されていれば月次も可能である。

3.8 ┃ 業績評価と資本コスト

3.8.1　グループ会社の業績評価

　グループ会社の業績を評価する際の代表的な財務指標はROEとROI/ROICである。

① ROE

規模も業種も異なる子会社の業績指標としてはROEが最も優れている。

145

第1部｜経営編

ROE（Return on Equity）は株主資本利益率又は自己資本利益率という。バランスシートは、資金の運用先である資産と、資金の調達元である株主資本（「純資産」の主要項目）、負債によって構成される（図表3-9）。なお、「株主資本」を「自己資本」といい、負債のことを「他人資本」といって両者合わせて「使用総資本」という場合がある。

　ROEは次の公式によって算出する。

　　　ROE＝純利益/株主資本

　この公式の分母、分子に売上高、総資産を掛けると、次のように分解される。そうすると、ROEは他の重要な経営指標である売上高純利益率、総資産回転率及び株主資本比率（自己資本比率）によって構成されることがわかる。

　　　純利益/株主資本（ROE）＝純利益/売上高（売上高純利益率）

　　　　　　　　　　　　　　　×売上高/総資産（総資産回転率）

　　　　　　　　　　　　　　　÷株主資本/総資産（株主資本比率）

　ROEを高めるためには、売上高純利益率と総資産回転率を高めることが目標となる。売上高純利益率を高めるためには、売上高総利益率（粗利率）、売上高経常利益率など損益計算書の各レベルの利益率の向上が課題となる。総資産回転率を高めるためには、売上債権回転率、在庫回転率など各種の資産効率の向上が課題となる。株主資本比率はROEと逆相関の関係にある。したがって同じ純利益を生み出す事業であれば、事業を運営する株主資本が少ないほど、ROEは高まる。ただし、経営の安定性という意味では株主資本比率は高い方が望ましい。資本効率と経営の安定性のバランスをどう図るかが課題となる。

②　ROI/ROIC

　ROI/ROICは、ROEを踏まえつつ、持株会社の立場で投資に対する利益を測定する業績指標である。

　ROI（Return on Investment, 投資利益率）は、投資額に対してどれだけ利

持株会社の組織と管理 | 第3章

益を生み出しているかを見る業績指標である。「利益÷投資」というシンプルな計算式で表される。「利益」や「投資」を任意に設定して容易に算出でき、子会社に対する投資及び個別投資案件の費用対効果を表す指標として有益である。ただし、ROIは、時間価値（将来価値と現在価値の区別）、資本コスト及び資本コストに含まれるリスクを考慮していないことから長期的な投資や複雑な投資案件に使う際は注意が必要である。

ROIC（Return on Invested Capital、投下資本利益率）は、出資、融資等の広義の投下資本全体に対してどれだけ利益を生み出しているかを見る業績指標である。通常次の計算式が使用される。

$$ROIC＝税引後営業利益÷投下資本（有利子負債＋株主資本）$$

ROICは持株会社の立場では傘下の事業子会社等のグループ会社の業績を測定するうえで有益である。グループ内各社の業績の比較や、同業他社との比較ができるからである。税引後営業利益を税引前営業利益等に置き換えて分析することもできる。

このような定量的な業績評価に加えて定性的な業績評価も行う必要がある。すなわち、社会貢献など企業グループ全体のイメージ向上への寄与、新市場開拓、新技術開発など、直ちに数字には表れない企業グループへの貢献などである。

3.8.2 資本コスト

このようにグループ会社の経営分析を行うとともに、持株会社グループ総体の資本効率を当社の株主の資本コストと対比することも重要である。

従来、ともすると軽視されがちだった株主への配慮をより強めることが求められ、株主がどの程度のコストをかけて当社に投資しているか、すなわち株主の資本コストを把握することが求められるようになった。特に資本を重要な資金源とする上場会社は、資本コストを把握したうえで株主にわかりや

第1部│経営編

すく経営戦略や経営計画を説明することがコーポレートガバナンス・コードで求められている[注]。

株主資本コストは、株主が当社に投資するに際してどの程度の収益を期待しているかという株式期待収益率として表される。これは個々の株主の思いによって異なるものであるが、株主全体の株式期待収益率、すなわち株主資本コストは次の算式で示される。

株主資本コスト＝株式期待収益率

＝無リスク利子率＋株式リスクプレミアム

無リスク利子率は、満期まで持ち続けていれば元本割れの心配のない証券の利子率として通常、国債の利子率が使われる。

一方、株式投資は、株価の値下がりや、投資先企業の倒産などのリスクもあることから、このようなリスクを株式リスクプレミアムと認識して、無リスク利子率に加えて株主資本コストを算出する。株式リスクプレミアムは投資先企業の経営リスク、株価変動リスク等によって異なる。一般に、新興企業や競合の激しい業種の企業のように不安定な経営を余儀なくされている企業の場合には株式リスクプレミアムは高くなる傾向にある。当社の株式リスクプレミアムがどのくらいかは、上場会社の場合、証券会社が行っている株価推移の分析などによって把握できる。非上場会社の場合、同業他社の傾向などによって類推する。

株主の期待に応えるためには、株主資本コストを上回るROEを達成することが経営目標となる。

さらに、企業活動を支える資金源泉は資本だけではなく、借入金などの有利子負債の比重が高い企業もある。このような企業では、株主資本コストに有利子負債コストを加えて加重平均資本コスト（WACC＝Weighted Average Cost of Capital）を広義の資本コストとして把握する。加重平均資本コストは、株主資本を有利子負債の割合を加味して次の算式で算出する。

148

加重平均資本コスト（WACC）

　＝株主資本コスト×株式時価総額/（株式時価総額＋有利子負債残高）

　＋有利子負債コスト×（1－実効税率）×有利子負債残高

　/（株式時価総額＋有利子負債残高）

有利子負債コストは当社の借入金利等を使う。

前述のROICがWACCを超えていることが資本効率を図る指標になる。

(注) コーポレートガバナンス・コード原則5-2（経営戦略や経営計画の策定・公表）

　　経営戦略や経営計画の策定・公表に当たっては、自社の資本コストを的確に把握した上で、収益計画や資本政策の基本的な方針を示すとともに、収益力・資本効率等に関する目標を提示し、その実現のために、事業ポートフォリオの見直しや、設備投資・研究開発投資・人的資本への投資等を含む経営資源の配分等に関し具体的に何を実行するのかについて、株主に分かりやすい言葉・論理で明確に説明を行うべきである。

第 **4** 章

Management | # 持株会社の会計

持株会社には、企業グループを束ねる会社として、単体企業の決算に加え
て企業グループ親会社として連結決算を行うことが求められる。さらに、企
業グループ再編時には、事業分離、企業結合等の再編の形態に応じた会計が
求められる。この章では、持株会社の経営者が知っておくべき会計の基礎に
ついて説明する。

4.1 連結会計

4.1.1 連結財務諸表と連結決算

企業の財政状態や経営成績などの財務状況は財務諸表によって開示される。
企業グループを形成している場合には、グループ各社の個別財務諸表に加え
て企業グループ全体の連結財務諸表が作成される。連結財務諸表は、支配従
属関係にある2つ以上の企業からなる集団（企業集団）を単一の組織体とみ
なして、親会社（企業グループ本社）が企業集団の財政状態、経営成績及び
キャッシュ・フローの状況を総合的に報告するために作成するものである。

資金調達等のためのディスクロージャー（情報開示）や企業グループの運
営管理のために連結財務諸表が利用される。また、上場会社には連結財務諸
表の作成が義務づけられている。

持株会社等の企業グループ本社は、グループ各社の個別財務諸表を基礎と
して連結決算を行って連結財務諸表を作成する。グループ各社は、連結決算

持株会社の会計 | 第4章

を行ううえで必要な情報をグループ本社の指示に基づいて取りまとめる。連結決算は連結企業グループを構成するすべての会社による組織的で計画的な業務である。

4.1.2　連結企業グループの構成会社

連結企業グループは、「親会社」、「子会社」及び「関連会社」によって構成される。各会社は次のように定義される。

- 「親会社」……他の企業の「意思決定機関」を支配している企業。なお、「意思決定機関」は、企業の財務及び営業又は事業の方針を決定する機関で、株主総会その他これに準ずる機関が該当する。
- 「子会社」……「親会社」に自社の「意思決定機関」を支配されている企業。「子会社」の「子会社」（いわゆる孫会社）も「親会社」の「子会社」に該当する。「親会社」と「子会社」を総称して「連結会社」という。なお、資産の流動化に関する法律に基づく特別目的会社は「子会社」に該当しない。
- 「関連会社」……「親会社」又は「子会社」が、出資、人事、資金、技術、取引などの関係を通じて、財務及び営業又は事業の方針に対して重要な影響を与えることができる場合における子会社以外の他の企業。

連結財務諸表は、「親会社」と「子会社」の個別財務諸表を連結し、持分法（後述）を適用して「関連会社」に対する投資の変動を織り込んで作成される。

4.1.3　連結財務諸表の構成

連結財務諸表は、「連結貸借対照表」、「連結損益及び包括利益計算書」（又は「連結損益計算書」及び「連結包括利益計算書」）、「連結キャッシュ・フロー計算書」、「連結株主資本等変動計算書」によって構成される。それぞれ、次の目的で作成される。

- 「連結貸借対照表」……企業集団の財政状態についての報告。

- 「連結損益及び包括利益計算書」（又は「連結損益計算書」及び「連結包括利益計算書」）……企業集団の経営成績についての報告。包括利益計算を含めて表示する「連結損益及び包括利益計算書」、又は、包括利益計算を含まない「連結損益計算書」と「連結包括利益計算書」の2表に分けて作成する。
- 「連結キャッシュ・フロー計算書」……企業集団のキャッシュ・フローの状況についての報告。
- 「連結株主資本等変動計算書」……「連結貸借対照表」に含まれる株主資本等の純資産の変動についての報告。

これらの表に併せて関連する注記や連結附属明細表も作成される。

これらの表は相互につながりをもった関係にあり、全体として企業グループの財務状況を表示する（図表4-1）。

図表4-1　連結財務諸表の相互関係（イメージ）

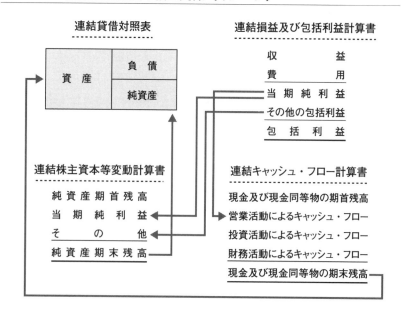

持株会社の会計 第4章

　上場会社では、四半期ごとに連結財務諸表の簡略版の開示が求められる（「4.3.② 四半期開示制度の見直し」参照）。

4.1.4　連結財務諸表作成における一般基準

　連結財務諸表を作成するうえで準拠すべき会計基準を「連結会計基準」（企業会計基準第22号「連結財務諸表に関する会計基準」企業会計基準委員会、2013（平成25）年9月13日改正）が定めている。同基準が定める主な項目は次のとおりである。

①　連結の範囲

　親会社は、原則としてすべての子会社を連結の範囲に含めなければならない。ただし、支配が一時的な場合や、連結することにより利害関係者の判断を著しく誤らせるおそれのある企業は連結の範囲に含めない。

　また、「重要性の原則」によって、小規模な子会社は連結の範囲に含めないことができる。

②　連結決算日

　親会社の会計期間に基づいて年1回一定の日をもって連結決算日とする。

　なお、子会社の決算日と連結決算日の差異が3カ月を超えない場合には、子会社の正規の決算を基礎として連結決算を行うことができる。

③　親会社及び子会社の会計方針

　同一環境下で行われた同一の取引等について、親会社及び子会社が採用する会計方針は、原則として統一する。

4.1.5　連結財務諸表作成のプロセス

①　連結財務諸表作成の基本プロセス

　連結財務諸表は、親会社及び各子会社の個別財務諸表を勘定科目別に合算

153

第1部 経営編

したうえで、連結決算上の各種の修正・消去の会計処理を行って作成する。これらの処理は一般に「連結精算表」の作成を通じて行う（図表4-2）。

図表4-2　連結精算表（イメージ）

カッコは貸方

勘定科目	親会社	子会社A	子会社B	合計	修正・消去	連結
資　産	120	40	20	180	(20)	160
負　債	(80)	(20)	(15)	(115)	10	(105)
純資産	(40)	(20)	(5)	(65)	10	(55)
収　益	(200)	(50)	(40)	(290)	20	(270)
費　用	180	40	35	255	(20)	235
利　益	(20)	(10)	(5)	(35)		(35)

② 連結決算の会計処理

連結決算においては、次のように個別決算とは異なる独特の決算処理を行う。

- 子会社の資産及び負債の評価……子会社の支配を獲得した日において、子会社の資産及び負債のすべてを支配獲得日の時価で評価する（「全面時価評価法」）。
- 投資と資本の相殺消去……親会社の子会社に対する投資とこれに対応する子会社の資本を相殺消去する。両者の差額は「のれん」として会計処理する。子会社の資本のうち親会社に帰属しない部分は「非支配株主持分」とする。
- 債権と債務の相殺消去……連結会社相互間の債権と債務は相殺消去する。
- 連結会社相互間の取引高の相殺消去……連結会社相互間における取引に係る項目は相殺消去する。
- 未実現損益の消去……連結会社相互間の取引によって取得した棚卸資

産、固定資産その他の資産に含まれる未実現損益は、原則として全額消去する。売手側の子会社に非支配株主が存在する場合には、未実現損益は、親会社と非支配株主の持分比率に応じて、親会社の持分と非支配株主持分に配分する。

● 持分法の適用……非連結子会社及び関連会社に対する投資については原則として持分法を適用する。「持分法」とは、投資会社（親会社）が被投資会社（非連結子会社及び関連会社）の資本及び損益のうち投資会社に帰属する部分の変動に応じて、その投資の額を連結決算日ごとに修正する方法をいう。なお、後述の企業結合会計における「共同支配投資企業」に対しても、連結財務諸表上、持分法を適用する。

● 在外子会社・在外関連会社の財務諸表の換算……在外連結子会社の外貨建て財務諸表は、円貨に換算して親会社の連結財務諸表に連結する。同様に、在外非連結子会社及び在外関連会社の外貨建て財務諸表については、円貨に換算して持分法を適用する。

　換算にあたっては、原則として、資産、負債は期末日レート、資本は取得時レート、収益、費用は発生時レートが適用される。このように換算レートが異なることから、在外子会社などの貸借対照表において換算差額が生じる。換算差額は、「連結損益及び包括利益計算書」の「為替換算調整勘定」に計上し、「為替換算調整勘定」の期中増減額は「連結株主資本等変動計算書」に表示し、その期末残高は「連結貸借対照表」の純資産の部の「その他の包括利益累計額」に含めて表示する。

● 税効果会計……税効果会計は個別財務諸表でも適用されるが、連結財務諸表作成上も、各種の相殺消去の会計処理に合わせて適用される。

③　セグメント情報

　連結財務諸表を作成する際に、その注記情報としてセグメント情報を開示する（なお、連結財務諸表を作成していない場合には個別財務諸表の注記情報としてセグメント情報の開示が求められる）。

第1部 | 経営編

　セグメント情報として報告するセグメントは、企業（連結企業グループ）の事業の構成単位である事業セグメントを集約したものである。事業セグメントは、経営上の意思決定を行い、業績を評価するために、経営者が企業の事業を構成単位に分別した方法を基礎として決められる（「マネジメント・アプローチ」という。図表4-3）。

図表4-3　セグメント情報（イメージ）

項目	報告セグメント				調整	連結
	生活産業	産業機材	IT	その他		
売上高	100	50	40	20	(10)	200
利　益	10	10	5	0	(5)	20
資　産	50	20	10	10	(10)	80
負　債	40	10	5	5	(5)	55
その他	XXX	XXX	XXX	XXX	XXX	XXX

4.1.6　連結財務諸表の監査

　金融商品取引法（金商法）の適用を受けて連結財務諸表を作成する会社は、公認会計士／監査法人による監査を受けなければならない。

4.1.7　連結計算書類の作成と監査

　会社法上の「大会社」（第2章参照）で、金商法の適用を受けて有価証券報告書を提出する会社は、会社法上、「連結計算書類」の作成が義務づけられている。

　「連結計算書類」は以下の書類から成る。

- ●連結貸借対照表
- ●連結損益計算書
- ●連結株主資本等変動計算書

持株会社の会計 | 第4章

●連結注記表

「連結計算書類」には、連結キャッシュ・フロー計算書が含まれていない。他の諸表は連結財務諸表と実質的に同じである。

「連結計算書類」は、監査役（監査等委員会設置会社にあっては監査等委員会、指名委員会等設置会社にあっては監査委員会）、及び会計監査人（公認会計士／監査法人）の監査を受けて、株主に報告される（以上、会社法444条及び会社計算規則61条を参照）。

4.1.8　連結経営における課題

連結財務諸表を作成する制度上の目的は、持株会社等の親会社（企業グループ本社）が企業グループの財務状況を総合的に報告することにある。

しかし、単に法律で義務づけられているという理由だけで多大なコストをかけて連結決算を行うことはいかにも不経済である。連結財務諸表や連結決算の過程で集約するグループ会社の財務数値を連結経営に活かすことが望まれる。以下に、連結財務諸表・連結決算を連結経営に活かすポイントを挙げた。

① 財務分析における活用

企業の財務状況を把握することは経営者に必須の課題である。企業の財務状況を把握するためには、3つの側面、すなわち、財政状態、経営成績及びキャッシュ・フローから見ることが有効である。財務諸表や連結財務諸表が貸借対照表、損益計算書及びキャッシュ・フロー計算書の3表を基本にすえている理由は、まさにそのような3つの側面から企業や企業グループの財務状況を把握するためである（詳細は「3.7.2　財務管理」参照）。

持株会社経営者などの企業グループの経営者は、連結財務諸表やグループ会社の個別財務諸表を分析することによって、全体としての企業グループや個々のグループ会社の財務状況を総合的に把握することができる。また、グループ会社間の取引などの連結決算で集約されるが外部公表されない情報も

157

第1部 経営編

経営上、役に立つ場合が多い。グループ経営に携わる経営者・管理職者が、連結財務諸表や連結決算の過程で収集される財務情報を財務分析に活用することが望まれる。

② 財務会計と管理会計の連動

会計は経済活動を数値で測定して関係者に報告する仕組みである。企業の会計には大別して、株主等の企業の利害関係者に報告することを目的とする「財務会計」と、経営者など企業内部者の管理に資することを目的とする「管理会計」がある。このうち、連結財務諸表は、「財務会計」の産物として位置づけられる。

持株会社は、株主等の企業の利害関係者に報告することを目的として連結財務諸表を作成する。これは財務会計の領域である。その一方で、持株会社は企業グループを管理する目的で管理会計を行う。連結財務諸表を作成するための連結決算が年次、四半期などの一定のタイミングで行われるのに対して、管理会計は、日々の業務の積み重ねを月次決算で取りまとめるなど、報告の頻度が高い。

連結財務諸表作成に関わる会計業務と作成過程で得られる数値情報を管理目的でも活用することができれば効率的である。同時に、財務会計、管理会計双方の精度を上げることが期待できる。このような観点から、連結財務諸表作成を通じて財務会計と管理会計の連動を図ることが望まれる。

③ 連結決算の効率化

連結決算を経営に役立てるためには、精度の高い連結情報をタイムリーに集約することが重要である。連結情報の集約が遅い会社は決算の早期化が焦眉の課題である。連結決算の効率化のためには連結会社全体にわたる連結決算体制の整備が必要である。また、前述のとおり、法制度上、子会社の決算日は連結決算日の3カ月以内であれば、そのまま連結することが認められているが、経営に使える連結数値を得るためには決算日の統一も必要である。

持株会社の会計 第4章

　以上の諸施策を講じて連結財務諸表・連結決算を連結経営に活かすことが望まれる。

4.2 企業グループ再編の会計

　持株会社経営者が留意すべき会計として、連結会計に加えて、企業グループ再編時に適用する企業結合会計と事業分離会計が挙げられる。事業の分離と結合という観点で見ると、事業分離会計が事業の分離元企業（事業を移転する企業）で適用されるのに対して、企業結合会計が事業の分離先企業で適用されるという裏腹の関係にある。

　いずれの会計も、再編当事者である個別企業で会計処理される。持株会社では、これらの個別企業での会計処理が行われた後の各企業の個別財務諸表をもとに親会社として連結決算を行うことになる。以下で、企業結合会計と事業分離会計について、経営者が知っておくべき概要を説明する。

4.2.1　企業結合会計

　本項では、「企業結合に関する会計基準」（企業会計基準委員会、2019（平成31）年1月16日改正）に基づいて説明する。

① 「企業結合」の意味

　「企業結合」とは、ある企業又はある企業を構成する事業と他の企業又は他の企業を構成する事業とが1つの報告単位に統合されることをいう。ここで、「事業」とは、企業活動を行うために組織化され、有機的一体として機能する経営資源をいう。

② 企業結合の形態に応じた会計処理

　企業結合会計では、企業結合の形態を「取得」、「共同支配企業の形成」及

159

第1部 | 経営編

び「共通支配下の取引等」の3つの形態に区分して、それぞれの形態に応じた会計処理を規定している。企業結合会計を適用するうえで、「共同支配企業の形成」及び「共通支配下の取引等」以外の企業結合は「取得」として取り扱う。以下で各会計処理について説明する。

③ 「取得」の会計処理

「取得」とは、ある企業が他の企業又は企業を構成する事業に対する支配を獲得することをいう。ここで、「支配」とは、ある企業又は企業を構成する事業の活動から便益を享受するために、その企業又は事業の財務及び経営方針を左右する能力を有していることをいう。

「取得」の基本的な会計処理のフローは次のとおりである。このような会計処理を「パーチェス法」という。

ⅰ）取得企業の決定……企業結合に係る企業のいずれが「取得企業」（ある企業又は企業を構成する事業を取得する企業）で、いずれが「被取得企業」（取得される企業）か決定する。原則として他の企業を支配することとなる企業が取得企業となる。支配・被支配の関係が明確でない場合は、企業結合前の各企業の相対的な規模や各企業の株主が企業結合後の企業で保持することになる議決権比率の大きさ、取締役等を選解任できる株主の存在等の諸要素を考慮して取得企業を決定する。

ⅱ）取得原価の算定……被取得企業又は取得した事業の取得原価は、原則として取得の対価となる財（交付される取得企業の株式等）の時価で算定する。なお、「取得関連費用」（外部のアドバイザー等に支払った特定の報酬・手数料等）は、発生した事業年度の費用として処理する。

ⅲ）取得原価の配分……取得原価は、被取得企業から受け入れた資産及び引き受けた負債のうち識別可能なもの（識別可能資産及び負債）の企業結合日時点の時価を基礎として当該資産・負債に配分する。取得原価が受け入れた資産及び引き受けた負債を上回る場合にはその超過額を「のれん」として、下回る場合にはその不足額を「負ののれん」とする。

ⅳ）「のれん」の会計処理……のれんは、原則として資産に計上し、20年以内のその効果が及ぶ期間にわたって、定額法その他の合理的な方法により規則的に償却する。のれんの未償却残高に減損が生じている場合には減損損失を認識する。

ⅴ）「負ののれん」の会計処理……「負ののれん」は原則としてそれが生じた年度の利益として処理する。

ⅵ）条件付取得対価の会計処理……将来の業績に依存する条件付取得対価については、追加／返還する対価が確実・合理的決定可能となった時点で、取得原価とのれん（負ののれん）を追加認識／減額する。

④ 「共同支配企業の形成」の会計処理

「共同支配企業」とは、複数の独立した企業により共同で支配される企業をいい、「共同支配企業の形成」とは、複数の独立した企業が契約等に基づき、当該共同支配企業を形成する企業結合をいう。ある企業結合を共同支配企業の形成と判定するためには、共同支配の契約等の締結や、企業結合の対価のすべてが原則として議決権のある株式であること、支配関係を示す一定の事実が存在しないこと、といった要件を満たす必要がある。

共同支配企業の形成において、共同支配企業は、「共同支配投資企業」（共同支配企業を共同で支配する企業）から移転する資産及び負債を、移転直前に共同支配投資企業において付されていた適正な帳簿価額により計上する。

共同支配投資企業は、連結財務諸表上、共同支配企業に対する投資について持分法を適用する。

⑤ 「共通支配下の取引等」の会計処理

「共通支配下の取引」とは、結合当事企業（又は事業）のすべてが、企業結合の前後で同一の株主により最終的に支配され、かつ、その支配が一時的ではない場合の企業結合をいう。親会社と子会社の企業結合及び子会社同士の企業結合は、共通支配下の取引に含まれる。

161

第1部 | 経営編

　個別財務諸表上、共通支配下の取引により企業集団内を移転する資産及び負債は、原則として、移転直前に付されていた適正な帳簿価額により計上し、資産・負債の差額は純資産として処理する。移転された資産及び負債の対価として交付された株式の取得価額は、当該資産及び負債の適正な帳簿価額に基づいて算定する。

　連結財務諸表上、共通支配下の取引は、内部取引としてすべて消去する。

　非支配株主から追加取得する子会社株式については、個別財務諸表上の取得原価は時価で算定し、連結財務諸表上は子会社の追加取得及び一部売却として処理する。

4.2.2　事業分離会計

　本項では、「事業分離等に関する会計基準」(企業会計基準委員会、2013(平成25)年9月13日改正)に基づいて説明する。

①　事業分離の意味

　「事業分離」とは、ある企業を構成する事業を他の企業(新設される企業を含む)に移転することをいう。

②　分離元企業の会計処理

　「事業分離」において、「分離元企業」の会計処理は、移転した事業に関する投資が清算された(投資非継続)と見るか、そのまま投資を継続していると見るかによって異なる。

　投資が清算されたと見る場合には、対価として受け取った財の時価と移転した事業に係る株主資本相当額(移転した事業に係る資産及び負債の移転直前の適正な帳簿価額による差額から、当該事業に係る評価・換算差額及び新株予約権を控除した額)を移転損益として認識するとともに、改めて当該受取対価の時価をもって投資を行ったものとする。

　一方、投資がそのまま継続していると見る場合には、資産・負債を適正な

持株会社の会計 | 第4章

帳簿価額で移転させ、移転損益は認識しない。移転によって受け取る資産の
取得原価は、移転した事業にかかる株主資本相当額に基づいて算定する。

　基本的には、現金等の移転した事業と明らかに異なる資産を対価として受
け取る場合には投資が清算されたとみなされる。また、子会社株式や関連会
社株式となる分離先企業の株式のみを対価として受け取る場合には、移転し
た事業に対する投資を引き続き行っているとみなされる。

　このように、分離元企業の会計処理（基本パターン）は、受け取る対価の
種類と分離先企業の種類によって分かれる（図表4-4）。いずれの場合も、
事業分離に要した支出額は発生時の費用として処理する。ただし、諸状況に
よって他の会計処理方法も適用される（会計処理の詳細は「事業分離等に関
する会計基準」参照）。

図表4-4　分離元企業の会計処理（基本パターン）

		分離先企業の種類		
		子会社	関連会社	その他の会社
受取対価の種類	現金などの財産	移転損益を認識する	移転損益を認識する	移転損益を認識する
	分離先企業の株式	移転損益を認識しない		移転損益を認識する

4.3 新しい会計基準

　以上の連結会計と企業グループ再編の会計以外にも、新しい会計基準が設
定されたり改正された場合には、持株会社の連結会計に大きな影響を及ぼす
場合があるので、持株会社の経営者は経理部門が新しい会計基準の開発動向

163

第1部 経営編

をフォローしていることを確かめることが望まれる。特にIFRSを採用している会社は、IFRSと日本の会計基準の両方の動向をフォローすることが求められる。

さらに、新しい会計基準が持株会社グループの経営に大きな影響を及ぼす場合には、持株会社の経営者自身が会計基準の概要と自社グループへの影響を掌握する必要がある。

持株会社の経営者が知っておくべき新しい会計基準等として、以下の項目が挙げられる。

① サステナビリティについての開示

世界的に社会や企業のサステナビリティ（持続可能性）に対する関心が高まる中でサステナビリティに関する会計の制度化が進められている。制度化の動きをリードしているのが国際サステナビリティ基準審議会（ISSB＝International Sustainability Standards Board）である。現在は主にサステナビリティに関する開示についての基準作りが進められている。

わが国では、サステナビリティ基準委員会（SSBJ＝Sustainability Standards Board of Japan）がISSBの基準作りと連動してサステナビリティ開示基準の開発を進めている。持株会社の経営者はサステナビリティをめぐる経営・会計の動向に留意する必要がある。

わが国では、会計の制度化と連動してサステナビリティに関する企業の取組みの開示を充実させる制度改正が進められている。上場会社等では有価証券報告書で次の開示が求められるようになった。これを踏まえて持株会社の経営者は開示の前提になるサステナビリティ経営の実質の充実に留意する必要がある。

- 有価証券報告書等に、「サステナビリティに関する考え方及び取組」の記載欄を新設し、サステナビリティ全般について、「ガバナンス」及び「リスク管理」は必須記載事項とし、「戦略」及び「指標及び目標」は重要性に応じて記載

164

● 人的資本、多様性に関する開示……サステナビリティ情報の「記載欄」の「戦略」と「指標及び目標」において記載

（資料：2023（令和5）年6月30日公布　改正企業内容等の開示に関する内閣府令）

② 四半期開示制度の見直し

　四半期開示の簡素化の国際的潮流に沿い、わが国でも上場会社の四半期開示制度が簡素化された。具体的には、四半期報告書が廃止されて四半期決算短信に一本化された。なお、第2四半期については半期報告書と監査人によるレビューが求められる(注)（図表4-5参照）。なお、第1・第3四半期のレビューは原則として任意である。

（注）銀行、信用金庫、保険会社の場合は中間監査が求められる。

③ 新リース会計

　現行のリースの会計基準では、不動産リースは、オペレーティング・リースに分類されることが多く、その場合、借り手は、毎月のリース料を賃貸借

図表4-5　四半期開示の一本化

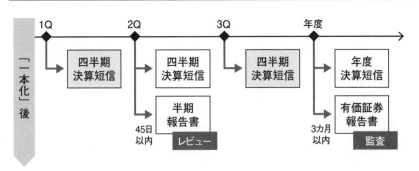

出所）金融審議会「ディスクロージャーワーキング・グループ」報告の概要（四半期開示）
　　　（2022（令和4）年12月公表、金融庁）。

第1部 | 経営編

料と同様に損益計算書に計上し、リース契約関係の資産・負債を貸借対照表（バランスシート）に計上する必要はない。

しかし、2023（令和5）年に企業会計基準委員会が草案を公表した新リース会計基準によると、リース会計の国際的な潮流に沿って、オペレーティング・リースについても原則としてリース契約関係の資産（使用権資産）と負債（リース負債）をバランスシートに計上することが義務づけられるようになる。そうすると、バランスシートが膨らみ、各種経営指標に影響を及ぼすことになる。

リースを活用して投資している企業は、新リース会計の動向に注意を要する。

第 **5** 章

Management | # 持株会社経営成功の秘訣

5.1 | コーポレートガバナンスの源泉

5.1.1 会社は本当に株主のものか

　株式会社の歴史をさかのぼれば、日本では徳川家康が関ヶ原の戦いに勝利し実権を握る頃、世界では1600年にイギリス東インド会社が設立され（1662年に株式会社化）、1602年にはオランダ東インド会社が世界で初めてとなる株式会社として設立された。

　この株式会社が誕生した背景には、東南アジアでの香辛料取引を求めて一航海ごとに出資を募り、無事に船が戻ったら利益を出資者である株主に配分して清算するという仕組みがあった。この頃の株式会社は、株主のものといっても過言ではないだろう。しかし、以来400年以上の時を経て、資本主義の発展とともに株式会社もそのありようを変えてきた。

　このような株式会社が、現在においても単純に株主のものといえるだろうか。確かに会社法上、株主総会は会社の最高意思決定機関となっている。しかしながら、法が予定しているような株主総会が仮にあるとすれば、株主は長期的にその会社の株主であることにコミットした株主でなければならないはずである。長期保有株主を優遇せよという主張もある面うなずける。いまは株主だが明日は株主でないというような株主では困るのである。こんな不安定な株主が会社の最高意思決定機関を構成するという法律自体が非現実的である。したがって、現実を見れば、株主総会の機能が形骸化するのもけだ

167

第1部 経営編

し当然のことである。

では、なぜ法律と現実が乖離してしまったのであろうか。この原因を解明せず、現実を法の理念に近づけんがための法改正をいくら行っても効果はない。ちなみに、「会社法」も残念ながらその例外ではないような気がする（とはいえ、現実の会社経営実務上、会社法におけるガバナンスは当然のことながら重要であり、この点については、「2.1　会社法のもとでの持株会社のガバナンス」を参照願いたい）。

近年、生成AIの加速度的進歩によって、あと20年で（2045年）人工知能（AI）が人類の知能をしのぐといわれる転換点であるシンギュラリティーを迎えようとしている現在、残念ながら法律の世界ではいまだ会社は株主のものという発想から抜け出せないでいるように思えてならない。

そろそろ旧来の発想にとらわれない、新進気鋭の法律家たちの議論を期待したい。

ところで最近、この株主資本主義に対して見直しの機運が高まってきている。2020（令和2）年1月にスイスのダボスで開催された「世界経済フォーラム（WEF）」の年次総会（通称、ダボス会議）において、資本主義の再定義が主題として取り上げられ、株主至上主義の見直しが再確認された。

これまでの株主への利益還元を最優先とする考え方は、格差の拡大や環境問題という副作用を生んだ。そのような問題意識から、株主だけでなく従業員や社会、環境（ESG）にも配慮した「ステークホルダー（利害関係者）資本主義」という考えが提唱された。このようにステークホルダーを重視する考え方は、本書では初版以来一貫して述べてきたところである。世の中がやっと気づき始めたようである。

ひところ、事業再生に投資ファンドという資本家が出現し、株主権を主張して株主の存在をアピールするいわゆる「物言う株主」が話題となったが、近頃は「物言う社員」も出現してきた。

社員（従業員）といえば、従来は自分たちの労働環境などの待遇改善に対する要求が主なものであったが、ステークホルダーの一員としての社員の立

場から自社の経営に対し批判し、軌道修正を迫るなどの動きも出てきた。

たとえば、米グーグルで経営陣への意見の発信を狙って初の労働組合ができたり、以前米国で起きた警察官による黒人男性に対する暴行事件を機に、警察に対する抗議活動として警察へ自社の技術提供を中止するよう経営陣に申し入れたり、また、ネット通販大手のアマゾン・ドット・コムでは、環境問題への対応が消極的だとする従業員の抗議活動が生じているなどはそのよい例である。

ところで、コーポレートガバナンスに関する議論は二面性をもっている。1つは、会社は誰のものかという会社主権者論、もう1つは経営者の経営チェックシステムを含む組織運営論である。特に企業に不祥事が生じるとコーポレートガバナンスに問題があったとして議論されることが多い。これなどはコーポレートガバナンスの組織運営面の問題として位置づけられる。そしてこの両者は、実は表裏一体の関係にある。なぜなら、会社主権者こそが経営チェックを行使するのが最も効果的であるからである。会社主権者論といえば、株主主権とか、従業員主権とか、その両者でどちらがメインでどちらがサブだとか、はたまたステークホルダーすべてのものという意見まで、長い間議論されてきた。会社支配論の歴史を遡ると、この分野における先駆者であるバーリとミーンズが1932年に著した『近代株式会社と私有財産』（*The Modern Corporation and Private Property*）以来、1世紀弱を経た現在、経営者支配論ということで決着しているような意見もあるが、中小企業も含めた支配論としてはいまなお未解決のテーマとして議論されている。

ステークホルダーのすべてが主導者たり得る資格を有している。ただし、その影響力の大きさは、すべてのステークホルダーが等しいというわけではない。

会社というのは、アメーバのごとくその姿・形を常に変化させているのである。そして、会社を取り巻く利害関係者の中にも、あるときは大きな影響力をもって会社に接近し、あるときは大きな影響力をもちつつ会社から遠ざかったり、さらには、この利害関係者同士がくもの巣のごとく密な関係網を

築いたりと会社自体も、そして利害関係者も、一定の関係にあるわけではなく、常に変化しているのである。この複雑怪奇な会社の主権者は誰か、果たしてそんなに単純に割り切れる問題であろうか。実は、この複雑な、そして答えがないような問題を解く鍵は、会社経営に影響を与えるものは一体何か、つまり、会社への影響力の源泉を解明することにある。これを解明せずに会社主権者論をいくら論じてみてもその解を求めることは永遠にできない（図表5-1）。

ところで、本書は持株会社をテーマにする本でありながら、株式所有、つまり資本の論理だけで、会社支配力の源泉と考えてはならないという一見矛盾したような問題提起を行っている。ただし、誤解を避けるためにお断りしておくが、株式所有による会社支配を決して否定しているわけではない。何といっても株式所有は法律を背景にした株主権であるから経営に与える影響力が大きいことはいうまでもない。ただし、本章においてはこうした法律論とは別の実質論として論じている。つまり、株式所有による支配もあればそうでない支配もあるということである。以下、会社支配力の源泉の本質について検討してみたい。

図表5-1　利害関係者の変化

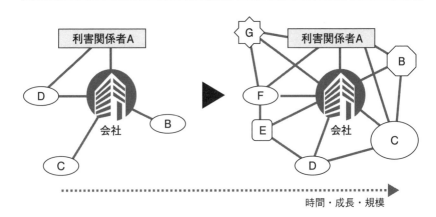

5.1.2 影響力の源泉は資金提供の大きさにあり

読者の皆さんは会社の決算書の中に「貸借対照表」（以下「B/S」という）というものがあることはご存知だろうと思う。

このB/Sというのは、借方（左側）は資金の運用形態、一方、貸方（右側）は資金の調達形態を表している（図表5-2）。

図表5-2　バランスシートの性質

▼貸借対照表の貸方にヒント

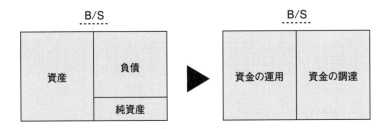

① 資金調達の源泉主体が株主の拠出金である場合

まず、初めに図表5-3のようなB/Sの会社を見てみよう。

このようなB/Sの典型は設立後間もない会社に多く見られる。

ところで、このような会社に最も影響（支配）力を与える人は誰かといえば、それは資本金を拠出した人、つまり株主であろう。もちろん、資本金を拠出した人が複数いれば、その拠出割合によって、相対的にその中で影響力の行使に差が生じる。

しかし、いずれにせよ、このような会社は株主のものであることに変わりはない。したがって、会社を俗にいう煮て食おうと焼いて食おうと株主の自由であるといっても過言ではない（前述したように、株式会社が生まれた頃はこの形態であった）。

現実には、このようなB/Sの会社は他人を多く雇うこともなく、従事者のほとんどが家族といった小さなファミリー会社に多く見られる。ただ、最

第1部 経営編

図表5-3 株主拠出金が資金源泉

B/S

| 資産 | 資本 |

近の事業再生等における投資ファンドなども、このような株主による支配の好例といえるだろう。

株式所有による支配という点では、株式を相互に保有することで、特定の少数株式を所有するものが経営をコントロールすることを可能とする。

たとえば図表5-4のような株主構成であるA社からE社までの企業グループに最も影響力を与える株主は誰であろうか。

甲氏が創業者で健在の間は、おそらく甲氏が株主としても最も大きな影響力を有するであろう。しかし、創業家の世代が代わっていくにつれ、その影響力も衰退していく実例は多く目にするところである。

図表5-4 株式の相互保有

株主＼会社	A社	B社	C社	D社	E社
甲	20%	20%	20%	20%	20%
A社		20%	20%	20%	20%
B社	20%		20%	20%	20%
C社	20%	20%		20%	20%
D社	20%	20%	20%		20%
E社	20%	20%	20%	20%	
計	100%	100%	100%	100%	100%

すると創業家支配に代わって、A社をはじめとするグループ各社の経営者の中からグループ企業全体に影響を与えるような人物が出てくる可能性がある。いわゆる経営者支配の出現である。この場合に影響力の源泉となるのは株式所有ではなく、後述する会社の利益積立金への貢献ということになる。

② 資金調達の源泉主体が他人資本である場合

次に図表5-5のような会社の場合はどうか。

会社の事業規模が拡大してくると、当初、株主の拠出した資金（資本金）は相対的に小さくなり、代わって他人資本である借入金（買掛金なども基本的には同じ）による資金調達の比率が大きくなってくる。戦後、国策として銀行を中心とした間接金融で資金調達を図ってきた日本企業の場合、現在ほとんどの会社がこの部類に属している。中でも、装置産業や不動産業などはその典型といえる。

ところで、このようなB/Sの会社がかつてバブルの崩壊とともにどのようになったか。また以前経済問題となった銀行による貸し渋りの結果どうなったか。ご承知のとおり、多くの会社では生かす（存続）も殺す（倒産）も銀行の腹一つという状態に置かれ、たとえ生かすこととされた会社でも銀行の管理下に置かれることになった。また、以前西武鉄道の再建をめぐり、大株主であるコクドと銀行団とが対立したことを記憶している方も多いことと思う。これはなぜかといえば、事実上の資金の提供者が銀行だからであ

図表5-5　他人資本が資金源泉

第1部 経営編

る。つまり、影のオーナーは銀行であった証明である。

では、このような会社の大株主でもあるオーナー経営者といわれる人々は何なのかといえば、その実体は雇われ経営者と考えれば理解しやすい。それをオーナーと思っていること自体が錯覚なのである。

③ 資金調達の源泉主体が利益留保である場合

最後に図表5-6のようなB/Sの会社の場合はどうか。

利益積立金とは、税金を払った後の過去の利益の溜まりである。株主や銀行などのように資金を拠出したわけではないが、この利益積立金も資金調達の立派な源泉であることに変わりはない。一番の曲者はこの利益積立金である。

この利益積立金は一体誰が溜めたのか。

どうして、ここにこんなに溜まったのか。

ところで、前述したように、会社にはそれを取り巻く多くの利害関係者がいる（図表3-5）。従業員、株主、役員、金融機関、得意先、仕入先、外注先、国、地方公共団体、さらには、消費者、地域住民などがその代表的なものである。会社が社会の公器といわれるゆえんである。何も上場会社だけが社会の公器というわけではない。非上場会社であっても同様なのである。違

図表5-6　利益の溜まりが資金源泉

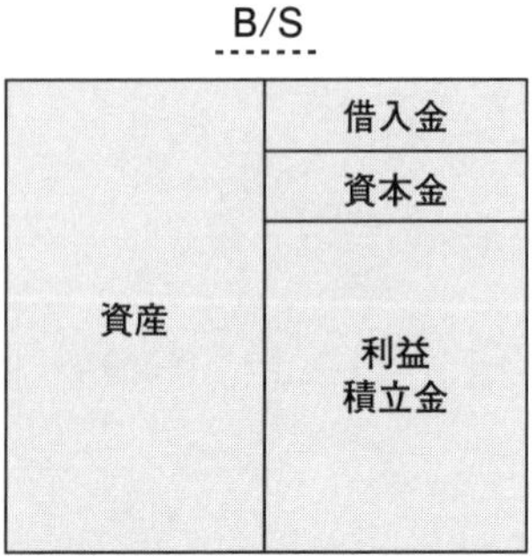

B/S

資産	借入金
	資本金
	利益積立金

174

いといえば、上場会社の場合は、見ず知らずの株主という利害関係者の数が多くなり、会社規模が大きくなることで、関係する利害関係者の数が増大するため、社会的影響が大きくなるという程度の違いだけなのである。

もし、これら利害関係者それぞれが次のようなことをいいだしたらどうか。

従業員たちは「うちの会社は、こんなに利益が出るんだったら、もっと給料が高くてもよかったのではないか。いままで、低賃金で働きすぎた」といい、同様に、株主は配当が低すぎたといい、銀行は銀行で金利が低すぎたといい、消費者や得意先は高く買わされたといい（消費者団体による利益還元運動などはこの好例）、仕入先や外注先は安く叩かれすぎたのではないかなどといい、はたまた、国や地方公共団体までもが税金をもっと徴収してもよいのではないか（最近、ときどき耳にする内部留保課税はこの例）、などといいだしたら、果たして利益積立金はこんなに会社に溜まっていたであろうか。

ファイナンスや資本金による資金は誰がいくら拠出したか明確なのだが、この利益積立金だけは誰がどの程度貢献したのか、ひもつき関係がはっきりしない。ましてや、資産の含み益や営業権などは誰のものであろうか。それぞれの利害関係者の貢献度合を測るモノサシが残念ながらいまのところ見つからないので定量化ができない（この定量化・数値化も最近のAIのめざましい進化が、近い将来、可能にするかもしれない）。しかし、以上見てきたように、この利益積立金というのは、会社を取り巻く多くの利害関係者が関係しているということだけはいえそうである。ただ、中でも多くのオーナー会社といわれる会社では上場、非上場を問わず、やはり、オーナー経営者自身が最も利益貢献したのは紛れもない事実だろうと思う。しかし、だからといって、オーナー経営者だけが貢献したわけではないことも忘れてはならない事実だと思う。そして、この利益貢献には、過去・現在・未来の貢献があり、過去の貢献のみにしがみついているオーナー経営者は問題である。

余談になるが、ワンマンの創業オーナーの後継者が創業者から株式を譲り

第1部 経営編

受け大株主となったにもかかわらず、なぜ創業オーナーのような影響力を行使できないのかということを考えてみた場合、創業オーナーのリーダーシップの源泉は、株式所有にあるのではなく、実はこの利益積立金への貢献にあるからなのである。

資本金という資金調達は株式という形で引き継げたものの利益積立金という資金調達は引き継ぐことができないのである。そもそもこれは、個人の人格や個人に与えられる資格のような一身専属的なものだからである。ここに2代目がリーダーシップを発揮できない根本原因があることに、創業者も2代目の後継者も気づいていないことが多い。

2代目が名実ともに真の後継者となるには、この利益積立金に貢献する以外に道はない。

以上見てきたように、会社に対する影響力の源泉は資金の提供（拠出）にこそあるといえる。しかも、その影響力は提供した資金の大きさに相対的に依拠するのである。そして、それはB/Sの貸方に表れている。したがって、B/Sの貸方を分析すれば会社に影響力をもつ者は誰かが判明する。ただし、その態様は会社によって実に千差万別であり、しかも一定不変のものではなく、絶えず変化している。

たとえば、ひとくちに株主といっても、機関投資家もいれば、取引先株主もいれば、一般投資家もいる。その関心事も異なり、その態様はさまざまである。そして、株主の拠出部分（資本金）が大きくても、株主が多く分散してそこに求心力が働かなければ、株主の影響力は相対的に小さなものとなる。よく米国では株主の会社経営に与える影響力が、わが国と比べて大きいといわれているが、米国でも影響力を行使できる株主というのは、あるシェアをもっている年金基金（カリフォルニア州職員退職年金基金（CalPERS）は特に有名）などの特定株主であって、分散した一般の大衆株主ではない。また、同様のことは、他人資本（負債）についてもいえる。

特定の銀行、いわゆるメインバンクが存在する場合と多数の銀行が平均的

に融資しているような場合とでは、ある特定の銀行の会社に与える影響力は自ずから異なる。仕入先などについても同様のことがいえる。

したがって、株主も金融機関もいずれもが多く分散し求心力が働いていない会社では、利益積立金という資金調達がものをいうこととなる。そして、ここに経営者支配が成立する要素が存在する。今日のわが国の大企業といわれる企業の多くがこのタイプに属する。大手の銀行などを見た場合、負債側の主役である預金者も、また資本を拠出した株主の中にも特定の支配勢力は存在しない。その結果、ひところマスコミで話題となった歴代の頭取たちによる奥の院が成立するのもけだし当然といえば当然のことである。これは、銀行に限らず、大手の一般会社においても同様である。そしてこれは、経営陣個々人のモラルなどという問題ではなく、企業統治システムそのものにその根源があるのである。また、最近の経営陣と株主との間の企業買収をめぐる争いには、これらの人々は会社は誰のものと心得ているのか、はなはだあきれてしまうことが間々見受けられる。

以上をまとめて示すと図表5-7のようになる。

なお、連結情報を中心とするディスクロージャー制度への移行にともない、連結財務諸表作成にあたっての子会社及び関連会社の判定基準として、

図表5-7　会社支配力の源泉

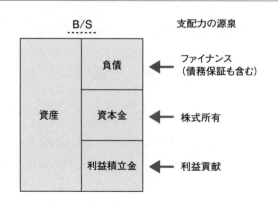

第1部 経営編

従来の持株基準に代えて支配力基準及び影響力基準が導入された。会社法において、有価証券報告書を提出すべき大会社については、従来同様、連結計算書類の作成が強制されるが、大会社以外でも、会計監査人の設置会社については任意ではあるが連結計算書類が作成できることとなっている。これも、背景にある前述の考え方を反映したものとして一歩前進したものといえる。残るは税法のみとなった。

以上のコーポレートガバナンスの源泉を十分理解し、どう活用するかが、持株会社経営における成否の秘訣となるのである。

5.2 持株会社と会社支配力の源泉

以上の会社支配力の源泉を持株会社に当てはめて考えた場合、傘下の事業会社設立当初のB/Sの貸方は資本金であり、株式のすべて（ないしはほとんど）は持株会社が所有している。

したがって、前述した論理からいえば、設立時だけをとってみれば、持株会社の株式所有による支配が成立する。

しかし、事業活動の拡大とともに、金融機関からの借入金などの他人資本に依存するようになるが、この借入金に対する債務保証や担保提供を持株会社が行っている段階では、持株会社がファイナンスをしていることと結果は同じになる。したがって、実質的にB/Sの貸方（資金提供）はすべて持株会社が拠出したこととなり、持株会社の支配力の行使が可能となる。

次の段階として、傘下の事業会社自体に利益積立金が溜まりだすと、その利益貢献度が問題となってくる。

ところで、「1.1 持株会社（ホールディングカンパニー）とは何か」で詳述したように、現在多くの会社で採用している事業持株会社（親会社）のもとにおける子会社は親会社の業務の一部を担っている場合が多く、子会社の利益は親会社の存在なくしてはありえないという関係にあるため、子会社の

持株会社経営成功の秘訣 第5章

利益積立金への貢献は親会社が握っているといっても過言ではない。

一方、純粋持株会社傘下の子会社は、子会社自体が、より独立性のある会社運営をすることにより、独自で利益貢献を果たすことを求められている。独自で利益積立金に貢献できるようになってくると、優良子会社の経営者たちにもやがて慢心・おごりの気持ちが芽生え出す。経営者の世代が交代すればますますこの傾向が顕著となる。

持株会社の経営者との間で経営方針をめぐって対立するようなことでもあると、「子会社の事業もろくにわからないのに、余計な口出しはするな！」ということになる。

場合によっては、何かと口うるさい持株会社からの独立を考え、株を買い取ってしまおう、かといって子会社の経営者たちは個人的に買取資金などもっていないから、子会社の資金力を使って買い取るマネジメント・バイアウト（MBO）などということに発展する可能性すらある。

では、なぜこのようなことになるのか。

ひとことでいえば、どうも人間というのは、支配することは好むが、支配されることは好まない生き物のようである。

したがって、親会社のいうことを素直に聞く子会社を望むのなら、純粋持株会社による経営など採用すべきではない。その代わりに、各子会社に独自性と活性化を期待するなどという身勝手な欲も捨てなければならない。いい換えれば、親のいうことを素直に聞くおとなしい子どもをもちたいか、それとも親のいうことを素直には聞かないが自立心のある子どもをもちたいかの違いともいえる。ただ、わが国の企業の中にも、最近は、後者を選択する企業が増えつつあるようにも思われる。

5.3 成功への処方箋

では、純粋持株会社のもとにおける子会社とのトラブル発生を未然に防ぐ

第1部｜経営編

には実務的にどのようにしたらよいのか。その処方箋について考えてみよう。

その処方箋の1つは、「利益積立金を子会社に多く残さない」ということである。

つまり、子会社の利益積立金はなるべく親会社借入金か資本金へ振り替えてしまうのである。ただ、この方法は子会社経営陣に対し、錯覚を生じさせないためであって、決して、根本的解決とはならない。子会社がいくらの利益をあげ、いくらが持株会社へ配当で吸い上げられたかは、子会社経営陣は当然承知している。

したがって、この処方は副作用としてモラールの低下をきたさないよう配慮が重要となってくる。そのためにも、子会社から資金を吸い上げるにしても、その資金を子会社へ還元し、資金調達源泉だけを調整しておくのである。

もう1つの処方箋は、逆に、子会社が稼ぎ出した利益は、一定の配当などの利益処分をした後、「そのまま利益積立金として子会社に残す」ということである。

優良子会社は、利益積立金が積み上がり、財政基盤が厚くなり、思い切った投資もできるようになる。投資の成果が上がればますます利益積立金が積み上がることになり、企業グループ内での発言力も当然高まる。親会社にとっては、このような子会社は扱いにくいこともあるかもしれないが、優良子会社の貢献によって企業グループ全体の企業価値が高まれば、親会社の経営者、株主その他のステークホルダーすべてにとって喜ばしいことである。どう考えるか、どちらの処方箋をとるかは親会社経営者の判断に関わることだと思う。

子どもには自立して、たくましく育ってもらいたい。少々の意見の衝突はあっても1つの傘のもとで、（一致団結などという理想論は別にしても）強力な企業グループ集団を作り上げるという持株会社経営を真の意味で成功に導くにはどうしたらよいのか。

持株会社経営成功の秘訣 | 第5章

　そのためには、これまで述べてきたように持株会社の経営者も傘下の子会社をあずかる経営者もともに、ファイナンス、株式所有、利益貢献という3つの会社支配力の源泉を常に心に刻んでおくことが必要である。

　持株会社と子会社との関係は、ちょうど親が子どもを育てる過程とよく似たところがある。子どもを産みっぱなしで、何の世話もせず、子どもが成長して立派になったら、自分が本当の生みの親だといまさら親の顔をされても子どもとしては困る。

　これと似たところがあって、生みの親である持株会社が子どもである子会社が育つ過程でどれだけの犠牲を払ってきたか、いざというとき、どれだけ子会社に救助の手を差し伸べてきたかによって親子の絆が培われるのである。

　持株会社がグループ経営を成功させるか否かはまさにこの点にかかっているのである。それを、資本の論理だけで支配しようなどと、いわば力でねじ伏せようとすれば弱者はいつか対抗する力を蓄え、やがて牙をむいて立ち向かってくる。これが自然の摂理である。

　この点をゆめゆめ忘れてはならない。

　これを忘れたとき、持株会社経営は内部から崩壊する。

　以上の経営理念を踏まえて持株会社形態によるグループ経営を行うのであれば、21世紀の共生の時代にふさわしい企業集団を形成できるものと確信している。

181

第 2 部

Law

法務編

　純粋持株会社が再び日本の法制度として認められてから27年余りが経過し、持株会社作りの法制備は一段落して、グループ会社全体のガバナンス、コンプライアンスに関わる法改正が進みつつある。

　本編では持株会社作りの基本と持株会社に関わる法的問題を概説するものである。

第**6**章

Law

会社法と持株会社の創設

6.1 会社法における持株会社の創設方式

6.1.1 持株会社の創設

　持株会社とは、他の会社の株式（合同会社等の社員の持分を含む）を多数保有することによって、その株式発行会社の事業活動を支配することを事業としている会社である。なお、本書第2部で株式という場合、特に断りのない限り議決権のある株式を意味している。

　会社法では、親会社、子会社関係を成立させる経営支配を株式の保有を通ずる場合に限定していないが、独立する複数の子会社を束ねてグループ会社全体の経営をコントロールする親会社としては、子会社の株式を多数保有する持株会社が最も適するであろう。

　持株会社の創設は、いわゆる株式移動方式と抜殻方式に大きく分けることができる。

　株式移動方式は、既存の事業会社は従来どおり事業を続け、ただ事業会社の株主が、その保有する株式を持株会社となる上位会社に移動させることによって事業会社を傘下に収める持株会社を作るというものである（図表6-1）。

　会社法は、持株会社を作りやすくするための法制として、株式移動方式では従来から株式交換、株式移転を設けていたが、2019（令和元）年の改正により、新たに株式交付という制度を設けた（2021（令和3）年3月1日施行）。

会社法と持株会社の創設 第6章

　株式交換、株式移転は、親会社となる会社が子会社となる会社の発行済株式全部を取得して完全親子会社関係を作る法制である。これに対し株式交付制度は、親会社となる会社が子会社となる会社の発行済株式のうち、過半数に足る数以上の株式だけ取得して親子会社関係を作る法制である。

　また、持株会社となる会社が事業会社の株主から、その株式を現物出資してもらったり、公開買付（TOB、Takeover Bid）によって買い取ったりすることにより支配株を取得する旧来の方法も株式移動方式の部類である（図表6-1）。

　抜殻方式は、既存の事業会社の有する事業自体を別会社に移管し、既存の事業会社がその別会社の持株会社に変身するというものである。つまり既存の事業会社から事業が抜かれて抜殻となるという意味合いで抜殻方式といわれる。

　会社分割法制はこの部類に属する。また既存の事業会社の事業部門を現物出資して事業子会社を設立したり、いったん金銭出資により子会社を設立し、設立後に事業部門をこの子会社に事業譲渡（旧商法時代の用語は営業譲渡）する方法も抜殻方式の部類である（図表6-2）。

6.1.2　株式移動方式──既存事業会社の株式を移動させ、既存事業会社の上に持株会社を作る

① 株式交換

　会社法において、株式交換とは株式会社がその発行済株式の全部を他の株式会社又は合同会社に取得させることをいうと定義され（会社法2条31号）、株式交換によって、発行済株式の全部を取得する株式会社又は合同会社を株式交換完全親会社といい（会社法767条）、株式交換をする株式会社を株式交換完全子会社という（会社法768条1項1号）。すなわち、株式交換は、完全親会社、完全子会社の関係を作る法制である。

　株式の交換自体は、「完全親会社となる会社」と「完全子会社となる会社の株主」の間でなされる（図表6-3）。つまり、図のX社の株主（完全子会

185

図表6-1　株式移動方式

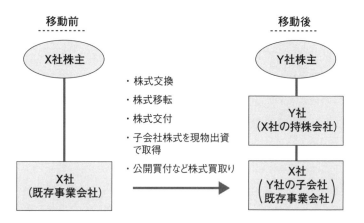

図表6-2　抜殻方式

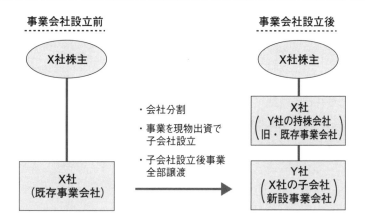

社となる会社の株主）は、X社の株式とY社（完全親会社となる会社）の発行する株式を交換することにより、X社の株主がY社の株主になると同時に、X社はY社の完全子会社となるのである。Y社が合同会社であれば、X社の株主はその株式をY社に譲渡すると同時にY社の社員（合同会社の構成

図表6-3 株式交換（対価が株式の場合）

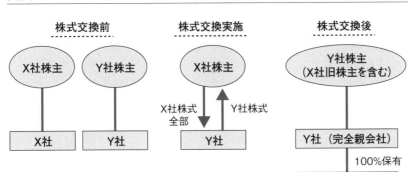

員という会社法上の概念であって、会社に雇用されている従業員のことではない）となる。Y社からX社株主に交付される対価がY社株式ではなく、金銭等であればX社株主はY社株主にならず、Y社の株主構成に変化はない。

② 株式移転

　会社法において、株式移転とは一又は二以上の株式会社がその発行済株式の全部を新たに設立する株式会社に取得させることをいうと定義され（会社法2条32号）、株式移転により設立する株式会社を株式移転設立完全親会社といい（会社法773条1項1号）、株式移転をする株式会社を株式移転完全子会社という（会社法773条1項5号）。株式移転も完全親会社、完全子会社の関係を作る法制である。

　株式移転完全子会社の株主には、その株式に代わって株式移転設立完全親会社の株式が交付され（会社法773条1項5号）、この親会社の株主になる（図表6-4）。図表6-4のX社株式（完全子会社となる会社株式）のY社（完全親会社）への株式移転とY社株式のX社株主への交付により、X社の株主はY社の株主になると同時に、X社はY社の完全子会社となるのである。X社株主に交付される対価がY社株式ではなくY社の社債等にすることもでき

図表6-4　株式移転

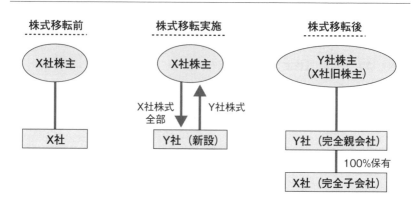

図表6-5　共同株式移転

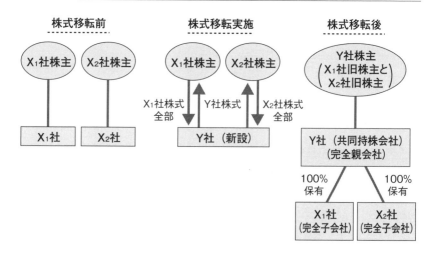

る（会社法773条1項7号）。

　2つ以上の株式会社が共同して1つの完全親会社を設立し、各既存会社の株主がその株式を完全親会社に移転する代わりに完全親会社株式の割当て交付を受けることにより、1つの完全親会社の傘下に複数の完全子会社を置く

ことも可能であり（図表6-5）、これは共同株式移転による共同持株会社設立といわれる。

③ 株式交付

会社法において、株式交付とは、株式会社が他の株式会社をその子会社とするために当該他の株式会社の株式を譲り受け、当該株式の譲渡人に対して当該株式の対価として当該株式会社の株式を交付することをいうと定義されている（会社法2条32号の2）。子会社とは、会社がその総株主の議決権の過半数を有する株式会社その他の当該会社がその経営を支配している法人として法務省令で定めるものをいうとされるが（会社法2条3号）、株式交付は子会社株式を親会社に交付する制度であるから、株式交付における子会社は株式会社に限られる。外国会社（会社法2条2号）も日本の法令により設立された株式会社ではないから、子会社にはできない。

株式会社の事業活動を支配するため保有すべき株式（支配株）の数は、発行済株式の全部である必要はないが（1.1.1、6.1.1）、株式交換、株式移転は子会社となる会社の全株式を親会社が取得する法制であるため、全株式取得

図表6-6 株式交付

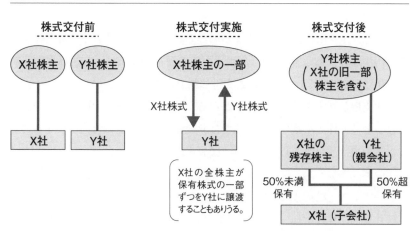

第2部　法務編

図表6-7　株式交換と株式交付の主な相違点

	株式交換	株式交付
制度目的	親会社が子会社株式の全株を取得して完全親子関係を創設	親会社が子会社株式の過半数以上を取得して親子関係を創設
親会社	株式会社と合同会社	株式会社のみ
親会社の株式譲渡先	子会社	子会社の株主
実施内容の確定	双方の会社間で締結される株式交換契約	親会社で作成される株式交付計画
対価である親会社株式を金銭等に代替できる範囲	全部代替可能	一部代替可能
株主総会決議	双方の会社で株式交換契約を特別決議	親会社で株式交付計画を特別決議

までは望まず、かつ多額の資金を使いたくない場合、以前は子会社となる会社の株式を出資目的とする現物出資の募集株式手続によっており、裁判所に検査役の選任を申し立て、選任された検査役による調査を受けなければならないなど時間と費用を要していた。

　そこで、全株取得までを望まない場合でも資金を使わず親子会社関係を迅速、円滑に作れるよう2019（令和元）年の会社法改正により組織再編法制の1つとして設けられたのが株式交付法制である（図表6-6）。

　株式交換と株式交付は、親会社となる会社がその株式を対価として子会社となる会社の株式を譲り受ける点では共通するが、制度の目的が異なることによる相違に注意する必要がある（図表6-7）。

④　株式交換、株式移転、株式交付の役割
　株式交換、株式移転、株式交付は、以下の2つの面において、わが国の企

業経営に重要な役割を果たしている。

i）持株会社体制を構築する手法の役割を担ったこれらの制度には、次のようなメリットがある。

(a) 新たな資金不要……支配株を取得するために新たな資金を必要とせず、株式の移動だけで済む。

(b) 検査役による調査不要……株式引受人募集手続による場合、出資目的を子会社株式という現物出資にすれば必要。

(c) 財産価額填補責任、有利発行規制等の規定不適用……株式引受人募集手続に関わるこれらの規定は適用されない。

(d) 債権者保護手続が原則として不要……債権者の権利関係に一部の場合を除き影響を及ぼさないため。

(e) 一部の株主に反対があっても実施できる……株主総会特別決議（一定の条件を満たせば省略可能）で承認されれば実施できる。

(f) 税務上の特例措置……株式交換、株式移転には税務上の特例措置が講じられている。株式交付についても同様の措置が期待される。

このように実務上のメリットが大きいことから、株式交換、株式移転は、持株会社体制をスムーズに構築する手法として急速に普及しつつある。特に純粋持株会社を頂点とする持株会社体制を構築する場合には、純粋持株会社を完全親会社として新設する株式移転が効率的な手法といえよう。株式交換の場合は、既存会社を完全親会社とすることから、純粋持株会社を頂点とする体制を構築するためには、株式交換前に純粋持株会社を別の方式で設立しておく必要がある。株式交換は、既に設立された純粋持株会社の傘下に次々と完全子会社を加える際には効率的な手法となる。したがって、大規模な持株会社グループ体制の構築には、株式交換と株式移転の両法制が局面に応じて選択的に適用されることになるであろう。

第2部 法務編

ii）企業買収の促進

企業買収を行う場合、わが国では従来は多額の買収資金を用意する必要があった。これが、株式交換の導入により無資金でも企業買収が可能となった。自社株と買収先企業株式の株式交換により、資金を使うことなく他社を傘下に収めることができるようになったのである。2021（令和3）年3月からは株式交付も施行され、さらにこの傾向は加速されよう。ただし、株式交換、株式交付による企業買収を行う場合で対価に自社株を交付するときには、買収先企業の株主が自社の株主になるため、株主構成への影響に留意する必要がある。もっとも会社法では自社株以外の金銭等を対価とすることもできるため、その資金さえあれば買収先企業株主を排除できることとなる。ただし、株式交付では、対価のすべてを金銭等にすることはできない。

米国では、株式交換は従来広く行われており、株価を非常に意識した企業経営が行われてきた。企業実態に比べて株価が低い場合には、企業買収の標的にされやすく、また、自社の株価が高ければ、株式交換で割り当てる株数が少なくて済むことから、企業買収をする側、される側の双方の経営者にとって株価はきわめて重要な関心事である。株式公開されている企業はもとより非公開会社でも株価は重要である。非公開会社でも、キャッシュ・フロー・バリューなど、各種の株主価値理論、企業価値評価手法を適用して株価算定が行われ、株価を意識した経営が行われている。

株式交換、株式交付ができるようになったわが国において、企業買収が容易になると同時に、株価を意識した経営が経営者の課題になりつつある。

6.1.3 抜殻方式──事業会社自らが持株会社となる

① 会社分割

ⅰ）会社分割とは、広い意味では1つの会社を2つ以上に分離することで

あり、会社法では吸収分割と新設分割が制度化されている。また現物出資や事後設立で会社を分離し親子会社関係を作ることも可能である。

吸収分割は、株式会社又は合同会社がその事業に関して有する権利義務の全部又は一部を分割後他の会社に承継させることであり（会社法2条29号）、新設分割は、一又は二以上の株式会社又は合同会社がその事業に関して有する権利義務の全部又は一部を分割により設立する会社に承継させることをいう（会社法2条30号）。

上記吸収分割、新設分割の定義から明らかなとおり、分割されるのは、事業すなわち営利目的で組織化され有機的に一体となって機能する財産のことではなく、これを組成する個々の権利義務である。換言すれば、有機的一体性は必要なく、事業自体を必ず承継させなければならないものではない。そこが事業自体の全部又は一部を譲渡する事業譲渡契約と異なるところである。また、会社の有する財産的権利義務でも事業に関わらないものは分割対象にならない。

旧商法においては、分割にあたり承継会社あるいは新設会社の発行する株式の割当先が分割会社である場合を物的分割（又は「分社型分割」）、分割会社の株主である場合を人的分割（又は「分割型分割」）としていたが、会社法においては、物的分割のみとなった。ただし、分割会社は、分割の対価として受け取った承継会社、新設会社の株式の全部又は一部を会社分割の効力発生日に全部取得条項付種類株式取得の対価として、あるいは剰余金の配当として、分割会社の株主に交付することができ（会社法758条8号、763条1項12号）、この場合、株式の交付を受けた株主は承継会社又は新設会社の株主となる。

会社分割により、分割をする会社が権利、義務を承継する会社からその発行株式の割当てを受け取得することで両会社との間に資本的結びつきが生じ親会社と子会社の関係を作ることができるのである。

これに対し、事業譲渡では譲渡会社は譲受会社からその発行株式以外の金銭等による対価が支払われるため資本的結びつきは生じない。

図表6-8　吸収分割

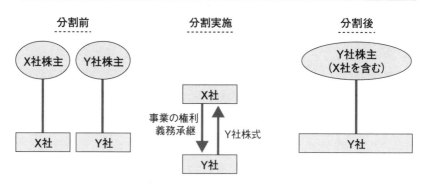

図表6-9　新設分割（1）

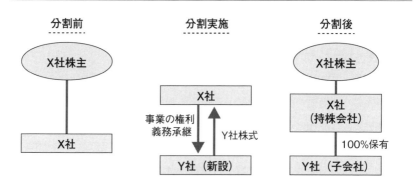

ⅱ）吸収分割の場合、分割会社（図表6-8のX社）から承継される事業規模が承継会社（同Y社）のそれよりも大きく、承継にあたり承継会社から分割会社に交付される株式数が発行株式全体の数の大部分を占める場合、分割会社は承継会社を傘下に置く持株会社となることが可能である。

ⅲ）新設分割の場合、まず既存会社（図表6-9ではX社）が新会社（同Y社）を設立し、既存会社の事業の権利義務を全部新会社に承継させて、新会社が発行する株式をすべて既存会社に割り当てることで、既存会社と新設会社とは完全親子会社関係になるとともに、既存会社は直接事業

会社法と持株会社の創設 | 第6章

図表6-10 新設分割（2）

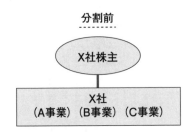

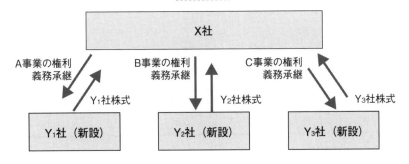

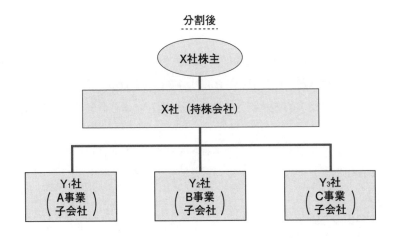

図表6-11　共同新設分割

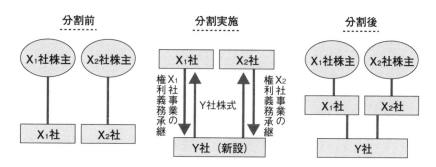

を行わない完全な持株会社となることができる。なお、既存会社が一部の事業の権利義務を新会社に承継させ、その発行株式を取得すれば、既存会社は新設会社を傘下に置く事業持株会社となる。既存会社が複数の事業を行っていて、これを新設する複数の子会社それぞれに分配して承継させることも可能であり、その場合図表6-10のような形態となる。

さらに、複数の既存会社が共同して新会社を設立し、それぞれの事業を新会社に承継させることも可能であり、これは共同新設分割といわれる（図表6-11）。

ⅳ）会社分割は、経営構造、株主や債権者の地位、さらには従業員の労働条件等にも重要な影響を及ぼすことから、会社法は別項（「6.2.4　会社分割手続」、巻末資料3も参照）の手続を定め、また、別項（「8.4.1　労働契約承継法と会社分割」のとおり労働契約承継法（正式には「会社分割に伴う労働契約の承継等に関する法律」）により労働者保護が図られている。

また会社分割も合併、事業譲渡と同じく独占禁止法により一定の場合事前届出を要するなどの法規制がなされている。

② その他の方法

会社を分ける抜殻方式の手法としては会社分割法制のほか「現物出資」に

会社法と持株会社の創設　第6章

よる方法と「子会社への事業譲渡」による方法がある。

ⅰ）現物出資による方法
　（a）現物出資による新会社の設立
　　　事業部門の財産を現物出資して事業子会社を設立する方法。
　（b）新会社設立後の現物出資
　　　いったん金銭出資によって事業子会社を設立し、設立後に事業部門
　　の財産をその会社に現物出資する方法。
　（c）既存子会社に対する現物出資
　　　既にある子会社に事業部門の財産を現物出資し、事業子会社として
　　再編する方法。

ⅱ）子会社への事業譲渡による方法
　（a）事後設立による事業譲渡
　　　金銭出資によって事業子会社を設立し、設立後に事業部門（財産）
　　をその会社に譲渡する方法。事業子会社から見れば事業譲受を行うこ
　　とになる。設立時に事業譲受の対価を支払う資金として十分な資本金
　　が払い込まれる必要がある。
　（b）財産引受による事業譲渡
　　　発起人による財産引受契約を付けて事業子会社を設立し、契約に基
　　づいて事業部門（財産）をその会社に譲渡する方法。事後設立同様、
　　事業譲受の対価の資金手当てが必要になる。
　（c）既存子会社に対する事業譲渡
　　　既にある子会社に事業部門（財産）を譲渡し、事業子会社として再
　　編する方法。この子会社の事業譲受支払資金を確保するために増資、
　　長期貸付などの資金対策が必要になる。

事業譲渡では市場独占を防ぐため独占禁止法上の規制を受け、譲受会社は

197

第2部 | 法務編

あらかじめ公正取引委員会への届出を必要とする場合があり（独禁法16条2項）、現物出資と財産引受では、会社法で原則として裁判所が選任する検査役による調査（一定の場合には弁護士、公認会計士等の証明で代替可能）が必要となる（会社法33条）。

以上見てきたいずれの方法による場合も、事業子会社として分社される事業部門は、事業部、ビジネス・ユニットなど一体性のある事業体として社内分割されていることが前提になる。したがって、機能別組織体制の会社など社内で事業分割されていない会社は、一足飛びで分社経営を行うことには無理がある。まず、事業部制の採用など、企業内分社を検討することが望ましい。

6.2 持株会社創設の手続

持株会社創設に向けての手法は前節で述べたとおり株式交換、株式移転、株式交付、会社分割の法制によるほか、従来行われてきた新会社設立、現物出資、事業譲渡、会社合併などの制度を複合的に駆使したものがある。ここではまず株式交換、株式移転、株式交付の手続を概説し、次いで会社分割の手続を概説する。

なお、持分会社（合名会社・合資会社・合同会社）は株式交換の子会社、吸収分割の分割承継会社、新設分割の設立会社になりうるほか合同会社が分割会社や株式交換の親会社になりうるが、そのすべての場合に言及すると煩雑になるので、以下は便宜上原則として親会社、子会社とも株式会社であることを想定して述べることをあらかじめお断りしておく。

6.2.1　株式交換手続

① 株式交換手続の概要

株式交換は、双方の会社の株主にとって重大な利害に関わる事項であるため、特に株主保護の観点から次のごとく厳格な手続を踏むこととされている

（巻末資料2参照）。

　ⅰ）株式交換契約交渉に着手する。

　　　この段階で株式交換に関する基本事項についての合意書を取り交わす
　　場合は、会社にとって重要な業務執行にあたるから、双方の会社の取締
　　役会で、その承認決議を要する（会社法362条4項。なお、取締役会の
　　設置されていない会社では、取締役が複数なら、その取締役らによる承
　　認決議であるが、承認決議が株主総会でなされるときはそれに従う（会
　　社法295条、348条2項）、以下同じ）。

　　　基本事項が合意されるまで極力秘密裡に交渉を進めたい半面、上場会
　　社の場合株式交換は業務等に関する重要事実に該当するため、公表時期
　　が遅いと、インサイダー取引禁止規定（金商法166条）に違反する取引
　　が行われるおそれを生ずる。

　ⅱ）株式交換契約を締結する（会社法767条）。

　　　契約には完全親会社となる会社が株式交換に際して交付する株式等に
　　関する事項、株式交換の効力発生日その他法定の事項を定める（会社法
　　768条1項）。

　　　効力発生日は双方の会社が合意すれば、交換契約締結後でも変更する
　　ことができる（会社法790条）。

　ⅲ）株式交換契約締結は会社の重要な業務執行であるから、ⅰ）の基本事
　　項合意とは別に双方の会社の取締役会で承認決議を要する（会社法362
　　条4項）。

　ⅳ）双方の会社で、取締役会を開いて株主総会招集決定をする（会社法
　　298条1項、4項）。株主総会招集決定は、ⅲ）の承認決議と併せて一度
　　の取締役会で行うことも可能である。

　ⅴ）双方の会社で、法定の株式交換契約備置開始日から株式交換の効力発
　　生日後6カ月を経過する日まで、会社の本店に株式交換契約の内容等法
　　定事項を明らかにする書面又は電磁的記録を備え置いて、株主、債権者

第2部 | 法務編

らの閲覧等に供する（会社法782条、794条）。

vi）双方の会社で、通知・公告する。

（a）完全子会社となる会社で、株式交換の効力発生日の20日前までに、その株主、株式交換契約新株予約権等の新株予約権者、登録株式質権者、登録新株予約権質権者らに株式交換をする旨等法定事項を通知ないし公告し（会社法783条5項、6項、785条3項、4項、787条3項3号、4項）、株式交換契約新株予約権付社債権者があれば、株式交換をする旨及び1カ月以上の異議申出期間等法定事項を公告し、かつ、知れている社債権者に各別に催告する（会社法789条1項3号、2項、3項）。

（b）完全親会社となる会社で、株式交換効力発生日の20日前までに、その株主に対し、株式交換をする旨等法定事項を通知ないし公告し（会社法797条3項、4項）、完全子会社となる会社の株主に交付する対価が完全親会社の株式ないしこれに準ずるもののみ以外の場合、株式交換をする旨及び完全親会社の債権者に対する1カ月以上の異議申出期間等法定事項を公告し、かつ、知れている債権者に各別に催告する（会社法799条1項3号、2項、3項）。

vii）双方の会社で効力発生日の前日までに、株主総会（種類株主総会を含む）を開き承認決議をする（会社法783条1項、795条1項）。

決議は、当該株主総会において議決権を行使することができる株主の議決権の過半数を有する株主が出席して、その議決権の3分の2以上の賛成を要する特別決議である（会社法309条2項12号）。さらに、次のような決議を必要とする場合がある。

（a）完全親会社となる会社が種類株式発行会社である場合で、完全子会社となる会社の株主に交付される対価が完全親会社の譲渡制限付種類株式であるときは、原則として、その譲渡制限付種類株式の株主による種類株主総会においても承認を要し、これも特別決議である（会社法309条2項12号、795条4項3号）。

（b）完全子会社となる会社が公開会社であり、かつ、完全子会社となる

200

会社の株主に交付される対価の全部又は一部が譲渡制限株式その他これに準ずるものであるときは、完全子会社となる会社における承認決議は、当該株主総会において議決権を行使できる株主の半数以上にしてその株主の議決権の3分の2以上の賛成を要する、より厳しい特殊決議となる（会社法783条1項、309条3項2号）。

(c) 完全親会社となる会社が株式交換にあたり定款を変更してこの株式譲渡制限規定を設ける場合、その会社及び株式譲渡制限規定をもたない完全子会社となる会社の双方において同様にこの厳しい特殊決議を要する（会社法783条1項、309条3項1号、2号）。

(d) 完全子会社となる会社が種類株式発行会社の場合、対価が譲渡制限株式その他これに準ずるものであるときは、これを受ける種類の株式の株主（譲渡制限株式の株主を除く）による種類株主総会において、同様の特殊決議を要する（会社法783条3項、324条3項2号）。

(e) 完全子会社の株主に交付される対価が持分会社の持分その他これに準ずるものである場合は、完全子会社の総株主（完全子会社が種類株式発行会社なら持分等の割当てを受ける種類の株主）全員の同意を要する（会社法783条2項、4項）。

これらのうち必要とする承認決議のどれか1つでも欠ければ株式交換は実現しない。

viii) 反対株主の株式買取りをする（会社法785条、786条、797条、798条）。

株式交換に株主総会決議（種類株主総会を含む）を要する場合、決議に反対の株主は、株主総会に先立ち会社に対し反対の意思を通知し、かつ、総会においても株式交換に反対したときか、議決権を行使できない株主であるときに限り、また、株式交換に株主総会決議を要しない場合はすべての株主について、自己の株式を、公正な価格で買い取るよう請求することができ、会社はこれに応じなければならない。

株券が発行されている株式について買取請求しようとする株主は、原則として株券を会社に提出しなければならない。

第2部 | 法務編

　　　　買取価格の協議が調わないときは裁判所に価格決定の申立ができ、完
　　　全子会社となる会社は価格決定があるまでは、株主に対し、公正な価格
　　　と認める額を支払うことができる。

　ix）完全子会社となる会社の新株予約権者からの新株予約権の買取りをす
　　　る。このときも、新株予約権証券等が発行されていれば、これを提出し
　　　て買取請求しなければならず、また、買取価格の協議が調わないときは
　　　裁判所に価格決定の申立ができ、完全子会社となる会社は価格決定があ
　　　るまでは株主に対し、公正な価格と認める額を支払うことができる（会
　　　社法787条1項3号、788条）。

　x）双方の会社で、株式交換に異議申立のできる債権者のある場合には公
　　　告と債権者への催告をなし、債権者に弁済、担保提供又は弁済のため相
　　　当な財産を信託会社等へ信託する（会社法789条1項3号、5項、799条
　　　1項3号、5項）。

　xi）双方の会社は、効力発生日後遅滞なく、共同して、親会社が子会社か
　　　ら取得した子会社の株式数その他法定事項を明らかにする書面又は電磁
　　　的記録を作成し、効力発生日から6カ月間、その本店に備え置いて、株
　　　主、債権者らの閲覧等に供する（会社法791条1項2号、2項、801条3
　　　項3号）。

② 簡易株式交換について

　i）いわゆる簡易組織再編行為の1つとして、親会社となる会社における
　　　株主総会承認決議を要しない簡易株式交換がある。これは親会社から子
　　　会社となる会社の株主に対価として交付される金銭等の価額の合計額
　　　（親会社株式の数に1株当たりの純資産額を乗じた額と同じく交付され
　　　る親会社の社債等株式以外の財産の簿価の合計額）に対する法務省令で
　　　算定される親会社の純資産額の割合が5分の1を超えない場合は、親会
　　　社における株主総会の承認を要しないとするもので、定款でこれを下回
　　　る割合を定めることも可能である（会社法796条2項）。

会社法と持株会社の創設 | 第6章

ii）ただし、(a) 交付される対価（親会社の株式等を除く）の親会社における簿価が子会社から承継する株式の額として法務省令で定める額を超える場合（会社法796条2項、795条2項3号）、(b) 交付される対価が譲渡制限株式で、かつ、親会社が公開会社でない場合（会社法796条2項、796条1項）、(c) 一定数以上の株式を有する親会社の株主が株式交換に反対する旨を通知した場合（会社法796条3項）には親会社における株主総会での承認が必要である。

③　略式組織再編について

i）さらに、特に強い支配関係にある会社間での組織再編行為について、被支配会社における株主総会の承認を省略できる。これは「略式組織再編行為」といわれ、事業譲渡等、吸収合併、吸収分割、株式交換において認められる（会社法468条1項、784条1項、796条1項）。

特に強く支配している会社を特別支配会社といい、ある株式会社の総株主の議決権の10分の9（これを上回る割合をその会社の定款で定めた場合はその割合）以上を他の会社と当該他の会社の完全子会社ないしこれに準ずる法人が有している場合の当該他の会社のことをいう（会社法468条1項）。

ii）株式交換において、

(a) 親会社となる会社が子会社となる会社の特別支配会社であれば、子会社となる会社での株主総会決議は要しない。ただし、対価が譲渡制限株式等である場合、完全子会社となる会社が公開会社（発行株式の全部又は一部に株式譲渡制限を設けていない会社（会社法2条5号））で、かつ、種類株式発行会社でないときを除く（会社法784条1項、783条1項）。

(b) 子会社となる会社が親会社となる会社の特別支配会社であれば、親会社となる会社での株主総会決議を要しない。ただし、対価が譲渡制限株式である場合、親会社となる会社が公開会社でないときを除く

203

第2部｜法務編

（会社法796条1項、795条1項）。

ⅲ）また、種類株主保護の観点から次のような制約がある。

（a）被支配会社が完全子会社となる会社の場合、それが種類株式発行会社であって、その株主に交付される対価が、イ）譲渡制限株式その他これに準ずるものであれば、この対価を受ける種類株式（譲渡制限株式を除く）の株主による種類株主総会の決議を要し（会社法783条3項）、ロ）持分会社の持分その他これに準ずるものであれば、これを受ける種類株式（譲渡制限株式を除く）の株主全員の同意を要する（会社法783条4項）。

（b）被支配会社が完全親会社となる会社の場合、それが種類株式発行会社であって、その譲渡制限株式を完全子会社となる会社の株主に交付するときは、その種類株式の株主による種類株主総会の決議を要する（会社法795条4項）。

④　債務超過会社の場合

債務超過会社を子会社とする株式交換ができるかについては、株式交換において対価の支払いが常に予定されている制度の趣旨から否定されるべきである。

⑤　3社以上同時の株式交換

完全親会社のもとに2社以上の完全子会社を同時に作るべく、株式交換を3社以上の会社で行うこともできると解されるが、この場合1社の株主総会でも承認が得られなければ全体の株式交換ができなくなると考えられる。

⑥　株式交換をやめることの請求（株式交換差止請求）

株式交換が法令又は定款に違反し、あるいは親会社株式に代わって金銭等を交付する事項が著しく不当で、子会社の株主が不利益を受けるおそれがあるときは、子会社の株主は、子会社に対し、会社分割をやめることを請求で

きる（会社法784条の2）。同様に、親会社の株主にも親会社株主が不利益を
受けるおそれがあるときは、親会社に対し、会社分割をやめることを請求で
きる（会社法796条の2）。

この差止請求の権利を本訴に仮処分の申立もできる（民事保全法23条2項）。

株主には取締役の法令又は定款違反行為に対する差止請求権が認められて
いるが（会社法360条）、これは違反行為により、会社に対し損害が生ずる
場合に適用される。これに対し株式交換差止請求権は、株主に損害が生ずる
場合に適用されるものである。

⑦　株式交換無効の訴え

株式交換手続に無効事由があれば、会社の株主、取締役等は株式交換無効
の訴えを提起できるが、多くの利害関係者に影響するため、会社の組織に関
する訴えの諸規定が適用される。すなわち、訴え提起期間、提起権者、被告
等が制限され（会社法828条1項11号、2項11号、834条11号）、判決の効
力は訴訟の当事者ではない第三者にも及び（会社法838条）、かつ、遡及し
ない（会社法839条）。無効判決が確定すると株式交換で移動した株式の権
利関係は元に戻すこととなる（会社法844条）。訴えを提起した原告が敗訴
した場合で、原告に悪意又は重大な過失があれば、被告の会社に対し、連帯
して損害賠償責任を負う（会社法846条）。

6.2.2　株式移転手続

① 株式移転手続の概要

　ⅰ）株式移転計画（この中に株式移転設立完全親会社の定款も含まれる）
　　　を作成する。複数の会社が共同して1つの完全親会社を設立する共同株
　　　式移転の場合は、複数の会社が共同して株式移転計画を作成する（会社
　　　法772条）。

　ⅱ）株式移転は、会社にとって重要な事業につき、株式移転計画作成にあ
　　　たり取締役会の承認決議を要する（会社法362条4項）。

第2部｜法務編

ⅲ）取締役会を開いて株主総会招集決定をする（会社法298条1項、4項）。

ⅳ）法定の株式移転計画備置開始日から株式移転設立完全親会社成立の日
後6カ月を経過する日まで、株式移転計画の内容等法定事項を明らかに
する書面又は電磁的記録を完全子会社となる会社の本店に備え置いて、
株主、債権者らの閲覧等に供する（会社法803条）。

ⅴ）完全子会社となる会社で株主総会を開き、承認決議をする（会社法
804条1項）。決議は特別決議である（会社法309条2項12号）。さらに、
この会社が公開会社であり、設立する完全親会社から交付される対価の
全部又は一部が譲渡制限株式等である場合は、より厳しい特殊決議とな
る（会社法309条3項3号）。

また、完全子会社となる会社が種類株式発行会社で、設立する完全親
会社から交付される対価の全部又は一部が譲渡制限株式等であるとき
は、その譲渡制限株式等の割当てを受ける種類の株式（譲渡制限株式を
除く）の種類株主総会決議も要する（会社法804条3項）。

ⅵ）完全子会社となる会社で、株主総会承認決議の日から2週間以内に、
その株主、株式移転計画新株予約権等の新株予約権者に株式移転をする
等法定事項を通知ないし公告し（会社法806条3項、4項、808条3項3
号、4項）、株式移転計画新株予約権付社債権者があれば、株式移転計画
をする旨及び1カ月以上の異議申出期間等法定事項を公告し、かつ、知
れている社債権者に各別に催告する（会社法810条1項3号、2項、3項）。

ⅶ）株式移転の場合にも、反対株主による株式買取請求（会社法806条、
807条）、完全子会社となる会社の新株予約権者等による新株予約権買
取請求（会社法808条1項3号、809条）、債権者による異議（会社法
810条1項3号、5項）に対処する。

ⅷ）株式移転設立完全親会社の設立登記をする（会社法925条）。

この登記によって完全親会社が成立し、完全親会社は完全子会社の株
式を全部取得すると同時に完全子会社の株主は完全親会社の株式を取得
するなど株式移転の効力が生じる（会社法49条、774条）。

206

会社法と持株会社の創設 | 第6章

ix）完全親会社、完全子会社は、完全親会社成立の日後遅滞なく共同して、株式移転により完全親会社が取得した完全子会社の株式数その他法定事項を明らかにした書面又は電磁的記録を作成し、同成立の日から6カ月間、これを双方の会社の本店に備え置いて株主、債権者らの閲覧等に供する（会社法811条1項2号、2項、3項、4項、815条3項3号、4項、5項、6項）。

② 株式移転をやめることの請求（株式移転差止請求）

子会社の株主には株式移転が法令又は定款に違反し、子会社の株主が不利益を受けるおそれがあるときは、株式移転をやめるよう求める差止請求権が認められている（会社法805条の2）。

③ 株式移転無効の訴え

株式移転手続に無効事由があれば、無効の訴えを提起できるが、この場合も会社の組織に関する訴えの諸規定が適用される（会社法828条1項12号、2項12号、834条12号、838条、839条、844条等）。

6.2.3 株式交付手続

① 株式交付手続の概要

株式交付制度は、子会社株式を譲り受ける親会社側だけ組織法上の行為、子会社株式を譲り渡す側は株主個々の取引上の行為として構成されており、子会社となる会社についての手続規定はない。

i）株式交付計画書を作成する。

(a) 親会社となる会社で作成する。作成すべき事項は、子会社の特定、譲り受ける株式数をはじめ、詳しく法定されている（会社法774条の2、同条の3）。

(b) 株式交付制度は、他の株式会社の議決権の過半数を得て親子会社関係を創設する制度であるから、親子会社関係にする目的がない場合や

207

第2部 法務編

単に子会社株式を買い足すだけの目的の場合には利用できない。

また、親会社となる会社が子会社株式を既にある程度保有する場合は、譲り受けるべき最低株式数は既に保有する株式数を含めて過半数に達するまで必要な数以上ということになる。

(c) 対価について、株式交換同様親会社株式以外の金銭等の財産を交付することも認められている（会社法774条の3、1項5号）。しかし、親会社株式を交付することで子会社を迅速、円滑に買収するための制度であるから、親会社株式を交付せず、すべて金銭等の交付で済ませることは認められない。したがって、子会社株式の譲渡人を親会社株主に全く加えないとすることはできない。

ただし、子会社が種類株式発行会社の場合、ある種類の株式の譲渡人には親会社株式の割当てをしないことができるほか、交付すべき親会社株式が1株に満たない場合の処理という例外もある（会社法774条の3、3項、234条9号）。

(d) 子会社株式に併せて子会社の新株予約権又は新株予約権付社債も譲り受けることができる（会社法774条の3、1項7号）。株式交付後これらの予約権が行使されて、親子会社関係が崩れることを防ぐなどのためであるから、新株予約権などだけ譲受けの対象とはできない。

(e) 株式交付の効力発生日は計画書に定めなければならない。この日までに譲渡人から交付を受けた子会社の株式数が計画で定められた株式数の下限に達しない場合、株式交換は成立せず、親会社は子会社株式を譲渡人に返還することとなる（会社法774条の11、6項）。

株式交付の効力発生日は変更可能であるが、子会社株式譲渡人の利害に関わるので、交付計画で定めた当初の効力発生日から3カ月以内の日でなければならず、公告もしなければならない（会社法816条の9）。

ⅱ）株式交付計画書面等の備え置き、通知をする。

(a) 親会社は、株式交付計画を記載した書面等を、株式交付計画備置開始日から株式交付の効力発生日後6カ月を経過するまでの間、計画内

容等を本店に備え置き、親会社の株主、対価が親会社株式でない場合の親会社の債権者に閲覧、謄写させる（会社法816条の2）。

　株式交付計画備置開始日とは、計画承認のための株主総会日の2週間前の日、株主に株式交付をする旨とその子会社の商号、住所を通知する日などのうち、いずれか早い日と定められている（会社法816条の2、2項）。

(b) 親会社は、子会社株式の譲渡しの申込みをしようとする者に株式交付計画内容等を通知する（会社法774条の4）。

ⅲ) 子会社株式の譲渡しを希望する者は、株式交付に定められた申込みの期日までに書面で親会社に申し込む（会社法774条の4）。

ⅳ) 親会社は、申込者の中から子会社株式を譲り受ける者を定め、その者に割り当てる譲受け株式の数を定め、効力発生日までに申込者に通知する（会社法774条の5）。

　ただし、子会社株式を譲り渡そうとする者が、親会社が譲り受ける子会社株式の総数の譲渡しを行う契約を締結する場合は、子会社株主の株式譲渡しの申込みも、親会社による株式割当て等の通知も不要となる（会社法774条の6）。

ⅴ) 親会社は、効力発生日の前日までに、株主総会の特別決議で株式交付計画の承認を受けなければならない（会社法816条の3、1項、309条2項12号）。

　親会社が子会社株式の譲渡人に対して交付する金銭等の帳簿価額が譲り受ける子会社株式等の額を超える場合（いわゆる差損が生ずる場合）、取締役は株主総会で、その旨を説明しなければならない（会社法816条3、2項）。

ⅵ) 子会社株式の割当てを受けた子会社の株主は、あらかじめ割り当てられた数の株式を効力発生日に親会社に給付し、対価として親会社から親会社株式、金銭等の交付を受けて親会社の株主となる（会社法774条の7、774条の11）。

第2部│法務編

ⅶ）反対株主の株式買取りをする（会社法816条の6、3項）。

　　　親会社株主の中で株式交付に反対する株主は、株式交付計画に株主総会決議（種類株主総会を含む）を要する場合、株主総会に先立ち会社に反対の意思を通知し、かつ、総会においても株式交付に反対したとき、あるいは議決権を行使できない株主であるときに限り、また、株主総会決議を要しない場合（会社法816条の4）はすべての株主について、自己の株式を公正な価格で買い取るよう請求することができ、会社はこれに応じなければならない。

ⅷ）親会社の債権者には、親会社が子会社株主に対価として親会社株式以外の金銭等を交付する場合、親会社の財産を害するおそれがあるため、株式交換などと同様に、異議申立権があるなど債権者保護規定が設けられている（会社法816条の8）。

ⅸ）親会社は、効力発生後遅滞なく、譲り受けた子会社の株式数等所定の事項を記載した書面等を作成し、効力発生日から6カ月間これを本店に備え置き、株主らの閲覧、謄写に供する（会社法816条の10）。

② 株式交付をやめることの請求（差止請求）

　親会社の株主には、株式交付が法令又は定款に違反し、親会社株主が不利益を受けるおそれがあるときは、株式交付をやめることを請求できる差止請求権が認められている（会社法816条の5）。

③ 株式交付無効の訴え

　株式交付手続に無効事由があれば、無効の訴えを提起できるが、この場合も会社の組織に関する訴えの諸規定が適用される（会社法828条1項13号、2項13号、834条12号の2、838条、839条、844条の2、846条等）。

④ 簡易株式交付手続

　親会社から子会社株主に交付する対価の合計額が親会社の純資産額の5分

会社法と持株会社の創設 | 第6章

の1を超えなければ、原則として株式交付計画につき親会社の株主総会決議
を経る必要がない簡易な手続が株式交換同様に認められている（会社法816
条の4）。

6.2.4　会社分割手続

① 会社分割手続とは

事業を分割して持株会社となる会社からこれを承継する会社が、既存の会
社である場合の吸収分割手続と、新たに設立される会社である場合の新設分
割手続の2とおりがある。そのうち吸収分割手続の場合、株主、債権者のみな
らず、分割会社から承継会社へ承継される事業に従事する労働者の処遇にも
直接関わることから、労働者保護法規手続も並行して進めなければならない。

② 吸収分割手続の概要

ⅰ）吸収分割会社（以下「分割会社」という）と吸収分割承継会社（以下
「承継会社」という）との間で分割会社の事業に関する権利義務の全部
又は一部を承継する吸収分割契約を締結し（会社法757条）、その契約
に定められた効力発生日に権利義務が承継され、分割会社が吸収会社の
株主すなわち持株会社となる（会社法758条4号イ、7号、759条）。

ⅱ）吸収分割手続の概要は次のとおりである。

(a) 分割会社すなわち持株会社となる会社と承継会社が吸収分割契約締
結に向け交渉を開始する（会社法757条、758条）。

(b) 双方の会社で、取締役会承認決議をする（会社法362条4項）。
　　吸収分割契約締結は、双方の会社において重要な業務執行につき取
締役会の承認決議を要する。

(c) 分割会社で、労働者・労働組合に対する通知、協議、労働者からの
異議申出等「会社分割に伴う労働契約の承継等に関する法律」（労働
契約承継法）による労働者保護法規手続を履行する（「8.4.1　労働契
約承継法と会社分割」参照）。

211

第2部 | 法務編

(d) 双方の会社で取締役会を開いて株主総会招集決定をする（会社法
298条1項、4項）。これは（b）の承認決議と併せて一度の取締役会
で行うことも可能である。

(e) 双方の会社で、法定の吸収分割契約備置開始日から吸収分割契約の
効力発生日後6カ月を経過する日まで、吸収分割契約の内容等法定事
項を明らかにする書面又は電磁的記録をその本店に備え置き、株主、
債権者らの閲覧等に供する（会社法782条、794条）。

(f) 双方の会社で関係者に吸収分割をする旨等法定事項を通知又は公告
する。

イ）双方の会社で、吸収分割契約効力発生日の20日前までに、その
株主に通知又は公告（会社法785条3項、4項、797条3項、4項）。

ロ）分割会社で、分割の効力発生日の20日前までに、その登録株式
質権者、登録新株予約権質権者、吸収分割契約新株予約権者らに吸
収分割をする旨を通知又は公告する（会社法783条5項、6項、787
条3項2号、4項）。

ハ）分割会社で、分割後は分割会社に対し債務の履行を請求できない
分割会社の債権者に、1カ月以上の異議申出期間等法定事項を公
告、催告（会社法789条1項2号、2項、3項）。

ニ）承継会社で、債権者に1カ月以上の異議申出期間等法定事項を公
告、催告（会社法799条1項2号、2項、3項）。

(g) 双方の会社で、効力発生日の前日までに株主総会を開き、特別決議
による承認を要する（会社法783条1項、795条1項、309条2項12号）。
また、承継会社が種類株式発行会社である場合で、分割会社に交付さ
れる対価が承継会社の譲渡制限付種類株式であるときは、原則として、
その種類株式の株主による種類株主総会においても特別決議による承
認を要する（会社法795条4項2号）。

(h) 双方の会社で、反対株主の株式買取りをする（会社法785条、786
条、797条、798条）。

会社法と持株会社の創設 第6章

(i) 分割会社で新株予約権の予約権者からの新株予約権買取りをする（会社法787条1項2号、788条）。

(j) 双方の会社で、吸収分割に異議申立をした債権者に弁済、担保提供又は弁済のため相当な財産を信託会社等へ信託する（会社法789条1項2号、5項、799条1項2号、5項）。

(k) 双方の会社は、吸収分割の効力発生日後遅滞なく、共同して、承継会社が承継した分割会社の権利義務その他法定事項を明らかにする書面又は電磁的記録を作成し、効力発生日から6カ月間、その本店に備え置いて、株主、債権者らの閲覧等に供する（会社法791条1項1号、2項、801条2項、3項2号）。

iii）簡易吸収分割

　　吸収分割の場合も、簡易組織再編行為として、承継会社が分割の対価として交付する承継会社株式の数に1株当たりの純資産額を乗じた額と同じく交付する承継会社の社債等株式以外の財産の簿価の合計額に対する法務省令で算定される承継会社の純資産額の割合が5分の1を超えない場合は、承継会社における株主総会の決議を原則として要せず（会社法796条2項、3項）、承継会社に承継させる資産の帳簿価額の合計額が法務省令で算定される分割会社の総資産額の5分の1を超えない場合は、分割会社における株主総会の決議を要しない（会社法784条2項）。

iv）略式吸収分割

　　吸収分割の場合も、分割会社、承継会社間に特別支配関係があれば、被支配会社においては原則として株主総会の特別決議を要しない（会社法784条1項、796条1項）。

③　新設分割手続の概要

ⅰ）1つ又は2つ以上の新設分割会社（以下「分割会社」という）が新設分割計画を作成し（会社法762条）、新設分割設立会社（以下「新設会社」という）の成立の日（すなわち設立登記の日）に新設分割の効力が

213

第2部│法務編

発生して、設立会社に分割会社の権利義務が承継され、分割会社が承継会社の株主すなわち持株会社となるものである（会社法49条、764条、924条）。新設分割会社が2社以上あるときは、共同して新設分割計画書を作成する（会社法762条2項）。

ⅱ）新設分割手続の概要は次のとおりである。

（a）分割会社においては、吸収分割の分割会社の手続に似ており、新設分割計画を取締役会の承認を得て作成し（会社法762条、763条、362条4項）、その内容等法定事項を明らかにする書面又は電磁的記録をその本店に備え置いて、株主、債権者らの閲覧等に供し（会社法803条）、労働契約承継法の手続を履行しながら株主総会において特別決議による承認決議を受け（会社法804条1項、309条2項12号）、新設分割設立会社の設立登記（会社法924条）をなしたうえ、反対株主の株式買取請求（会社法806条）、新株予約権の予約権者の新株予約権買取請求（会社法808条1項2号）、債権者の異議（会社法810条1項2号、5項）に対処する。

（b）分割会社と新設会社は、新設会社成立の日後遅滞なく、共同して、新設会社が分割会社から承継した権利義務その他法定事項を明らかにする書面又は電磁的記録を作成し、新設会社成立の日から6カ月間、双方の会社の本店に備え置いて、株主、債権者らの閲覧等に供する（会社法811条1項1号、2項、815条2項、3項2号、4項、5項）。

ⅲ）簡易新設分割

新設会社に承継させる資産の帳簿価額の合計額が法務省令で算定される分割会社の総資産額の5分の1を超えない場合は、分割会社における株主総会の決議を要しない（会社法805条）。

④　分割会社の債権者保護の強化

2014（平成26）年の会社法改正により、会社分割等における債権者保護が強化された。

ⅰ）分割会社に知れていない債権者の保護強化（会社法759条2項、3項）

　　吸収分割会社の債権者のうち分割会社と承継会社の双方に債務の履行を請求できるものは、吸収分割会社で分割に対し異議を述べることができる債権者であって、各別の通知を受けなかったもののうち、従来は、吸収分割会社に知れているものだけに限っていたが、知れているか否かにかかわらずできることとした。

ⅱ）詐害的会社分割等における債権者保護（会社法759条4項、764条4項等）

　　会社分割において、債務が承継会社に承継されず、分割対価が不十分で分割会社が債務超過状態となるなど債権者にとって不利益な会社分割が少なからず見られたことから、分割会社が承継されない債務の債権者を害することを知って会社分割した場合、債権者は承継会社（吸収分割承継会社、新設分割設立会社等）に対し、承継した財産の価額を限度として債務の履行を請求できることとした。ただし、吸収分割のときは承継会社も債権者を害する事実を知っていた場合に限る。

⑤　会社分割をやめることの請求（会社分割差止請求）

　吸収分割や新設分割が法令又は定款に違反するなどして、吸収分割会社、吸収分割承継会社、新設分割会社の株主が不利益を受けるおそれがあるとき、これらの株主はそれぞれの有する株式の会社に対し、会社分割をやめることを請求する差止請求権が認められている（会社法784条の2、796条の2、805条の2）。

⑥　会社分割無効の訴え

　会社分割手続に無効事由があれば、無効の訴えを提起できるが、この場合も会社の組織に関する訴えの諸規定が適用される（会社法828条1項9号、10号、2項9号、10号、834条9号、10号、838条、839条、846条等）。

第2部｜法務編

6.2.5　組織再編反対株主による株式買取請求権濫用等への対応規定

　会社分割等の組織再編に反対する株主からの株式買取請求につき、その濫用防止などの目的で、次の規定が設けられている。

① 　反対株主による株式買取請求権濫用の防止（会社法785条6項、7項、9項、787条6項、7項、8項、10項、797条6項、7項、9項、806条6項、7項、9項、816条の6、6項、7項、9項等）

　会社分割等の組織再編に反対した株主は、会社に対し株式買取請求をすると、会社が承諾した場合に限り、これを撤回できる（会社法785条7項等）。

　かつては、買取請求した株主の中には市場で売った方が有利と見るや会社の承諾なく売ってしまう例があった。

　そこで株券発行会社の場合、買取請求するときは原則として株券を会社に提出することを義務づけ、また、買取請求された株式の取得者は株主名簿書換請求ができないこととされている。新株予約権及び新株予約権付社債の買取請求も同様とされた（会社法787条6項、7項、8項、9項）。

　一方、振替機関が扱う株券不発行会社の株式（振替株式）については、振替法の改正により、会社は組織再編をしようとする場合、振替機関に買取口座を開設しなければならず、株主は買取請求時にこの買取口座を振替先口座とする申請をしなければならないとする等により対処することとされた（振替法155条、183条、215条）。

② 　株式買取価格決定前の早期支払い（会社法786条5項、798条5項、807条5項、816条の7、5項等）

　組織再編における株式買取価格の決定を裁判所に申立てた場合、決定価格に対し、会社は法定利率による利息を支払わなければならない（会社法786条）。2020（令和2）年3月31日まで商事法定利率が6％であったことから、利息目当てに買取価格決定の申立てを濫用される向きがあったため、2014（平成26）年の会社法改正で、会社は買取価格の決定があるまでは、株主に

216

対し、会社が公正な価格と認める額を支払うことができるという規定が設けられた。

その後の法改正により、2020（令和2）年4月1日から法定利率は3％に引き下げられ、3年ごとに見直されることとなったが、2021（令和3）年3月1日に施行された株式交付制度にも同様の規定が設けられている。

6.2.6　産業競争力強化法による組織再編の特例規定

産業競争力強化法（産競法）は、日本経済再興のために産業競争力の強化を図る諸施策の推進態勢を整備する等の目的で2013（平成25）年12月に制定された特別法で、実務の現況に合わせてたびたび改正されてきた。

産競法では、事業再編に関わる会社法の特例規定をいくつか設けている。

①現物出資や財産引受けによる株式会社設立、現物出資による募集株式発行における検査役による調査を必要としない範囲の拡大、②事業譲渡、合併、会社分割等における略式手続の要件緩和と対象範囲の拡大、③新設合併、新設分割における株主総会承認決議不要の特例などであり、たとえば、

①　事業者が認定された事業再編計画又は特別事業再編計画に従ってその財産の全部又は一部を出資し、又は譲渡することにより、新たな株式会社を現物出資や財産引受けで設立する場合、現物出資による募集株式を発行する場合などでは、会社法上原則として必要な裁判所が選任する検査役による調査を必要としない（産競法28条、29条）。

②　会社法においては、特別支配関係にある会社間で事業譲渡、合併、会社分割などが行われたとき、被支配会社において、株主総会における承認を省略できる場合がある（略式組織再編）。これに対し、産競法では、特定関係事業者（認定事業再編事業者又は同事業者の完全子会社によってその議決権の3分の2以上を保有されている関係事業者）が認定事業計画に従って行う組織再編行為について、特別決議を要しないとし、しかもその中には会社法では原則として除かれている新設分割、新設合併も含まれる（産競法30条）。

第2部｜法務編

などである。

6.3 持株会社創設に関わる留意事項

次に、持株会社を作る過程で共通する留意事項について以下に述べる。

6.3.1　商号について

持株会社とそうでない会社とで商号に関する規制に差異はない（会社法6条）。したがって、事業会社が持株会社化したり、持株会社を設立する場合、持株会社特有の商号に変更したり、特有の商号をつける必要はない。しかし、一見して持株会社であることをわかりやすくするため、「○○ホールディングス株式会社」とか「株式会社○○グループ本社」などの商号にする場合が多い。

ところで、会社法は、商号について、旧商法のような一定地域内における類似商号規制をしていないが、商号登記法では他人の既に登記した商号と同じで、かつ会社の本店の場所がその他人の商号に係る営業所（会社なら本店）の場所と同じであるときは登記できないとされている（商業登記法27条）。

商号の不正使用に対しては、会社法により不正使用による利益侵害の停止や予防を請求でき（会社法8条）、不正競争防止法により差止請求や損害賠償請求をすることができる（不正競争防止法3条、4条）。

したがって、これらの規定に反しない限り親会社と子会社の本店が同じ場所にあっても子会社に親会社と類似した商号をつけることは可能である。

6.3.2　持株会社の定款に記載されるべき「目的」について

① 事業持株会社の場合

会社は定款に本業の「目的」を明記しなければならず（会社法27条1号、763条1項1号、773条1項1号）、これは登記事項である（会社法911条3項）。

218

では持株会社の場合、どのように記載すべきであろうか。

事業持株会社の場合なら、主たる事業がほかにあり、その関連の一事業部門を分社化した子会社の株式を保有してこれを支配するのであるから、本来の事業目的を列挙した最後に通常記載されている「前各号に付帯する一切の事業」に含まれると見てよいのではないかという見解もあるが、持株会社は、他の会社の事業活動支配が本来の目的であり、どのような会社を支配対象とするかは企業の利害関係者にとって重要事項であるから、この点は明示すべきである。しかし支配下に置く子会社の事業目的すべてを列記する必要はない。総務省統計局が公表している「日本標準産業分類」を参考に、たとえば大分類の建設業、製造業、情報通信業など、あるいは中分類の食料品製造業、繊維工業など、傘下子会社の業種がわかる程度には明示すべきであろう。なお、子会社の目的はすべて親会社の定款にも記載すべしという以前の登記実務は、既に改められている。

そこで、事業会社が一部の事業部門を子会社化する場合、実務では従来の目的欄が、たとえば、

　　　　「当会社は次の事業を営むことを目的とする。

　　　　　　1・・・・・

　　　　　　2・・・・・　　　」

とあるのを、

　　　　「当会社は次の事業を営むこと並びに次の事業を営む会社及びこれに相当する事業を営む外国会社の株式を所有することにより、当該会社の事業活動を支配、管理することを目的とする。

　　　　　　1・・・・・

　　　　　　2・・・・・　　　」

に変更したり、

　　目的欄の最後に、

　　　　「前各号に関する事業を営む会社の株式を保有することによる当該会社の事業活動の支配・管理」

第2部 | 法務編

という1項目を加えるという工夫がなされている。

② 純粋持株会社の場合

純粋持株会社の場合、たとえば、

「当会社は、次の事業を営む会社及びこれに相当する事業を営む外
国会社の株式を所有することにより、当該会社の事業活動を支配
し、管理することを目的とする。

1・・・・・

2・・・・・　　　」

と記載する。

巻末資料4に持株会社の定款の目的を例示したので参照されたい。

6.3.3　持株会社が他の事業を営むことについて

持株会社を設立するのは、多くの場合「戦略と事業の分離」による子会社
の事業活動支配を目的とするのであるが、これと併せて他の事業活動を営む
ことは可能である。したがって、たとえば持株会社が大きなビルを保有し、
これを子会社その他のテナントに賃貸して収益を得るような場合は、定款の
目的欄に「不動産の賃貸、管理」などを加えることとなる。

6.3.4　現物出資、財産引受、事後設立の緩和について

会社法では、検査役の調査対象の減少などにより、持株会社創設にともな
う会社間での事業用財産の機動的で円滑な移動が図られている。

① 現物出資、財産引受関係

現物出資（金銭以外の財産でする出資）、財産引受（発起人が会社設立を
条件に、設立後の会社のために一定の事業用財産を有償で譲り受ける契約を
すること）については検査役による検査を要するが、定款に記載又は記録さ
れた現物出資や財産引受の財産価額の総額が500万円を超えない場合、現物

出資が市場価格のある有価証券で、定款に記載又は記録された価額が法務省令で算定された市場価格を超えない場合などでは検査役の調査を要しない（会社法33条10項）。

この例外規定は金銭に頼らず、既存の事業用財産を活用したり知的財産権を出資財産とする会社設立を容易にするものである。

② 事後設立関係

事後設立（会社がその設立後2年以内に、会社の成立前から存在し事業のため継続使用すべき財産を有償で譲り受ける契約をすること）において取得する財産の対価として交付する財産の帳簿価額の合計額が法務省令で算定される、その会社の純資産額の5分の1を超える場合、株主総会特別決議による承認が必要である（会社法467条1項5号）。

なお、新設合併、新設分割又は株式移転により設立された会社については、事後設立規制の対象外であることが明記されている（会社法467条1項5号）。

6.3.5　持株会社と子会社間の役員兼任について

持株会社と傘下子会社との間で役員の兼任がされることは多い。株式所有のみならず、親会社の役員や管理職を子会社の役員に就かせることで子会社支配の実効を一層高めることができて有利だからである。

しかし、役員兼任については、次のような法規制がある。

① 会社法による規制

ⅰ）会社法において役員とは、取締役、会計参与及び監査役をいう（会社法329条1項）。

　そのうちで子会社役員等との兼任禁止規定は、社外取締役、社外監査役、監査等委員会委員の取締役、監査役、会計参与などにある。これらの役員は、いずれも会社の業務執行を担当せず、業務執行をそれぞれの

第2部｜法務編

職務権限によって監督是正する立場にあるからである。

(a) 社外取締役、社外監査役

　2014（平成26）年の会社法改正により、社外取締役、社外監査役の役割が一層重視され、経営陣からの独立性をより強化し、業務執行者への監督機能を高めるため、親子会社間等の複雑な利害を考慮して、社外取締役、社外監査役の就任要件がより厳格となった。これについては、巻末資料1を参照されたい。

(b) 監査等委員会委員の取締役（会社法331条3項）

　監査等委員会委員である取締役は、社外取締役でなくても会社もしくはその子会社の業務執行取締役もしくは支配人その他の使用人又は子会社の会計参与もしくは執行役を兼ねることができない（会社法331条3項）。

(c) 監査役の場合は、株式会社もしくはその子会社の取締役もしくは支配人その他の使用人又は当該子会社の会計参与（会計参与が法人であるときは、その職務を行うべき社員、以下同じ）もしくは執行役を兼ねることができない（会社法335条2項）。

(d) 会計参与は、株式会社又はその子会社の取締役、監査役もしくは執行役又は支配人その他の使用人、会計監査人になれない（会社法333条3項1号、337条3項1号、公認会計士法24条1項1号）。

　上記でいう支配人とは、会社の本店、支店でその事業を行い、会社に代わってその事業に関し一切の裁判上・裁判外の行為をするなどの権限を有する使用人のことで（会社法10条、11条）、選任等に登記を要する（会社法918条）。一般の会社では支店長などの名称で呼ばれる場合が多いのであろう。なお、取引における善意の相手方を保護するため、支配人でなくとも支店長、本店営業部長など本店や支店の事業の主任者のごとき名称を付した使用人は、本店又は支店の事業に関し、一切の裁判外の行為をする権限を有するとみなされる（会社法13条）。またここでいう使用人とは会社の従業員のことであり、経理

222

や営業関係に限らず技術、一般事務の関係も含む。

ⅱ）以上の制約に抵触しなければ、親会社、子会社間の役員を兼任することは可能となる。たとえば、

(a) 親会社の業務執行取締役は、その子会社の取締役、監査役、会計参与、支配人その他の使用人になれる。なお、支配人については、子会社の支配人が親会社の使用人、取締役、執行役又は業務を執行する社員になる場合、子会社の許可が必要となる（会社法12条1項3号、4号）。

しかし、親会社の社外取締役、監査役、会計参与は、その子会社の業務執行取締役にはなれない。

(b) 親会社の取締役、監査役及び支配人その他の従業員は、その子会社の監査役になれる。

(c) 親会社の取締役（監査等委員会委員の取締役を除く）、会計参与及び支配人その他の従業員は、その子会社の会計参与になれる。

ⅲ）もっとも、複数の会社の取締役を兼任する場合、別節「7.1　持株会社取締役らの任務と責任」で指摘するとおり、取締役にはそれぞれの会社に対する善良なる管理者の注意義務（会社法330条、民法644条）、忠実義務（会社法355条）がある。さらに取締役は、競業及び利益相反取引の制限（会社法356条）、取締役の報酬等（会社法361条）など会社との利害関係を調整する規定に従う義務がある。このため、親会社・子会社とも全体としては1つの事業収益目的のために活動していても、個々の案件に関しては、一方の会社に対する義務の履行が他方の会社にとって不都合となる場合が生じないとも限らない。その場合、親会社と子会社の兼任役員としては、親会社の意思決定どおりに子会社の事業活動を進めることが任務を全うする基本であるから、二律背反に陥ることはあまりないかもしれない。しかし、たとえば、親会社の指示で子会社の収益事業部門を他の子会社に譲渡して損害が生じた場合、企業グループ全体としての損失はなくても、子会社に親会社以外の株主があった場合、その株主から見ると子会社に対して損害を与えた行為として、代表

第2部 法務編

訴訟提起など責任を追及されることがないとはいえないであろう。

iv）最近のコーポレートガバナンス改革議論の中でこの問題も討議され、2014（平成26）年改正会社法では、内部統制システムの整備に関し、法律レベルでの対象が従来の「取締役の職務の執行が法令及び定款に適合することを確保するための体制その他株式会社の業務」に、「当該株式会社及びその子会社から成る企業集団の業務」も加えられた（会社法348条3項4号、362条4項6号）。別項2.7.3を参照。

② 独占禁止法による規制

会社をめぐる株主、役員、債権者らの利害の調整という会社法的観点とは別に、独占禁止法13条は、市場の独占禁止、公正取引確保の観点から複数会社間の役員又は従業員の兼任について制限をしている。すなわち、

i）ある会社の役員や従業員が他の会社の役員の地位を兼ねることにより一定の取引分野における競争を実質的に制限することとなる場合は、その役員の地位を兼ねてはならない（独禁法13条1項）。

ii）会社は、不公正な取引方法により、国内で競争関係にある他の会社に対し、自社の役員がその会社の役員や従業員の地位を兼ね、又は自社の従業員がその会社の役員の地位を兼ねることを認めるよう強制してはならない（独禁法13条2項）。

独占禁止法で使われる役員、競争、不公正な取引方法等の用語の意味は同法2条に列挙されて詳しく定義づけされている。ここで特に注意すべきは、「役員」とは会社法に使われる取締役、監査役などより広く、支配人や本店、支店の事業の主任者も含むことである（独禁法2条3項）。

以上のうち、ii）については、親会社・子会社間あるいは子会社相互間で適用されることはないであろう。しかし、持株会社がある取引分野における複数の会社を子会社として傘下に収め、その業界における競争を実質的に制限するに至るような場合は、i）が適用されることになろう。

このような独占禁止法上の役員兼任制限規定にも十分注意すべきである。

第7章

会社法と持株会社の運営

Law

7.1 持株会社取締役らの任務と責任

7.1.1 善管注意義務と忠実義務

会社法は、会社と取締役との関係を民法の委任に関する規定に従うこととしている（会社法330条）。つまり取締役は、善良なる管理者の注意義務をもってその任務を遂行しなければならない（善管注意義務、民法644条）。また、会社法は、取締役に対し、法令及び定款並びに株主総会の決議を遵守し、株式会社のため忠実にその職務を行う義務、すなわち取締役の忠実義務を定めている（会社法355条）。この善良なる管理者の注意義務と取締役の忠実義務の関係をどうとらえるかの問題はさておき、要するに取締役は会社のため法令、定款及び株主総会の決議に従って、忠実に任務を遂行しなければならないのである。これは持株会社を中心とするグループ会社の取締役すべてに共通するもので、傘下子会社に対する経営管理指導に関わる法的責任等についてもこの善管注意義務と忠実義務を基に判断されることになる。

7.1.2 親会社取締役の責任

① 企業集団業務適正化の体制整備懈怠責任

2014（平成26）年の会社法改正により、企業集団内部統制システムの規定が省令から法律に格上げされ、取締役が各取締役に委任できない業務執行事項決定の1つとして、「取締役の職務の執行が法令及び定款に適合するこ

225

第2部 | 法務編

とを確保するための体制その他持株会社の業務並びに当該株式会社及びその子会社から成る企業集団の業務の適正を確保するために必要なものとして法務省令で定める体制の整備」が加えられた。大会社にはこの決定が義務づけられている（会社法362条4項6号、5項）。会社法施行規則により、その体制として、当該株式会社の取締役の職務の執行に係る情報の保存及び管理に関する体制などの5つが定められている（会社法施行規則100条等。別項「2.7.3　会社法のもとでの内部統制」）。

　親会社の取締役は、善良なる管理者の注意をもって、子会社を含む企業集団の業務の適正を確保する体制を整備しなければならないから、これを怠れば、子会社で不祥事が発生したときに責任を問われ、企業集団内の適正な業務執行を監督すべき義務を怠ったときも責任を問われることになる。

　2023年に発覚した中古車販売大手のビッグモーター（現ウィーカーズ）による保険金水増請求事件では、支払に応じていた損保ジャパンの代表取締役にとどまらず、その持株会社SOMPOホールディングスのCEOも引責辞任することとなった。

　2015年に発覚した東洋ゴム工業（現TOYO TIRE）の性能偽装事件にかかわる株主代表訴訟においては、2024年1月、大阪地裁が製造元の子会社を監督すべきだった東洋ゴム工業の当時の代表取締役らに対し、総額1億5,800万円の損害賠償を命ずる判決を下した（確定）。

② 子会社に対する経営指導、管理責任

　親会社取締役の子会社に対する経営指導、管理に誤りがあって子会社に損害が生じた場合の法的責任について述べる。

　ⅰ）親会社取締役が、子会社取締役らに対し、子会社のため法令、定款及び株主総会決議に従いつつ忠実に任務を遂行すべき義務に反する経営指導をしてこれに従わせ子会社に損害が生じた場合、①掲記の業務の適正を確保する体制に違反することはもとより、子会社は子会社取締役に対し前述のとおり忠実に任務を遂行するよう求める権利、すなわち債権を

有するから、子会社取締役は当然債務不履行責任を負うが、このような債務不履行を引き起こした原因は親会社取締役による働きかけにあったから、子会社は、子会社取締役に対する債権を親会社取締役に侵害されたとして（第三者による債権侵害）、不法行為による損害賠償を請求できると考えることができる（民法709条）。ただし、このような場合の第三者による債権侵害は、債権者と債務者との信頼関係を意図的に裏切らせるところが本質であるから、一般の不法行為責任と異なり、過失では足らず、故意を要すると解される。ほかに、親会社の取締役を事実上子会社の取締役とみなして子会社に対する賠償などの責任（会社法423条）を認めることや取締役の第三者に対する責任の規定（会社法429条）に関し子会社を親会社の取締役により損害を受けた第三者と位置づけて責任を問うことも考えられうる。

ⅱ）また、子会社に損害が生じた結果、親会社にも子会社の株価が下がって親会社の資産が減少するなどの損害が生じた場合、親会社の取締役は、親会社ないしその株主からも善管注意義務、忠実義務に反したとして責任を問われることがありうる。

ⅲ）さらに、子会社の債権者が子会社取締役に対し責任を追及する場合も、子会社の取締役が親会社の取締役の指示で行動したことが明らかであれば、親会社の取締役を事実上子会社の取締役とみなして責任を追及できるとする見解や、親会社の取締役としての職務行為が子会社の債権者という第三者に損害を直接与えたと見ることができるとする見解もありえよう（会社法429条）。

7.1.3　子会社取締役の責任

次に、親会社の取締役の指図に従ったため、子会社に対する忠実な任務遂行義務に反することをなし、その結果子会社に損害を生じさせた子会社の取締役について見ると、事実上の従属関係は別として、取締役は法律上はあくまで自己の判断と責任で行動することとされているから、子会社ないしその

第2部 │ 法務編

株主に対する関係で責任を免れることはできない。この点で、親会社と子会社の兼任取締役の場合、親会社の取締役としては責任を問われなくても子会社の取締役として責任を問われることがありうることは、別項6.3.5①ⅲ)、ⅳ)で述べたとおりである。

7.1.4　競業取引、利益相反取引等

　会社法は、会社と取締役との取引をめぐる利害を調整するため競業取引、利益相反取引について規定する（会社法356条、365条）。

① 　競業取引とは、取締役が自己又は第三者のために会社の事業の部類に属する取引をすることである。事業の部類に属する取引とは、たとえばある商品販売会社の取締役がその会社の扱う品目と同類の商品を自己のため又は第三者のため（たとえば他の会社の代表者として）同じ販売地域で販売するような場合で、会社の利益を損なうおそれがあるので、取締役会（取締役会非設置会社では株主総会、以下同じ）の承認を必要とする。承認を得ずに取引をした取締役は、取引自体は有効でも、これによって会社に生じた損害を賠償しなければならない。

　　また、取締役会設置会社においては、取締役は承認の有無にかかわらず取引後遅滞なくその重要事実を取締役会に報告しなければならない。

　　親会社と子会社の取締役を兼任する場合、それが完全親会社と完全子会社であれば利益が共通するから承認を要しないが、そうでない場合は、この規制の対象となる。

　　親会社と子会社間で取引する場合、双方の会社で業務を代表する取締役が同一であれば、双方の会社で承認を要し、一方の会社では代表取締役で、他方の会社で平取締役の場合、平取締役の会社で承認を要する。

② 　利益相反取引とは、取締役が自己又は第三者のためにする会社との取引である。たとえば会社の製品その他の財産を譲り受けたり譲り渡したり、金銭貸借をしたりする場合（直接取引）で、自己又は第三者の利益を優先して会社の利益を損なうおそれがあるため取締役会の承認を要す

228

るのである。

　また、会社が取締役の債務を保証すること、その他取締役以外の者との間において、会社とその取締役との利益が相反する取引をしようとする場合（間接取引）も同様に取締役会の承認を要する。

　直接取引、間接取引とも取引後の取締役会に対する重要事実報告義務がある。

　これら直接取引、間接取引においても、親会社と子会社の取締役を兼任する場合、それが完全親会社と完全子会社でなければ、規制の対象となる。

　たとえば、親会社の取締役が代表取締役をしている子会社に金銭を貸し付けたり、その子会社の債務を親会社が保証する場合などである。

　取締役会の承認を得ずに行われた取引は無効であるが、取引をした第三者に対し会社が無効を主張するときは、会社が第三者において取締役会の不承認を知っていたことを証明する必要があるとする相対的無効説が有力であり、間接取引や会社が取締役宛に振出した手形取引について、最高裁はこの相対的無効説による判断を示している。

7.1.5　業務の執行の社外取締役への委託

　2019（令和元）年の会社法改正により、コーポレートガバナンス向上のため、①監査役会設置義務のある会社（2.2.1②参照）で有価証券報告書提出義務のある会社は社外取締役を1名以上置くことが義務づけられ（会社法327条の2、金商法24条1項）、②業務の執行の一部を社外取締役に委託することが可能となった（会社法348条の2）。

　②について、改正法は「株式会社（指名委員会等設置会社を除く。）が社外取締役を置いている場合において、当該株式会社と取締役との利益が相反する状況にあるとき、その他取締役が当該株式会社の業務を執行することにより株主の利益を損なうおそれがあるときは、当該株式会社はその都度、取締役の決定（取締役会設置会社にあっては、取締役会の決議）によって、当

第2部 | 法務編

該株式会社の業務を執行することを社外取締役に委託することができる。」
と定めている（同条1項）。そしてこの委託された業務の執行は、社外取締
役の要件に規定する株式会社の業務の執行に該当しないものとされ、ただ
し、社外取締役が業務執行取締役（指名委員会等設置会社にあっては、執行
役）の指揮命令により委託された業務を執行したときは、この限りではない
と定められた（同条3項）。

　社外取締役は、会社経営全般にわたって適正に執行されるよう監督する機
能が強く求められているため、業務執行経験を有しないなど会社経営陣と距
離を置いていることが就任要件である。しかし、前述のとおり、親会社と子
会社双方で業務執行を担当する兼任取締役が親会社と子会社間の競合取引、
利益相反取引、その他の業務執行をする場合において一方の会社や株主の利
益を不当に損なうことが生じうる。

　また、経営陣の取締役らが株主から株式を買い取る場合（MBO、Manage-
ment Buyout）も同様に株主との利益相反が生じる。

　そこで、このような場面で不当な損害発生を避けるため特定の業務に限っ
て社外取締役に業務執行をさせることを可能とし、業務執行の適正を図るこ
ととした。

　そして委託の要件を守る限り、会社法2条15号に規定された業務執行取
締役には該当しないことを明確にする、いわゆるセーフハーバー・ルール
（安全港の規定）を設けたのである。

7.1.6　取締役等の責任減免規定について

①　取締役が前述のような規定に違反するなどして任務を怠り、会社に対
　し損害を与えたときは、その賠償義務を負うが（会社法423条）、これを
　全部免除する場合は総株主の同意が必要である（会社法424条）。ただ
　し、その責任追及の訴訟において和解をする場合は、総株主の同意を要
　しない（会社法850条4項）が、次の各号に定める株式会社の区分に応
　じ、該当号に定める者の同意を得なければならない（会社法849条の

2)。

1 監査役設置会社　監査役（監査役が2人以上ある場合は各監査役）

2 監査等委員会設置会社　各監査等委員

3 指名委員会等設置会社　各監査委員

② 取締役が善意にして重過失なき場合に限り、損害賠償責任額から一定の最低責任限度額を控除した額を限度として、株主総会決議（当該会社に最終完全親会社等があり、その責任が特定責任（取締役の責任原因事実が生じた日において、最終完全親会社とその完全子会社等における当該会社の株式の簿価が最終完全親会社等の総資産額の5分の1を超える場合における取締役の責任）のときは、当該会社と最終完全親会社等の株主総会）によって、免除することができる（会社法425条）。この決議は特別決議である（会社法309条2項8号）。また、監査役設置会社、監査等委員会設置会社又は指名委員会等設置会社は、あらかじめ定款に、善意でかつ重過失なき取締役に限り責任原因の事実の内容等の事情を勘案して最低責任限度額を控除した額を限度として取締役（当該責任を負う取締役を除く）の過半数の同意（取締役会設置会社では取締役会の決議）で免除できると定めておけば、具体的案件ごとに免除することができるなどが定められている（会社法426条）。

③ さらに取締役（業務執行取締役等であるものを除く）、会計参与、監査役又は会計監査人（以下「非業務執行取締役等」という）の場合、会社が定款をもって、非業務執行取締役等の賠償責任につき、善意でかつ重過失なき場合に限り、定款で定めた額の範囲内であらかじめ会社が定めた額と最低責任限度額のいずれか高い額を限度として賠償の責任を負う旨を契約することができると定め、かつ、非業務執行取締役等と実際にその契約を個別に結んでおくことによって、契約を結んだ非業務執行取締役等の責任についてはこの面からも限定が可能となる（会社法427条）。

④ これらの規定にもかかわらず、自己のために会社と取引した取締役

第2部｜法務編

は、任務を怠ったことが自己の責めに帰することができない事由による場合でも責任を免れることができない（会社法428条1項）。

7.2 親子会社間の規律に関する規制

1つの企業集団全体の業務適正化の体制整備については7.1.2で述べたとおりであるが、さらに個々の親子会社間の規律に関しては次のような規制がある。

7.2.1 多重代表訴訟制度（最終完全親会社等の株主による特定責任追及の訴え）（会社法847条の3）

完全親会社のない会社A社を完全親会社（最終完全親会社）とする完全子会社B社の取締役が違法行為によりB社に損害を生じさせた場合、A社の取締役らはB社の経営に深く関与していることもあって、株主であるA社からB社に対し責任追及の訴えの提起請求に踏み切らない事態となることを防ぐための規定である。B社の損害は、通常はB社の株式全部を保有するA社の損害ともなることから、A社の株主にB社に対し特定責任に係る責任追及等の訴えの提起を請求でき、これに応じないときは代表訴訟を提起できるというものである。A社の他の完全子会社等（CないしCの完全子会社D等）がB社の完全親会社の場合も、A社はC社等を介してB社の株式を間接的に保有しているから、A社の株主は同様の権利を行使できる。つまり、この権利は、完全親子会社関係で結ばれたグループ企業の頂点に位置する会社の株主にのみ与えられている。

ここでいう特定責任とは、B社取締役の責任原因となった事実が生じた日において、A社及びC社等におけるB社の株式の簿価がA社の総資産額の5分の1を超える場合における取締役の責任である。最終完全親会社への影響が大きい場合に限定するものである。また、訴えの提起請求等をできる株主

は、請求の6カ月前から（定款で短縮可。公開会社でない会社の場合、期間の定め不適用）A社の議決権又は発行済株式の100分の1以上（定款で割合を下回ることは可）の株式を有していなければならない。

7.2.2　株式交換等による株主資格喪失後の代表訴訟提起（会社法847条の2）

代表訴訟が係属中に株式交換、株式移転、合併により原告が株主の地位を失っても訴訟進行は可能であるが、これのみでは代表訴訟提起の動きを察知し、これを逃れるため株式交換等をしてしまうことを阻止できない。そこで、株式交換、株式移転、合併の効力発生日の6カ月前から（公開会社でない会社では、株式交換等の効力発生日に）株主であって、株式交換等による完全親会社の株式あるいは合併による存続会社の完全親会社の株式を有する場合であれば、株式交換等の行為以前の事実について、代表訴訟を提起できるとするものである。

7.2.3　親会社の株主総会において特別決議を要する子会社株式の譲渡（会社法309条2項11号、467条1項2号の2、469条）

親会社にとって子会社の支配株は実質的には事業の一部といえるため、これを他へ譲渡することは事業譲渡に相当する。

そこで、譲渡する子会社株式の帳簿価額が親会社の総資産額の5分の1を超え、かつ、譲渡の効力発生日に子会社の議決権の過半数を有しないことになる株式譲渡については、事業譲渡と同様に、株主総会の特別決議による承認を要することとし、また反対株主に株式買取請求権を認めるものである。

7.2.4　キャッシュアウト規制

多数派株主が少数派株主に対価を交付して株主から排除することをスクイーズアウト（Squeeze Out）というが、対価を現金とする場合、キャッシュアウト（Cash Out）という。

第2部 | 法務編

① 特別支配株主による株式等売渡請求権と少数派株主の保護（会社法179
条～179条の10）

親会社が子会社の株式をほとんど有し、少数派株主を排して完全子会社に
したいときには、強制的に直接、他の株主全員に対し、その保有株式全部を
売渡請求でき、新株予約権や新株予約権付社債も併せて売渡請求できる。た
だし、売渡株主保護のため、特別支配株主は、対価の金額、取得日その他所
要事項を定めて対象会社の承認を求め、承認した対象会社は、これを売渡株
主に通知するとともに、所要事項の記録を事前、事後本店に備え置いて閲覧
に供さなければならない。また、売渡株主には売渡請求が違法、不当な場合
の差止請求権、裁判所に対し売買価格決定の申立権が与えられ、売渡株式等
の取得無効の訴え（会社法846条の2）は対象会社の取締役らのほか売渡株
主も提起できる。

② 全部取得条項付種類株式取得における株主の保護（会社法171条の2～
173条の2）

全部取得条項付種類株式は、株主総会の特別決議により会社が株主から株
式全部を相当な対価と引換えに取得することのできる株式で、会社再建のた
めの100％減資を実現する手段として活用することが期待されたが、実際に
はむしろ少数派株主を締め出す手段として使われることが少なくない。そこ
で、取得する会社は、株主のため対価とする現金の価額その他所要事項を記
載した書面等を事前、事後本店に備え置いて閲覧に供さなければならず、株
主には取得が違法で不利益を受けるおそれがあるときの会社に対する差止請
求権が認められている。全部取得条項付種類株式の取得に反対の株主、株主
総会において議決権を行使できない株主には、裁判所に対し取得価格決定の
申立権が認められている。

会社法と持株会社の運営 | 第7章

7.3 持株会社株主による子会社に対する閲覧、謄写権

　持株会社株主にとって子会社の業務内容は重大な関心事である。ことに純粋持株会社の株主にとっては、実際の事業活動を展開するのは子会社であるため関心が高い。

　そこで会社法は、親会社の株主には、親会社のみならず、子会社についても、①その権利を行使するため必要があるときは、②裁判所の許可を得て、その定款（会社法31条3項）、創立総会議事録（会社法81条4項）、株主名簿（会社法125条4項）、新株予約権原簿（会社法252条4項）、株主総会議事録（会社法318条5項）、取締役会議事録（会社法371条5項、4項）、会計参与による計算書類等（会社法378条3項）、監査役会議事録（会社法394条3項）、会計帳簿とその関係資料（会社法433条3項）、計算書類等（会社法442条4項）の閲覧、謄写などができるとしている。

　ただし、取締役会議事録や監査役会議事録については、議事録備え置き会社又はその親会社もしくはその子会社に著しい損害を及ぼすおそれが認められるときは許可されない（会社法371条6項、394条4項）。

　著しい損害を及ぼすおそれが議事録備え置き会社のみならずその親会社や子会社に生ずるだけの場合でもよいのは、これらの会社が事業活動を上、下一体となって行っており一方の著しい損害は他方のそれに直結するからである。「著しい損害を及ぼすおそれ」は、子会社が監査役に対する報告、調査を拒める「正当な理由」（会社法389条6項）に比べより具体性が要求されるものである。また株主名簿、新株予約権原簿、会計帳簿とその資料については、株主の権利確保・行使に関する調査以外の目的等で請求する場合は許可されない（会社法125条3項、252条3項、433条2項）。

　なお、2014（平成26）年6月の会社法改正により、株主名簿と新株予約権原簿については、閲覧等の請求を拒否できる場合のうちから、「請求者が当該株式会社の業務と実質的に競争関係にある事業を営み、又はこれに従事

235

第2部 法務編

するものであるとき。」が削られた。

7.4 子会社による親会社株式の取得制限

　子会社による親会社株式取得を自由に認めることは、親会社、子会社双方の資本充実・維持の原則に反することなどから、会社法においても原則として禁止されている（会社法135条）。つまり、親会社から多額の出資を得ている子会社が親会社の株式を取得することは、出資金を親会社に戻すこととなり、また親会社が実質的な資金の裏づけのないまま資本の増加をもたらすことにもなり、資本の空洞化を生ずるからである。

　会社法において子会社の判断基準はその会社の株主議決権の保有割合に限らず、実質的な経営支配の有無によることとしているので（会社法2条3号）、子会社が株式会社以外の法人であることもありうる。ただし、次の場合はその例外として認められる。

　①　事業の全部の譲受けにおける譲渡会社からの譲受けや組織再編行為
　　　（合併や会社分割）における消滅会社等からの承継（会社法135条2項）。
　②　子会社が組織再編行為において交付する対価が親会社の株式である場
　　　合に、その交付する株式数を超えない範囲での取得（会社法800条）。

　上記②は対価として交付され子会社には残らないが、①はそのままでは子会社に残ってしまう。会社法は、これを相当の時期に処分しなければならないと規定した（会社法135条3項）。

　相当な時期とは、時間的速やかさだけを意味するのではなく、速やかで、かつ、なるべく有利に処分できる時期という意味である。具体的にいつするかは会社経営者の合理的判断に委ねられている。

　しかし、現実には当面処分先が見つからない場合もあり、このような場合に対処すべく、親会社が子会社の有する親会社株式を取締役会（取締役会設置会社でない場合は株主総会）の決議によって買い受けることができるもの

236

としている（会社法163条、156条）。

7.5 子会社保有親会社株式の議決権制限

　複数の会社が相互に他の会社の株式を持ち合う場合の弊害としては、会社資産を危うくすることのほか、会社役員による自社の株主総会支配が挙げられる。たとえば、親会社の取締役らは子会社の株主総会における取締役選任決議を支配しうるから、これによって選任された子会社の取締役らは、子会社が親会社の株式を多数所有する場合、その株主総会に出席して親会社役員の意に沿う議決権行使を行い、これによって親会社役員による株主総会支配が可能となるのである。

　すなわち、株主総会における議決権は1株につき1個（又は1単元株につき1個）有するのを原則とするが、親会社が子会社の総株主の議決権の4分の1以上を有することその他の事由を通じて親会社が子会社の経営を実質的に支配することが可能な関係にある場合の子会社は、親会社の株主であってもその議決権を有さないのである（会社法308条）。なお、完全子会社が完全親会社の議決権の4分の1以上を有していても、完全親会社は完全子会社の議決権を行使できる（会社法施行規則67条1項）。

　ところで会社の規模が大きくなればなるほど比較的少数の株式保有で企業支配は可能となる。実際どの程度の株式で会社支配が可能かは一概にいえないが、上場企業等大企業となれば発行済株式の5％程度を保有すれば大きな影響力をもつことになると考えられる（独禁法11条、金商法27条の23等）。その意味で会社法308条の「総株主の議決権の4分の1以上」という数字は高すぎるのではないかともいえる。

第 **8** 章

Law

持株会社と各種の法規制

8.1 独占禁止法と持株会社

8.1.1 公正で自由な市場競争原理の確保

独占禁止法は、私的独占、不当な取引制限等を禁止し、事業支配力の過度の集中を防止するなどして公正で自由な市場競争原理を促進させるため事業活動に対しさまざまな規制を設けている。

持株会社とその傘下の複数子会社によるグループ会社経営においても独占禁止法による規制には十分注意する必要がある。

独占禁止法による企業結合に対する規制は、市場集中規制と一般集中規制に大別される。

市場集中規制とは、一定の取引分野において特定事業主体に市場支配力が集中することを防ぐための規制である。「一定の取引分野」とは、一定の商品や役務についての取引が2つ以上の事業者らによって競争して行われる場合のことで、商品や役務の内容、地域その他の要素を考慮して画定されている。

一般集中規制とは、事業支配力が一定の取引分野を超えて、国民経済や取引社会全体に及ぶことを防ぐもので、さらに事業支配力過度集中規制と銀行・保険会社の議決権保有制限に分けられる。

持株会社と各種の法規制 | 第8章

8.1.2 市場集中規制

　会社が他の会社の株式を取得し又は所有することにより一定の取引分野における競争を実質的に制限することとなる場合には、当該株式を取得したり所有してはならず、また不公正な取引方法により他の会社の株式を取得したり所有することも禁止される（独禁法10条1項）。

　会社の役員又は従業員が他の役員を兼ねる場合（独禁法13条）、会社以外の者が会社の株式を取得したり所有する場合（独禁法14条）、合併の場合（独禁法15条1項）、共同新設分割又は吸収分割の場合（独禁法15条の2、1項）、共同株式移転の場合（独禁法15条の3、1項）、他の会社の事業の全部又は重要部分の譲受け等の場合（独禁法16条1項）にも同様の規定が設けられている。

　「競争を実質的に制限することとなる場合」とは、ある程度自由に価格、数量、その他各般の条件を左右することによって市場を支配することができる状態をもたらす力、すなわち市場支配力を形成、維持又は強化することと解されている。

　「不公正な取引方法」とは何かについては、「正当な理由がないのに、競争者と共同して、ある事業者に対し、供給を拒絶すること」その他が法定列挙され（独禁法2条9項）、さらに公正取引委員会の告示「不公正な取引方法」により示されている。

　企業結合の具体的事例が市場集中規制に該当するか否かの判断のために公正取引委員会は「企業結合審査に関する独占禁止法の運用指針」というガイドラインを公表している。同ガイドラインに審査のフローチャートが示されている（巻末資料5参照）。

　この企業結合による市場集中規制を十全ならしめるため、法は会社に一定の基準規模を超える株式の取得又は所有、合併、共同新設分割、吸収分割、共同株式移転、事業の全部又は重要部分の譲受け等の場合は、原則として、あらかじめその計画を公正取引委員会に届け出なければならず、審査を受けることとなる（独禁法10条2項以下、15条2項以下、15条の2、2項以下、

239

第2部｜法務編

15条の3、2項以下、16条2項以下）。株式交換、株式交付も株式取得に該当する。

8.1.3　事業支配力過度集中規制

　他の国内の会社の株式（社員の持分を含む、以下同じ）を所有することにより事業支配力が過度に集中することとなる会社は、これを設立してはならず（独禁法9条1項）、会社（外国会社を含む、以下同じ）は、他の国内の会社の株式を取得し又は所有することにより国内において事業支配力が過度に集中することとなる会社になってはならないのである（独禁法9条2項）。これらの規制対象は持株会社に限らない。

　事業支配力が過度に集中することとは、会社及び子会社その他当該会社が株式の所有により事業活動を支配している他の国内の会社の総合的事業規模が相当数の事業分野にわたって著しく大きいことなどにより、国民経済に大きな影響を及ぼし、公正かつ自由な競争の促進の妨げとなることをいう（独禁法9条3項）。その判断のため公正取引委員会から「事業支配力が過度に集中することとなる会社の考え方」というガイドラインが公表されている。

　ここでいう子会社とは会社法でいう子会社（会社法2条3号）とは異なり、会社がその総株主の議決権の過半数を有する他の国内の会社をいう等と定義されている（独禁法9条5項、6項）。

　事業支配力過度集中規制についても、法はこれを十全ならしめるため一定の基準を設けて会社に報告義務を課している（独禁法9条4項）。

8.1.4　銀行・保険会社の議決権保有制限

　銀行や保険会社は、投資や貸付けを通じて会社の事業活動に強い影響力を及ぼすことがある。

　銀行や保険会社がこの金融面からの影響力に加え、多数の議決権を有することになると、事業会社を支配し、ひいては複数の支配会社を通じて経済、産業界に強い影響力を及ぼすおそれがある。

240

持株会社と各種の法規制 | 第8章

そこで独占禁止法は、銀行又は保険会社は他の国内の会社の議決権をその総株主の議決権の100分の5（保険会社は100分の10）を超えて有することとなる場合にはその議決権を取得又は保有してはならないことを原則としている。保険会社については機関投資家としての役割を考慮し、やや緩い制限となっている（独禁法11条）。

8.2 金融商品取引法と持株会社

金融商品取引法（以下「金商法」という）は、投資者保護と公正で透明な市場の構築に向け、旧証券取引法を改編して金融先物取引法等の関係法律を統合し、金融商品取引全般を規制する法律である。

持株会社が大量の子会社株式を取得する場合、特に注意すべきものとして次のようなものがある。

8.2.1 組織再編成における届出義務

合併、会社分割、株式交換、株式交付、その他の行為による組織再編成において、株式等の発行や既に発行された株式等の交付が多数の一般株主等を対象になされるとき、有価証券の募集又は売出しと同様の届出義務を課される場合がある（金商法2条の3、4条1項等）。

8.2.2 公開買付制度

公開買付（TOB、Takeover Bid）とは、不特定多数の株主を対象に公告し、取引市場外で株式を買い集めることである。

金商法では、有価証券報告書を提出しなければならない会社の発行する株券等については、取引所金融商品市場外で不特定かつ多数の者から発行済株式の一定割合を超えて大量に買い付ける場合、買付の目的、買付価格、買付予定株式数、買付期間等を公告するなど法定の公開買付制度によるべきこと

241

第2部 | 法務編

とされている（金商法27条の2ないし27条の22の4）。

8.2.3　大量保有報告

　金商法27条の23以下の株券等の大量保有状況開示についての条項では、株券等で金融商品取引所に上場されている会社の株券等保有割合が発行済株券の100分の5を超えるときは、株券等保有割合に関する事項等内閣府令で定められる事項についての報告書（大量保有報告書）を、大量保有者となった日から5日以内に内閣総理大臣に提出しなければならないことなどが規定されている。これらの規定は公正な有価証券取引を確保するために設けられているのであるが、上場会社をその株式取得により支配下に置こうとするときは適用されることになる。

8.2.4　財務諸表提出

　金融商品取引所に上場されている会社等一定の会社が内閣総理大臣に貸借対照表、損益計算書等財務諸表を提出すべき場合、子会社を有するときは、子会社との連結財務諸表を作成し公認会計士らの監査証明を受けて提出しなければならない（金商法5条1項2号、24条1項、193条、193条の2、連結財務諸表の用語、様式及び作成方法に関する規則等）。親会社の財務状況は子会社と併せて全体的に見る必要があるためである。

8.2.5　連結情報中心の報告

　情報開示の充実を図って2000（平成12）年に証券取引法上のディスクロージャー制度について電子化などの整備が行われ、有価証券報告書は、報告書提出会社の個別情報を中心とする報告からその属する企業集団を把握できるように連結情報を中心とする報告に改められ、またディスクローズすべき範囲が拡大されている。

持株会社と各種の法規制 第8章

8.2.6 親会社等状況報告

　上場会社の親会社の株主、役員、財務内容等は上場会社の事業にも影響するところが大きく、上場会社に対する投資判断として重要であるため、株式所有を通じて直接・間接に上場会社の議決権の過半数を所有している会社（有価証券報告書を提出している会社を除く）は、原則として、その株式所有者に関する事項その他所定の事項を記載した親会社等状況報告書を内閣総理大臣に提出しなければならない（金商法24条の7）。

8.3 金融関係法と持株会社

8.3.1 金融持株会社について

① 　銀行業、保険業、証券業等の金融関係の会社を傘下子会社とする持株会社を金融持株会社といい、その子会社が銀行なら銀行持株会社、保険会社なら保険持株会社、証券会社なら証券持株会社といわれる。一般の持株会社が金融関係以外の事業を営む会社を子会社にもつ点で異なる。

　　金融持株会社については、預金者保護等のため金融関係の法律が整備されるまでほとんど認められていなかったが、1997（平成9）年12月に、銀行法、保険業法、証券取引法等金融関係の各法律が改正され、銀行を子会社とする銀行持株会社は銀行法により、保険会社を子会社とする保険持株会社は保険業法により、証券会社を子会社とする証券持株会社は証券取引法により、それぞれ一定の規制を受けながら創設、運営することが可能となった。

② 　金融持株会社の必要性はかつて持株会社解禁論推進の中で大きな役割を果たしてきた。金融業界では従来業界全体の活性化、顧客に対するサービスの多様化などのため銀行、証券といった業態の枠を取り払うなどの規制緩和を求める動きが強かった。金融持株会社を認めるべしとする論拠もこれに基づくものが多かったが、さらに金融破綻救済策の1つとして持株会

243

社方式が注目された。不良債権を抱え込んだ銀行を他の有力銀行が吸収合併することは難しくとも、有力銀行と破綻に瀕した銀行の双方を子会社とする持株会社を設立すれば、そのグループ全体の信用を背景に不良債権処理がしやすくなるし、破綻に瀕した方の銀行は独自にリストラを進めることもできるからである。

③　しかし、金融機関は産業経済活動にとって有力な資金供給源であり、その日々の営みは国民生活に関わるきわめて公共性の高いものである。このため金融関係の会社は私企業として全く自由というわけにはいかず、その公共性、信用性、預金者や投資家の保護等の観点からさまざまな制約を受けざるをえない。したがって、持株会社が解禁となっても金融関係の会社を子会社とする金融持株会社の場合は、やはり一般の持株会社にはない規制にも服することになる。

このため、銀行法等業種別の法律による規制を受けるほか、既述のとおり独占禁止法による規制も受けるのである。

④　現行の法律による金融関係業の規制を概観すると

イ　事業資格者限定（銀行業、保険業の免許制、金融商品取引業、貸金業の登録制など——銀行法4条、保険業法3条、金商法29条、貸金業法3条等）

ロ　事業範囲の限定（原則として、銀行は預金の受入れ、資金の貸付けなど、金融商品取引会社は有価証券の売買などに事業が限定される——銀行法10条ないし12条、金商法2条8項等）

ハ　取引制限（銀行は、その親会社や子会社などとの間では通常の取引条件に比べ銀行に不利益となるなどの取引をしてはならないという、いわば身内のつまり腕の長さの範囲内の取引に関するアームズ・レングス・ルールと呼ばれる取引制限がある。銀行とその取引相手方間で一方の損失を他方へもたらさないためのファイヤー・ウォール（防火壁）すなわち弊害防止措置の1つである。金融商品取引会社にも同様の規制がある——銀行法13条の2、金商法44条の3等）

ニ　監督調査権（監督官庁による報告・資料提出要求、立入検査権――銀行法24条、25条等、金商法56条の2等）

などである。

⑤　金融持株会社についてもこれらの規制の適用が検討された結果、銀行持株会社の場合、事業資格は認可制（銀行法52条の17）で、業務範囲は子会社の経営管理とその附帯業務に限定され（同法52条の21）、その子会社の範囲等も銀行業以外には証券専門会社等金融関係に限定され（同法52条の23）、取引制限規定も適用され（同法13条の2）、監査官庁の調査対象ともされる（同法52条の31ないし33）。そのほか銀行役員の兼職制限に準じた役員兼職制限があり（同法52条の19）、子会社の範囲を逸脱することを防止するために銀行持株会社及びその子会社による一般事業会社の議決権につき合算して総株主の議決権の15％を超えて取得又は保有してはならないこととされ（同法52条の24）、銀行持株会社とその子会社グループ全体の業務、財務内容を明らかにさせるため、営業年度ごとに業務報告書等を提出し、子会社と連結して記載した財務諸表等を公開すること（連結ディスクロージャー、同法52条の27、52条の28）などがある。

また、銀行の主要株主（総株主の議決権の100分の20以上保有を原則）となるには認可を要し（同法2条9項ないし11項、52条の9）、監督官庁による監督命令に従う（同法52条の11ないし15）。

⑥　事業再編の場合でも銀行が合併、分割、事業譲渡を行う場合は、内閣総理大臣の認可を要するなど特別規定が定められている（同法30条ないし36条）。

⑦　保険持株会社の場合も、事業資格の認可制（保険業法271条の18）、業務範囲の制限（同法271条の21）、報告等の義務（同法271条の24ないし26）、子会社の業務範囲の制限（同法271条の22）、監督官庁による監督命令（同法271条の27ないし30）等で規制されるほか、保険会社の主要株主になるにも認可を要し、監督官庁の監督命令に服する（同法2条13項ないし15項、271条の10ないし17）。また、子会社である保険会社の

第2部│法務編

保険契約者等に対する特別の利益提供禁止規定（同法301条の2）等がある。

⑧　金融商品取引業を子会社とする持株会社の場合、任意の登録制であるが（金商法29条）、主要株主に金融商品取引業の登録取消となった者のある株式会社などは金融商品取引業登録ができず（金商法29条の4）、有価証券の売買等第一種金融商品取引業会社の主要株主となったときは届出を要し、措置命令に服する（同法32条ないし32条の4）。さらに金融商品取引業を子会社とする持株会社は監督官庁の措置命令に服する（同法56条の2）。一方金融商品取引業の会社がその総株主の議決権の過半数を保有されたとき（子会社となったとき）は、その旨届け出なければならない（同法50条1項6号）。

合併により消滅したとき、会社分割や事業譲渡により事業の全部又は一部を譲渡したときも、その旨の届出を要する（同法50条の2第1項3号、6号、7号）。

また金商法では金融商品取引業を子会社とする持株会社とは別に、株式会社組織の金融商品取引所を子会社とする金融商品取引所持株会社が認可制で認められている（同法2条18項、106条の10以下）。株式会社金融商品取引所の主要株主になるにも制限がある（同法103条の2）。

⑨　銀行持株会社については、2016（平成28）年及び2017（平成29）年の銀行法改正によって、銀行持株会社グループ内の経営管理業務や共通業務の集約及び欧米で先行する金融（Finance）と情報技術（Information Technology）を融合したフィンテック（FinTech）の活用が促進されるようになった（銀行法2条17項、18項、52条の61の2ないし29、資金決済法2条5項、7項、63条の2ないし7等）。フィンテック関連企業への出資の容易化、電子決済代行業者に関する登録制導入等の法整備によって、フィンテック企業を傘下にもつ持株会社設立が加速されている。

8.3.2 金融事業会社の子会社制限

金融持株会社ではなく、銀行業など金融関係の事業そのものを営む金融事業会社については、これらの会社の健全経営の確保、一般事業会社支配防止などの観点から、子会社となしうる会社の範囲が金融関連事業の会社などに制限され（銀行法16条の2、保険業法106条等）、また子会社となしうる会社以外の会社の保有議決権について、制限規定が設けられている（銀行法16条の4、保険業法107条等）。なお、先に述べたとおり金融業を営む会社の議決権保有制限規定は、独占禁止法11条にもある。

8.4 労働関係法と持株会社

8.4.1 労働契約承継法と会社分割

持株会社化を図るため会社分割法制を利用する場合、会社分割に伴う労働契約の承継等に関する法律（略して「労働契約承継法」）による労働者保護の手続をとらなければならない。ここに労働契約とは、賃金、労働時間等の基本的労働条件のみならず、労働協約、就業規則、確立された労使慣行等も含む広い意味での労使間の契約関係をいう。

会社の労働者は、新設分割にせよ吸収分割にせよ、会社分割をするときは、分割によって承継される事業に主として従事している労働者とこれを除く労働者（従として従事するか、他の事業に従事している労働者）に大きく分けられる。分割によって承継される事業に主として従事している労働者に対しては、その労働者との労働契約を承継する旨が分割計画（吸収分割なら分割契約、以下同じ）等に定められているかなど、所定事項を書面で通知しなければならない（同法2条1項）。また分割会社が労働組合と労働協約を締結していれば、労働組合に対し、その労働協約の承継が分割計画に定められているかなど、所定事項を書面により通知しなければならない（同条2項）。承継される事業に主として従事する労働者の労働契約が分割計画に記

第2部 | 法務編

載されていれば、その労働者の同意を要せず、労働契約は新設会社（吸収分割なら承継会社、以下同じ）に承継される。つまり労働者は分割会社と同じ労働契約のもとに新設会社で働くこととなる（同法3条）。記載されていない場合は、その労働者が新設会社へ移りたければ異議を申し出ることにより労働契約が承継される（同法4条）。主として従事していない労働者で、分割計画にその労働契約が記載されたものの新設会社に移りたくない者は、異議を申し出ることにより分割会社にとどまることができる（同法5条）。

また、分割会社とその労働組合との労働協約のうち分割計画等に記載したものなどは新設会社に承継される（同法6条）。

労働契約、労働協約の承継が適切に実施されるよう、厚生労働省は、「分割会社及び承継会社等が講ずべき当該分割会社が締結している労働契約及び労働協約の承継に関する措置の適切な実施を図るための指針」を公表している。

8.4.2 持株会社と労使交渉

持株会社を発足させた場合、1つ問題となるのは持株会社役員は子会社の労働組合員らとの労使交渉に臨まなければならないかどうかである。

使用者は雇用する労働者の代表と団体交渉をすることを正当な理由なく拒むことができない（労働組合法7条2号）。

この場合、子会社の労働者を雇用するのは子会社であるから、一般的には持株会社には団体交渉に応ずる義務はないといえる。しかしながら、過去の裁判例によると、「雇用主以外の事業主であっても、雇用主から労働者の派遣を受けて自己の業務に従事させ、その労働者の基本的労働条件等について、雇用主と部分的とはいえ同視できる程度に現実的かつ具体的に支配、決定することができる地位にある場合には、その限りにおいて、労働組合法7条の使用者に当たる」（朝日放送事件についての1995（平成7）年2月28日最高裁判所第3小法廷判決）等、直接雇用関係になくとも「現実的かつ具体的支配関係」にあたることを判断基準として使用者と認められる場合があ

持株会社と各種の法規制 | 第8章

る。学説もこれを支持している。

　そこで、持株会社と子会社労働者との関係をこの判断基準に照らしたとき、持株会社側に使用者性が認められる場合もありえよう。その場合は使用者すなわち持株会社の経営陣は子会社の労働者代表との団体交渉に臨まなければならないことになる。

　持株会社に使用者性が認められうるのは、子会社労働組合代表との団体交渉の場合のみでなく、差別的取扱い（同法7条1号、4号）や支配介入（同法7条3号）などの不当労働行為の場合も同じである。

　現に、親会社が株式の所有関係、役員派遣その他を通じて子会社を支配し、事業が事実上同一で子会社の法人格が完全に形骸化していれば、子会社の解散は親会社の一営業部門の閉鎖と評価できるとし、解散を理由に解雇された子会社従業員は直接親会社に対し雇用契約上の権利を主張できるとした裁判例（2007（平成19）年10月26日大阪高裁判決）もある。

8.4.3　グループ企業間の出向、転籍

　持株会社を中心とするグループ企業間の出向、転籍は労働者にとって大きな関心事である。出向とは従前の雇用関係を維持しながら他の会社の指揮監督下で労務提供するもので、転籍は従前の雇用関係を解消し、移籍先の会社で雇用契約を新たに結ぶものである。いずれも使用者が労働者に対する権利を第三者に譲渡する場合であり、労働者の承諾がなければならない（民法625条）。

　この関係で、グループ会社間では一時に大勢の出向や転籍が繰り返されており、いちいち労働者から個別に承諾を取りつけておかなければならないのは煩雑であるから、これを回避できないかが問題とされる。これについては、次のように分けて対処されるべきである。転籍は、グループ会社間での異動とはいえ、労働者にとってはこれまでの会社との雇用契約を解消して全く新たに雇用契約を締結する一身上の重要な変動事項であるから、個別の承諾を不要とすることはできない。しかし出向の場合は、雇用契約は従前のま

249

第2部 | 法務編

まであることから就業規則や労働協約において、出向先、出向期間、賃金等
出向の諸条件が制度として明確になっていれば、労働者の個別の承諾がなく
ても労働者には出向義務が生ずると解されている。

8.4.4　子会社に人材派遣会社をもつことによる定年退職者の再雇用促進

　労働者派遣法（労働者派遣事業の適正な運営の確保及び派遣労働者の保護
等に関する法律）によると、派遣先会社（派遣労働者受け入れ会社）は、そ
の会社を退職した者を退職の日から1年間は派遣労働者として受け入れては
ならず、また派遣元（労働者派遣事業会社）は特定の会社のみに労働者を派
遣することが認められないのを原則とするが、60歳以上の定年に達したこ
とにより退職し、派遣元に雇用されている者については、その例外が認めら
れている（同法40条の9、7条1項1号、同法施行規則33条の10、1条の3
等）。

　このためグループ会社内に労働者派遣事業の子会社を設立し、定年退職者
をその子会社に就職させて、経験等を生かせる元の職場に派遣させることが
できるうえ、親会社、グループ会社の人件費節減、労務管理の効率化を図る
ことができる。

8.4.5　高年齢者雇用安定法における親子関係会社、企業グループにとって
　　　　有利な特例

　高年齢者雇用安定法（高年齢者等の雇用の安定等に関する法律）は、65
歳未満の定年の定めをしている事業主において、65歳までの安定した雇用
を確保するためとるべき措置の1つとして、現に雇用中の高齢者が希望すれ
ば、定年後も引き続き雇用する制度を定めているが（同法9条1項）、その
引き続き雇用する事業主には、定年まで雇用されていた会社のみならず、厚
生労働省令で定める一定の要件（会社が占める他の会社の議決権割合ほか）
を満たす親子会社、関連会社も含まれる（同法9条2項、同法施行規則4条
の3）。

250

持株会社と各種の法規制 │ 第8章

8.4.6 障害者雇用促進法における親子関係会社、企業グループにとって有利な特例

障害者雇用促進法（障害者の雇用の促進等に関する法律）は、障害者雇用の促進と安定を目指し、障害者（同法2条1号）の就労の機会を増やす政策の1つとして、事業主は常時雇用する労働者の一定割合（障害者雇用率）を身体障害者又は知的障害者から雇用しなければならないとしてきた（同法43条2項、6項）。この一定割合は同法施行令により段階的に引き上げられ、令和6年度から2.5％、令和8年度から2.7％（ただし、法律で直接設立された等の特殊法人は3％）となる。

この障害者雇用率算定にあたり、障害者雇用に積極的な親・子会社あるいは企業グループに対しては次のように有利な特例措置が講じられる。

(1) 株式会社である子会社の株主総会等の意思決定機関を支配している親会社について、さらに法令で定める一定の要件を満たせば、その子会社（特例子会社）の労働者は親会社のみが雇用する労働者とみなされ、特例子会社の事業所は親会社の事業所とみなされる（同法44条）。

(2) 特例子会社をもつ親会社は、他の子会社（関係会社）との関係でも法令で定める一定の要件を満たせば、その関係会社の労働者、事業所についても特例子会社の場合と同じ扱いを受ける（同法45条）。

(3) 特例子会社の要件を満たさない子会社ばかりであっても、親会社とそのすべての子会社（関係子会社）すなわち企業グループとの関係で法令で定める一定の要件を満たせば、その関係子会社の労働者、事業所についても特例子会社の場合と同じ扱いを受ける（同法45条の2）。

8.5 規制産業と持株会社

8.5.1 規制産業とは

いわゆる規制産業とは、その活動にさまざまな規制が加えられている産業

第2部 | 法務編

である。たとえば、前出「金融持株会社」で述べた金融関係の事業はもとより、電気・ガスなどエネルギーの事業、鉄道・運送等の事業、医薬品等薬事関係の事業、その他産業経済の基盤をなす事業や国民生活に直結する事業などで、国をはじめ公の機関による監督を必要とするものである。

規制の目的は、人身の安全、環境保全、公共事業の安定、国の独立、主権の維持等さまざまである。

規制の態様も参入制限、価格規制、取引制限、兼業制限、監督調査など多岐にわたっている。

8.5.2 持株会社に対する規制

ここでは、そのうちの参入制限の問題、つまり規制産業を子会社にもつことができるかについて検討してみる。

①参入制限は、具体的には事業を開始するにあたって主務大臣からの許可等を要する形で行われている。金融関係以外でも、たとえば、鉄道事業は国土交通大臣の許可（鉄道事業法3条）、電気事業、ガス事業等は経済産業大臣の許可（電気事業法3条、ガス事業法3条）、医薬品製造業は厚生労働大臣の許可（薬機法（医薬品、医療機器等の品質、有効性及び安全性の確保等に関する法律。旧薬事法）12条）、製造たばこの輸入販売、卸売、塩の製造、特定販売、卸売等はそれぞれ財務大臣の登録（たばこ事業法11条、20条、塩事業法5条、16条、19条）を要するなど各業法で、許可、登録を要するとされる業種は少なくない。そして、これらの事業については、先に述べたようにさらに各種の規制に服するのである。

それでは規制産業を子会社にもつ持株会社に対する法規制を見ると、事業持株会社（事業兼業持株会社）自らも規制産業の事業を営む場合は、当然その規制を受けるが、純粋持株会社の場合は子会社に規制産業をもつからといって同じく法規制を受けることは上記各産業については見られない。

②しかし、金融持株会社（8.3.1参照）のほか、たとえば、放送法では1社以上の基幹放送事業者を子会社とし、2社以上の基幹放送事業者をその関係

持株会社と各種の法規制 | 第8章

会社としようとする会社は総務大臣の認定を受けなければならず（放送法158条）、認定を受けた持株会社（認定持株会社）の株主が一定の保有基準割合を超える株式を有することとなると、その超える分の株式については議決権を有しない（同法164条）などの規制がある。

ところで、放送法には外国資本による放送干渉を防ぐため、基幹放送事業者の免許は、外国人、外国の法人・団体のみならず、外国人、外国法人・団体等の外国資本による議決権の割合が5分の1以上を占める国内の法人・団体等でないことについて総務大臣の認定を受けなければならないという外資規制もある（放送法93条1項7号）。2021（令和3）年2月、その5年前に東北新社が衛星放送事業免許を得るにあたり、この規制に違反していながら認定を受けたことが発覚した。既に事業免許が完全子会社の東北新社メディアサービスに継承されているので、同社のもつ衛星放送チャンネルのうち1つの事業認定が取り消されることとなった。

③日本電信電話等に関する法律によると、同社（NTT）は持株会社となり、東日本電信電話（NTT東日本）と西日本電信電話（NTT西日本）の完全親会社となって、完全子会社である、この現業子会社2社をもつこととなったが、現業子会社のみならず持株会社の方も国策会社として強い法規制を受けている。

8.6 個人情報保護法、番号法（マイナンバー法）と持株会社

8.6.1 IT社会における個人情報保護の強化

個人情報保護法（個人情報の保護に関する法律）は、高度情報通信社会（IT社会）における個人の権利利益保護を目的として2003（平成15）年に成立した。

その後、IT技術の著しい進歩によって、個人情報を活用した新事業展開への要請が高まり、その一方で情報漏洩防止強化が求められるようになり、

253

第2部｜法務編

加えて個人番号（マイナンバー）制度導入にも即応する必要から、同法は改正が重ねられてきた。

改正の主な点は、個人情報の定義の明確化、個人情報を有効活用するための匿名加工情報に関する規定の新設、名簿業者対策など個人情報保護強化、個人情報を第三者に提供する都度本人の同意を得る必要のない手続（オプトアウト（opt out））の厳格化、個人情報のグローバル化への対応などに関わるものである。

そして、個人情報保護に関する行政の監督権限は、原則として個人情報保護委員会（同法130条以下）へ一本化された。

8.6.2　親子会社、グループ会社間における個人情報の扱い

①　この法律において、個人情報取扱事業者には一定の責務が課せられている（同法16条以下）。

ⅰ）「個人情報取扱事業者」とは、原則として個人情報データベース等を事業の用に供している者をいう（同法16条2項）。

ⅱ）「個人情報データベース等」とは、個人情報を含む情報の集合物であって、特定の個人情報を電子計算機で検索できるように体系的に構成したもの等である（同法16条1項）。

ⅲ）「個人情報」とは、要するに生存する個人に関する情報であって、（イ）それに含まれる氏名等により特定の個人を識別できるものであり、購買履歴など他の情報と容易に照合することで識別できるものも含む（同法2条1項1号）及び（ロ）指紋データを電子計算機のために符号化したものや免許証番号など個人識別符号が含まれるもの（同項2号）である。

ⅳ）個人情報データベース等を構成する個人情報を「個人データ」という（同法16条3項）。

②　この個人情報ないし個人データの取扱いについて、持株会社を中心とする会社グループ形成と運営の面では、次の点に留意する必要がある。

ⅰ）合併、会社分割、事業譲渡等により、事業が他の会社に承継される場

合、その事業の用に供されてきた個人情報データベース等に含まれる個人情報やこれを構成する個人データも一緒に事業承継会社へ移されて取得される。これについてはあらかじめ本人の同意を要しないが、その取扱いは本人の同意を得ない限り、承継前から特定されていた利用目的の達成に必要な範囲内でのみ許される（同法18条2項、27条5項2号）。

ⅱ）グループ内の複数の会社で個人データを共有して利用する場合は、グループ内であっても、データ保有会社以外の会社は第三者として扱われる。したがって、原則として、データ保有会社以外の会社へのデータ提供の都度、あらかじめ本人の同意を要する（オプトイン（opt in）、同法27条1項）。

　　データ提供の都度本人の同意を要しないオプトアウト（opt out）にするためには、そのデータが第三者への提供を利用目的とすることなど一定の事項をあらかじめ本人に通知し、又は本人が容易に知り得る状態に置くとともに、個人情報保護委員会に届け出なければならない（同条2項）。

ⅲ）しかし、親会社と子会社などグループ会社がはじめから共同して利用するために個人データを取得する場合、その旨並びにデータの項目、共同利用会社の範囲等法定の事項をあらかじめ本人に通知し、又は本人が容易に知り得る状態に置くことによってこれを行うことができる（同条5項3号）。

ⅳ）ただし、外国に設けた支店やグループ会社で個人データを使用する場合は、外国の独立会社のみならず支店であっても外国で独立した法人格を取得していれば第三者として扱われ、原則として、あらかじめ外国にある第三者への提供を認める旨の本人の同意を得ておかなければならず（同法28条）、個人情報保護委員会規則の定めに従い、記録を作成しなければならない（同法29条）。

第2部 | 法務編

8.6.3 番号法（マイナンバー法）による個人情報の扱い

　2013（平成25）年に通称番号法ないしマイナンバー法（行政手続における特定の個人を識別するための番号の利用等に関する法律）が徴税、社会保障手続における行政の効率化などを目指して成立し、施行日である同年10月5日以降、国籍を問わず、日本国内に住民票を有する者すべてにその個人を識別するための個人番号（マイナンバー）が付され、設立登記された法人には法人番号が付されている。

　個人番号は、免許証番号などと同様、個人情報保護法の個人識別符号（個人情報保護2条1項2号）にあたるので、これを含む個人情報は、同法によって保護される。しかし、番号法では個人番号の利用範囲が厳しく制限され（同法9条）、個人番号を含む個人情報（これを「特定個人情報」という。同法2条8項）の利用範囲も本人の意思と関わりなく、個人番号利用事務実施者が個人番号利用事務を処理するため必要な限度で本人ら一定の者に提供するとき等に限定された場合を除き、他へ提供することが一切できないとされている（同法19条）。

　番号法は個人情報保護法の特例を定めるものであるから（同法1条）、番号法が優先適用される。

　もっとも、個人情報保護委員会による、2014（平成26）年12月11日付（2024（令和6）年5月27日更新）の「特定個人情報の適正な取扱いに関するガイドライン（事業者編）」及び「（別冊）金融業務における特定個人情報の適正な取扱いに関するガイドライン」に関するQ&Aの中のQ5-7、A5-7には「本人から個人情報保護法33条に基づく開示の請求がされた場合は、番号法19条各号に定めはないものの、法の解釈上当然特定個人情報の提供が認められる」との見解が示されている。

　個人番号、特定個人情報の扱いについては、同ガイドラインを参照し、十分注意されたい。

第 **3** 部

Tax

税務編

　持株会社の経営実務において、税務は大変重要なテーマである。本編では、持株会社の設立・運営から子会社の解散等に至るまで、持株会社経営の実務上生じうるであろう税務上の問題点を、できるだけ網羅的に取り上げ検討している。

　本編では持株会社経営において欠かせない組織再編税制やグループ法人税制及びグループ通算制度について解説しており、また、グローバル化が進む中で、BEPSプロジェクトの最終報告書のほか、グローバル・ミニマム課税等、最近の国際課税上の課題も含め、海外子会社との取引に関する国際税務も解説している。

　2024（令和6）年度税制改正も織り込んで最新情報をお伝えしている。

　なお、税務編の詳細については、ウェブ上で公開している「実務家のための法人税塾」を検索し、参照願いたい。特に組織再編税制やグループ通算制度についてはボリュームも多く、ウェブ上では理解のための計算例も豊富に記載されているので活用されたい。

第 **9** 章

Tax

持株会社経営の組織再編と税務

9.1 組織再編税制の概要

9.1.1 非適格組織再編と適格組織再編

　持株会社を頂点とするグループの組織再編には、グループ内での再編もあれば、グループ外の企業との再編もある。企業グループ内で事業の合理化、効率化のため、さらに支配力強化のために合併や分割などの組織再編が行われる。

　組織再編の形態（種類）も、合併や分割のほか、現物出資、株式交換・移転、現物分配、株式分配とさまざまである。

　いずれにせよ、組織再編によって、一方の法人が所有する資産及び負債が他方の法人に移転する。

　株式交換等が行われた場合は、税務上は株式の譲渡及び取得が行われたものと取り扱われる。

　法人税法上は、資産等が移転するのは何も譲渡に限ったことではなく、このような組織再編を通じても行われる。

　そして、移転にともなう価額は法人税法上、原則として時価で移転したものとされる。

　株式交換等の場合は資産等が交換子法人から移転するわけではないので、評価損益を計上することで他の組織再編税制との調整を図っている。したがって、譲渡益又は評価益が生じた場合には課税が生じることとなる。

持株会社経営の組織再編と税務 | 第9章

　しかし、この譲渡益・評価益にそのまま課税することは企業の組織再編を阻害することになるため、一定の要件を満たす場合には、課税を繰り延べる（免税ではない）こととされている。

　法人税法上は、前者、つまり原則どおり時価譲渡があったものと取り扱われる組織再編を「非適格組織再編」といい、一方、後者の譲渡損益を認識しない（帳簿価額の引継ぎとする）組織再編を「適格組織再編」という。

　そして、適格組織再編と認められるためには、図表9-1のような一定の要件に該当しなければならない（ただし、再編の種類によって若干異なる）。

　なお、次章において説明するグループ法人税制との関係では、資本関係が100％（完全支配関係）のグループ内の組織再編のうち、非適格組織再編に該当する場合には、一定の譲渡損益調整資産に係る譲渡損益については、課税が繰り延べられる。また、適格現物分配に該当する場合には課税は生じない。

9.1.2　組織再編の種類とその仕組み

　組織再編は、その種類によってその性格が類似する面もあるが、異にする面もある。以下の組織再編それぞれの類似点、相違点について検討する。

　なお、後述する株式交付制度は、会社法上は組織再編として規定されているが（会社法2条32号の2、第5編）、法人税法上は組織再編税制とは一線を置き、租税特別措置法に規定されることとなった（9.1.10参照）。

　なお、持株会社を創設するための法的手続の詳細については「第6章　会社法と持株会社の創設」を参照。さらに、組織再編税制の詳細については、実務家のための法人税塾「第38章　組織再編税制」を参照。

①　合併と分割型分割

　合併も分割型分割も一方の法人（被合併法人、分割法人）から他方の法人（合併法人、分割承継法人）へ資産等の移転をともない、当該移転の対価が、被合併法人ないしは分割法人の株主に交付されるという共通点を有する。

259

第3部 | 税務編

図表9-1　適格組織再編の要件

種類	区分			要件	他の制度との関係
適格合併（注2） 適格分割型分割（注1） 適格分社型分割 適格現物出資 適格株式交換等（注2） 適格株式移転	企業グループ内の組織再編成	資本関係100%（完全支配関係）	当事者間	・組織再編成前における完全支配関係の存在及び組織再編成後における完全支配関係の継続の見込み（合併は除く）	（非適格組織再編の場合） グループ法人税制 グループ通算制度
			同一の者による		
		資本関係50%超100%未満（支配関係）	当事者間	・組織再編成前における支配関係の存在及び組織再編成後における支配関係の継続の見込み	
				・移転する事業の主要な資産及び負債が引き継がれていること（合併の場合は除かれる）	
			同一の者による	・移転する事業の従業者のおおむね80％以上が引き継がれることが見込まれること	
				・移転する事業が引き続き営まれることが見込まれていること	
	共同事業を行うための組織再編成（企業グループ外の組織再編成）			・事業関連性要件 共同事業の対象となる事業が相互に関連するものであること	
				・規模要件又は経営参画要件 共同事業の対象となる事業の売上金額、従業者数、資本金もしくはこれらに準ずるもののいずれかの比率がおおむね1対5を超えないこと。又は、共同事業を行う法人の特定役員となることが見込まれていること	
				・独立事業要件 移転する事業の主要な資産及び負債が引き継がれていること（合併の場合は除かれる）。移転する事業の従業者のおおむね80％以上が引き継がれることが見込まれていること	
				・事業継続要件 移転する事業が引き続き営まれることが見込まれていること	
				・株式継続保有要件 被合併法人等の発行済株式の50％超を保有する企業グループ内の株主がいる場合は、交付を受けた合併法人等の株式の全部を継続して保有することが見込まれていること（2017（平成29）年改正）	
適格分割型分割（単独新設分割） 適格株式分配	独立して事業を行う場合の再編（スピンオフ）			（注3）①参照	
				（注3）②参照	
適格現物分配				完全支配関係を有する内国法人間の現物分配	グループ法人税制

260

*適格組織再編成の留意点
(注1) 分割型分割においては、分割承継法人の株式が株主に平等に交付されること（按分型要件）。
(注2) 対価として金銭等の交付が行われないこと（金銭等不交付要件）は、他の組織再編のすべての適格要件にも求められている。ただし、2017（平成29）年改正により、親法人が株式総数の3分の2以上を直接所有している場合で、スクイーズアウト（少数株主を締め出すこと）のための現金を対価とする株式交換等及び吸収合併は、適格要件を満たすこととされた。
株式交換等とは、株式交換のほか次のものをいう。
イ．全部取得条項付種類株式の端株処理
ロ．株式併合の端株処理
ハ．株式等売渡請求

現金を対価とする株式交換
A社が株式交換によりB社を100％子会社化、少数株主には株式交換の対価として現金を交付する。

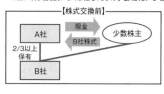

現金を対価とする吸収合併
A社がB社を吸収合併、少数株主には合併の対価として現金を交付する。

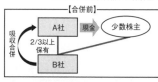
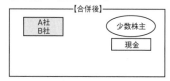

(注3) スピンオフを行う場合の新設分割型分割及び子会社株式の現物分配。

①新設分割型分割

一般的に上場会社などが新設分割型分割により自社の一事業部門を切り離す（スピンオフ）場合、2017（平成29）年改正前は、支配株主がいないのでグループ内組織再編に該当しないことはもちろん、単独新設分割型分割なので「共同事業を行うための組織再編」にも該当しないため、非適格分割となっていた。

改正後は一定の要件を満たす場合には適格分割となった。

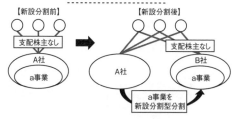

事業部門の新設分割型分割

②子会社株式の現物分配

2017（平成29）年改正前は、完全支配関係（100％支配関係）のある内国法人に対して行う現物分配のみが適格現物分配とされていた。

改正後は、もともと支配株主が存在しない法人が、現物分配により100％子法人株式を自社から切り離すスピンオフ（株式分配という）のうち、一定の要件を満たす場合は適格株式分配とされた。

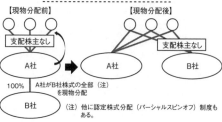

子会社株式の現物分配（株式分配）

(注) 他に認定株式分配（パーシャルスピンオフ）制度もある。

しかし、合併の場合は被合併法人が消滅するのに対し、分割型分割の場合は、分割法人は消滅しない点で相違する。

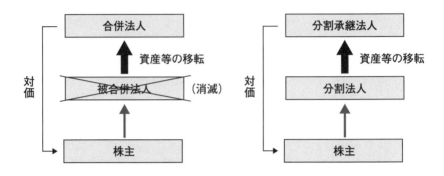

② 分社型分割と現物出資

分社型分割も現物出資も、一方の法人（分割法人、現物出資法人）から他方の法人（分割承継法人、被現物出資法人）へ資産等の移転をともない、当該移転の対価が、分割法人ないしは現物出資法人に交付される点で共通する。

しかし、分社型分割の場合は、分割されるのはあくまでも「事業」であるのに対し、現物出資の場合は、「事業」に限らず、「個別の資産」である場合もある点で相違する。

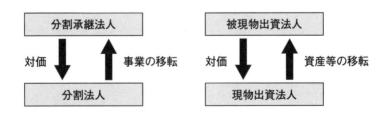

③ 株式交換と株式移転

株式交換も株式移転も上記①、②と異なり、一方の法人から他方の法人へ

の資産等の移転ではなく、完全子法人が、完全親法人との間で、完全子法人株式を完全親法人へ移転を行うものである。

結果として、完全子法人の株主は完全親法人株式を交付され完全親法人の株主となる。

株式交換と株式移転の相違は、完全親法人が前者は既存の法人であるのに対し、後者は新設法人という点である。

④ 現物分配と株式分配

株式分配は現物分配の1つとして位置づけられており、いずれも金銭以外の資産が交付される点では共通する。

両者の関係を示せば次のとおりである。

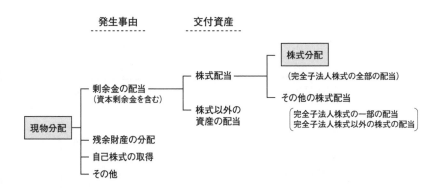

9.1.3 合併

複数の法人が1つになることを合併という。合併で課税関係が発生するのは次の三者である。

①被合併法人（法法2条11号）
　合併によりその有する資産及び負債の移転を行った法人をいう。
②合併法人（法法2条12号）

第3部 | 税務編

　　合併により被合併法人から資産及び負債の移転を受けた法人をいう。
③被合併法人の株主
　　被合併法人の株式を被合併法人である株式の発行法人に譲渡し、対価として合併法人の株式等を取得する。

合併におけるそれぞれの課税関係を次の設例を通して説明する。

なお、以下の設例においては合併当事者（合併法人と被合併法人）の間で株式の持ち合いのないケースを取り上げているが、グループ内編成の場合のようにそれぞれの当事者が合併前に株式を所有していることがある。

その場合、合併法人が被合併法人の株式を所有している場合は抱合株式の処理の問題、逆に被合併法人が合併法人の株式を所有している場合には自己株式の処理の問題が生じる。

さらには、無対価合併や三角合併の場合もあるが、ここでは省略してある。以下、分割等において同じ。

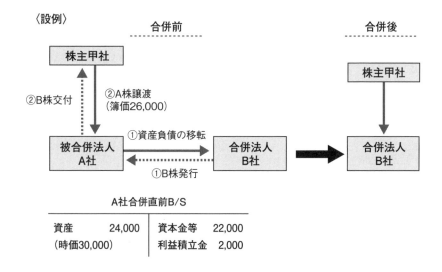

〈設例〉

持株会社経営の組織再編と税務 | 第9章

ⅰ）非適格合併の場合

（a）被合併法人A社の税務処理

　イ）時価30,000で資産を譲渡し、その対価として合併法人であるB
　　社の株式を時価で取得したものとする。

B社株式	30,000		資産	24,000
			譲渡益	6,000

　　譲渡益は課税され、法人税等控除後の金額が利益積立金となる
　（設例においては法人税の控除は考慮しない）。ただし、A社がB社
　の100％子会社であった場合には、次章のグループ法人税制が適用
　され、一定の要件に該当する場合には、譲渡益に対する課税は繰り
　延べられる。
　　また、上記は合併の日の処理である。譲渡益は最終事業年度終了
　の日（合併の日の前日）に益金算入されるため、合併の日において
　は課税済みとなっているから所得から減算する。

　ロ）取得したB社株式をA社の株主甲社に直ちに交付して消滅する。

資本金等	22,000		B社株式	30,000
利益積立金	8,000[*]			

　　　（＊）2,000＋6,000＝8,000

（b）合併法人B社の税務処理

　　資産受入れにともない発行したB社株式の時価相当額の資本金等の額
　を増加させる（一種の増資にともなう株式発行と考えると理解しやすい）。
　なお、ここでは資産調整勘定等[注]については生じないものとする。

資産	30,000		資本金等	30,000

　（注）資産調整勘定等とは移転資産等の時価純資産価額と支払対価との差額
　　をいう（以下同じ）。

265

(c) 被合併法人の株主甲社の税務処理

A社よりB社株式の交付を受けたときは、従来所有していたA社株式を発行法人に譲渡したものとみなし、代わりにB社株式を取得したものとする。そのとき、交付されたB社株式のうち、資本金等の額を超える部分はみなし配当として認識し、受取配当等の益金不算入の対象となる。また、交付資産がB社株式のみの場合は株式の譲渡損益は認識しない（将来、B社株式を譲渡するまで譲渡損益は繰り延べられることになる）のに対し、B社株式とともに金銭等の交付（配当等を除く）を受けた場合には譲渡損益を認識することになる。以上を図解すると次のようになる。

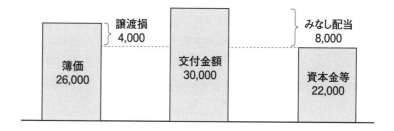

イ) B社株式のみ交付された場合

| B社株式 | 34,000[*2] | / | A社株式 | 26,000 |
| | | | みなし配当 | 8,000[*1] |

(*1) 30,000 − 22,000 = 8,000
(*2) 26,000 + 8,000[*1] = 34,000

ロ) B社株式28,000と現金2,000が交付された場合

B社株式	28,000	/	A社株式	26,000
現金	2,000		みなし配当	8,000
株式譲渡損	4,000			

持株会社経営の組織再編と税務 | 第9章

　なお、被合併法人A社が合併法人であるB社の100％子会社で
あった場合には、現金交付されることは通常はありえないと思われ
るが、同一の者による完全支配関係にある子会社同士の合併では、
現金交付をともなう非適格合併もありうる。その場合、株主甲社の
税務処理は次のようになる。

B社株式	28,000		A社株式	26,000
現金	2,000		みなし配当	8,000
資本金等の額 (*)	4,000			

　（＊）株式譲渡損の繰延べ処理ではなく、100％所有会社からの自己
　　　株式取得と同様の処理となる。

ⅱ）適格合併の場合

（a）被合併法人A社の税務処理

　適格合併により資産の移転をした場合には、最終事業年度終了のと
きの帳簿価額による資産の引継ぎをしたものとする。

資本金等	22,000		資産	24,000
利益積立金	2,000			

（b）合併法人B社の税務処理

　資産を被合併法人A社の帳簿価額により引き継ぐとともに、被合併
法人A社の資本金等の額相当額を合併法人B社の資本金等の額に増加
させる。また、被合併法人の利益積立金も合併法人に引き継がれる。

資産	24,000		資本金等	22,000
			利益積立金	2,000

（c）被合併法人の株主甲社の税務処理

　イ）被合併法人の利益積立金は合併法人に引き継がれるため、被合併
　　法人の株主にみなし配当は生じない。

267

ロ）適格合併では、合併法人の株式のみが交付されるため、株式の譲渡損益は認識されない。

　　B社株式　　　26,000　　／　　A社株式　　　26,000

9.1.4　分割

　1つの法人が複数に分かれることを分割といい、分割には、分割型分割と分社型分割及び中間型分割がある。

　分割の形態には、分割法人が単独で行うか複数の法人で行うかにより「単独分割」と「複数（共同）分割」に分けられ、また、分割承継法人が既存の法人か新設法人かにより「吸収分割」と「新設分割」に分けられる。

　以上の組み合わせそれぞれに、分割型分割と分社型分割がある。

　なお、無対価分割の場合は対価がないので、その分割が分割型分割に該当するのか又は分社型分割に該当するのかは外形的には判明しない。そこで対価を発行したならばいずれの分割に該当するかによって判定されることになる（法法2条12号の9ロ、12号の10ロ）。

　このように、分割には多くの形態があり大変複雑となっている。

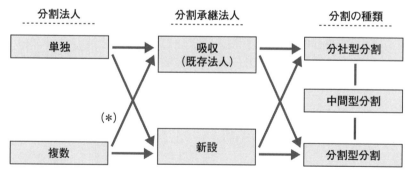

（＊）複数の分割法人が吸収分割を行った場合は、それぞれの分割法人ごとに単独吸収分割を行ったものとする。

(1) 分割型分割（法法2条12号の9）

　分割により分割法人が交付を受ける分割承継法人の株式その他の資産（分割対価資産）のすべてがその分割の日においてその分割法人の株主等に交付される場合のその分割をいう。

　分割型分割で課税関係が発生するのは次の三者である。

> ①分割法人（法法2条12号の2）
> 　　分割によりその有する資産及び負債の移転を行った法人をいう。
> ②分割承継法人（法法2条12号の3）
> 　　分割により分割法人から資産及び負債の移転を受けた法人をいう。
> ③分割法人の株主
> 　　分割型分割においては、分割承継法人の株式等が株主に交付されるため、分割法人の株主は分割法人の株式の一部を分割法人である株式の発行法人に譲渡したものとみなし、対価として分割承継法人の株式を取得し株主となる。

　以上の分割型分割におけるそれぞれの課税関係を次の設例を通して説明する。

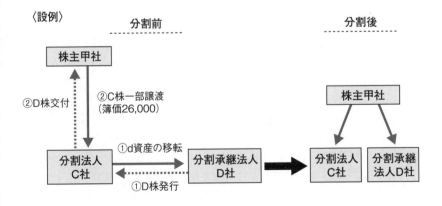

第3部 税務編

C社分割直前B/S

c資産	12,000	資本金等	22,000
（時価15,000）		利益積立金	2,000
d資産	12,000		
（時価15,000）			

i) 非適格分割型分割の場合

（a) 分割法人C社の税務処理

　イ）d資産を時価15,000で分割承継法人D社に譲渡し、その対価としてD社の株式を取得したものとする。

D社株式	15,000	d資産	12,000
		譲渡益	3,000

　　譲渡益は課税され、法人税等控除後の金額が利益積立金となる（設例においては法人税等の控除は考慮せず）。ただし、グループ法人税制が適用される場合には、譲渡益に対する課税は繰り延べられる。

　ロ）取得したD社株式をC社の株主甲社に直ちに交付する。

資本金等	11,000[*1]	D社株式	15,000
利益積立金	4,000[*2]		

$$（*1）\ 22,000 \times \frac{12,000}{24,000} = 11,000$$

$$（*2）\ 2,000 \times \frac{12,000}{24,000} + 3,000 = 4,000$$

（b) 分割承継法人D社の税務処理

　　d資産受入れの対価として発行したD社株式の時価相当額の資本金等を増加させる（増資にともなう株式発行と考えると理解しやすい）。

なお、ここでは資産調整勘定等は生じないものとする。

d資産	15,000	/	資本金等	15,000

(c) 分割法人の株主甲社の税務処理

　所有する分割法人Ｃ社株式のうち、移転純資産に対応する部分の譲渡があったものとし、その対価としてＣ社よりＤ社株式の交付を受けたものとする。その場合、交付されたＤ社株式（時価）のうち、資本金等の額を超える部分はみなし配当として認識し、受取配当等の益金不算入の対象となる。

　また、交付を受けた資産がＤ社株式のみである場合には株式の譲渡損益を認識しないのに対し、Ｄ社株式とともに金銭等の交付（配当等を除く）を受けた場合には譲渡損益を認識することになる。

　以上を図解すると次のようになる。

簿価
$26,000 \times \dfrac{12,000}{24,000} = 13,000$

譲渡損 2,000

交付金額 15,000

みなし配当 4,000

資本金等
$22,000 \times \dfrac{12,000}{24,000} = 11,000$

　イ）Ｄ社株式のみ交付された場合

Ｄ社株式	17,000[*2]	/	Ｃ社株式	13,000
			みなし配当	4,000[*1]

（＊1）　15,000 － 11,000 ＝ 4,000
（＊2）　26,000 － 13,000 ＋ 4,000[*1] ＝ 17,000

第3部 税務編

ロ）D社株式14,000と現金1,000が交付された場合

D社株式	14,000	C社株式	13,000
現金	1,000	みなし配当	4,000
株式譲渡損	2,000		

　なお、100％所有グループ内での分割の場合には、上記が株式譲渡損ではなく資本金等の額となることは、非適格合併の場合と同様である。

ⅱ）適格分割型分割の場合

（a）分割法人C社の税務処理

　イ）適格分割型分割により資産を移転したときは、分割前事業年度終了時の帳簿価額で資産を引き継いだものとする。

D社株式[(*)]	11,000	d資産	12,000
利益積立金	1,000		

$$（*）\ 分割法人の資本金等の額 \underset{(22,000)}{} \times \frac{移転簿価純資産\ (12,000)}{分割法人の簿価純資産\ (24,000)} = 11,000$$

　ロ）分割法人の株主に、D社株式を交付し、資本金等の額を減少させる。

資本金等	11,000	D社株式	11,000

（b）分割承継法人D社の税務処理

　資産を帳簿価額で引き継ぐとともに、分割法人で減少させた資本金等の額相当額の資本金等の額を増加させる。また、分割法人で減少した利益積立金も分割承継法人に引き継がれる。

d資産	12,000	資本金等	11,000
		利益積立金	1,000

272

持株会社経営の組織再編と税務 | 第9章

 (c) 分割法人の株主甲社の税務処理

  イ）分割法人の利益積立金1,000は分割承継法人に引き継がれるため、分割法人の株主にはみなし配当は生じない。

  ロ）適格分割型分割では、分割承継法人株式のみが交付されるため、株式の譲渡損益は認識されない。

   D社株式 13,000 ／ C社株式 13,000

(2) 分社型分割（法法2条12号の10）

 分割により分割法人が交付を受ける分割対価資産がその分割の日において、分割法人に交付され、その分割法人の株主等に交付されない場合のその分割をいう。分社型分割で課税関係が発生するのは次の二者である。

---

①分割法人（法法2条12号の2）

 分割によりその有する資産及び負債の移転を行った法人をいう。

 分社型分割においては、分割承継法人の株式等は株主に交付されないため、分割法人が分割承継法人の株主となる。

②分割承継法人（法法2条12号の3）

 分割により分割法人から資産及び負債の移転を受けた法人をいう。

分社型分割におけるそれぞれの課税関係を次頁の設例を通して説明する。

 ⅰ）非適格分社型分割の場合

 （a）分割法人E社の税務処理

  f資産を時価15,000で分割承継法人F社に譲渡し、その対価としてF社株式を取得したものとする。

   F社株式 15,000 ／ f資産 12,000

                 譲渡益   3,000

273

譲渡益は課税される。ただし、グループ法人税制が適用される場合には、譲渡益に対する課税は繰り延べられる。

(b) 分割承継法人F社の税務処理

f資産受入れの対価として発行したF社株式の時価相当額の資本金等を増加させる。

なお、ここでは資産調整勘定等は生じないものとする。

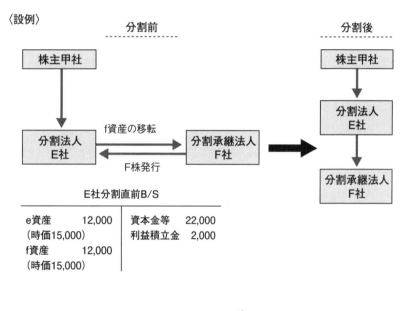

〈設例〉

| f資産 | 15,000 | 資本金等 | 15,000 |

ii) 適格分社型分割の場合

(a) 分割法人E社の税務処理

分割前事業年度終了時の帳簿価額を対価として譲渡したものとする。

| F社株式 | 12,000 | f資産 | 12,000 |

持株会社経営の組織再編と税務 | 第9章

(b) 分割承継法人Ｆ社の税務処理

資産を分割法人の帳簿価額で取得し、資本金等の額を増加させる。

| ｆ資産 | 12,000 | / | 資本金等 | 12,000 |

適格分割型分割と異なり、分割法人の利益積立金の引継ぎはない。

9.1.5　現物出資

出資をする場合に金銭ではなく、金銭以外の資産を出資するものを現物出資という。法人設立時の現物出資だけでなく、既存の法人に現物出資することもできる。現物出資で課税関係が発生するのは次の二者である。

> ①現物出資法人（法法2条12号の4）
>
> 　現物出資によりその有する資産の移転を行い、又はこれと併せてその有する負債の移転を行った法人をいう。
>
> ②被現物出資法人（法法2条12号の5）
>
> 　現物出資により現物出資法人から資産の移転を受け、又はこれと併せて負債の移転を受けた法人をいう。

現物出資におけるそれぞれの課税関係は、会社分割における分社型分割と同様であるので、分社型分割を参照されたい。

9.1.6　現物分配

法人がその株主等に対し剰余金（資本剰余金を含む）の配当その他の一定の事由（残余財産の分配、自己株式の取得等）により金銭以外の資産の交付をすることを現物分配という。現物分配で課税関係が発生するのは次の二者である。

275

①現物分配法人（法法2条12号の5の2）
　現物分配によりその有する資産の移転を行った法人をいう。
②被現物分配法人（法法2条12号の5の3）
　現物分配により現物分配法人から資産の移転を受けた法人をいう。

ⅰ）非適格現物分配の場合

〈設例〉

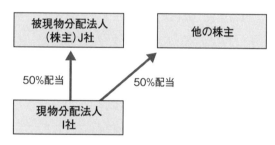

利益剰余金の配当として、
上場株式（簿価は12,000　時価15,000）を交付した。

(a) 現物分配法人I社の税務処理

　利益剰余金の配当を金銭以外の資産で行った場合、税務上は時価で資産を譲渡し、その対価をもって配当原資に充てたものと考える。

利益積立金	15,000	上場株式	12,000
		譲渡益	3,000

　なお、非適格現物分配は、グループ法人税制の適用はないため、譲渡益が繰り延べられることはない。

(b) 被現物分配法人（株主）J社の税務処理

　受取配当の対価として、資産を時価で取得したものとする。

```
上場株式    7,500 ⁽*⁾        受取配当金    7,500
   (*) 15,000 × 50％ ＝ 7,500
```

受取配当金は益金不算入の適用対象となる。

ⅱ) 適格現物分配の場合

　100％グループ内の子会社が行う内国法人間の現物分配は、適格現物分配となる。

〈設例〉

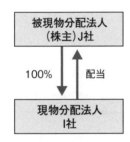

利益剰余金の配当として、
上場株式(簿価12,000　時価15,000)を交付した。

(a) 現物分配法人 I 社の税務処理

　株主 J 社に対し、簿価で資産を譲渡したものとして取り扱う。

```
利益積立金    12,000        上場株式    12,000
```

(b) 被現物分配法人（株主）J 社の税務処理

　受取配当の対価として、資産を現物分配法人の帳簿価額で取得したものとし、同額の利益積立金を増加させる。つまり、現物分配法人の利益積立金を引き継いだものと考える。

```
上場株式     12,000  /  利益積立金   12,000
```

なお、この場合、会計処理上は、非適格現物分配の場合と同様、

```
上場株式     12,000  /  受取配当金   12,000
```

と処理した場合には、全額が益金不算入となる（法法62条の5、4項）。

非適格現物分配の場合も、受取配当の益金不算入の適用はあるが、全額ではない点が相違することになる。

以上は、通常の剰余金の配当の場合における税務処理についてであるが、現物分配にはその他に資本の払戻し、残余財産の一部分配、自己株式の取得などみなし配当が生じる場合もある。

参考までに、みなし配当と現物分配及び株式分配を対比すると次のようになる。

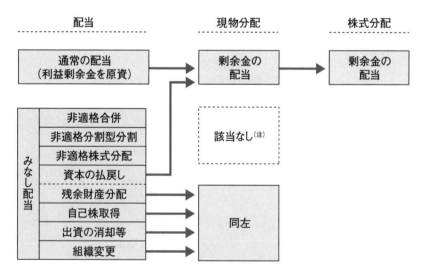

(注) 現物分配は合併、分割型分割及び株式分配同様、組織再編税制の一類型として規定されているため、たとえば、合併は被合併法人の株主への合併法人株式の分配も含めて規定されている。

持株会社経営の組織再編と税務 | 第9章

みなし配当が生じる現物分配が行われた場合の税務処理を示すと図表9-2のようになる（株式譲渡損の生じるケースを例にとった）。

なお、適格現物分配に関する計算例については、10.4を参照。

図表9-2 みなし配当が生じる現物分配が行われた場合の税務処理

非適格現物分配				適格現物分配			
現物分配法人		被現物分配法人		現物分配法人		被現物分配法人	
資本金等 XX	資産 XX	資産 XX	株式 XX	資本金等 XX	資産 XX	資産 XX	子会社株式 XX
利益積立金 XX	譲渡損益 XX	株式譲渡損 XX	みなし配当 XX	利益積立金 XX		資本金等 XX	利益積立金 XX

9.1.7 株式分配

上記9.1.6の現物分配（剰余金の配当又は利益の配当に限る）のうちその現物分配直前において現物分配法人により発行済株式等の全部を保有されていた法人（完全子法人）の株式等の全部が移転する[注]ものを株式分配という（法法2条12号の15の2）。実務としては、カーブスホールディングスが株式分配により親会社から独立する例が初のスピンオフ上場として報道されている（2020（令和2）年3月1日付『日本経済新聞』）。

（注）認定株式分配（パーシャルスピンオフ）の創設

「株式の全部移転」要件が緩和され、完全子法人株式の一部のみが移転する現物分配についても株式分配に該当することとされた2023（令和5）年度税制改正）。

株式分配は、現物分配のうち剰余金の配当又は利益の配当に限り行われるものである。そして、株式分配は、単独新設分割型分割とともにスピンオフ税制（組織再編税制の1つ）として創設された関係上、先の現物分配とは異なり、配当の原資いかんにかかわらず、分割型分割と同様の税務処理がなされる。

株式分配で課税関係が生じるのは、現物分配同様、現物分配法人と被現物

分配法人（現物分配法人の株主）の二者である。

〈設例〉

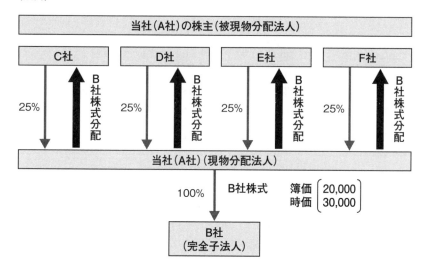

① 当社（A社）の株主が有する当社株式の帳簿価額はそれぞれ15,000である。
② 前期末における当社（A社）のB/Sは次のとおり。

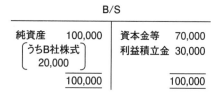

ⅰ）非適格株式分配の場合
　(a) 現物分配法人A社の税務処理
　　時価30,000のB社株式を株式分配したものとする。

資本金等　14,000[*1]	B社株式　20,000
利益積立金　16,000[*2]	譲渡益　10,000

(*1) $70,000 \times \dfrac{20,000}{100,000} = 14,000$

(*2) $30,000 - 14,000 = 16,000$

又は

$30,000 \times \left(\dfrac{20,000}{100,000}\right) + \underset{(譲渡益)}{10,000} = 16,000$

(b) 被現物分配法人C社他（A社の株主）の税務処理

株式分配されたB社株式（30,000×25％＝7,500）のうち、対応する資本金等の額（14,000×25％＝3,500）を超える部分（4,000）がみなし配当となり、受取配当等の益金不算入の対象となる。

また、交付を受けた資産がB社株式のみである場合には、A社株式の譲渡損益は認識しない。

これに対し、B社株式とともに金銭等の交付（1,000）を受けた場合は、譲渡損益を認識する。

以上を図解すると次のようになる。

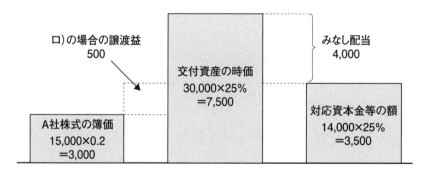

第3部 | 税務編

　イ）B社株式のみ分配された場合

B社株式　　7,000$^{(*2)}$　／　A社株式　　3,000
　　　　　　　　　　　　　　みなし配当　4,000$^{(*1)}$

（＊1）7,500－3,500＝4,000
（＊2）3,000＋4,000$^{(*1)}$＝7,000

　ロ）B社株式6,500と現金1,000が交付された場合

B社株式　　6,500　／　A社株式　　3,000
現金　　　　1,000　　　みなし配当　4,000
　　　　　　　　　　　　譲渡益　　　　500

ⅱ）適格株式分配の場合
（a）現物分配法人A社の税務処理
　　完全子法人株式（B社株式）を株式分配直前の帳簿価額により譲渡したものとされる。同時に株主等に交付したB社株式の帳簿価額に相当する金額（20,000）が資本金等の額の減少額となる。
　　これは先述したように、株式分配がスピンオフを目的とした単独新設分割型分割と同様に組織再編税制の一類型として規定された関係上、課税関係も同様に株主に対してみなし配当も株式の譲渡損益も生じないこととされた。
　　以上から次のような処理となる。

資本金等の額　20,000　／　B社株式　　20,000

（b）被現物分配法人C社他（A社の株主）の税務処理
　　適格株式分配においては、みなし配当も譲渡損益も生じない。

B社株式　　3,000　／　A社株式　　3,000

9.1.8 株式交換等

(1) 株式交換

株式交換とは、会社が発行済株式の全部を他の会社に取得させることをいう。株式交換で課税関係が発生するのは次の三者である。

> ①株式交換完全子法人(法法2条12号の6)
>   株式交換によりその株主の有する株式を他の法人に取得させたその株式を発行した法人をいう。
> ②株式交換完全親法人(法法2条12号の6の3)
>   株式交換により他の法人の株式を取得したことによってその法人の発行済株式の全部を有することとなった法人をいう。
> ③株式交換完全親法人の株式の交付を受けた株主(子法人の旧株主)

株式交換におけるそれぞれの課税関係を次の設例を通して説明する。

〈設例〉

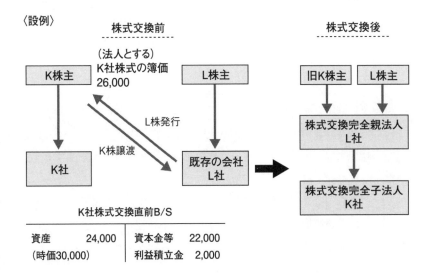

第3部　税務編

ⅰ）非適格株式交換の場合

（a）株式交換完全子法人Ｋ社の税務処理

　　株式交換における子法人にとっては、株主が交代するだけで、資産の移転は行われないので譲渡損益は生じない。しかしながら、株式交換も組織再編税制の1つに組み込まれたため、他の組織再編における非適格組織再編で譲渡損益が認識されることとの整合性を図る必要がある。

　　そこで、譲渡損益に代わって、原則として、株式交換の直前時において有する時価評価資産の評価益又は評価損を株式交換の日の属する事業年度の益金の額又は損金の額に算入する。

　　　　資産　　　　　　　6,000　　／　　評価益　　　　　6,000

　　ただし、100％所有の完全支配関係がある法人間で行われる非適格株式交換については、時価評価は行わない。

　　時価評価資産とは、次の資産をいい、含み損益が資本金等の額の1/2又は1,000万円のいずれか少ない金額に満たないもの等は除かれる。さらに、2017（平成29）年改正において、帳簿価額1,000万円未満の資産も除かれることとなった。これにより、帳簿価額のないいわゆる自己創設のれんの時価評価は不要となった。

イ）固定資産（前5年以内事業年度に一定の圧縮記帳等を受けた減価償却資産を除く）

ロ）土地（土地の上に存する権利を含み、固定資産に該当する土地は除く）

ハ）有価証券（売買目的有価証券、償還有価証券を除く）

ニ）金銭債権

ホ）繰延資産

持株会社経営の組織再編と税務 | 第9章

(b) 株式交換完全親法人L社の税務処理

子会社の株式を時価で取得したものとし、資本金等の額を増加させる。

| K社株式 | 30,000 | / | 資本金等 | 30,000 |

一部、金銭交付したときは、次のようになる。

| K社株式 | 30,000 | / | 資本金等 | 28,000 |
| | | | 現金 | 2,000 |

(c) 株式交換完全子法人のK株主の税務処理

K株主は、K社株式をL社に譲渡し、その対価としてL社株式を取得する。株式の発行会社であるK社に譲渡するのではないため、合併等とは異なり、みなし配当は生じない。

また、親法人L社の株式のみの交付を受けた場合は譲渡損益を認識しないのに対し、L社株式とともに金銭等の交付を受けた場合には譲渡損益を認識することになる。

イ）L社株式のみ交付された場合

| L社株式 | 26,000 | / | K社株式 | 26,000 |

ロ）L社株式28,000と現金2,000が交付された場合

| L社株式 | 28,000 | / | K社株式 | 26,000 |
| 現金 | 2,000 | / | 株式譲渡益 | 4,000 |

なお、100％所有のグループ内法人間での株式交換で、グループ法人税制が適用される場合には、譲渡損益は繰り延べられる。

285

第3部｜税務編

ⅱ）適格株式交換の場合

（a）株式交換完全子法人K社の税務処理

適格株式交換の場合は、株式交換時に有する資産の時価評価は行わないため、税務上は特に処理しない。

（b）株式交換完全親法人L社の税務処理

イ）株式交換完全子法人の株主数が50人未満の場合

株式交換時直前の子法人の株主（K）の帳簿価額26,000を取得価額とする。

K社株式	26,000	資本金等	26,000

ロ）株式交換完全子法人の株主数が50人以上の場合

株式交換時直前の子法人（K社）の簿価純資産価額24,000を取得価額とする。

K社株式	24,000	資本金等	24,000

（c）株式交換完全子法人のK株主の税務処理

非適格株式交換と同様、みなし配当は生じない。また、適格株式交換は親法人の株式以外の資産は交付されないため、譲渡損益は認識されない。そこで、子法人の株式の交換時直前の帳簿価額が交付された親法人の株式の取得価額となる。

L社株式	26,000	K社株式	26,000

(2) 全部取得条項付種類株式に係る取得決議

①全部取得条項付種類株式

全部取得条項付種類株式とは、ある種類の株式について、これを発行した法人が株主総会その他これに類するものの決議（取得決議）によってその全部を取得する旨の定めがある場合のその種類株式をいう。

286

持株会社経営の組織再編と税務 | 第9章

②組織再編税制との関係

　法人税法上、組織再編税制の対象となるのは、全部取得条項付種類株式に係る取得決議のうち、その法人（株式交換等完全子法人）の最大株主等である法人^(注)以外のすべての株主等に、その対価として1に満たない端数の株式のみを交付する場合の取得決議で、その結果、その法人とその最大株主等である法人（株式交換等完全親法人）との間に完全支配関係を有することとなる場合である。

（注）最大株主等である法人

　　その法人以外の株主等（つまり、自己株式以外ということ）のうち、その有するその法人の株式の数が最も多い者をいう。

　　したがって、必ずしも50％超保有の支配株主を意味しないが、取得決議には特別決議（3分の2以上）を要するため、通常は50％超となることが多いと思われる。

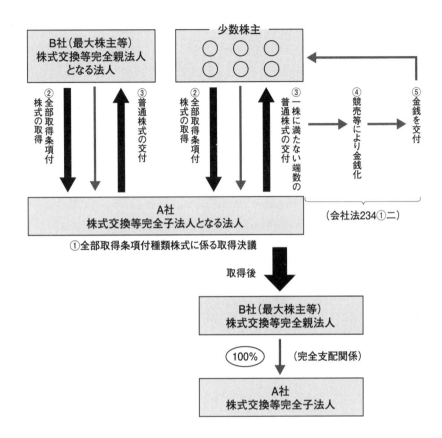

(3) 株式の併合

①株式の併合

株式の併合とは、数個の株式（たとえば10株）を合わせてそれより少数の株式（たとえば1株）とする会社の行為をいう。

②組織再編税制との関係

法人税法上、組織再編税制の対象となる株式併合とは、株式併合のうち、その法人（株式交換等完全子法人）の最大株主等(注)以外のすべての株主等が有することとなる株式の数が1に満たない端数となるもので（たとえば10株を1株とする併合が行われる場合で、8株有していた株

主は端数（0.8株）となる）、株式併合の結果、その法人とその最大株主等である法人（株式交換等完全親法人）との間に完全支配関係を有することとなる場合である。

(注) 最大株主等である法人については、(2) 全部取得条項付種類株式に係る取得決議を参照。

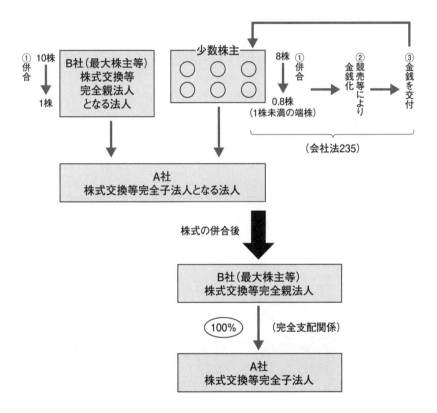

第3部 税務編

〈設例〉

(1) A社（完全子法人）は100株を1株とする株式の併合を行うこととなった。

(2) A社のB/Sは次のとおりである。

B/S　　（単位：千円）

資産	11,000	資本金等	10,000
（時価15,000）		利益積立金	1,000

(3) A社の株主の株式併合前後における株式保有状況は次のとおり。

株主	株式併合前	株式併合後	端株
B社	900株	9株	―
C社	50株	0.5株	0.5株
D社	50株	0.5株	0.5株
合計	1,000株	10株	1.0株

(4) 端株は競売により、1株につき150千円で売却し（B社が取得）、
C社及びD社にそれぞれ75千円ずつ現金で支払われた。

(5) C社及びD社におけるA社株式の簿価はそれぞれ50千円である。

①完全子法人A社の時価評価損益の計上

非適格株式交換等	適格株式交換等
資産　4,000 ／ 評価益　4,000	―

②株式の併合時

　　非適格株式交換等も適格株式交換等も税務処理は同じ。

完全子法人A社	完全親法人B社	他の株主C社又はD社
―（*）	―	―

290

持株会社経営の組織再編と税務 | 第9章

（＊）完全子法人Ａ社の資本金等の額の変動はない。

　　　株式の併合の場合は、全部取得条項付種類株式の場合と異なり、新た
　　に株式が発行されることはないため。

③1株未満の端数（端株）の処理

　　非適格株式交換等も適格株式交換等も税務処理は同じ。

（単位：千円）

	完全子法人Ａ社		完全親法人Ｂ社		他の株主Ｃ社又はＤ社	
競売等	現金 150	預り金 150	Ａ社株式 150	現金 150	—	
株主への 支払い	預り金 150	現金 150	—		現金 75	Ａ社株式 50 譲渡益 25

（4）株式売渡請求に係る承認

①株式売渡請求

　　株式売渡請求とは、特別支配株主である法人^(注)が、他の株主全員に
対し、その有する株式の全部をその特別支配株主に売り渡すことを請求
することをいう（会社法179条1項）。

（注）特別支配株主である法人

　　　議決権の90％以上を有する株主をいう（自己株式を除き、100％子法人
　　の有する株式を含む）。

②組織再編税制との関係

　　法人税法上は、株式譲渡請求に係る承認により、特別支配株主（株式
交換等完全親法人）に発行済株式等の全部が取得され、その株式交換等
完全親法人との間に完全支配関係を有することとなる場合が組織再編税
制の対象に位置づけられている。

291

第3部 | 税務編

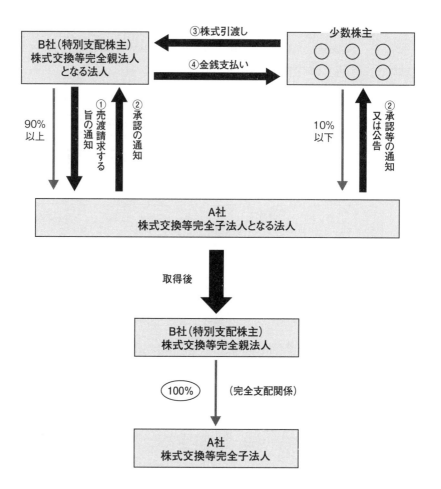

9.1.9 株式移転

株式移転とは、会社が発行済株式の全部を新たに設立する会社に取得させることをいう。

株式移転で課税関係が発生するのは次の三者である。

①株式移転完全子法人（法法2条12号の6の5）
　株式移転によりその株主の有する株式をその株式移転により設立さ

れた法人に取得させた当該株式を発行した法人をいう。
② 株式移転完全親法人（法法2条12号の6の6）
　株式移転により他の法人の発行済株式の全部を取得したその株式移転により設立された法人をいう。
③ 株式移転完全親法人の株式の交付を受けた株主（子法人の旧株主）

〈設例〉

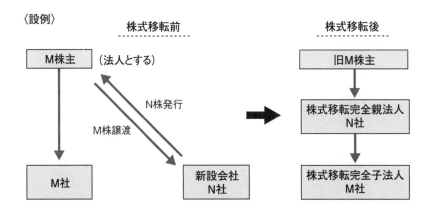

　株式移転における非適格株式移転・適格株式移転の場合のそれぞれの課税関係は、9.1.8（1）の株式交換の場合と同様である。

9.1.10　株式交付制度

　株式交付は前述したように会社法上は組織編成の1つと位置づけられているが(注)、法人税法上は必ずしも移転事業の支配関係の継続を前提としていないところから組織再編税制に該当せず、株式の譲渡取引と認識されている。しかしながら、一方で現物出資や株式交換などの組織編成税制と類似したところもある。

　(注)　株式交付手続等、会社法上の規定については6.1.2③を参照。

　そこで、適格組織再編同様、一定の要件(※)を満たすことを条件に株式交付子法人株式の譲渡損益について繰延措置が講じられている（強制適用）。

そこで、親会社株式のみが交付された場合には次のように①〜③は同額となり、譲渡損益は生じない（措令39条の10の2第3項1号）。

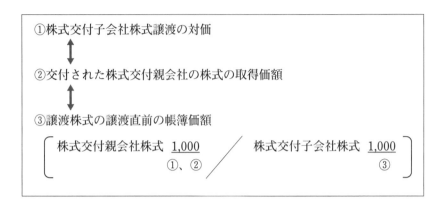

（※）一定の要件
    1. 株式交付割合が80％以上であること（つまり、金銭等の交付割合は20％以下ということ）。
    2. 株式交付直後の株式交付親会社が「同族会社」に該当しないこと。

なお、一定の要件を満たさない場合は通常の現物出資の規定が適用される。

〈設例〉
P社はA社よりS社株式のすべてを取得した。
P社はその取得の対価としてA社にP社の株式と現金を交付した。
P社は同族会社に該当しない。
なお、この株式交付は会社法上の株式交付に該当する。

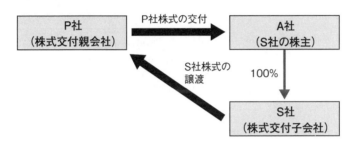

(1) 株式交付直前のS社のB/Sは次のとおり。

資産	2,000	資本金等	1,000
(含み益	1,000)	利益積立金	1,000
	2,000		2,000

(注) 前期末簿価純資産も2,000であった。

(2) A社の所有するS社株式の譲渡直前の帳簿価額
    1,000

(3) 株式交付の対価
 ①P社が発行するP社株式   2,700（時価相当額）
 ②現金   300

1. 株式交付子会社の株主A社の課税上の取扱い

 譲渡対価（収益の額）は次の算式によって計算される。

〈算式〉

譲渡対価＝①＋②＝1,200

①P社株式対価　＝　S社株式の譲渡直前帳簿価額　×　(株式交付割合)
　　(900)　　　　　　　　(1,000)　　　　　　　　　　　(0.9)

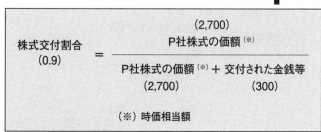

株式交付割合（0.9）≧80％
よって、本条が適用される。

②現金(300)

次のように分解して考えると理解しやすい。

①対価として取得したP社株式を時価（2,700）で計上する。

| P社株式 | 2,700 | / | S社株式 | 1,000 |
| 現金 | 300 | | 譲渡益 | 2,000 |

②P社株式に相当する譲渡益の課税を繰延処理する。

譲渡益　　1,800 (注)　　／　P社株式　　1,800

(注) $2,000_{(譲渡益)} \times \dfrac{2,700}{2,700+300} = 1,800$

譲渡益をP社株式対価と現金の比で按分する。

③最終処理（①＋②）

現金に相当する譲渡益部分は課税される。

P社株式	900	S社株式	1,000	
現金	300	譲渡益	200[注]	

（注）$2,000 \times \dfrac{300}{2,700 + 300} = 200$

2. 株式交付親会社P社の課税上の取扱い

①取得したS社株式の取得価額

イ　50人未満のS社株主から取得した場合（本設例は、株主はA社のみであるためこれに該当する）

A社の帳簿価額×株式交付割合＋現金交付額＝1,200

（1,000）　　　　（0.9）　　　　（300）

ロ　50人以上のS社株主から取得した場合

前期末簿価純資産価額×株式交付割合＋現金交付額＝2,100

（2,000）　　　　　　（0.9）　　　　（300）

②増加資本金等の額

イ　上記①イの取得価額（1,200）から現金交付額（300）を減算した金額（900）

（本設例はこれに該当）

ロ　上記①ロの取得価額（2,100）から現金給付額（300）を減算した金額（1,800）

以上により株式交付をしたP社の税務処理は次の通りである。

〈本設例はイ〉

イ	S社株式	1,200	資本金等	900
			現金	300

ロ　S社株式　　2,100　／　資本金等　1,800
　　　　　　　　　　　　　　　現金　　　　300

なお、P社には確定申告書に以下の書類添付が必要である。

イ　「組織再編成に係る主要な事項の明細書（付表）」
ロ　株式交付計画書の写し
ハ　取得したS社株式に係る主要な事項に関する明細書
ニ　株主であるA社に交付したP社株式の数又は価額の算定根拠を明らかにする事項を記載した書類

9.1.11　欠損金の引継制限と使用制限

　適格合併が行われた場合は、被合併法人の適格合併の日前10年以内に開始した各事業年度において生じた欠損金は、その合併法人において発生したものとみなして合併法人に引き継ぐことができる。

　そのため、多額の繰越欠損金を有する法人を買収し（支配関係を結ぶ）、その後、適格合併を行うことにより、被合併法人の繰越欠損金を合併法人において不当に利用するという租税回避行為を防止するため、被合併法人の有する繰越欠損金の合併法人への引継ぎには一定の制限が課されている。

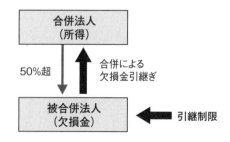

また、合併後、合併法人の欠損金を使うことによる所得減少を目的とした行為に対しても欠損金の使用の制限が課されている。

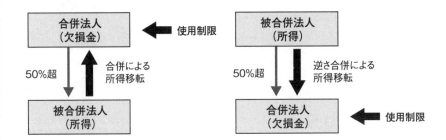

なお、災害欠損金については、このような意図的な租税回避は通常考えられないことから、欠損金の引継制限、使用制限は課されていない。

また、非適格合併の場合は、被合併法人の資産及び負債は合併法人に時価で移転するため、被合併法人の欠損金が合併法人に引き継がれることはない。

なお、合併以外の組織再編では、欠損金の引継ぎは認められないので引継制限はないが、使用制限は課されている。

以上をまとめると次のようになる。

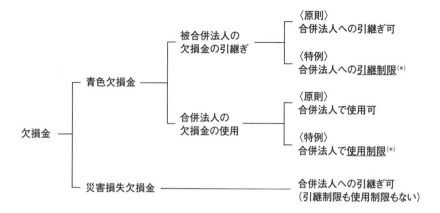

（＊）引継制限・使用制限のある欠損金とは、次に掲げる欠損金で一定の要件に該当するものである。
　①支配関係前に有する欠損金
　②支配関係以後合併までの間に生じた欠損金のうち、特定資産譲渡等損失額相当額

9.2 組織再編を利用した持株会社経営

9.2.1 持株会社の創設

　組織再編を利用して持株会社を創設することが可能である。その代表的なものとして、会社分割と株式移転による方法の2つがある（詳細については、「6.1　会社法における持株会社の創設方式」参照）。

① 分社型分割による方法

　いわゆる「抜殻方式」といわれる方法で、既存の事業会社における事業をその事業単位ごとに子会社として分社し、既存の事業会社自らが持株会社となる方法である。

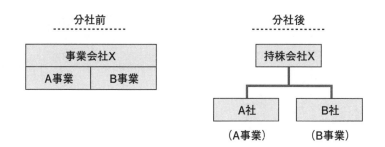

② 分割型分割による方法

既存の事業会社が、子会社等の持株のみを残し、他の事業を分割型分割によって移転させることによって、自らが持株会社となる方法である。

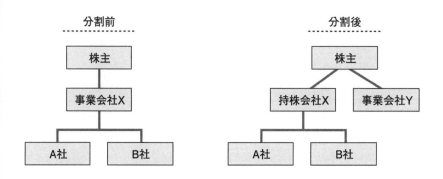

③ 株式移転による方法

既存の事業会社の発行済株式の全部を新たに設立する会社に取得させることにより、既存の事業会社を完全子会社とし、新たに設立された会社が持株会社となる方法である。

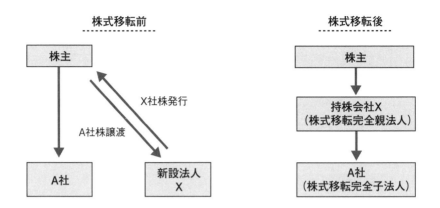

9.2.2 グループ内での組織再編

グループ内での組織再編としては、事業統合によるシナジー効果を期待して、また事業の効率化等を目的にグループ内の子会社同士の合併や分割等が行われる。

グループ内での組織再編は、法人税法上も適格組織再編の要件も比較的容易に満たすことが可能であり、グループ内での組織再編は多く行われる。

また、グループの親法人である持株会社が孫会社を子会社化するために、子会社が所有する孫会社株式を持株会社に現物分配（株式分配）を行うという方法もある。

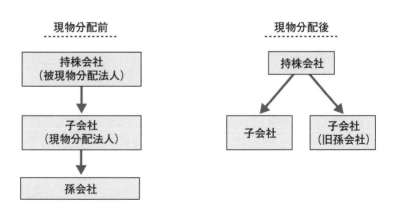

9.2.3 グループ外部の法人との組織再編

　企業統合を目的として、持株会社が外部の他の持株会社と合併することによって、他の外部のグループ会社をまるごと吸収することも可能である。

　もちろん、傘下の事業会社と外部の他の事業会社との合併や分割等も行われる。この場合、適格要件としてはグループ外の組織再編なので、共同事業要件（図表9-1を参照）を満たす必要がある。

　先の持株会社同士の合併であれば、共同事業要件のうち、事業関連性要件を満たすことは可能と思われるが、傘下の事業子会社と外部の持株会社が合併するような場合、外部の持株会社の傘下に事業関連性要件を満たす会社があれば問題はないかという疑問がある。

　この点について、事業関連性はあくまでも合併当事者間の法人で満たす必要があり、たとえ傘下に同じ事業を営む法人があったとしてもこの事業関連性要件を満たすとは認められない。

　したがってこの場合は、事業関連性要件以外のすべての共同事業要件を満たしていたとしても、適格組織再編には該当しないこととなる。

　もちろん、傘下の事業会社同士（たとえばB社とE社、C社とF社）の合併等であれば、事業関連性は問題ない。

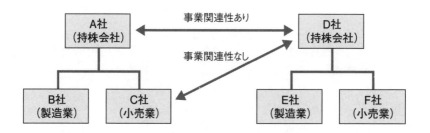

第3部 税務編

9.3 組織再編にともなう消費税の取扱い

合併	被合併法人	合併にともなう資産の移転は、合併法人に包括承継されることから、消費税法上は資産の譲渡等には該当しないため、消費税の課税対象にならない。
	被合併法人の株主	被合併法人の株主は、保有する被合併法人株式を被合併法人に譲渡したことになり、同一性を保持しつつ、他人に移転させたとみることはできず、消費税法上は資産の譲渡等には該当しないため、消費税の課税対象にならない。
分割	分割法人	分割にともなう資産も、合併と同様、包括承継されることから資産の譲渡等に該当せず、消費税の課税対象とはならない。
	分割法人の株主（分割型分割）	分割法人の株主は、分割法人からの剰余金の配当により分割対価資産を取得していることから、消費税の課税対象とはならない。
現物出資	現物出資法人	法人税法上、適格現物出資か非適格現物出資かにかかわらず、消費税法上は、交付される被現物出資法人株式の時価を課税標準として消費税が課される。
株式交換・株式移転	株式交換（移転）完全子法人の株主	株式交換（移転）完全子法人の株主は、その保有する株式を株式交換（移転）完全親法人に譲渡したものとみなされる。そのため消費税法上は課税対象とされるが、株式の譲渡は非課税売上に該当するため、実質的には消費税が課されることはない。
現物分配	現物分配法人	消費税法上は、株主たる地位に基づいて配当として分配するものであることから、消費税の課税対象にはならない。

　以上のほか、合併・分割又は現物出資を行った場合に、合併法人、分割承継法人又は被現物出資法人が免税事業者（基準期間の課税売上高が1,000万円以下）に該当するか否かの判定において、納税義務免除の特例がある。

　さらに、合併があった場合の合併法人の中間申告についても規定がある。

第 **10** 章

Tax

持株会社とグループ法人税制

10.1 グループ法人税制の概要

　持株会社に代表される完全支配関係（100％の資本関係）のあるグループ法人間の諸々の取引について、2010（平成22）年度税制改正において、グループ法人税制が導入された。

　第11章で説明するグループ通算制度が、採用については選択であるのに対し、グループ法人税制は、グループ通算制度を採用するか否かにかかわらず、強制適用される。したがって、グループ通算を行っているグループ内の法人間には完全支配関係があり、グループ法人税制が適用される。持株会社経営においては、100％資本関係を有する子会社が多く存在することから、このグループ法人税制はグループ通算制度とともに、持株会社経営に重要な影響を与える税制である。

グループ法人税制の対象となる取引

　グループ法人税制の対象となる取引は、完全支配関係がある内国法人間の取引である（配当に関してのみ、配当を受ける法人が一定の外国法人の場合にも適用される）。持株会社を頂点とする持株会社経営においては、持株会社と傘下の子会社との取引のみならず、100％資本関係を有する子会社相互間の取引やグループ内法人から他のグループ内法人への配当など多くの取引がこのグループ法人税制の適用対象となる。

ⅰ）完全支配関係とは100％の持株関係をいい、次のいずれかの関係をいう。
　(a)　一の者が法人の発行済株式等の全部を直接もしくは間接に保有する関係（当事者間の完全支配関係）

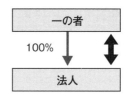

　(b)　一の者との間に当事者間の完全支配関係がある法人相互の関係（当事者間の完全支配関係がある法人相互の関係）

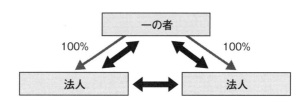

　　したがって、一の者に該当する持株会社と100％所有子会社との間の取引及び持株会社が100％所有する子会社間の取引にはグループ法人税制が適用される。

ⅱ）みなし直接完全支配関係
　　以上の関係は、上述したような直接完全支配関係のみならず、次のような間接支配関係も含まれる。

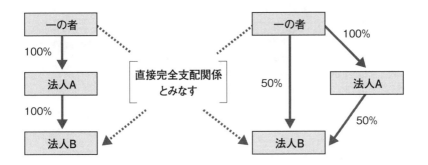

ⅲ) 一の者

　上記の一の者は、内国法人に限らず、外国法人も個人（同族関係者も含む）も含まれる。

　このように、一の者が内国法人以外の場合でも、グループ法人税制は適用されるが、適用対象となる取引はあくまでも内国法人間の取引に限定されるため（配当に関してのみ一定の外国法人にも適用）、一の者が外国法人や個人の場合には、内国法人と一の者との間の取引には適用はない。

ⅳ) 発行済株式等の全部を保有する場合

　持株割合100％保有であり、議決権割合等は考慮しない。また、次のいずれかに該当する場合には、これらの合計が5％未満であれば、発行済株式総数から除かれる。

A. 使用人による持株会が株式等を有する場合

B. ストックオプションにより付与された新株予約権の行使により役員又は使用人が株式等を有する場合

さらに、自己株式は発行済株式総数から除かれるが、種類株式については含まれる。

名義株については、真の所有者をもって判定する。

第3部 | 税務編

ⅴ）グループ法人税制の適用対象法人等の比較

制度	適用対象法人	取引相手の制限	完全支配関係に関する制限	参照項目
ⅰ　100％グループ内の法人間の資産の譲渡取引等（譲渡損益の繰延べ）（法法61条の11）	資産の譲渡法人〔内国法人（普通法人又は協同組合等に限る）〕	資産の譲受法人〔完全支配関係のある他の内国法人（普通法人又は協同組合等に限る）〕	制限なし	10.2
ⅱ　100％グループ内の法人間の寄附金の損金不算入（法法37条2項）	寄附を行った法人（内国法人）	寄附を受けた法人〔完全支配関係のある他の内国法人〕	法人による完全支配関係に限られる	10.3
ⅲ　100％グループ内の法人間の受贈益の益金不算入（法法25条の2）	寄附を受けた法人（内国法人）	寄附を行った法人〔完全支配関係のある他の内国法人〕	法人による完全支配関係に限られる	
ⅳ　100％グループ内の法人間の現物分配（適格現物分配による資産の簿価譲渡）（法法2条12号の15、62条の5、3項）	現物分配法人〔内国法人（公益法人等及び人格のない社団等を除く）〕	被現物分配法人〔完全支配関係のある他の内国法人（普通法人又は協同組合等に限る）〕	制限なし	10.4
ⅴ　100％グループ内の法人からの受取配当等の益金不算入（負債利子控除をせず全額益金不算入）（法法23条1項、4項、5項、6項）株式区分はグループ全体の保有割合で判定	配当を受けた法人・内国法人・外国法人[*]	配当を行った法人〔配当等の額の計算期間を通じて完全支配関係があった他の内国法人（公益法人等及び人格のない社団等を除く）〕	制限なし	10.5
ⅵ　100％グループ内の法人の株式の発行法人への譲渡に係る損益（譲渡損益の非計上）（法法61条の2第17項）	株式の譲渡法人（内国法人）	株式の発行法人〔完全支配関係がある他の内国法人〕	制限なし	10.6
ⅶ　非適格株式交換（移転）直前に100％所有の完全子法人の時価評価の対象から除外（法法62条の9第1項）	株式交換（移転）完全子法人	―	―	10.2

viii　100%グループ内の以下の法人の株式等の評価損の損金不算入 ・清算中の法人 ・解散（合併を除く）見込み法人 ・100%グループ内の他の法人との適格合併見込み法人	株式等を保有する法人	—	—	10.7
ix　100%グループ内法人に対する債権は適用対象外となる	債権を有する法人	—	—	—
x 中小企業向け特例措置制限　貸倒引当金の設定不適用	期末資本金額が1億円以下の法人	—	単数又は複数の大法人（資本金額5億円以上の法人）による完全支配関係がある場合	—
欠損金の所得金額の100%控除から50%に制限				
軽減税率不適用				
特定同族会社の特別税率不適用				
交際費損金不算入額計算における800万円の定額控除不適用				
欠損金繰戻し還付適用停止の不適用				

（＊）　vの制度のみが外国法人に適用されるが、その適用対象となる外国法人は法法141条1号《外国法人に係る各事業年度の所得に対する法人税の課税標準》に掲げる外国法人、換言すれば、いわゆる恒久的施設がわが国にあることにより法人税の納税義務を有する外国法人に限られる。

なお、グループ法人税制の詳細については、実務家のための法人税塾「第37章　グループ法人単体課税制度」参照。

10.2　100%グループ法人間の資産の譲渡取引等

　100%グループ内の法人間で一定の資産（譲渡損益調整資産）の譲渡が行われた場合には、譲受法人側で当該資産を譲渡、償却等を行うまで譲渡法人の譲渡損益の繰延べを行う。

　ⅰ）適用対象法人

　　譲渡法人も譲受法人もいずれもが100%グループ内法人である内国法

第3部 税務編

人

ⅱ）対象となる取引

譲渡損益調整資産の譲渡取引

譲渡損益調整資産とは、次の資産をいう（法法61条の13、1項）。

なお、これらは譲渡法人の資産区分である。

(a) 固定資産

(b) 土地（土地の上に存する権利を含み、固定資産に該当するものを除く）

(c) 有価証券（売買目的有価証券を除く）

(d) 金銭債権

(e) 繰延資産

ただし、次のものは除かれる。

イ）譲受法人において売買目的有価証券とされるもの

ロ）譲渡法人の譲渡直前の帳簿価額が1,000万円未満のもの（売買目的有価証券及び通算法人株式を除く）

このように、棚卸資産は譲渡損益の実現が早いことから、繰延べ対象資産から除かれているが、不動産業者の棚卸資産である販売用不動産に係る土地については上記 (b) により対象となる。ただし、販売用建物部分は対象とならない。

ⅲ）譲渡法人の税務処理

(a) 土地を譲渡した場合

イ）譲渡時

譲渡利益の場合は、譲渡利益相当額を損金に算入することによって譲渡益を繰り延べる。

	百万円			百万円
現金	150	/	土地	100
			譲渡益	50

310

持株会社とグループ法人税制　第10章

$$\text{譲渡損益調整勘定繰入損　50} \Big/ \text{譲渡損益調整勘定　50}$$

譲渡損の場合は、益金に算入することによって繰り延べる。

ロ）譲受法人で第三者に200百万円で売却した場合

　　譲受法人において他へ譲渡（グループ内の法人への譲渡も含む）、償却その他の一定の事由が生じたときは、繰り延べられていた譲渡損益は実現する。一方、譲受法人では50（200－150）百万円の譲渡益が計上され、グループ全体としては100（50＋50又は200－100）百万円の譲渡益が計上されることになる。

$$\text{譲渡損益調整勘定　50} \Big/ \text{譲渡損益調整勘定戻入益　50}$$

　　譲渡損の場合は、繰り延べられていた譲渡損が損金の額に算入される。

(b) 減価償却資産を譲渡した場合

　　次に、譲渡損益調整資産が土地ではなく、建物のような減価償却資産であった場合を例にとって説明すると、

イ）譲渡時

　　土地の売却同様、譲渡損益は繰り延べられる。

	百万円			百万円
現金	150	/	建物	100
			譲渡益	50

$$\text{譲渡損益調整勘定繰入損　50} \Big/ \text{譲渡損益調整勘定　50}$$

ロ）譲受法人で75百万円の減価償却をした場合

　　譲受法人が150百万円で取得した建物の半分75百万円を減価償却したときには、譲受法人では150百万円をもとに減価償却をして

311

計上しており、グループ全体で考えたとき、譲渡法人の譲渡利益相当額50百万円に対しても償却しており、グループ全体としては損金が過大となっている。

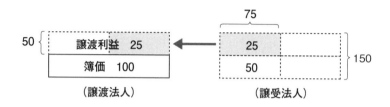

そこで、過大となった償却費に相当する繰延譲渡利益相当額を益金に戻すことでグループ全体としての課税を調整している。また、前述の土地の場合との対比でいえば、半分を譲渡したのと同様、繰り延べていた譲渡益も半額だけ計上すると考えると理解しやすいかもしれない。

$$譲渡利益(50) \times \frac{譲受法人の償却費損金算入額(75)}{譲受法人の取得価額(150)} = 25$$

上記は原則法による算式である。他に簡便法も認められている。

譲渡損益調整勘定　25　／　譲渡損益調整勘定戻入益　25

(c) 完全支配関係を有しないこととなった場合

譲渡法人と譲受法人との間に完全支配関係がなくなった場合には、譲渡法人は繰り延べていた譲渡損益を戻し入れる。

持株会社とグループ法人税制 | 第10章

〈例〉A社が所有するC社株式の50％を第三者法人であるX社に譲渡した。

　　X社がC社株式の50％を取得したことにより、B社とC社とは完全
支配関係を有しないこととなったため、譲渡法人であるB社は、繰り
延べていた譲渡損益の全額を戻し入れる。以上の株式譲渡のほか、合
併等の組織再編によっても完全支配関係が消滅することがある。

(d) グループ通算制度を採用している場合

　　譲渡法人が時価評価対象法人に該当する場合で、グループ通算制度
の開始、加入、離脱等に伴い時価評価したときは、直前事業年度にお
いて譲渡損益を戻し入れる。また、譲受法人で時価評価資産に評価損
益を計上したときも戻し入れが行われる。

iv) 組織再編税制との関係

　　第9章の組織再編税制との関係では、時価で譲渡があったものとされ
る非適格組織再編は、資産等を移転する被合併法人等に譲渡損益が認識
されるが、完全支配関係のある内国法人間の組織再編ではグループ法人
税制が適用され、譲渡損益は繰り延べられることとなる。

　　また、非適格株式交換等の場合は、前述したように譲渡損益ではなく
評価損益が認識されるが、完全支配関係がある法人間の場合には、譲渡
損益の繰延べと異なり、子法人における時価評価を行わないこととされ

313

ている。

10.3 100%グループ内の法人間の寄附

100%グループ内の法人が、他のグループ内の法人へ寄附を行った場合には、寄附を行った法人では寄附金の全額が損金不算入となり、寄附を受けた法人では受贈益の全額が益金不算入となる。一方、株主である法人において、その所有割合に応じて利益積立金を調整するとともに、子法人株式の帳簿価額を修正する（これを「寄附修正」という）。

ⅰ）適用対象法人
　(a) 寄附をした法人も寄附をされた法人もいずれもが法人による完全支配関係にある内国法人同士に限られる（図表10-1）。
　(b) 寄附をした法人及び寄附を受けた法人との間に完全支配関係がある内国法人である株主法人（法人P）も適用対象となる。

図表10-1　適用対象となるケース

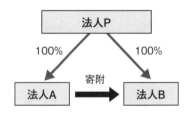

法人Pによる完全支配関係があるため、グループ法人税制の適用があり、寄附金・受贈益の規定が適用される。

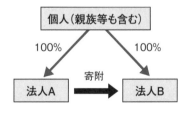

個人による完全支配関係があり、法人A、B間の取引にはグループ税制は適用されるが、寄附金に関する規定は、親族間での財産移転を防ぐ趣旨から、法人による支配関係が求められるため、適用対象外となりグループ法人税制は適用されない。

ⅱ）対象となる取引

　100％グループ内の法人間での寄附が対象となる。なお、寄附には低額譲渡等における時価との差額なども含まれる。

ⅲ）適用対象法人の税務処理（図表10-2）

図表10-2　法人Aが法人Bに現金500を寄附した場合

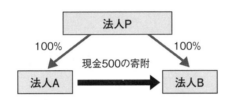

(a) 寄附を行った法人においては、寄附金の全額が損金不算入となる。一方、寄附を受けた法人は、寄附金に相当する受贈益が全額益金不算入となる。

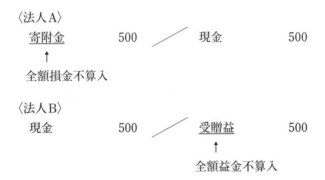

(b) 寄附をした法人及び寄附を受けた法人との間に完全支配関係がある内国法人である株主法人Pは、次のような寄附修正処理を行う。

　次の算式により計算した金額相当の利益積立金を増加・減少させるとともに、有価証券の帳簿価額を調整する。

第3部 税務編

$$\boxed{\text{受贈益×持分割合－寄附金×持分割合}}$$

A社株式

$(0 \times 100\% - 500 \times 100\% = \triangle 500)$

B社株式

$(500 \times 100\% - 0 \times 100\% = 500)$

利益積立金	500		A社株式	500
B社株式	500		利益積立金	500

10.4 100%グループ内の法人間の現物分配

　前章の組織再編税制でも触れたように、100%グループ内の子法人が行うグループ内での現物分配は、適格現物分配として適格組織再編税制の取扱いを受ける。なお、現物分配の場合は、適格合併や適格分割のように再編後の完全支配関係の継続見込み要件は付されていない。

ⅰ）適用対象法人

　　内国法人である現物分配をする現物分配法人と内国法人である現物分配を受ける被現物分配法人である。

ⅱ）対象となる取引

　　金銭ではない現物による分配取引（法法2条12号の5の2）

ⅲ）適用対象法人の税務処理

316

① 利益剰余金の配当(図表10-3)

図表10-3　法人Aが法人Pに利益剰余金の配当として上場株式（簿価500、時価700）を交付

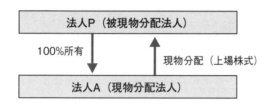

(a) 現物分配法人A社の税務処理

被現物分配法人P社に対し、分配直前の帳簿価額500で上場株式を譲渡したものとする。

(b) 被現物分配法人P社の税務処理

配当として上場株式をA社の帳簿価額500で取得したものとし、同額の利益積立金を増加させる。

なお、法人Aが100％所有する完全子法人B社の株式の全部を法人Pに現物分配する場合であっても、法人Pと法人Aとの間に100％所有関係があるときは株式分配から除かれているため、非適格株式分配には該当しない。しかし、適格現物分配に該当することに変わりはない。

② みなし配当が生じる場合（図表10-4）

図表10-4　A社は資本剰余金を原資として上場株式（簿価500、時価800）を交付

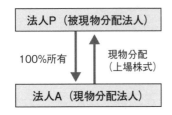

・A社の資本払戻し直前のB/Sは次のとおり。

B/S

資産	5,000	資本金等	3,500
(時価	8,000)	利益積立金	1,500
	5,000		5,000

なお、簿価純資産額は前期末の額と同額である。

・P社が所有するA社株式の簿価　　3,000

(a) 現物分配法人A社の税務処理

被現物分配法人P社に対し、分配直前の帳簿価額500で上場株式を譲渡したものとする。

そして、みなし配当事由（本例は資本の払戻し）に基づいて適格現物分配を行った場合は、対応する資本金等の額を減算し、交付した資産の帳簿価額（500）を減少する資本金等の額（350）との差額（150）の利益積立金を減算する。

資本金等(注1)	350	上場株式	500
利益積立金(注2)	150		

(注1) $\dfrac{払戻し直前の資本金等の額}{(3,500)} \times \dfrac{交付資産の帳簿価額（500）}{前期末の簿価純資産（5,000）}$
$= 350$

(注2) $500 - 350 = 150$

持株会社とグループ法人税制 | 第10章

(b) 被現物分配法人P社の税務処理

適格現物分配により移転を受けた資産の取得価額は、現物分配法人における適格分配直前の帳簿価額となる。

そして、その帳簿価額から対応する現物出資法人の資本金等の額を除いた金額（つまり、みなし配当に相当する金額）を利益積立金に加算する。

また、現物分配に伴う株式の譲渡損益は認識しないで、譲渡損益に相当する額は、資本金等の額に加減算する。

上場株式	500	A社株式[注]	300
		利益積立金	150
		資本金等の額	50

(注)　$\dfrac{\text{直前帳簿価額}}{(3,000)} \times \dfrac{\text{交付資産の帳簿価額 (500)}}{\text{前期末の簿価純資産 (5,000)}} = 300$

10.5 | 100%グループ法人間の受取配当等

ⅰ）適用対象法人

配当等の額の計算期間を通じて完全支配関係のあった他の内国法人（完全子法人）から配当を受けた内国法人及び恒久的施設（PE）が日本にある外国法人。

ⅱ）配当を受けた法人

完全子法人株式等に係る配当等の額は、全額益金不算入となる。なお、次のような資本関係の場合、法人Bからの配当は、法人P及び法人A双方で適用となるので注意されたい。

319

第3部 | 税務編

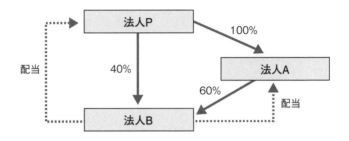

なお、受取配当金等の益金不算入についての詳細については、後述の12.1.1を参照。

10.6 100％グループ内法人の株式の発行法人に対する譲渡

株式の発行法人から見れば自己株式の取得であり、発行法人に株式を譲渡した株主法人では譲渡損益は認識しない。

ⅰ) 適用対象法人

　内国法人である株式の譲渡法人と譲渡法人との間に完全支配関係を有する他の内国法人である譲受法人（株式の発行法人）。

ⅱ) 対象となる取引

　株式の発行法人の、みなし配当の生じる基因となる一定の事由により金銭等の交付を受ける株式の譲渡取引。

ⅲ) 適用対象の法人の税務処理（〈設例〉）

〈設例〉

　乙社（株主法人）は、発行済株式600株のすべてを有する甲社株式（1株当たり帳簿価額60）のうち、60株を発行法人である甲社に対して譲渡し、対価として現金6,000円を取得した。
　なお、自己株取得直前の甲社のB/Sは次のとおりであった。

甲社B/S			
純資産	50,000	資本金等	35,000
		利益積立金	15,000

(a) 発行法人甲社の税務処理

自己株式の取得として処理される。

資本金等	3,500	/	現金	6,000
利益積立金	2,500			

(b) 譲渡法人乙社の税務処理

譲渡損益を認識しない。

現金	6,000	/	甲社株式	3,600
資本金等	100$^{(*2)}$		みなし配当	2,500$^{(*1)}$

(*1) $6,000 - 3,500 = 2,500$
(*2) $(6,000 - 2,500) - 3,600 = \triangle 100$（譲渡損としない）

みなし配当2,500は益金不算入の適用がある。

以上は、前述した現物分配におけるみなし配当の生じる場合における処理と同じである。

10.7 完全支配関係がある他の内国法人の株式等の評価損の損金不算入

① 対象となる株式等

完全支配関係がある他の内国法人で次のイからハに該当する法人の株式等を有する場合その株式等については、評価損の額を損金の額に算入すること

はできない(法法33条5項、法令68条の3)。

　本規定はグループ法人税制の適用の一つであるから、グループ通算制度の開始・加入に伴い時価評価が必要となる場合や非適格株式交換等における時価評価を必要とする場合などにおいても適用される。

> イ　清算中の法人
> ロ　解散(合併による解散を除く)をすることが見込まれている法人
> ハ　完全支配関係がある他の法人との適格合併を行うことが見込まれている法人

② 制度趣旨

　対象となる法人の繰越欠損金は株主法人において引き継ぐことが可能であるため、清算をする前に評価損を計上することが認められると損失の二重控除ができることになる。そこで、この二重控除を防止するために評価損は損金不算入とされた。

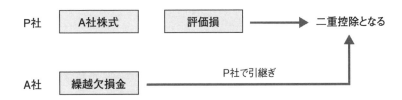

第11章

グループ通算制度

11.1 グループ通算制度

11.1.1 意義

単体課税制度が個々の企業を納税単位（主体）とするのに対し、連結納税制度は企業グループの一体性に着目し、企業グループをあたかも1つの法人であるかのようにとらえ、企業グループを納税単位（主体）として課税する仕組みである。

一方、グループ通算制度は、単体課税制度同様、グループ内の個々の企業を納税単位（主体）としつつ、連結納税制度の特徴であるグループ内企業での損益通算、繰越欠損金の通算や開始、加入時の時価評価、繰越欠損金の切

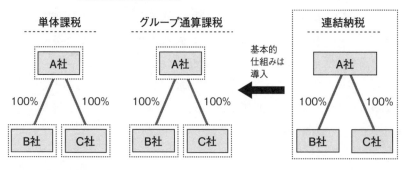

注）▭＝納税単位を表す。

第3部 | 税務編

捨てなど連結納税制度の基本的仕組みは踏襲されている。その意味で、グループ通算制度は単体課税制度と連結納税制度の中間的制度であるともいえる。

そして、グループ通算制度を採用するか否かは法人の任意であるが、持株会社経営にとっては必須の検討課題といえよう。

11.1.2 グループ通算制度の創設理由

① 事務負担の軽減

従前の連結納税制度は、所得計算及び税額計算が煩雑なうえ、連結法人間での連絡・調整手続も煩雑であった。

特に、税務調査が行われた後の修正申告又は更正・決定に時間がかかるという実務上の問題があった。そこで、これらの事務負担の軽減を図る観点からの簡素化を目的に創設された。

② グループ経営の多様化に対応した中立性・公平性

たとえば、連結納税の開始・加入時における時価評価、欠損金の持込制限と合併等の組織再編税制との間に必ずしも整合性がとれていなかった。そこで、これらの整合性も目的として創設された。

11.1.3 グループ法人税制との関係

グループ通算制度の採用は法人の任意であるが、グループ法人税制は完全支配関係のある法人グループのすべてに強制適用される。したがって、グループ通算制度を採用する場合にも当然適用されることになる。

ただ、単体課税のグループ法人税制における完全支配関係と基本的には同様であるが、グループ法人税制における完全支配関係とグループ通算課税における通算完全支配関係では以下の点で異なっている。

324

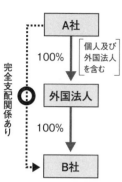

グループ法人税制については前章参照。

なお、グループ通算制度の詳細については、実務家のための法人税塾「第39章-1　グループ通算制度」参照。

11.2 適用対象法人

グループ通算制度の適用対象となる法人は、通算親法人及び通算親法人との間に完全支配関係（100％保有）がある通算子法人のすべてが、グループ通算制度の適用につき、国税庁長官の承認を受けたものである。ただし、適用除外法人や外国法人などは通算親法人にも通算子法人になることもできない。また、一部の子法人だけを通算子法人とすることはできない。

以上の通算親法人となれる法人・なれない法人及び通算子法人になれる法人・なれない法人を整理すると次のようになる。

〈通算親法人〉

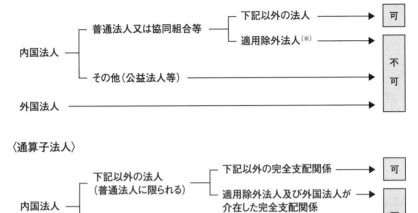

〈通算子法人〉

（※）適用除外法人とは次の法人をいう。

	通算親法人となれない法人	通算子法人となれない法人
①	清算中の法人	
②	内国法人である普通法人又は協同組合等による完全支配関係がある法人	
③	やむを得ない事情による通算制度の取止めの承認を受けた法人で5年の経過事業年度末日まで経過していない法人	③-1　同左
④	税務署長等により青色申告の承認の取消し通知を受けた法人で、5年の経過事業年度末日まで経過していない法人	④-1　同左
⑤	グループ通算制度適用前に青色申告の取止めの届出書を提出した法人で、1年の経過事業年度末日まで経過していない法人	⑤-1　同左
⑥	投資法人	⑥-1　同左
⑦	特定目的会社	⑦-1　同左

		⑧-1	普通法人以外の法人
		⑨-1	破産手続開始の決定を受けた法人
		⑩-1	通算親法人との通算完全支配関係がなくなったことにより、グループ通算制度の承認の効力を失った通算子法人で、5年の経過事業年度末日まで経過していないものが、従来の通算親法人の下で再び通算子法人になろうとするとき（再加入）
⑪	上記⑥又は⑦に類する法人投資信託又は特定目的信託に係る法人課税信託における受託法人	⑪-1	同左

以上のうち、②について図示すると次のとおりである。

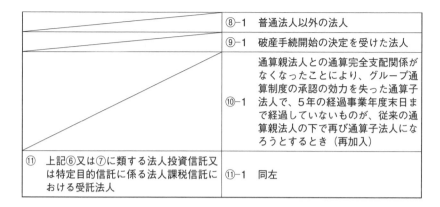

11.3 グループ通算制度の開始、加入、取止め、離脱

グループ通算制度の「開始」とは通算グループとして納税することを選択した場合をいい、反対にグループ通算制度それ自体を止めることを「取止め」という。

また、既にあるグループ通算制度を行っている通算グループに通算子法人として新たに参加することを「加入」といい、反対に退出することを「離脱」という。

ただし、条文上は、「開始」と「加入」を合わせて「通算承認」として法法64条の9に規定され、また、取止めと離脱を合わせて「取りやめ等」として法法64条の10において規定されている。

11.3.1 グループ通算制度の開始・加入の手続

グループ通算制度を採用するか否かは法人の選択となっており、強制適用されるものではないことは先述したとおりである。グループ通算制度の適用を選択した場合には、以下の手続により承認のための申請を行う必要がある。

そして、加入の場合は、親法人による完全支配関係が生じた時点でグルー

	開始	加入
申請者／提出者	通算親法人となる法人及びすべての通算子法人となる法人（通算予定法人）連名で申請する	通算親法人及び通算子法人（加入法人）
提出書類	通算承認の申請書	完全支配関係を有することとなった日等を記載した書類
提出先	国税庁長官（通算親法人となる法人の所轄税務署経由で）	通算親法人の所轄税務署長
提出期限	原則として、最初の通算事業年度開始日の3カ月前まで。ただし、親法人設立初年度等には特例がある	完全支配関係を有することとなった以後遅滞なく
承認・却下	申請後、開始日の前日までに承認又は却下の処分がなされる。開始日の前日までに承認又は却下の処分がなかったときは、開始日において承認されたものとみなされる（自動承認）	

プ通算の承認がおりたものとみなされ、改めてグループ通算適用の承認申請を行う必要はない。ただし、一定の書類を提出しなければならない。

11.3.2 加入形態と加入時期

グループ通算制度への加入は、通算親法人による株式購入、新規に子法人を設立することのほか、合併や株式交換等の組織再編によっても加入する。

加入形態	加入日
株式購入	株式の引渡しがあった日
新規設立	最初の事業年度開始日
合併	合併の効力が生じた日
株式交換	株式交換の効力が生じた日
分割	分割の効力が生じた日

上記のうち、分割による加入を図示すると次のようになる。

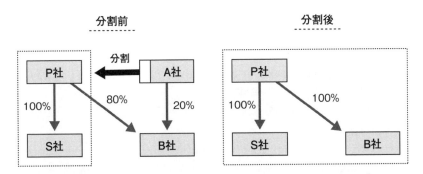

A社を分割法人、P社を分割承継法人とする分割により、分割資産の中にB社株式20％も含まれている場合、B社は加入。加入日は、分割の効力を生ずる日となる。

以上のほかにも組織再編による加入には種々のものが考えられるが、ここでは例を示した。要するに、組織再編によって新たに通算親法人との間に通

算完全支配関係が生じる場合である。

11.3.3　グループ通算制度の取止め

(1) グループ通算制度が取止めになる場合

グループ全体のグループ通算制度が取止めになる場合には、大別して次のA、B、Cの3つの場合がある。

A. <u>国税庁長官による取止め承認</u>
　　やむを得ない事情があり、取止めについて国税庁長官の承認を受ける場合

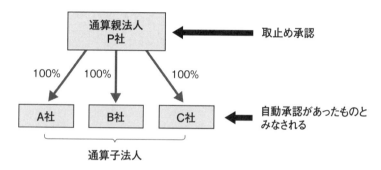

B. <u>青色申告承認取消し通知</u>
　　通算親法人が青色申告の承認の取消し通知（法法127条2項）を受けた場合

C. <u>みなし取止め</u>
　　通算親法人の解散、通算親法人が他の内国法人による完全支配関係が生じたこと等により、通算承認の効力が失われる場合

(2) 取止め手続

A.国税庁長官による取止め承認		B.青色申告承認取消し通知		C.みなし取止め	
通算親法人	通算子法人	通算親法人	通算子法人	通算親法人	通算子法人
申請書を提出し、承認を受ける	申請書の連名で参加する（承認を受けたものとみなされる）	青色申告承認取消しの通知を受ける	通算親法人による届出書の提出が必要	届出書の提出が必要	通算親法人による届出書の提出が必要

(3) 取止めの効力発生時期と事業年度

A.取止め承認		B.青色申告取消し通知		C.みなし取止め	
通算親法人	通算子法人	通算親法人	通算子法人	通算親法人	通算子法人
承認日の属する事業年度終了日の翌日(※1)		青色申告承認取消しの通知を受けた日(※2)		効力を失う要因の生じた日(※3)	

(※1) 承認を受けた日の属する通算事業年度までは通算申告を行い、その後それぞれ単体申告に戻る。
(※2) 青色申告の取消し通知日の前日までの事業年度を設けて、通算法人としての最後の単体申告を行い、取消しの日以降は単体申告に戻る。
(※3) 効力を失う要因の生じた日の前日までの事業年度を設けて、通算法人としての最終の単体申告を行い、以降は単体申告に戻る。

11.3.4 通算グループからの離脱

(1) 通算子法人が通算グループから離脱する場合

通算グループから離脱する場合とは、通算子法人が単独で通算承認を取り消される場合をいい、大別して次のA、Bの2つの場合がある。

なお、グループ通算制度取止めの場合におけるA.申請による承認は離脱にはない。つまり、通算子法人が単独で離脱の申請をすることは認められない。

A. 青色申告承認取消し通知
　通算子法人が青色申告の承認の取消し通知(法法12条2項)を受けた場合

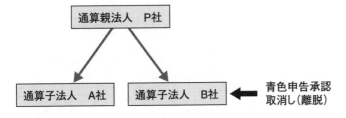

B. みなし離脱
　通算子法人の解散(合併又は破産手続き開始の決定による解散に限る)や残余財産の確定、あるいは通算親法人との通算完全支配関係がなくなったことにより、通算承認の効力が失われる場合

第3部　税務編

(2) 離脱の手続

A.青色申告承認取消し通知	B.みなし離脱
通算子法人	通算子法人
青色申告承認取消の通知を受ける	届出書の提出が必要

(3) 離脱の効力発生時期と事業年度

A.青色申告承認取消し通知	B.みなし離脱
通算子法人	通算子法人
取消し通知日(※1)	効力を失う要因が生じた日(※2)

(※1) 承認取消日の前日までの事業年度を設けて通算法人として最後の単体申告を行い、取消日以降は単体申告を行う。
(※2) 効力を失う要因が生じた日の前日までの事業年度を設けて通算法人として最後の単体申告を行い、以後は単体申告を行う。

11.4　グループ通算制度の適用

11.4.1　中小通算法人と大通算法人の区分判定

グループ通算制度においては、中小通算法人と大通算法人の区分は、次の図のようになっている。

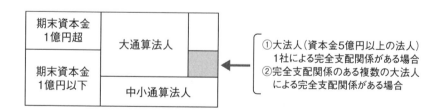

そして、上記の大通算法人に該当する法人が通算グループ内に1社でもあれば、グループ内のすべての法人が大通算法人となる。

具体的に判定を要する場合としては次のような項目がある。
①貸倒引当金
②欠損金の繰越控除
③軽減税率
④特定同族会社の特別税率
⑤中小企業者向け租税特別措置（試験研究費の税額控除など）

11.4.2　グループ通算制度開始・加入にともなう時価評価

　グループ通算制度は、連結納税制度と違って、グループ内の各法人は納税単位となっている。そのため、本来ならグループ通算制度の採用によって時価評価の必要はない。

　しかしながら、グループ内の損益通算や一定の繰越欠損金の通算が可能とされるなど基本的仕組みは連結納税制度の考え方と同様であるため、連結納税開始・加入にともなって時価評価が求められたのと同様に、保有資産の時価評価損益の認識が求められている。

　なお、グループ通算制度においては通算親法人も単なる通算グループの一員にすぎず、通算子法人とその取扱いは同じである。

　グループ通算制度の開始・加入にともない、時価評価が必要な時価評価法人を整理すると次のようになる。

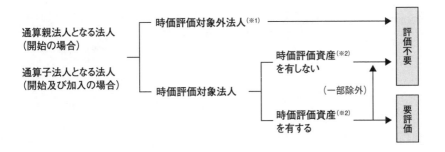

　つまり、時価評価が必要な時価評価対象法人とは、通算親法人となる法人

(開始の場合)及び通算子法人となる法人(開始又は加入の場合)のうち、時価評価の対象とならない法人を除くすべての法人で、時価評価の対象となる資産(時価評価資産)のうち時価評価資産から除外されない資産を保有するその法人である。

(※1) 時価評価の対象とならない法人(時価評価対象外法人)

グループ通算制度開始時及び加入時における時価評価の対象とならない通算親法人及び通算子法人を対比すると次のようになっている。

1.開始		2.加入
通算親法人(P社)	通算子法人(C社)	通算子法人
開始後に子法人のいずれか(C社)との間に完全支配関係が継続することが見込まれているもの	開始後に親法人による完全支配関係が継続することが見込まれているもの(C社)	①通算グループ内新設法人 ②適格株式交換等により加入した株式交換等と完全子法人 ③適格組織再編と同等の要件に該当する子法人 　③-1 加入直前に通算親法人による支配関係がある法人(50%超)で、一定の要件(注)すべてに該当するもの (注)加入後 　イ.完全支配関係継続要件 　ロ.従業者継続要件 　ハ.主要事業継続要件 　ニ.非適格株式交換等により加入した子法人については、対価要件以外の適格要件のいずれかに該当すること 　③-2 加入直前に通算親法人による支配関係がない法人(50%以下)で、一定の要件(注)すべてに該当するもの (注)加入後 　イ.完全支配関係継続要件 　ロ.事業関連性要件 　ハ.事業規模要件又は特定役員継続要件 　ニ.従業者継続要件 　ホ.主要事業及び子法人事業継続要件 　ヘ.非適格株式交換等により加入した子法人については、対価要件以外の適格要件のいずれかに該当すること

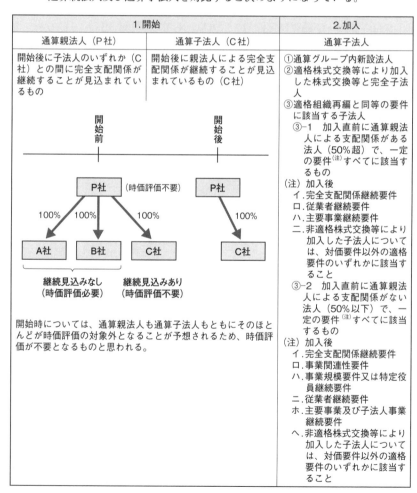

開始時については、通算親法人も通算子法人もともにそのほとんどが時価評価の対象外となることが予想されるため、時価評価が不要となるものと思われる。

グループ通算制度 第11章

（※2）時価評価資産

　　　グループ通算制度の開始又は加入にともなう時価評価の対象となる資産は、通算制度適用を受ける法人の開始又は加入直前事業年度末に保有する次に掲げる資産をいう。ただし、評価時点での帳簿価額が1,000万円未満のものなど一部除かれている。

①固定資産（前5年以内事業年度に一定の圧縮記帳等を受けた減価償却
　資産を除く）
②土地（土地の上に存する権利を含み固定資産に該当するものを除く）
③有価証券（売買目的有価証券、償還有価証券を除く）
④金銭債権
⑤繰延資産

　その他、自らは時価評価対象外法人であっても時価評価の対象となる子法人株式を保有する株式等保有法人は、開始・加入後にその子法人株式を売却する予定があるなど、完全支配関係の継続見込みがない場合には、投資簿価修正を利用した租税回避行為防止のため時価評価が必要とされる。

　なお、グループ通算制度の取止め・離脱の際には、離脱等の後、主要な事業の継続見込みがない場合などを除き、原則として時価評価は不要とされている。

11.4.3　グループ通算制度開始・加入にともなう繰越欠損金及び開始・加入後に生じた欠損金の取扱い

　開始・加入前10年以内開始事業年度に生じた繰越欠損金及び開始・加入後に生じた欠損金の取扱いは、次のようになっている。

第3部 | 税務編

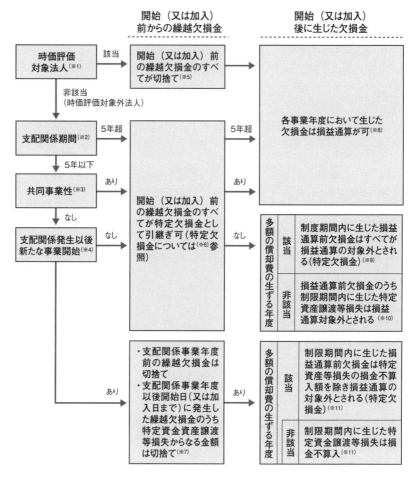

- （※1）時価評価対象法人については、前述「11.4.2 グループ通算制度開始・加入にともなう時価評価」参照。
- （※2）支配関係期間については、通算親法人又は通算子法人のすべてが5年以内に設立された場合の特例がある。
- （※3）組織再編税制における欠損金の引継制限及び保有制限に規定される「みなし共同事業要件」に相当する要件である。
- （※4）新たな事業の開始とは、その通算法人において既に行っている事業とは異なる事業を開始したことをいう。
- （※5）支配関係後、開始までの間の繰越欠損金も含まれる。
- （※6）特定欠損金とは、繰越欠損金のうちその法人の損益通算後の所得を上限として控除が認められる欠損金をいう。つまり、他の通算法人の所得からは控除できない繰越欠損金である。
- （※7）特定資産とは、支配関係事業年度開始日前から保有する資産をいう。

グループ通算制度 第11章

(※8) 損益通算についての制限は一切ない。
(※9) 多額の償却費とは、総原価に占める減価償却費の割合が30%を超える場合をいう。制限期間とは、開始日（又は加入日）から、以後3年経過日と支配関係発生日以後5年経過日のうち、いずれか早い日までの期間をいう。
(※10) 上記（※9）との違いは、欠損金のうち特定資産譲渡等損失からなる欠損金のみが損益通算の対象外とされている点である。
(※11) 支配関係日以後、新たな事業を開始した場合には、多額の償却費の発生事業年度に該当するか否かにかかわらず、開始（又は加入）以後において制限期間内に生じた特定資産譲渡等損失額は損金不算入となる。つまり、特定欠損金は翌期以降損金算入される可能性があるのに対し、損金不算入（社外流出処理）は永久に損金算入される機会はなくなる。

11.4.4 取止め・離脱にともなう通算法人株式の帳簿価額の修正（投資簿価修正）

グループ通算制度の取止め等にともない、通算法人の保有する他の通算法人の株式の取止め等、直前の帳簿価額を当該他の通算法人の簿価純資産（資産の時価評価を要する場合には、時価を反映した後の純資産）×保有割合に等しくなるように修正することを投資簿価修正という。

① 簿価純資産　　　　　150　　＞　　株式の帳簿価額100の場合
　　　　　　　　　　　　　　　　　　（保有割合100%とする）

　　株式　　　　　　　　50　／　利益積立金　　　　　50
　　　　　　　　（150×100%－100＝50）

② 簿価純資産　　　　　70　　＜　　株式の帳簿価額100の場合
　　　　　　　　　　　　　　　　　　（保有割合100%とする）

　　利益積金　　　　　　30　／　株式　　　　　　　　30
　　　　　　　　（70×100%－100＝△30）

| 簿価純資産 150 | 株式帳簿価額 100 |
| | 修正額（＋）50 |

| 簿価純資産 70 | 株式帳簿価額 100 |
| 修正額（－）30 | |

337

連結納税制度のもとでは、連結納税グループ全体を1つの納税主体とするため、グループとしての利益の二重課税又は損失の二重控除の排除を目的として、株主である法人において保有する他の連結法人株式の帳簿価額を調整する投資簿価修正が行われることとされていた。

一方、グループ通算制度のもとにおいては、通算グループを構成する個々の通算法人は単体として納税単位となっているので、本来、投資簿価修正の必要はない。

しかしながら、通算グループ内で損益通算が認められるなど法形態は異なるものの、グループ全体で合併したのとその経済的実態としては類似しており、100％子法人に対する投資金額はその中身である子法人の簿価純資産と等しい（下図参照）とする考えのもと、子法人株式の帳簿価額を子法人の簿価純資産額に合わせるための修正が行われるのである。これにより、連結納税と同様、グループ内での二重課税又は二重控除は排除されることとなる。

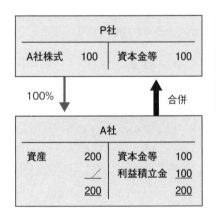

以上からおわかりのように、P社ではA社株式がA社の純資産に置き代わっただけである。

以下離脱の場合の例を取り上げる。

グループ通算制度 | 第11章

〈例〉

P社（通算親法人）	
A社株式　200	

P社は、A社を資本金200で新規設立した。
その後、P社はA社株式のすべてを1,500で外部に売却することになった。

A社（通算子法人）			
資産	1,000	資本金等	100
（含み益）	300	利益積立金	800
	1,000		1,000

離脱（株式売却）日の前日におけるA社の税務上のB/Sは左記のようであった。

〈設問1〉A社が離脱時に資金の時価評価を行う必要がない場合

〈設問2〉A社は離脱後、主要な事業の継続見込みがないため、離脱時に資産の時価評価を行う必要がある場合

[解答]

離脱時における税務処理は次のとおりである

		〈設問1〉の場合	〈設問2〉の場合
	A社	—	資産　　300／評価益　　300
P社	投資簿価修正^{（※）}	A社株式　　800／利益積立金　　800 1,000×100%－200＝800	A社株式　1,100／利益積立金　1,100 （1,000＋300）×100%－200 ＝1,100
	A社株式の売却	現金　　1,500／A社株式　　1,000 　　　　　　／売却益　　　500	現金　　1,500／A社株式　　1,300 　　　　　　／売却益　　　200

（※）A社はP社との通算完全支配関係がなくなり通算終了事由（通算制度の承認効力消滅）が生じるため、P社においてA社株式の投資簿価修正を行う。

　以上のように、A社において離脱時に資金の資産の時価評価を行う（〈設問2〉）と、時価評価を行わなかった（〈設問1〉）ならばP社で計上される株式の売却（損）益300が、離脱法人であるA社において時価評価（損）益

339

300として計上されることとなる。

なお、投資簿価修正後の帳簿価額を超える売却益（200）は、いずれの場合も課税される。

もし、上の〈例〉において投資簿価修正800が行われなかった場合には、P社のA社株式売却益は1,300（1,500 − 200 ＝ 1,300）となり、A社で既に課税済みとなった利益積立金800が二重に課税されることになる。

11.5 所得金額の計算

11.5.1 所得金額計算の概要

各通算法人の所得金額は、次のような流れで計算される。

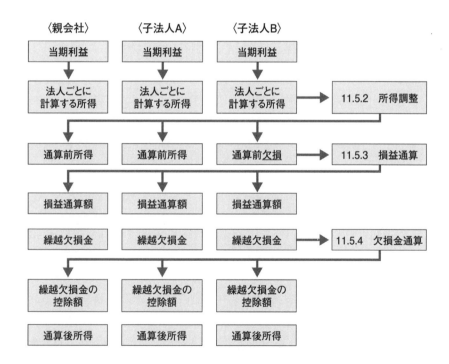

11.5.2 所得計算の調整

グループ通算制度では各通算法人が納税主体であるから、通算グループ内の各通算法人の所得金額は、基本的には各通算法人において通常の単体課税と同様に計算される。また、通算グループ内の法人はすべて完全支配関係を有するところから、グループ内法人間の一定の取引についても当然グループ法人税制は強制適用されることになる。

さらに、グループ通算制度特有の計算項目、計算方法も適用される。

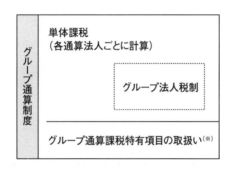

通算グループ内の各通算法人ごとに計算される項目の中には、1つの項目の中に、グループ法人税制とグループ通算課税が同時に適用されるものもある。

たとえば、貸倒引当金（法法52条）を例にとれば、次のようになっている。

	計算方法	適用される課税方式
①	基本的には、通算法人ごとに通常の単体課税と同様に計算される。	通常の単体課税適用
②	貸倒引当金の設定対象となる<u>中小通算法人の判定</u>は、通算グループ内のすべての法人が中小通算法人に該当するか否かによって判定される。	グループ通算課税適用
③	<u>完全支配関係のある法人に対する債権</u>は、設定対象となる個別評価金銭債権及び一括評価金銭債権から除かれる。また、貸倒実績率の計算上も除かれる。	グループ法人税制適用

第3部 | 税務編

（※）グループ通算課税適用項目

　　各法人ごとに計算する個別項目の中には、単体課税における通常適用される項目のほか、以下のようなグループ通算課税において適用される特有の項目がある（「グループ法人税制」の適用を除く）。

	項目	内容	参照
①	外国子会社からの受取配当等の益金不算入（法法23条の2）	外国子会社からの配当等に該当するか否かの判定は、通算法人全体の所有株式数を合算して行う。	
②	通算子法人株式の評価損益（法法25条、33条）	通算子法人の株式については評価損益は計上しない。	
③	通算子法人株式の譲渡損益（法法61条の2～61条の4、61条の1第1項、8項）	通算子法人株式を通算グループ内の他の法人に譲渡した場合には譲渡損益を計上しない 通算子法人株式を外部に譲渡（離脱）した場合には投資簿価修正が必要となる	
④	租税公課・還付金（法法26条、38条）	通算法人が他の通算法人との間で通算税効果額を授受する場合には、その授受する金額は、益金の額又は損金の額に算入しない	
⑤	貸倒引当金（法法52条）	貸倒引当金の設定対象となる中小通算法人に該当するか否かは、通算グループ内のすべての通算法人が中小通算法人に該当する必要がある。	11.4.1
⑥	欠損金の繰越控除（法法57条11項）	損金算入制度限度額の特例（所得金額の100％控除）が適用されるのは通算グループ内のすべての通算法人が中小通算法人に該当する場合である。	11.4.1
⑦	過大支払利子税制（法法66条の5の2）	適用免除基準（対象純支払利子等の額が2,000万円以下）の判定については通算グループ全体で行う。	
⑧	交際費等の損金不算入	中小通算法人の交際費等損金不算入額の計算上、定額控除限度額（800万円）は支払交際費に応じて各通算法人に分配されて算出する。	11.4.1

　　以上の個別項目における特有の取扱いのほか、以下のようなグループ通算制度に特有な取扱いがある。

342

	項目	内容	参照
①	グループ通算制度の開始・加入・取止め・離脱にともなう資産の時価評価	グループ通算制度の開始・加入にあたり、時価評価対象法人の保有する一定の時価評価対象資産につき時価評価が必要とされている。また、取止め・離脱等においても時価評価が必要となる場合がある。	11.4.2
②	株式等保有法人における通算子法人株式の時価評価	投資簿価修正を利用して、完全子法人化したうえで、短期的にその株式を外部譲渡することによる租税回避行為の防止を目的として時価評価が必要とされる。	11.4.2
③	グループ通算制度の開始・加入・取止め・離脱にともなう繰越欠損金の取扱い	グループ通算制度開始・加入にあたり、原則として繰越欠損金は切り捨てられるが、一定の場合には特定欠損金として引き継がれる。また、取止め・離脱等においては離脱時においては、一定の場合を除き引き継がれる。	11.4.3
④	通算法人間の損益通算	グループ内の各法人はそれぞれが納税主体となっているが、グループ内での損益が通算できる仕組みとなっている。	11.5.3
⑤	通算法人間の繰越欠損金の通算	グループ内の各法人は、それぞれが納税主体となっているが、グループ内での繰越欠損金は通算できる仕組みとなっている。	11.5.4
⑥	通算グループ内の通算法人に修更正があった場合の取扱い	通算グループ法人の中に修更正があった場合、グループ全体の再計算をせず、当該法人のみ再計算をする特別措置（遮断措置という）が設けられている。	11.5.5
⑦	通算グループからの離脱・取止めにともなう投資簿価修正（所有する他の通算法人株式の簿価修正）	グループ通算制度の取止め・離脱にあたり、保有する子法人株式会社の帳簿価額は、その子法人の簿価純資産価額に修正される。	11.4.4

11.5.3 損益通算

　グループ通算制度においては、納税主体は通算グループ内の各法人とされているが、特有の所得調整項目の1つとして、その通算事業年度に生じた欠損法人の欠損金額を所得の生じている法人において損金算入することができる。これをグループ通算制度における「損益通算」という。

〈例〉（所得金額合計額＞欠損金額合計額）

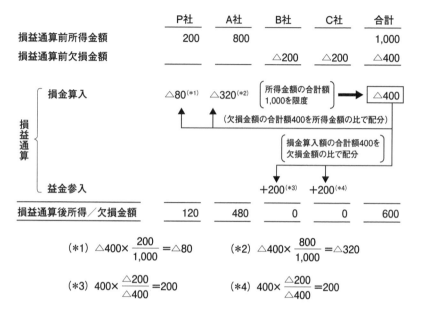

損益通算の税務処理

P社	損金	80	/	社外流出(注)	80
A社	損金	32	/	社外流出(注)	320
B社	社外流出(注)	200	/	益金	200
C社	社外流出(注)	200	/	益金	200

（注）所得金額の増減に対応する純資産の増減がないため。

11.5.4 繰越欠損金の通算

(1) グループ通算制度における繰越欠損金

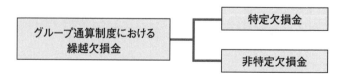

グループ通算制度における繰越欠損金には、主としてグループ通算制度の開始・加入前に発生した繰越欠損金と通算制度の開始・加入後に発生した繰越欠損金の2つがある。

前者を特定欠損金といい、その法人の所得を上限にしてその法人からしか控除できないのに対し、後者の非特定欠損金（特定欠損金以外の欠損金）は、グループ全体で共有して他の通算法人からも控除が可能である。

(2) 繰越欠損金の控除計算順序

繰越欠損金の損金算入額の計算は、当事業年度開始前10年以内に開始した通算親法人の事業年度（発生年度）に相当する通算法人の事業年度に発生した繰越欠損金について、通算グループ全体で発生年度ごとにまとめてとらえ、欠損金の発生年度ごとに古い順から控除し、特定欠損金と非特定欠損金がある場合は、まず特定欠損金から控除計算し、次に非特定欠損金の順に控除計算する。

繰越欠損金発生年度別残高は次のとおりであった。
なお、当社は中小通算法人に該当しない。

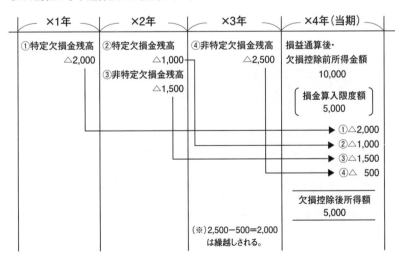

(3) 繰越欠損金の損金算入額の計算

〈設例1〉

①損益通算後所得金額（＝欠損控除前）

P社(注)	A社	B社	合計
6,300	1,800	900	9,000

(注) P社は中小通算法人には該当しない。

②繰越特定欠損金残高

P社	A社	B社	合計
3,300	800	1,200	5,300

解答

特定欠損金額のグループ合計額＞損金算入限度額のグループ合計額の場合、図解すると次のようになる。

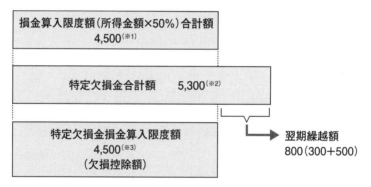

(※1) P社が中小通算法人時に該当しないことから、グループ内のすべての法人が中小通算法人に該当しないこととなり、損金算入限度額は所得金額の50％となる。
(※2) B社の特定欠損金1,200は所得金額900を限度とされるため、差額300は翌期以降に繰り越される。これにより、特定欠損金の損金算入可能額は5,000となる。
(※3) 特定欠損金の損金算入限度額の計算
特定欠損金の損金算入可能額（5,000）のうち、各法人で損金算入される額は次の算式で算定された特定欠損金の損金算入限度額までの金額である。この損金算入限度額を超える金額は、翌期以降に繰り越される。

グループ通算制度 第11章

〈算式〉

特定損金算入限度額 ＝ 当該通算法人の 特定欠損金額 × 特定損金算入割合 $\left[\dfrac{通算グループ全体の損金算入限度額合計の残高（4,500）}{特定欠損金額（欠損控除前所得金額の残額を上限）の通算グループ合計額（5,000）}\right]$ （1を上限とする）

（欠損金控除前所得金額の残額を上限）

			特定損金算入限度額	繰越額
P社	$3,300 \times \left(\dfrac{4,500}{5,000}\right) =$		2,970	330
A社	$800 \times \left(\dfrac{4,500}{5,000}\right) =$		720	80
B社	$900 \times \left(\dfrac{4,500}{5,000}\right) =$		810	90
合計	5,000		4,500	500

　なお、P社とA社においては損金算入限度額が特定欠損金の損金算入限度額を上回っており、いわゆる控除不足の状態が生じ、一方、B社においては逆に後者の方が前者を上回っている、いわゆる控除超過の状態が生じている。

　そして、控除不足額と控除超過額のそれぞれの合計額は一致する。

	①損金算入限度額	②特定損金算入限度額	控除不足／超過額
P社	3,150	2,970	△180（不足）
A社	900	720	△180（不足）
B社	450	810	360（超過）
	4,500	4,500	0

　これによりP社及びA社の損金算入限度額は減額（使用）され、一方、B社の損金算入限度額は増額され、B社は損金算入限度額を超えて欠損金が控

除される。

　このように損金算入限度額は、グループ内で共有されて各法人間での調整が行われる。

　全体の損金算入限度額の調整を図示すると次のようになる。

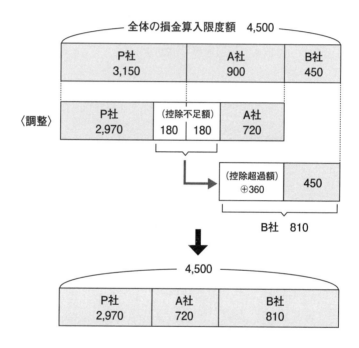

　以上から、所得金額及び繰越欠損金保有額は次のようになる。

〈所得金額〉

	P社	A社	B社	合計
欠損控除前所得	6,300	1,800	900	9,000
特定欠損金控除額	△2,970	△720	△810	△4,500
欠損控除後所得金額	3,330	1,080	90	4,500

グループ通算制度 | 第11章

〈繰越特定欠損金保有額〉

	P社	A社	B社	合計
繰越特定欠損金保有額	3,300	800	1,200	5,300
当期損金算入額	△2,970	△720	△810	△4,500
翌期繰越額	330	80	390	800

〈設例2〉（特定欠損金額＋非特定欠損金額）グループ合計額＞損金算入限度
　　　　額グループ合計額＞特定欠損金額グループ合計額

①損益通算後・欠損控除前所得金額

P社(注)	A社	B社	C社	合計
6,300	1,800	900	0	9,000

（注）P社は中小通算法人に該当しない。

②繰越欠損金残高

	P社	A社	B社	C社	合計
特定欠損金	2,000	800	1,200	―	4,000
非特定欠損金	―	200	―	1,000	1,200
繰越欠損金計	2,000	1,000	1,200	1,000	5,200

なお、繰越欠損金の発生年度は同じとする。

解答

　特定欠損金額のグループ合計額　＜　損金算入限度額のグループ合計額
＜　（特定欠損金額＋非特定欠損金額）の場合、図解すると次のようになる。

349

第3部 | 税務編

損金算入限度額所得金額 4,500[※1]	
特定欠損金合計額 3,700[※2]	非特定欠損金 合計額 1,200

翌期繰越額 400

特定欠損金損金算入限度額 3,700[※3] （欠損控除額）	非特定欠損金 損金算入 限度額 （欠損控除額） 800

1. 特定欠損金控除額

　（※1）所得金額合計　9,000 × 50% ＝ 4,500

　（※2）B社　特定欠損金　1,200　＞　所得金額　900

　　　　　∴　900 が限度　（300 は繰越し）

　（※3）特定欠損金の損金算入限度額の計算

	特定損金算入限度額	繰越額
P社 $2,000 \times \left(\dfrac{4,500}{3,700} \to 1 \right)$ =	2,000	0
A社 $800 \times \left(\dfrac{4,500}{3,700} \to 1 \right)$ =	800	0
B社 $900 \times \left(\dfrac{4,500}{3,700} \to 1 \right)$ =	900	0
合計 3,700	3,700	0

　特定欠損金損金算入限度額は、4,500　＞　3,700　であるため、全額が控除される。

350

2. 非特定欠損金の控除額

以上の1. 特定欠損金控除後の全体像を示せば、次のようになる。

① 非特定欠損金の配賦（組み替え）

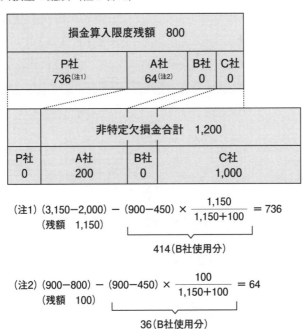

P社では損金算入限度額枠736を有しているが、損金算入可能である繰越非特定欠損金を有していない。そのため、P社では損金算入額は0となる。

第3部 税務編

　一方、逆にＣ社は損金算入可能な繰越非特定欠損金を1,000有しているに
もかかわらず、所得金額がないため損金算入限度額残額を有しておらず、損
金算入額は0となる。そのため、非特定欠損金においては、以下②のような
配賦計算が行われる。

②非特定欠損金の配賦（付替え）計算
　　　〈算式〉

$$\text{非特定欠損金配賦額} \atop \text{（配賦後の欠損金額）} = {\text{非特定欠損金の} \atop {\text{通算グループ合計額} \atop (1,200)}} \times \frac{\text{当該通算法人の損金} \atop \text{算入限度額の残額}}{\text{損金算入限度額の残額の} \atop \text{通算グループ合計額(800)}}$$

　この算式は損金算入限度額の残金の割合で非特定欠損金を付け替えること
によって、通算グループ全体として損金算入限度額の残額を最大限使用（非
特定欠損金の控除）するものである。
　配賦後（組み替え後）の不特定欠損金額は次のようになる。

$$\text{P社} \quad 1,200 \times \frac{736}{736+64} = 1,104$$

$$\text{A社} \quad 1,200 \times \frac{64}{736+64} = 96$$

$$\text{B社} \quad 1,200 \times \frac{0}{736+64} = 0$$

$$\text{C社} \quad 1,200 \times \frac{0}{736+64} = 0$$

$$\overline{1,200}$$

		P社	A社	B社	C社	合計
イ	非特定欠損金 (配賦前)	0	200	0	1,000	1,200
ロ	付替額（ハーイ）	1,104	△104		△1,000	0
ハ	非特定欠損金配賦額 (配賦後)	1,104	96	0	0	1,200

以上を図解すると次のとおり。

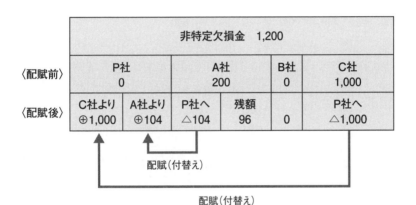

③非特定欠損金の損金算入限度額の計算

上記②で算定された非特定欠損金配賦額のうち、各法人で損金算入される額は、次の算式で算定された非特定欠損金の損金算入限度額までの金額である。

〈算式〉

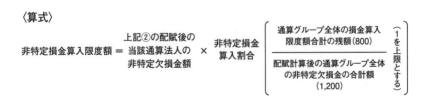

第3部 | 税務編

			非特定損金算入限度額	繰越額
P社	$1,104 \times \dfrac{800}{1,200}$	$=$	736	—
A社	$96 \times \dfrac{800}{1,200}$	$=$	64	—
B社	0		0	—
C社	0		0	—
	1,200		800	—

　つまり、グループ全体で損金算入額を最大化するためにA社の非特定欠損金200のうち104とC社の不特定欠損金1,000はP社に付け替えられて、その損金算入限度額がP社で損金算入されることになる。

　P社の損金算入額736はA社からの付け替え分69〔$104 \times \dfrac{800}{1,200}$〕とC社からの付け替え分667〔$1,000 \times \dfrac{800}{1,200}$〕から成っている。また、A社は200のうち96〔$200 - 104$〕に対する非特定損金算入限度額〔$96 \times \dfrac{800}{1,200} = 64$〕は、自社で損金算入する。

　以上により、非特定欠損金は損金算入限度額800が全額控除される。

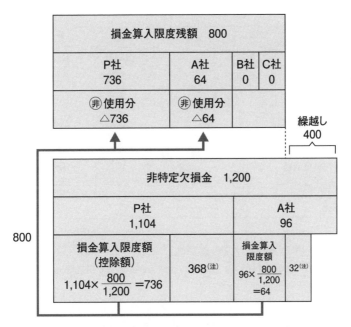

（注）P社及びA社の繰越額ではない。詳細は後述（※）参照

以上から、所得金額及び繰越欠損金保有額は次のとおりとなる。

〈所得金額〉

	P社	A社	B社	C社	合計
欠損控除前所得金額	6,300	1,800	900	0	9,000
特定欠損金控除額	△2,000	△800	△900	0	△3,700
非特定欠損金控除額	△736	△64	0	0	△800
欠損控除後所得金額	3,564	936	0	0	4,500

第3部 | 税務編

〈特定欠損金保有額〉

	P社	A社	B社	C社	合計
特定欠損金保有額	2,000	800	1,200	0	4,000
当期損金算入額	△2,000	△800	△900	0	△3,700
翌期繰越額	0	0	300	0	300

〈非特定欠損金保有額〉

	P社	A社	B社	C社	合計
非特定欠損金保有額	0	200	0	1,000	1,200
当期損金算入額(※)	0	△133	0	△667	△800
翌期繰越額(※)	0	67	0	333	400

（※）特定欠損金の損金算入額・繰越額

上記②の配賦（付替え）計算は、非特定欠損金の損金算入額をグループ全体で共有するためのものである。

グループ内といえども別法人であるA社及びC社の非特定欠損金がP社に移転したわけではない。しかしながら、A社及びC社の非特定欠損金がP社で使用されたことに変わりはない。

そこで、非特定欠損金保有額のうち損金算入額は、A社及びC社の非特定欠損金保有額に非特定損金算入割合〔$\frac{800}{1,200}$〕を乗じて計算される。

			非特定損金算入限度額	繰越額
A社	$200 \times \dfrac{800}{1,200} =$		133(注1)	67
C社	$1,000 \times \dfrac{800}{1,200} =$		667(注2)	333
	1,200		800	400

（注1）このうち、$104 \times \frac{800}{1,200} = 69$はP社の損金算入額に含まれ、残り$(200-104) \times \frac{800}{1,200} = 64$は自社（A社）で損金算入されている。

（注2）C社は667全額がP社で損金算入されている。

グループ通算制度 第11章

　非特定欠損金の場合は、特定欠損金のように損金算入限度（50%）を超え
て欠損金控除することはできない。そのため、損金算入限度額の調整ではな
く、グループ内で共有されたこの非特定欠損金を各法人間で配賦することで
グループ全体として欠損金控除のメリットを受けることができる。
　逆に、特定欠損金については、その法人の所得金額を上限として控除でき
るとする制限があるため、このような各法人間での配賦計算はできない。

11.5.5　修更正があった場合における損益通算及び
　　　　　繰越欠損金通算の遮断措置

　通算グループ法人の当初申告に修正申告・更正（以下「修更正」という）
があった場合は、全体計算をすべてやり直すのではなく、修更正があった<u>当
該法人のみ再計算が行われる</u>。
　再計算にあたり、当初申告で行われた以下の金額は固定される。

　イ　損益通算した金額
　ロ　非特定欠損金を他の法人に配賦（付替え）して使用された金額
　ハ　損金算入限度額のうち他の法人に配賦（付替え）して使用された金
　　　額（特定欠損金）

　上記イは損益通算の遮断措置と呼ばれ、上記ロとハは繰越欠損金通算の遮
断措置と呼ばれる。
　ロは非特定欠損金を配賦した（あげた）法人側は非特定欠損金から減額さ
れる金額（自社の損金算入限度額は使用していないので、損金算入限度額は
減額しない）、一方、配賦を受けた（もらった）法人側では損金算入限度額
を使用したので、損金算入限度額から減額される金額である。
　ハは特定欠損金の損金算入限度額のうち配分した（あげた）法人側は損金
算入限度額から減額される金額、一方、配分を受けた（もらった）法人側で
は損金算入限度額を増額する金額である。

第3部 | 税務編

　ただし、一定の要件に該当する場合には、上記イに関し全体で再計算する必要がある。

11.6 税額計算

11.6.1 法人税額

（1）法人税率

　通算法人の法人税率計算上の税率は、単体課税における税率と同じである。

　普通法人の税率は次のとおりである。

法人区分			所得区分	税率
期末資本金1億円超	大通算法人[※]	軽減税率不適用		23.2%
期末資本金1億円以下	中小通算法人[※]	軽減税率適用	年800万円超	
			年800万円以下	15(19)%

[※] 中小通算法人と大通算法人の定義については、11.4.1参照。

（2）軽減税率適用対象所得金額の計算

　各中小通算法人において軽減税率の適用対象となる取得金額の<u>上限</u>は、下記の算式（イ）により計算される。

　つまり、年800万円を各通算法人の各事業年度の所得の金額[注]で按分して計算される。

　そして、算定された金額と各通算法人の所得金額を比較していずれか少ない額が軽減税率適用所得金額となる。

　（注）「所得の金額」とは、プラスの所得金額をいう。

358

グループ通算制度 | 第11章

〈算式〉

(イ) 各通算法人の軽減税率適用対象所得金額 ＝ 800万円 × $\dfrac{\text{当該中小法人の所得の金額}}{\text{各中小通算法人の所得の金額の合計額}}$

(ロ) 所得金額

(ハ) 軽減税率適用所得金額
上記（イ）と（ロ）のいずれか少ない額

〈例1〉 すべての法人で所得の金額の場合

（単位：万円）

	P社	A社	B社	合計
(ロ) 所得金額	800	300	100	1,200
(イ) 軽減税率適用対象所得金額	$800 \times \dfrac{800}{1,200}$ $=533$	$800 \times \dfrac{300}{1,200}$ $=200$	$800 \times \dfrac{100}{1,200}$ $=67$	800
(ハ) 軽減税率適用所得金額	（イ）＜（ロ）∴533	（イ）＜（ロ）∴200	（イ）＜（ロ）∴67	800

〈例2〉 欠損金額の法人がある場合

（単位：万円）

	P社	A社	B社	合計
(ロ) 所得金額	700	300	△100	900
(イ) 軽減税率適用対象所得金額	$800 \times \dfrac{700}{700+300}$ $=560$	$800 \times \dfrac{300}{700+300}$ $=240$		800
(ハ) 軽減税率適用所得金額	（イ）＜（ロ）∴560	（イ）＜（ロ）∴240		800

359

第3部 | 税務編

(3) 修更正における軽減税率適用対象所得金額の遮断措置

修更正により、通算グループ内のいずれかの法人の各事業年度の所得の金額が当初申告の金額と異なることとなった場合、原則として当初申告の金額を各中小通算法人の所得とみなして軽減税率適用対象所得金額を計算する。

これにより、通算グループ内のいずれかの法人の所得の金額が変化しても、軽減税率適用対象所得金額は修正されることなく固定され、修更正の影響は遮断されることになる。

〈例〉P社の所得金額が800から1,100に修正された。

(単位：万円)

	P社		合計	
	当初申告	修正後	当初申告	修正後
(ロ) 所得金額	800	1,100	1,200	1,500
(イ) 軽減税率適用対象所得金額	$800 \times \dfrac{800}{1,200}$ $=533$	$800 \times \dfrac{800}{1,200}$ $=533$ (注)	800	800
(ハ) 軽減税率適用所得金額	(イ) ＜ (ロ) ∴533	(イ) ＜ (ロ) ∴533	800	800

(注) 修正後の所得の金額の合計額 (1,500) が800万円を超えているため、当初申告の所得金額を所得金額とみなして軽減税率適用対象所得金額が計算されるので〔$800 \times \dfrac{1,100}{1,500} = 586$〕という全体での再計算はしない。

11.6.2 税額調整

グループ通算における税額調整等についても、所得金額の算定と同様、通算グループ内の各法人ごとに算定するものと、グループ通算独自の計算をし、グループ全体での調整金額を決めたうえで各法人への配賦額を算定するものがある。

グループ通算制度 第11章

項目	グループ通算制度における特有計算
(1) 所得税額控除 （法法68条）	通算グループ内の法人間で元本株式等の売買があった場合には、なかったものとして計算する。
(2) 外国税額控除 （法法69条）	控除限度額は適用法人全体の計算要素を用いながら各法人ごとに計算する。^(※1)
(3) 試験研究費の 税額控除 （措法42条の4）	通算グループを一体として計算した税額控除限度額と税額基準額（控除上限額）とのいずれか少ない額を各通算法人の調整前法人税額の比で按分した金額が各通算法人の税額控除限度額とされる。したがって、試験研究費を支出していない通算法人であっても税額控除が行われる可能性がある。^(※2)
(4) 特定同族会社の 留保金課税 （法法67条）	・通算グループ内の法人間の配当等については、なかったものとして一定の調整が行われる。 ・通算グループ内のすべての法人が通算事業年度終了日において中小通算法人に該当する場合には、留保金課税は停止される（逆に、通算グループ内に1社でも大通算法人がある場合には、他の要件に該当すればグループ内すべての法人が課税対象となる）。

（※1）

1. 法人税額の控除限度額の計算

〈算式（法令148条）〉

各通算法人の控除限度額 ＝ 調整前控除限度額(A)－ 控除限度調整額(B)

(A) の計算式

$$調整前控除限度額 ＝ \frac{各通算法人の}{法人税額の合計額} \times \frac{当該通算法人の調整国外所得金額}{各通算法人の所得金額の合計額}$$

(B) の計算式

$$控除限度調整額 ＝ \frac{各通算法人のマイナス(-)の調整前控除限度(A)の合計額}{} \times \frac{当該通算法人のプラス(+)の調整前控除限度額(A)}{各通算法人のプラス(+)の調整前控除限度額(A)の合計額}$$

第3部 税務編

　つまり、通算グループを一体として控除限度額の計算をし、それを各通算
法人に配分するのではなく、通算グループ全体の計算要素（各通算法人の法
人税額、所得金額及び国外所得金額）を用いながら<u>各通算法人ごと</u>の控除限
度額をそれぞれ算出する計算式となっている。

2. 修更正における外国税額控除の遮断措置

　修更正により、当初申告における外国税額控除額に変更があった場合（変
更がなければ関係ない）、外国税額控除額は当初申告のまま固定され、再計
算された外国税額控除額との差額は当期（進行事業年度）においてまとめて
修正されることになっている。これを外国税額控除における遮断措置と呼
ぶ。

（※2）

　修更正における試験研究費特別控除の遮断措置

　修更正により、グループ全体の税額控除可能額が当初申告の税額控除可能
額と異なり、当該修更正された通算法人の税額控除可能分配額も当初申告の
分配額と異なる場合には、原則として当該修更正を行う通算法人においての
み税額控除可能分配額の調整が行われ、他の通算法人の分配額の再計算はし
ない（つまり、他の通算法人の分配額は当初申告のまま固定される）。

　これを修更正にともなう試験研究費特別控除の遮断措置という。

11.7 地方税とグループ通算制度

　法人住民税（以下「住民税」）及び法人事業税（以下「事業税」）について
は、グループ通算制度は創設されていない。したがって法人税についてグ
ループ通算制度を選択する場合においても、地方税については単体課税を行
うこととなる。

グループ通算制度 | 第11章

　グループ通算課税を行う場合には、本来は地方税の計算上、法人税の単体課税における所得金額及び法人税額に調整すべきであるが、納税者の事務負担を考慮し、基本的にはグループ通算制度特有の項目のうち以下の項目を除いて、それぞれの法人の計算によることとされている。

　グループ通算制度特有項目のうち通算制度の影響を排除される項目（つまり、住民税及び事業税の計算上は適用しない項目）としては次のものがある。

---

①通算グループ内の損益通算
②通算グループ内の繰越欠損金の通算
③開始・加入時の繰越欠損金の切捨て

　なお、修更正における遮断措置については特に調整しない。

(1) 住民税
　上記①損益通算が行われた場合を例にとれば、以下のようになる。
　損益通算がなかったものとして、課税標準である法人税額を算定する。計算過程を示せば、以下の表のようになる。

第3部 | 税務編

〈例〉

		P社	A社	B社	計
法人税額の計算	損益通算前所得	1,000	500	△300	1,200
	損益通算	△200	△100	300	0
		（※1）	（※1）	（※2）	
	損益通算後所得	800	400	0	1,200
	法人税額 （20%とする）	160	80	0	240
住民税額の計算	法人税額	160	80	0	240
	加算対象通算対象	40	20	0	60
	欠損調整額	（※1）	（※1）		
	課税標準	200	100	0	300
	住民税額 （10%とする）	20	10	0	30

〈参考〉

	P社	A社	B社	計
	1,000	500	△300	1,200
	―	―	―	―
	1,000	500	△300	1,200
	200	100	0	300
	200	100	0	300
	―	―	―	―
	200	100	0	300
	20	10	0	30

（※1）加算対象通算対象欠損調整額 ＝ 通算対象欠損金額 × 法人税率
（損金算入相当額）

P社 40	＝	200	×	20%
A社 20	＝	100	×	20%

　P社とA社については、B社の欠損金の損金算入額は、損益通算がなかったものとして計算するのであるから実質的には右の表〈参考〉のような計算過程となるはずである。

　しかし、実際には法人税額の計算は損益通算後の所得をもとに計算される。

　そこで右の表の法人税額と左の表の法人税額の調整をするために、住民税額の計算上「加算対象通算対象欠損調整額」の加算が必要となる。

　これにより、結果として住民税の計算上は損益通算が排除されることになる。

（※2）益金算入額は、本来はB社の欠損金に相当する額であるため、繰越欠損金として10年間の繰越控除が行われるものである。

グループ通算制度 | 第11章

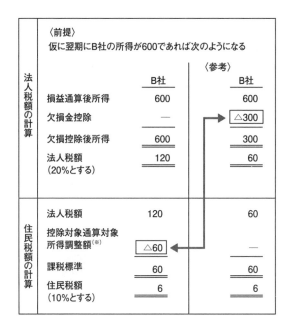

（※）控除対象通算対象所得調整額 ＝ 通算対象欠損金額 × 法人税率
　　　　　　　　　　　　　　　　　（損金算入相当額）
　　　　　　　60　　　＝　　　300　　×　20％

　B社においては欠損金の益金算入額の損益通算がなかったものとして計算するのであるから、（※2）の右の表〈参考〉のような計算過程となるはずである。
　しかし、実際には法人税額の計算は損益通算後の所得をもとに計算される。
　そこで、右の表の法人税額と左の表の法人税額の調整をするために、住民税額の計算上「控除対象通算対象所得調整額」の控除が必要となる。
　これにより、結果として住民税の計算上は損益通算が排除されることになる。

365

(2) 事業税
  1. 所得割の課税標準
      事業税（所得割）＝ 所得金額 × 事業税率
                    （課税標準）
   事業税（所得割）の課税標準は、基本的には当該事業年度の所得金額である。
   グループ通算制度における所得金額は、住民税計算と同様、通算グループ内の損益通算、繰越欠損の通算規定などは適用しないで計算される。
   なお、事業税の繰越欠損金は10年間の繰越控除が行われる。

  2. 外形標準課税の取扱い
   資本金1億円超の法人については外形標準課税が適用される。
   グループ通算制度を適用している場合であっても、グループ全体ではなく各通算法人ごとに判定される。
      事業税 ＝ ①所得割 ＋ ②付加価値割 ＋ ③資本割

  ①所得割
     上記1の所得割と同じ。

  ②付加価値割

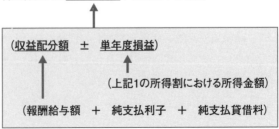

第 **12** 章

持株会社の運営と税務

Tax

12.1 持株会社の損益構造

　持株会社の各事業年度における課税問題は、通常の親子会社間における課税問題と基本的に異なるところはない。ただ、純粋持株会社は事業持株会社と違って、不動産賃貸等を除いて事業に係る課税所得の発生する余地があまりない。

　持株会社の損益構造として予想されるものは、

① 収益面では、主要なものは何といっても傘下の子会社からの受取配当金及び次のような各種サービスの提供に対する対価収入が考えられる。

　100％所有子会社からの受取配当金についてはグループ法人税制が適用され、全額が損金不算入となる。

・債務保証に対する保証料

・情報提供に対する対価

・経営指導に対する対価

・所有不動産などの賃借料など

　さらに、持株会社自体の維持及び持株会社の行うグループ全体ないしは子会社の管理のための費用負担収入も考えられる。これら費用負担に必要な資金は、持株会社の運営上必ず調達しなければならない資金であることは確かである。

第3部 税務編

② 費用としては、次のようなものがある。
- ・サービス提供（情報提供、経営指導等）に要する費用
- ・持株会社運営のために必要な費用
- ・グループないしは子会社の維持管理のために要する費用

　以上を損益計算書（P/L）の形で示せば、図表12-1のようになる。持株会社の収入のほとんどを受取配当金が占める場合には、税務上、受取配当金益金不算入の制度により、法人税の負担はあまり発生しないということになる。なお、受取配当金の益金不算入制度については次の12.1.1に詳述した。

図表12-1　持株会社の損益構造

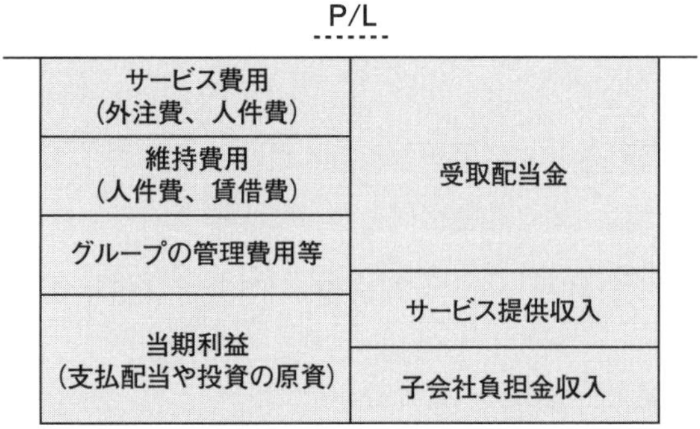

P/L

サービス費用 （外注費、人件費）	受取配当金
維持費用 （人件費、賃借費）	
グループの管理費用等	
当期利益 （支払配当や投資の原資）	サービス提供収入
	子会社負担金収入

　当期利益は、将来的には持株会社の行うM&Aなどの戦略投資のための資金源となるので重要である。

12.1.1　受取配当金等の益金不算入

　持株会社が傘下の会社から受け取る配当金は、法人税法上は別段の定めとして益金不算入の規定が適用される。
　持株会社が保有する株式はすべてが100％保有とは限らず、益金不算入となる金額は株式等の区分によって以下のように異なっている。

株式等の区分 （株式保有割合）	益金不算入額
①完全子法人株式等 （100%）	受取配当等の額 100%益金不算入
②関連法人株式等 （3分の1超100%未満）(*3)	100%益金不算入／負債利子控除
③その他の株式等 （5%超3分の1以下）(*3)	50%益金不算入
④非支配目的株式等(*1) （5%以下）(*3)	20%益金不算入
⑤証券投資信託(*2)	100%益金算入

(*1) 特定株式投資信託を含む。
(*2) 特定株式投資信託を除く。
(*3) 令和4年4月1日以後開始事業年度より完全支配関係のある法人が保有する株式等も含めて保有割合を判定する。つまり、グループ全体の保有割合をもって判定する。

以上の株式等の区分を図示すると次のようになる。

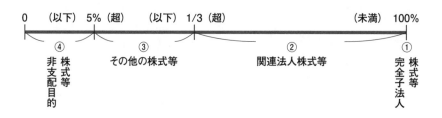

(1) 完全子法人株式等と関連法人株式等

　完全子法人株式等と関連法人株式等の場合は、計算期間を通してこの保有

割合を所有している必要がある。ただし、計算期間の定義はそれぞれ異なり、さらに特例もある。

　　イ．完全子法人株式等の計算期間

　　　　今回の配当の基準日（決算日）前1年間

　　ロ．関連法人株式等の計算期間

　　　　今回の配当の基準日（決算日）前6カ月

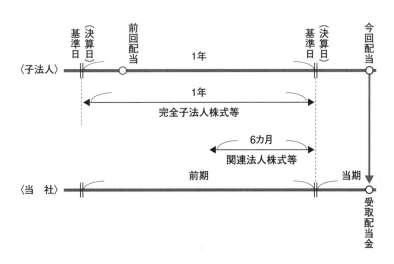

　また、関連法人株式の受取配当金額から控除される負債利子額の計算方法においても、2022（令和4）年4月1日以後開始事業年度より、原則として以下のように改正された。

　　関連法人株式配当額×4%　　｝
　　支払利子等の額×10%　　　　いずれか少ない方（有利）

(2) その他の株式等

　　(1) 完全子法人株式等　　｝
　　(2) 関連法人株式等　　　　のいずれにも該当しない株式等をいう。
　　(3) 非支配目的株式等　　｝

持株会社の運営と税務 | 第12章

以上の定義規定から、必ずしも保有割合が単に5%超3分の1以下の範囲の株式等のみをいうのではなく、保有割合が3分の1超であったとしても、計算期間を通じて継続して保有していないために関連法人株式等に該当しない場合には、その他の株式等に該当することとなる。

(3) 非支配目的株式等

非支配目的株式等は、あくまでも基準日における保有割合（5%以下）によって判定され完全子法人株式等や関連法人株式等の場合のように、一定の計算期間継続保有の要件はない。

12.1.2 持株会社の運営と消費税

消費税は、国内において事業者が事業として対価を得て行う資産の譲渡、資産の貸付け、役務の提供に対して課税される。先述したように、持株会社の収益の主たるものが受取配当金だとすると、受取配当金は株主たる地位に基づいて、出資に対して配当又は分配として受け取るものであるから、消費税の課税対象である資産の譲渡、資産の貸付け、役務の提供のいずれにも該当しない。よって、受取配当金は消費税の課税対象外となり課税されない。

また、逆に持株会社が株主に支払う支払配当金も当然課税対象とならないため仕入税額控除も発生しない。以上、子会社に対するサービス提供等を除けば、持株会社の運営において消費税が課される余地はあまりないといえる。

ご案内のとおり、2023（令和5）年10月1日より適格請求書等保存方式（インボイス制度）がスタートした。

これにより、インボイス発行登録事業者からのインボイスがなければ、原則として仕入税額控除が適用されないこととなった。

持株会社を中核とするグループ経営においても当然影響を受けることになる。たとえば、グループ内のある法人が、代表して仕入れや購買を行い、他のグループ法人に配賦する、いわゆる共同仕入れや共同購入をしているよ

371

うな場合、グループ内の各法人において仕入税額控除の適用を受けるためには、各法人宛のインボイスの保存が必要となる。

しかし、通常、共同購入等の場合は、代表して購入した法人宛のインボイスが交付されるのみで、他のグループ法人宛にインボイスは交付されない。

このような場合、グループ内の他法人で仕入税額控除をとるためには、仕入先から代表購入法人宛に交付されたインボイスの写しとその法人が作成した立替金精算書が必要となる。

ただしインボイスの写しが大量となるなどの事務負担の軽減のため、仕入税額控除に必要な事項を記載した立替金精算書の保存のみで仕入税額控除を行うことができることとされた（Q&A問92）。

12.2 持株会社と子会社との不動産賃貸借取引における課税問題
——持株会社が所有する土地を子会社が賃借して建物を建設する場合の留意点

12.2.1　借地権を無償で設定する場合の認定課税

借地権の設定に際し通常権利金を授受する取引慣行がある地域においては、相応の権利金の授受が行われることが正常な取引条件であると考えられる。したがって、当事者間で無償又は低額で借地権を設定した場合には、原則として、借地権相当額の贈与があったものとされ、土地所有者たる法人については寄附金、借地人たる法人にあっては受贈益の認定がされるという課税関係が生じる。なお、100％子会社との取引の場合には、先のグループ法人税制が適用され、寄附金は損金不算入、受贈益は益金不算入となる（以下同じ）。

持株会社の運営と税務 | 第12章

（仕訳）

〈賃貸法人（地主)〉

　（借方）寄附金　××　　　　　　（貸方）譲渡益　××

〈賃借法人（借地人)〉

　（借方）借地権　××　　　　　　（貸方）受贈益　××

12.2.2　相当の地代を収受した場合の課税関係

　法人が借地権の設定により土地を使用させる場合に、その使用の対価として通常権利金等を収受する取引慣行がある場合においても、その権利金（使用収益権）の収受に代えてその土地の価額に照らしてその使用の対価として相当の地代（地代収受権）を収受している場合には、その土地の使用に関する取引は正常な取引条件のもとでなされたものとして、権利金の認定課税は行われない。

　相当の地代とは、その土地の更地価額に対しておおむね年8％（当分の間、年6％）程度のものであるとされている。

12.2.3　無償返還の届出による権利金認定課税の見合せ（相当の地代の認定課税）

　法人が通常権利金等を収受する取引上の慣行がある地域において、無償で借地権を設定し、これにより収受する地代の額が相当の地代の額に満たないときであっても、その借地権の設定等に係る契約書において将来借地人等がその土地を無償で返還することを定め、かつ、その旨を地主、借地人の連名による書面（「土地の無償返還に関する届出書」）により遅滞なく地主たる法人の納税地の所轄税務署長（国税局調査課所管法人にあっては、所轄国税局長）に届け出た場合には、権利金の認定課税は行われず、相当の地代の額と実際に収受している地代の額との差額を土地の使用期間を通じて贈与したものとして扱われる。この場合相当の地代の額は、おおむね3年以下の期間ごとにその見直しを行うものとされている。

373

以上のことから、この無償返還の届出をすれば借地権の認定課税はなく、地主たる持株会社においては、毎年相当の地代と通常の地代との差額の寄附金認定が行われ、一方、借地人たる子会社においては、その受贈益と当該差額地代の損金算入とが両建てされるため、課税関係は生じない。

12.3 子会社株式等の取扱い

12.3.1 持株会社が所有する企業支配株式の税務上の取扱い

① 企業支配株式の取得

　「企業支配株式」という言葉は、法人税において、法人の特殊関係株主等がその法人の発行済株式総数の20％以上に相当する数の株式を有する場合における当該特殊関係株主等の有するその株式をいう（法令119条の2、2項2号）、と定義されている。それは、会社法における子会社の場合が議決権割合50％超となっているのに比しても企業支配株式の方がその範囲が広い。すなわち、持株会社の所有する株式のほぼすべてが企業支配株式に該当するといえる。

　持株会社における事業展開で他の企業株式を買収することは、その事業目的からして十分に考えられるところである。そして、買収にあたって、買手と売手、双方の事情によっては、通常の取引価額（税実務上は、法基通2-3-4によって算定された価額）を超える対価でもって取得するというケースも往々にしてある。この取得対価のうち、通常の取引価額を超える部分（企業支配に係る対価）については、税務上どのように取り扱われているかを含

め、企業支配株式についての取扱いを、以下、検討してみる。

② 企業支配株式に対する税法上の特別規定
　1．企業支配株式は、上場株式であっても、単に価額が著しく低下しただけでは評価減ができず、その株式を発行する会社の資産状態が著しく悪化したことが、評価減のできる要件となっている（法令68条1項2号イ、ロ）。
　2．1.の評価減をするにあたっての時価は、その株式の通常の価額に企業支配に係る対価の額を加算した額としなければならない（法基通4-1-7、9-1-15）。つまり、企業支配株式の時価は、通常の取引価額（時価）に企業支配の対価を加えた合計額である。そして、企業支配の対価相当額は、評価損としての損金算入は認められないということである。

税法上は以上のように規定されているが、実務においては、通常の取引価額と企業支配の対価との間の線引きはそれほど簡単な問題ではない。というのも、非上場株式においては、通達に規定はあるもののこの通常の取引価額そのものが必ずしも明確となっているわけではないからである。

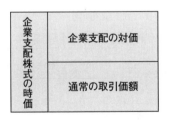

次に、企業支配の対価とは何かについて、若干検討しておく。

ⅰ）新規に企業支配株式を取得するときだけに生じるのか
　　企業支配の対価の額は新規に企業支配株式とするために取得するときのみならず、追加取得をする場合においても生じうると考えられる。

ⅱ）増資新株引受けの場合にも生じるのか

　株式買収の場合のみならず、企業支配の意図をもって通常の取引価額を超える対価でもって増資新株の引受けをした場合も企業支配の対価となる。ただし、業績が悪化した子会社の救済を目的とした増資払込みは、たとえ超過対価部分があったとしても、企業支配の対価には該当しない。

12.3.2 持株会社の所有する子会社株式の評価方法

　税務上、有価証券の評価方法は次のようになっている。

　有価証券を次の3つに区分し、その後にそれぞれの銘柄ごとに移動平均法又は総平均法の選択ができる。

　3つの区分とは、①売買目的有価証券、②満期保有目的等有価証券、③その他有価証券である。持株会社の有する子会社株式は、図表12-2のように満期保有目的等有価証券に該当するが、評価方法は銘柄ごとの選択のため子会社ごとに選定することができる。

　なお、有価証券の期末評価は次のとおりである。

①　売買目的有価証券については時価評価し、洗替方式により評価損益を

図表12-2　有価証券の評価方法と期末評価

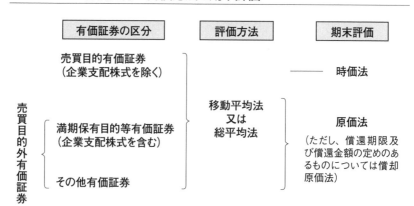

持株会社の運営と税務 | 第12章

益金の額又は損金の額に算入する。

② 満期保有目的等有価証券については、償還期限と償還金額のあるもの（転換社債を除く）は、帳簿価額と償還金額との差額をその取得時から償還時までの期間に配分して、益金の額又は損金の額に算入することとなる。企業支配株式を含めたそれ以外のものについては、その期末帳簿価額をもって期末評価額とされる。

③ その他有価証券については、その期末帳簿価額をもって期末評価額とされる。

12.3.3 子会社株式簿価減額特例

多額の内部留保（利益積立金）を有する会社の株式を取得し、子会社化してから多額の配当（益金不算入）を受けた後、完全支配関係のないグループ内の他の法人などにその子会社株式を譲渡して譲渡損失を計上するという租税回避行為の防止のため、子会社から受ける配当金が株式の帳簿価額の10%相当額を超える場合には、受取配当金の益金不算入相当額がその様式の帳簿価額から減額される。

ただし、設立から子会社化するまでの間、既に内国法人によって90%以上保有されている子会社や子会社化後10年を経過した子会社からの配当等については適用対象から除かれている。また、配当金額が2,000万円未満の場合も適用から除かれている。

なお、この特例は、外国子会社株式に限られておらず、内国株法人株式も適用対象となる。

377

〈例〉
① 2年前に多額の剰余金を有するA社をB社が純資産価格の1,000で買収した（A社株式の100%を取得）。
② 翌年にA社は株主であるB社に400、また翌々年には300の配当金を支払った。
③ B社は、純資産額の300でA社株式のすべてをC社（B社との間に完全支配関係はない）に譲渡した。

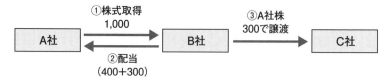

なお、B社では受取配当金を収益の額に計上し、A社株式の売却時に700の譲渡損失を計上した。

解答

B社における税務処理は次のとおりである。

①A社株式	1,000	/	現金	1,000
②〈翌期〉現金	400	/	受取配当金	400

配当等の計算期間を通じて完全支配関係にあるため全額が益金不算入となる。

受取配当の益金不算入額　400 ＞ 1,000×10％＝100

よって、A社株式の帳簿価額を申告調整により減額する。

| 利益積立金 | 400 | / | A社株式 | 400 |

| 〈翌々期〉現金 | 300 | / | 受取配当金 | 300 |

受取配当の益金不算入額　300 ＞ （1,000－400）×10％＝60

よって、A社株式の帳簿価額を申告調整により減額する。

| 利益積立金 | 300 | / | A社株式 | 300 |

持株会社の運営と税務 | 第12章

③現金　　　　　　　300　／　A社株式　　　　1,000
　譲渡損失　　　　　700　／

譲渡損失は税務上は損金とならないため申告調整で加算される。

A社株式	700	／	譲渡損失否認	700

12.3.4　持株会社と自社株対策

① 　持株会社株式の評価ルール

　持株会社が非上場会社の場合の相続税法上の株式評価ルール上は、従業員数、総資産及び取引金額を基準として「会社区分」が設けられている。そして、その大・中・小会社区分に関係なく、総資産（相続税評価額）に占める株式等の割合によって「株式保有特定会社」に該当するか否かが判定される。ちなみに、その割合は50％以上となっている。したがって、持株会社の場合、ほとんどが「株式保有特定会社」に該当することになる。株式保有特定会社に該当した場合の株式評価は原則として純資産価額方式による（ただし、納税者の選択により簡便な方式も認められている）。

② 　株価への影響

　持株会社（A社）を設立することによって、個人株主の財産はB社株式から持株会社であるA社株式へと変化する。したがって従前のB社株式と持株会社A社株式との評価額を比較し、持株会社の設立が相続株価にどのような影響があるか、株式移転によって持株会社を設立したケースを例にとって検討する（図表12-3）。

図表12-3 株式移転によって持株会社を設立したケース

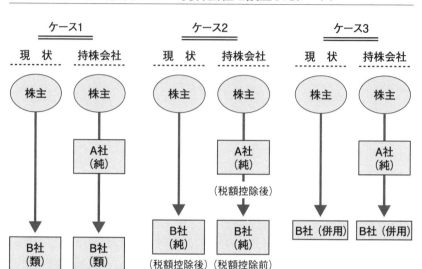

注) 類＝類似業種比準価額
　　純＝純資産価額
　　併用＝類似業種比準価額と純資産価額の併用価額

|ケース1| B社株式評価方式——類似業種比準価額の場合

　持株会社であるA社株式の純資産価額算定上、B社株式は類似業種比準価額で算定されるが、その類似業種比準価額と取得価額ないしは簿価純資産（株式移転時の非課税要件の1つ）との差額については税額控除が適用されるため、その分だけB社株式を直接所有していたときに比して評価額が引き下げられることとなるように一見思われる。この場合、従前の株式評価が類似業種比準価額で算定されていた場合には、持株会社を設立しただけで評価額の相違が生じることになってしまう。そこで、財産評価基本通達（以下「財基通」）の改正により低額現物出資等の際の帳簿価額の修正（財基通186-2（2）カッコ書き）が適用されることとなり、結果として評価額に差異が生じないよう手当てされた。

持株会社の運営と税務 | 第12章

ケース2 B社株式評価方式——純資産価額の場合

　持株会社であるA社株式の純資産価額算定上、B社株式は含み益に対する税額控除は適用されないで評価されるため（ただし、持株会社であるA社株式の評価上は税額控除は適用される）、従来のB社株式の評価（税額控除適用後）とA社株式の評価額は基本的には同額となるはずである。ところがケース1で示した通達改正が行われたことにより、結果的に税額控除が認められず、従前のB社株式評価より高額となってしまうという矛盾が生じてしまった。この点は早急に何らかの改善の手当てが必要であろう。

ケース3 B社株式評価方式——併用方式の場合

　B社株式の評価方式が、類似業種比準価額と純資産価額との併用方式によって評価されている場合には、既に述べたケース1とケース2との混合と考えられる。ケース2で述べた問題点は同様である。

　以上は簡略化するために3つのケースについて基本的な考え方を中心に検討してみたが、実際には、このほかに、B社のもとにさらに子会社（A社から見れば孫会社）がある場合や、さらには抜殻方式によって持株会社を設立したような場合には、業種区分の変更などにも気をつけなければならない。このように、持株会社となる会社が非公開会社の場合、実際の持株会社導入にあたっては個々の会社の事情を十分に考慮し、事前に相続株価への影響を検討しておく必要がある。

　ところで、以上はすべてのケースで持株会社は「株式保有特定会社」に該当することを前提にしているが、たとえば従来、傘下の子会社に対する融資を持株会社に集中させることにより持株会社の総資産を増やすなどし、総資産に占める株式割合を低下させて、持株会社それ自身を「株式保有特定会社」に該当しないようにすればよいという対策がいわれたりしていた。

　しかし、課税時期前に合理的な理由もなく資産構成に変動があり、それが「株式保有特定会社」と判定されることを免れるためのものと認められると

381

第3部 | 税務編

きは、その変動はなかったものとされている（財基通189）。

　したがって、前述したような対策が認められる場合もあろうし、また認められない場合もある。設計は完璧でも施工に失敗することはよくあることで、それが税の実務というものである。よって、このような対策の実行にあたっては十分に留意する必要がある。

12.4 持株会社のファイナンス機能──持株会社のファイナンス機能には税務上どのような問題があるか

　持株会社の重要な業務の1つとして、傘下子会社に対するファイナンス機能があるが、このファイナンスにともなう課税問題について以下、検討してみる。ただし、グループ法人税制の適用されない子会社に対する融資等を前提としている。

12.4.1　無利息ないし低利融資と課税関係

　持株会社が傘下の子会社に対し、無利息ないしは低利の貸付けをした場合、税務上の取扱いは、原則として、通常の利息相当額と実際に収受している利息との差額が子会社に対する寄附金として認定される。

　なお、グループ法人税制が適用される場合の寄附金及び受贈益の取扱いについては先述したとおりである。

　以上の税務処理を仕訳で示すと次のようになる。

　親会社（持株会社）

　　　（借）寄附金　×××　　　（貸）受取利息　×××

　子会社

　　　（借）支払利息　×××　　　（貸）受贈益　×××

　このように、子会社においては益金と損金が両建てされるために課税関係は生じず、結果として、親会社である持株会社においてのみ課税関係が生じることになる（寄附金には損金算入限度額があるため）。

382

持株会社の運営と税務 | 第12章

　ただし、公開している持株会社株式を傘下の子会社に防戦買いしてもらう
ために資金を無利息で融資したような場合（子会社が親会社株式を取得する
こととなり会社法上問題ではあるが）、税務上は、防戦買いが親会社の側の
要請に基づくものであるとの実質的な判断から、無利息貸付であっても、相
当の理由があるものとして、寄附金の認定課税の問題は生じない。
　また、業績不振の子会社に対する合理的再建計画に基づいて行う無利息貸
付も、貸付側に相当の理由があるものとして課税は生じさせないこととなっ
ている（法基通9-4-2）。なお、消費税は、利子を対価とする資産の貸付け
は非課税取引とされているので（消法6条1項）、低利貸付にともなう利息
の授受についても課税は生じない。

12.4.2　融資にともなう利率の決定

　持株会社の資金調達コストとファイナンスを受ける子会社の負担する資金
コストは同じでなければならないのか。無利息融資にともなう経済的利益の
評価は、融資する側の持株会社の立場で考えるのか、それとも、融資を受け
る子会社の立場で考えるのかという点であるが、持株会社から子会社への無
利息貸付による経済的利益が認定された場合、前述したように、課税関係が
生じるのは融資する側の持株会社だけである。よって、経済的利益の評価
は、融資をする側の立場でなされるべきであろう。では、融資する側の持株
会社の立場で考えた場合、貸付利率は、持株会社における貸付資金の調達方
法によって次の2つが考えられる。

①　自己資金を貸し付ける場合

　持株会社が当該資金を別途に運用できなかったことにより失った利益（機
会損失という）で算定されるべしとする考え方である。たとえば、定期預金
をした場合と同程度の利息を徴収していれば、持株会社によっては機会損
失はなく問題ないといえよう。もっとも、この定期預金の利率も常に一定と
いうわけではなく、実勢利率により変化することはさしつかえないものと思

383

第3部 税務編

う。

② 他から調達した資金を貸し付ける場合

　金融機関から借り入れた資金をそのまま子会社へ転貸するような場合は、当該借入利率で融資が行われるべきである。これは、子会社が金融機関から直接借り入れた場合と基本的に異なるのは疑問であり、また、融資する側からすれば、転貸によって損失が発生するのも経済合理性に欠ける。もし、経済的損失をこうむってまで転貸するとしたら、場合によってはそこには寄附行為などの意図があったと認定される可能性もありうる。

　以上のように、理論的には資金調達の方法によって、貸付利率は異なると考えられるが、現実問題として、お金に色はついていないといわれるように、自己資金、借入資金のいずれの資金を融資したのか、必ずしもひもつき関係は明確でない場合が多い。そこで1つの基準として商事法定利率の6％というのが考えられるが、これも定期預金などの利率がこれに近似しているようなときは1つの目安となろうが、最近のような低金利時代には必ずしも目安とはならない。したがって、自己の資金調達コスト及び社会の金利情勢等を総合的に勘案したうえで、貸付利率を決定するしかないのではないか、そして、それが社会通念上著しく経済合理性を欠くものでない限りは課税上も問題ないものと思われる。

12.4.3　子会社に対する債務保証と保証料

　持株会社が融資することに代えて、子会社が金融機関から直接融資を受ける場合、親会社である持株会社の債務保証又は担保提供が融資の条件となっていることがある。この場合、子会社において、信用保証機関等の第三者に保証料を支払うのと同様、その適正額を持株会社に支払っている場合には何ら問題はない。しかし、この保証料相当額を収受しなかったとき、子会社に対する経済的利益の供与があったとして寄附金の認定課税が行われるかとい

持株会社の運営と税務 | 第12章

う問題がある。理論上は、第三者に保証等をしたならば、通常は適正な保証料等の対価の収受が行われるであろうから、それを収受していないということは経済的利益の供与があったと考えることもできよう。しかし、保証した側において何らかの機会損失も発生しているわけではなく、また、子会社の側においても保証料を免除してもらうことによる利益享受の感覚も薄いことなどが根拠となっているかはともかく、現在、税の実務において寄附金の認定課税が行われるとは聞いていない。

12.5 持株会社と人事政策^(*)

（＊）ここ数年は景気の好循環を目的とした賃上げの促進が政策課題となっている。そこで、税制面においてもこの政策をバックアップするため「賃上げ促進税制」の改正・強化が行われている。

12.5.1　出向又は転籍に係る給与の取扱い

① 出向と転籍

持株会社の従業員を子会社の事業に従事させる場合や子会社間での従業員の異動には、出向させる方法と転籍させる方法がある。出向とは、従業員がその法人との雇用契約を残したまま、他の法人の事業に従事する形態であり、転籍とは、その法人を退職して、他の法人に勤務する形態をいう。

② 給与の差額補填の扱い

ⅰ) 出向の場合

出向者は、出向元法人の役員又は使用人と出向先法人の役員又は使用人の2つの身分を有しながら出向先法人の指示命令に服することとなる。このため、出向には、出向者、出向元法人、出向先法人の間に以下の3つの法律的関係が存在する。

385

第3部 | 税務編

●出向元法人と出向先法人との間の派遣契約

●出向元法人と出向者との間の雇用契約

●出向先法人と出向者との間の雇用契約

　以上のことにより、給与の支給者とその負担者が相違する差額補塡等の問題が生じることとなる。

　出向者に対して、親会社ベースでの給与と子会社ベースでの給与の差額を親会社が負担する場合には、出向者には親会社との雇用契約に基づく給与相当額を受け取る権利があると考えられることからその負担金の支給が税務上問題になるものではないが、その計算根拠を明らかにしておく必要がある。

ⅱ）転籍の場合

　転籍の場合には、転籍前法人と従業員との雇用関係を終了させて、新たに他の法人（転籍後法人）との間に雇用契約を締結することとなる。したがって、転籍にあたっては、出向と異なり、給与や賞与の差額補塡の問題は生じない。にもかかわらず、転籍前法人が差額補塡をした場合には、寄附金課税の問題が生じる。

③　退職給与の扱い

ⅰ）出向の場合

　グループ会社間で、出向者の退職給与を負担する方法は、以下の3とおりの方法が考えられる。

　(a) あらかじめ定めた負担区分に基づき、合理的に計算される金額を、出向元法人に定期的に支出する方法

　(b) 出向先法人から出向元法人に出向者が復帰するのに際して、出向先法人から出向元法人に負担額相当額を支出する方法

　(c) 出向者が出向元法人から退職したときに、出向先法人から出向元法人に負担額相当額を支出する方法

ⅱ）転籍の場合

持株会社の運営と税務 | 第12章

転籍する場合の退職給与の支給方法については、以下の3とおりの方法が考えられる。

(a) 転籍前法人が、転籍時に転籍者に退職給与相当額を支払う方法

(b) 転籍前法人が、転籍時に転籍後法人に退職給与相当額を支払い、転籍者が転籍後法人を退職する際に、勤務期間を通算して支払う方法

(c) 転籍者が、転籍後の法人を実際に退職する際に、転籍前法人と転籍後法人がそれぞれの勤務期間を基礎として退職給与を按分して支払う方法

転籍した使用人の退職給与について、転籍前法人の在職年数を通算して転籍後法人において支給することとしている場合に、実際に支給された退職給与の金額が、他の使用人に対する退職給与の支給状況、それぞれの法人における在職期間から見て、明らかに転籍前法人の支給すべき退職給与の額の全部又は一部を負担したと認められる部分の金額は、転籍後法人から転籍前法人に対する寄附とみなされる。

12.5.2　特定譲渡制限付株式

役員給与の支払対価（手段）としては、通常、役員報酬は毎月一定額（定期同額給与）が金銭で支払われるのに対し、インセンティブ報酬としての性格を有する役員賞与は、金銭のみならず株式等で支払われることも多くなってきた。

給与区分	損金算入の給与（適正額に限る）	支払対価（手段）
役員報酬	定期同額給与	金銭報酬
役員賞与	事前確定届出給与	金銭報酬
	業績連動給与（一定要件満たす）	株式報酬
役員退職金	業績連動給与（一定要件満たす）	金銭報酬
	その他	株式報酬

387

持株会社の株式(上場株式)を譲渡制限付株式として、傘下の子会社の役員等に対しても交付するケースも見受けられる。

そして、このような株式報酬型の役員賞与についても税務上、一定の要件のもと損金算入が認められるようになった。

① 特定譲渡制限付株式の意義

会社が役員等に対して、あらかじめ一定期間の譲渡制限が付された株式を給与の対価として交付するものを「事前交付型リストリクテッド・ストック(Restricted Stock、以下「RS」という)」という。

特定譲渡制限付株式は、株式の交付を先行させたうえで一定の条件を達成した段階で譲渡制限を解除するので、この「事前交付型RS」の株式に該当する。なお、一定の条件を達成しなかった場合には、株式の発行法人に無償取得される。

また、類似のものとして、会社が役員に対して、一定期間の継続勤務(役務提供)を条件(株式は交付されていないのだから株式譲渡制限ではなく、受給権譲渡制限が課されている)に、あらかじめ定められた計算式による数の株式をその一定期間経過後に給与の対価として交付する「事後交付型リストリクテッド・ストック」もある。

これには、リストリクテッド・ストック・ユニット(RSU)などが該当する。

② 譲渡制限付株式の交付にともなう処理

　イ．役員等の個人に金銭報酬債権を付与

役務提供を受ける法人	役員等
前払費用(注) ／ 報酬債務（未払金）	報酬債権（未収金） ／ 前受収益

　（注）役務提供はまだ受けていないため。

　ロ．役員等の個人に金銭報酬債権を現物出資させ譲渡制限付株式を交付する。

役務提供を受ける法人	役員等
報酬債務（未払金） ／ 資本金等	譲渡制限付株式（有価証券） ／ 報酬債権（未収金）

　　なお、新株発行の場合も自己株式の交付の場合も税務処理は同じとなる。

　　また、親法人の株式を交付する場合は、上記イの債務を親法人が引き受けたうえで上記ロの役員等は親法人に報酬債権を現物出資し、親法人から譲渡制限付株式の交付を受ける。

役務提供を受ける法人	親法人	役員等
前払費用 ／ 報酬債務	—	報酬債権 ／ 前受収益
報酬債務 ／ 現金	現金 ／ 報酬債務	—
—	報酬債務 ／ 資本金等	譲渡制限付株式 ／ 報酬債権

第3部 税務編

③ 「特定譲渡制限付株式による給与」の税務上の取扱い

イ. 損金算入時期（法法54条1項）

> 役員等の個人において給与等課税額^(注)が生ずることが確定した日
> ⇕
> 譲渡制限が解除された日

（注）給与等課税額

給与所得等の収入金額で、制限が解除された日における価額（時価）をいう。

ただし、上記規定は損金算入の時期の規定であって、損金算入の規定ではない。損金の額に算入できるか否かについては、役員給与の損金不算入に関する規定（法法34条）に従って別途検討されることになる（後述ニ.参照）。

所得税の課税と法人税の損金算入時期は統一されたが、次のロ.で述べる損金算入額と給与収入額等とは一致しない。

ロ. 損金計上額

> 特定譲渡制限付株式の交付につき給付され、又は消滅した債権相当額

上記イ（注）の個人における収入金額（給与等課税額）とは上述したように一致しない。

損金計上される額は、株式交付決議時（株主総会）において付与された報酬債権のうち、譲渡制限期間中に無償取得されなかった部分に相当する金額である。

ただし、特定譲渡制限付株式の交付が正常な取引条件で行われた場合に限られる。

ハ. 給与等課税額が生じない場合の損金不算入

継続勤務条件を満たさないなどの一定の事由の発生により、交付

持株会社の運営と税務 第12章

した株式を無償取得した場合のように給与等課税額が生じないときは、

イ. 役務提供を受けたことによる
　費用の額

ロ. 役務提供を受けていないこと
　による損失の額

いずれも損金の額に
算入されない
（法法54条2項）。

ニ. 損金算入の可否

　「事前確定届出給与」の以下の要件に該当する場合は、その額が
過大でない限りは損金に算入される。なお、特定譲渡制限付株式給
与は「業績連動給与」の一定要件は満たしえないとして現段階では
損金不算入とされている。

〈要件〉

①業績連動給与に該当しないこと
②確定数を交付する旨の定めによる交付であること
③届出は不要
④適格株式（上場株式等）であること
⑤手続要件を満たすこと

12.5.3　ストックオプションの付与

①　ストックオプションの意義

　ストックオプションとは新株予約権の一形態で、会社がその役員や従業員
等に対して無償で労務提供報酬として付与するもので、一定期間内にあらか
じめ定められた価格（権利行使価格）で、株式を購入することのできる権利
をいう。ストックオプションは、優秀な人材の獲得や流出防止などを目的と
して、報酬インセンティブとして実務上広く活用されている。対象となる株
式は、一般的にはストックオプションを付与した会社の自社株であるが、親
会社が子会社の役員や従業員等に対して、親会社株式を対象とするストック
オプションを付与する場合もある。

391

第3部 税務編

　そこで、以下では親会社である持株会社の株式を傘下の子会社の役員や従業員に付与する場合について、付与された従業員等の税務上の取扱いについて解説する。なお、現実問題として、ストックオプションは現に上場している持株会社か又は将来上場等が予定されている会社にとって有効な報酬インセンティブ・プランであって、将来、上場予定もない非上場会社の場合にはあまり機能しない。

　新株予約権の発行形態には、

　　1．時価発行

　　2．無償又は低額発行

がある。ストックオプションは、従前は無償であることが多かったが、最近では時価発行や行使価額を1円とする株式報酬型ストックオプションなどというものも利用されるようになっている。

　関係当事者としては、

　　1．発行会社

　　2．取得者

があり、取得者は法人の場合もあれば個人の場合もある。

　ストックオプションは個人取得者であり、発行会社ないしはその子会社等の役員・従業員等を対象として役務提供の対価として付与される。税務上、権利譲渡制限や特別な条件が付されているか否か、また税制適格ストックオプションに該当するか否かによって、その取扱いを異にする。

②　ストックオプションの税務上の取扱い

　ストックオプションに関する取引は、通常次のようになる。

392

図表12-4 ストックオプションの課税関係

〈設例〉

	権利付与時	権利行使時	株式譲渡時
新株予約権			
—時価	20	—	—
—払込金額	無償	—	—
株式の時価	100	170	200
行使に際して払い込むべき額		100	

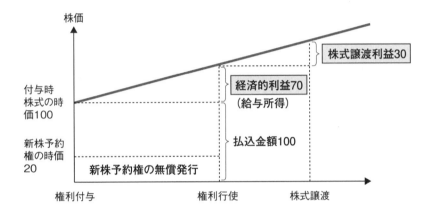

ⅰ）「権利付与」 ⇒ ⅱ）「権利確定」 ⇒ ⅲ）「権利行使」 ⇒ ⅳ）「株式譲渡」

上記各取引時点における課税上の取扱いについて、図表12-4に基づいて説明する。

ⅰ）権利付与時

譲渡制限その他特別の条件が付されていない新株予約権の場合は、原則として付与時（取得時）の経済的利益（新株予約権の公正な評価額20）に対して取得時に課税される（所法36条）。

しかし、譲渡制限その他特別の条件が付されている新株予約権については、取得時点では課税されない（所令84条）。

ⅱ）権利確定時

　課税は生じない。

ⅲ）権利行使時

　ストックオプションの場合は、インセンティブ報酬という性格から一般には譲渡が禁止されている。このような譲渡制限その他特別の条件が付与されている新株予約権は、行使時点で行使価格（100）と時価（170）との差額（70）が給与所得として課税される（所令84条）。スタートアップ企業に多く採用されている「信託型ストックオプション」についても同様の取扱いとされている。ただし、税制適格要件を満たすストックオプションの場合には、権利行使時点では課税されない（措法29条の2）。一方、これら条件が付されていない新株予約権は、取得時点で20が課税されているため、権利行使時点では課税しない。

ⅳ）株式譲渡時

　下記のような税制適格要件（図表12-5）を満たすストックオプションの場合は権利行使で取得した株式を譲渡した時点で譲渡価額（200）と払込価額（100）との差額（100）が株式の譲渡所得として課税される（措法29条の2）。また、権利行使時点で給与所得として課税された税制非適格ストックオプションの場合は、譲渡価額（200）と権利行使時の時価（170）との差額（30）が譲渡所得として課税される。

　以上を要約すると図表12-6のようになる。

持株会社の運営と税務 | 第12章

図表12-5　税制適格ストックオプションの要件
（措法29条の2、1～3項、措令19条の3）

対象となる新株予約権		会社法238条2項の決議（会社法239条1項の決議による委任に基づく同項に規定する募集事項の決定及び会社法240条1項の規定による取締役会の決議を含む）に基づき金銭の払込み（金銭以外の資産の給付を含む）をさせないで発行された新株予約権
対象者		1.　発行会社の取締役、執行役又は使用人（大口株主[*1]及び大口株主の特別関係者[*2]を除く）
		2.　発行済株式総数（議決権があるものに限る）の50%超の株式又は出資を直接又は間接に保有する関係会社の取締役、執行役又は使用人
		3.　1及び2の相続人
（特定新株予約権等）契約要件	権利行使期間	付与決議の日から2年経過後10年以内
	年間権利行使限度額	年間1,200万円以下[*3]
	権利行使価額	1株当たり権利行使価額が契約締結時の1株当たり価額以上であること
	譲渡制限	譲渡禁止
	会社法遵守	株式の交付が会社法に定める事項に反しないで行われるもの
	保管委託	権利行使により取得する株式は、一定の方法によって証券会社等に保管の委託等がなされること（一定の要件を満たす場合は不要）
手続要件	誓約	権利者は、付与決議日において大口株主及びその特別利害関係者に該当しないことを誓約すること
	他の新株予約権行使の有無	権利者は、他の新株予約権行使の有無について記載した書面を発行会社に提出すること
	書面保存	発行会社は、他の新株予約権行使の有無について記載した書面を提出日の属する年の翌年から5年間保存すること

（＊1）一定の大口株主：当該付与決議のあった日において、上場会社等については発行済株式総数の10分の1、非上場会社については3分の1を超える数の株式を有している個人をいう。
（＊2）特別関係者：大口株主の親族（配偶者、6親等内の血族及び3親等内の姻族）、大口株主と事実上婚姻関係と同様の事情にある者及びその者の直系血族、大口株主の直系血族と事実上婚姻関係と同様の事情にある者、大口株主から受ける金銭その他の財産によって生計を維持している者及びその直系血族、大口株主の直系血族から受ける金銭その他の財産によって生計を維持している者をいう。
（＊3）設立以後5年未満の場合は、2,400万円。設立後5年以上20年未満の未上場会社又は上場以後5年未満の場合は、3,600万円（2024（令和6）年分以降適用）。

〈調書等の税務署長等への提出（措法29条の2、5～6項）〉

発行会社	発行会社は、特定新株予約権の付与に関する調書を、その付与した翌年1月31日までに税務署長に提出する
証券会社	保管の委託を受けている金融商品取引業者等は、特定株式等の異動状況に関する調書を、毎年1月31日までに税務署長に提出する

395

第3部 | 税務編

図表12-6　課税関係の要約

取得者	取得形態		①権利付与時	②権利確定時	③権利行使時	④株式譲渡時
個人	時価取得		—	—	—	譲渡所得課税
	無償(*)又は低額取得		給与所得課税	—	—	譲渡所得課税
		所令84条の適用対象者	—	—	給与所得課税	譲渡所得課税
		税制適格ストックオプション適用対象者	—	—	—	譲渡所得課税

（＊）株主無償割当は除く。

　以上は、ストックオプションの取得者が役員等の個人の場合の取得者における税務上の取扱いであるが、一方のストックオプションの発行側である法人については、譲渡制限付新株予約権を役務提供の対価とする費用の取扱い（取得者側の所得税法施行令84条2項の譲渡制限等の条件ありの場合）について、12.5.2の特定譲渡制限付株式と同様に、特定新株予約権として規定されている（法法54条の2）。

第 **13** 章

Tax

海外子会社をめぐる国際税務

　昨今、少子高齢化にともなう日本国内におけるマーケットの縮小と製造コスト削減の必然性のもと、大企業に限らず、中小企業においても海外のマーケットに需要を求め、また生産拠点を海外に移すことが身近なこととなってきている。持株会社経営においても、海外の事業子会社を有することは多く存在する。このような場合、税務の面ではいわゆる「国際税務」といわれる分野が重要となってくる。もっとも国際税務といっても国際税法という法律が存在するわけではなく、国内税法における国際分野の関連規定や各国との間に締結している租税条約等を総括して呼ばれているにすぎない。

　さらに最近の国際課税問題として浮上したグローバル・ミニマム課税についても触れている。

　本章では以下、法人税法に規定されている国際税務関連分野、具体的には「外国税額控除」「外国関係会社合算税制」「移転価格税制」「外国子会社からの配当益金不算入制度」等について説明することとする。

　なお、「過少資本税制」及び「過大支払利子税制」は、一般的に外国親会社の日本子会社において生じる課税問題であるので本章では省略する。

　また、外国関係会社合算課税を免れるために外国法人を親会社、内国法人を子会社とし、親子関係を逆転させることの対策としてコーポレート・インバージョン対策税制があるが同様に省略する。

　国際税務の詳細については、「実務家のための法人税塾」のそれぞれ該当する章を参照。

397

第3部 税務編

13.1 BEPSと持株会社

13.1.1 BEPSとは何か

新たな国際課税の潮流に、2015年10月にOECD/G20により最終報告書として公表された「BEPSプロジェクト」がある。BEPSとはBase Erosion and Profit Shifting（税源浸食と利益移転）の略称で、多国籍企業が実質的な経済活動を行った国で獲得した利益を、意図的に税金の安い他国に移転することにより、不当に企業グループ全体の税負担を軽くすることをいう。

また、OECD/G20の「BEPS包括的枠組み」において、法人税の国際的な引下げ競争に歯止めをかけ、企業間の公平な競争条件を確保することを目的として、15％のグローバル・ミニマム課税（国際最低課税）の合意がなされた。これを受けて日本でも軽課税国に子会社等がある場合、特定多国籍企業グループ（年間総収入額7億5,000万ユーロ（約1,200億円）以上）に属する日本の親会社に対して、軽課税国の子会社等の税負担が15％に達するまで課税できるとする所得合算ルールが2023（令和5）年度税制改正において創設された。

事例

利益移転の具体的な方法としてはさまざまな方法があるが、ここでは典型例の1つとして世界的にコーヒーチェーン店を展開しているスターバックス社（以下、「S社」という）の例を紹介する（図表13-1）。

S社の英国法人は、

① 法人税率の低い国にある海外関連法人より資金借入れを行い、それに対して過大な利子の支払いを行うことにより、S社の利益を海外関連法人に移転する。

② オランダでは商標等のライセンスのロイヤルティに対して適用される税率は、通常の法人税率より低い税率が適用される。そこで、オランダ

398

図表13-1　世界的なコーヒーチェーンS社のスキーム

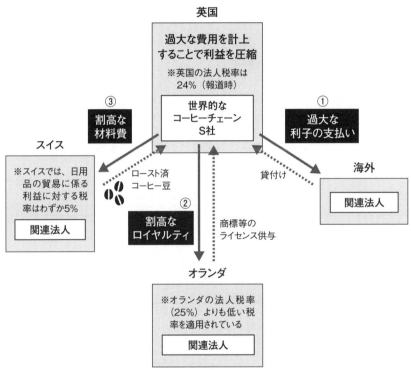

出所）21世紀政策研究所・経団連経済基盤本部編著『BEPS　Q&A』経団連出版、2016（平成28）年、財務省資料より作成。

にある関連法人に対して割高なロイヤルティを支払い、S社の利益をオランダ関連法人に移転する。

③　スイスでは日用品の貿易から得る利益に対しては低い税率が適用される。そこで、スイスにある関連法人から、ローム済コーヒー豆を仕入れ、割高な材料費を支払うことで、S社の利益をスイスにある関連法人に移転する。

以上のように、S社は本来英国において計上すべき利益を低い税率が適用される国に移転することで、S社グループ全体の税負担の軽減を図っている

第3部 税務編

ことが問題視された。

13.1.2 最終報告書の内容

以上のような多国籍企業の租税回避を防止するために、15項目に及ぶ包

図表13-2 包括的な行動計画

種類	行動No.	内容
課税手法	1	**電子経済への対応** 電子経済は電子商取引、クラウドサービス等のように物理的拠点（PE）をもたずに取引ができることが特徴で、これに対応する国際課税制度を検討。
	2	**ハイブリッド・ミスマッチ取決めの無効化** 金融商品や事業体に関する各国の税務上の取扱いの差異を利用した節税策（ハイブリッド・ミスマッチの取決め）を効果のないものとする。
	3	**効率的なCFC税制の設計** 日本では「外国関係会社合算課税」ないしは「タックスヘイブン税制」と呼ばれているもので、平成29年度税制改正において改正がなされている（詳細は13.5参照）。
	4	**利子控除制限** 日本の過大支払利子税制と類似するもので、所得金額に比べて過大な支払利子の損金算入を制限する固定比率ルールの導入を推奨する。
	5	**有害税制への対抗（パテント・ボックス）** 知的財産権に関する所得に対する優遇税制（パテント・ボックスという）の有害性を審査し、有害と判定されたものについては改廃を勧告。
	6	**条約の濫用防止** 租税条約の濫用は条約漁り（Treaty Shopping）と呼ばれ、条約の特典を不当に得ようとする行為に対し、「特典資格条項」の創設が勧告された。
	7	**PE認定の人為的回避の防止** 「PEなければ課税なし」の原則を利用するため、PE認定を人為的に回避し課税を免れることを防止するために、PEの範囲を従来より拡大するよう勧告がなされた。
	8～10	**移転価格と価値創造の一致** 移転価格の結果と価値創造の一致、すなわち価値創造があるところに利益が帰属し課税されるべきという原則が勧告された。

海外子会社をめぐる国際税務 | 第13章

種類	行動No.	内容
情報収集・手続	5	**有害税制への対抗（ルーリングの自発的情報交換）** ルーリングとは課税当局によって特定の納税者に提供される税務上の助言、情報、保証で納税者が依拠できるものをいい、透明性を高めるために、各国の関係する課税当局に対し自発的に情報交換することを義務化した。
	11	**BEPSの測定・モニタリング** 今後BEPS最終報告書で勧告された内容が各国で実施されるなかで、各国での協調はどのように展開していくのかなどに関してモニタリングしていく必要がある。
	12	**義務的開示制度** 課税当局が租税回避スキームを速やかに把握しそれに対処するため、プロモーター（スキームの提案者）やそれを利用する納税者に対し、そのスキームの内容等、一定の情報を課税当局に報告することを義務づける制度の導入を勧告。
	13	**移転価格文書化** 移転価格文書化とは、国外関連取引について、適正な移転価格を算定するための書類を作成・保存することで、最終報告書では、国別報告事項、マスターファイル、ローカルファイルの3つの文書の作成が求められることになった。
	15	**多国間協定の開発** 多国間協定の開発とは、最終報告書で勧告された内容のうち租税条約の改訂に係るものをスピーディーに実施に移すための枠組をいう。本来、当事国間で改訂すべき租税条約の内容を、一気に多国間で実施することの検討が行われた。
紛争解決	14	**紛争解決メカニズムの効率化** 二重課税排除の手段である相互協議が、様々な障壁により有効に機能していない。そこで相互協議を効果的に実施するための3つのミニマム・スタンダードが勧告された。

出所）21世紀政策研究所・経団連経済基盤本部編著『BEPS Q&A』経団連出版、2016（平成28）年を一部修正。

括的な行動計画が勧告された（図表13-2）。

13.1.3 実効税率の違い

　一般論ではあるが、米国等の諸外国に比べると、日本では法律で定められ

第3部 税務編

た税金を納税することは企業の社会的責任の一環であるとの意識が根強く、積極的にクロスボーダーの経済取引を利用した過剰な節税策（タックスプランニング）を実施しているケースは少ないものと思われる。

一方、米国等の諸外国では、税金もコストの1つであり、コスト削減のための努力をすることは、経営者の株主等に対する当然の責務の一環であるとの考え方がある。そのため、クロスボーダーの経済取引を利用した節税策が多く開発され実行されている。

以上の税金に対する考え方の正否の議論を別にすれば、企業グループとしての税負担（実効税率）の相違が企業間の国際競争力にも影響していることは事実であろうと思われる。

13.1.4 結論

いずれにせよ、OECDのみならず、G20各国の支持を受けた今回のBEPS最終報告書が、過剰な節税策に対してメスを入れたという意味では、十分に意義のあることと思われる。

そして、今後は各国でこの報告書に沿った国内法の改正が行われるとともに、二国間の租税条約の改訂も進められることが期待される。

この結果、企業の事務負担や税負担の増加につながることも予想されるが、持株会社を中心に海外に子会社等を有し国際的経済取引を展開している企業グループにとって、この国際課税ルールづくりの流れには今後も十分に注意を払う必要がある。

13.2 外国税額控除制度

13.2.1 制度趣旨

内国法人が外国法人から受ける配当や外国支店の所得に対しては、外国の法令に基づいて外国で課税される。また、内国法人は、所得がどこの国で生

図表13-3　二重課税

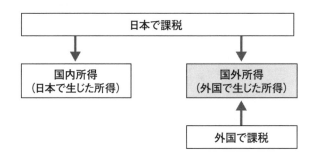

じようとすべての所得に対して日本で課税される。

　その結果、内国法人が外国法人から受ける配当（外国子会社からの配当を除く）や外国支店の所得などに対しては、外国と日本で同じ所得に対して二重に課税されることになる。そこで、この二重課税を排除するために外国で課された税を日本の法人税から控除する制度として、外国税額控除がある（図表13-3）。なお、二重課税排除の方式として、外国税額控除方式のほか、国外所得免除方式や外国税額損金算入方式がある。

　一方、外国子会社の所得については、外国で法令に基づき法人税が課されるだけで終了し、先のような二重課税となることはない。

　また、外国子会社からの配当については次の13.3に詳述するように、日本の親会社へ配当をせずに外国で留保されている資金を日本に還流させることを目的に、外国子会社からの受取配当は益金不算入（95％）とされたため、二重課税の問題はなくなった。したがって、それにともない外国子会社からの配当については配当の際の源泉税を含め外国税額控除は適用されないこととなった。

　なお、外国子会社以外の外国法人からの配当については、従前より受取配当金は益金に算入され、源泉税の外国税額控除の適用はあるものの、外国法人が納付した外国法人税のうち、配当に対応する外国法人税についての外国

第3部 税務編

税額控除の規定（間接税額控除）は存しない。

　以上のほか、二重課税の生じるケースとして、一定の外国関係会社の所得金額が、親法人等である内国法人の益金の額に算入され課税される場合がある。この点については、後の「13.5　外国関係会社合算税制（タックス・ヘイブン税制）」で詳しく説明する。

13.2.2　外国税額控除額計算の仕組み

① 控除対象外国法人税額

　外国税額控除の対象となる「外国法人税」は、外国の法令に基づいて法人の所得を課税標準として課される税である。

　ただし、課税標準に対する外国税額の35％を限度とする。これは日本の実効税率35％を超えて外国で課税されている場合は、日本では課税されていないので二重課税となっていないためである。

　この超過分は損金算入できる。

図表13-4　外国税額控除の計算例

　当社は所有割合5％の外国法人A社より配当金5,000を受けた。配当に際し、A社の所在するY国の源泉税500が徴収され、差引手取額4,500が送金された。
　なお、当社は当期所得金額50,000、法人税15,000である。

$$現金　4,500　\Big/　受取配当金　5,000$$
$$源泉外国税　500　\Big/$$

イ. 控除対象外国法人税額
　　500 ＜ 5,000 × 35％＝1,750
　　∴500（損金不算入）

ロ. 控除限度額

$$15,000 \times \frac{5,000^{(*)}}{50,000} ＝1,500$$

　　(＊) 5,000 ＜50,000×90％＝45,000
　　∴5,000

ハ. 当期控除額
　　イ. 500 ＜ロ. 1,500
　　∴500

控除される外国法人税額の計算例は図表13-4のとおりである。

② 控除限度額

$$
\begin{array}{c}
\text{各事業年度の所得に} \\
\text{対する法人税} \\
\text{（国外所得に対する} \\
\text{法人税も含まれている）}
\end{array}
\times
\frac{\text{当期調整国外所得金額（分母の90％を限度）}^{(注)}}{\text{当期の所得金額（国内外の全所得）}}
$$

（注）調整国外所得金額＝国外所得金額－非課税国外所得金額

　　　国外所得金額は、国外事業所帰属所得と国外事業所非帰属所得に分けて計算される。

　　　非課税国外所得金額とは、外国法人税が課されない国外源泉所得金額である。

以上を図解すると次のようになる（数値は仮のものである）。

所得金額（5,500）		
国内所得金額（4,100）	国外所得金額（1,400）	
	調整国外所得金額 （1,100）	非課税国外所得金額 （300）

$$
\left[\, 1{,}000 \times \frac{1{,}100}{5{,}500} \,\right]
$$

	控除限度額（200）	
法人税額（1,000）		

③ 控除外国法人税額の算定

$$
\left.
\begin{array}{l}
\text{控除限度額} \\
\text{控除対象外国法人税の額}
\end{array}
\right\}
\text{いずれか少ない額}
$$

　控除は法人税からの控除のほか、さらに地方法人税額及び住民税額からも控除することができる。

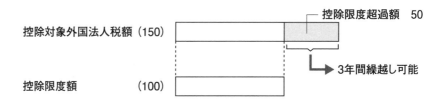

13.2.3　外国税額控除の繰越し

① 控除対象外国法人税額の繰越し

控除対象外国法人税額が控除限度額を超える場合、その超える部分の金額（「控除限度超過額」という）は、3年間の繰越しが認められる。

② 控除限度額の繰越し

控除対象外国法人税額が控除限度額に満たない場合、その満たない部分の金額（「控除余裕額」という）は、3年間の繰越しが認められる。ただし、地方法人税は繰越しができない。

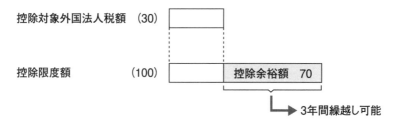

13.2.4 適用要件と文書作成義務

① 適用要件

外国税額控除の適用を受けるためには、確定申告書等に明細書の添付が必要であるとともに、外国法人税を課された事実を証明する書類等の保存が必要である。

② 文書作成義務(文書化)

外国税額控除の適用を受ける内国法人は、国外事業所等の国外PE帰属に関する外部取引及び国外PEと本店等との間の内部取引に関する明細を記載した書類を作成しなければならない。

13.2.5 外国税額控除の適用時期

(1) 確定申告等による外国法人税額(法基通16-3-5)

原則	外国法人税を納付することとなることになる日(納付確定日)の属する事業年度
特例	継続適用を条件に、納付が確定した外国法人税額を納付した日、その他税務上合理的な基準に基づき費用として計上した日の属する事業年度

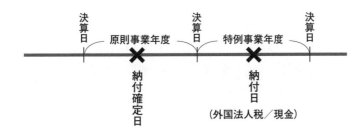

(2) 予定納付等による外国法人税額（法基通16-3-6）

原則	外国法人税を納付することとなることになる日（納付確定日）の属する事業年度
特例	継続適用を条件に、予定納付等時に仮払金として経理処理し、確定申告等の属する事業年度において一括して適用することもできる

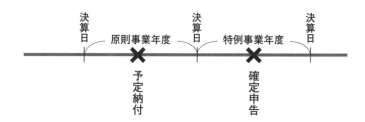

13.3 外国子会社からの受取配当等の益金不算入制度

13.3.1 制度趣旨

　前節「13.2　外国税額控除制度」で触れたように、2009（平成21）年度税制改正により、外国子会社から受ける配当等の額について益金不算入の規定が適用されるようになった。

　そのため、二重課税の問題が生じないことになり、配当等に係る外国源泉税の直接外国税額控除及び外国子会社の所得に課せられた外国法人税のうち、内国法人（親会社）に支払われた配当の額に対応する金額について、その内国法人が納付する控除対象外国法人税の額とみなす間接外国税額控除も適用されないこととなった。

　外国子会社配当益金不算入制度は、確定申告書等に益金不算入とされる剰余金の配当等の額及びその計算に関する明細（申告書別表8（2））を記載するとともに、一定の書類を保存している場合に限り適用される。

13.3.2 適用対象となる外国子会社

益金不算入の規定における外国子会社とは、次の2つの要件を満たす外国法人をいう。

ⅰ) 次の割合のいずれかが25％以上であること[注]
 (a) その外国法人の発行済株式等（自己株式等を除く）のうちその内国法人が保有している株式等の占める割合
 (b) その外国法人の議決権のある株式等のうちその内国法人が保有している株式等の占める割合
 (注) 租税条約に二重課税排除条項がある場合は、その租税条約に定める割合による。

ⅱ) 上記ⅰ)の25％以上保有の状態が剰余金の配当等の額の支払効力が生ずる日以前6カ月以上継続していること[注]
 (注) 新設法人の場合は、設立の日から配当等の支払義務確定日まで継続していること。

〈外国子会社〉

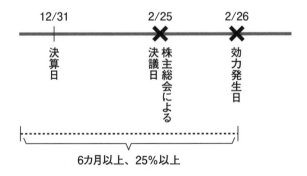

13.3.3 益金不算入額の計算

① 益金不算入額

配当等の額－配当等の額×5％＝外国子会社からの受取配当等の益金不算入額

つまり、配当等の額の95％が益金不算入となる。この場合、益金不算入額は、外国源泉税控除前の金額である。また、5％控除されているのは、その配当等を獲得するために要した費用を一律5％として課税所得の計算から除外する趣旨である。

ただし、外国子会社の本店所在地国の法令で支払配当が損金算入されている場合は、益金不算入の対象外となる。

② 配当等に課される外国源泉税

外国源泉税は損金不算入となる。また、外国税額控除の対象とならないことは、前述したとおりである。

以上をまとめると、

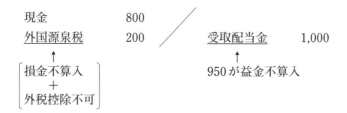

13.4 移転価格税制

13.4.1 制度趣旨

海外子会社との取引においては、製品やサービスの取引価格によって、その関連者間の所得の配分がゆがみ、結果としてグループ全体の税負担の移転が行われることがある。そこで、国外関連者（たとえば50％以上所有割合

の子会社）との取引において、法人が国外関連者に支払う金額が独立した第三者との間に通常行われる取引価格（「独立企業間価格」という）を超える場合（高額取得）又は法人が受け取る金額が独立企業間価格に満たない場合（低額譲渡）には、独立企業間価格で取引が行われたものとみなして課税所得が計算される。これが「移転価格税制」と呼ばれる制度である。

たとえば、50で購入した資産を独立企業間価格100に満たない80で国外関連者に譲渡した場合、当社の所得は30であるが、この取引を独立企業間価格で行ったならば、所得は50だったはずである。つまり、本来当社に生ずるべき所得50のうち、20が国外関連者に移転してしまうことになる。そこで、国外関連者との間でこのような低額譲渡等があった場合には、独立企業間価格100で行われたものとみなして課税所得が計算されることになる。

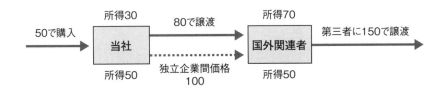

13.4.2　適用対象となる取引

法人が国外関連者との間で行った国外関連者取引が適用対象となる取引で、低額取引等、高額取引等のいずれかに該当する取引である。

① 国外関連者の範囲

国外関連者とは、外国法人で内国法人との間に次のいずれかの関係にあるものをいう。

　ⅰ）一方の法人（当社）が他方の法人（外国法人）の発行済株式の50％以上を直接又は間接に保有する関係（親子会社関係）

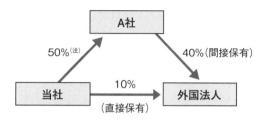

（注）50％未満であったら国外関連者とはならない。

ⅱ）二の法人（当社と外国法人）が同一の者（B社）にそれぞれ発行済株式の50％以上を直接又は間接に保有される関係（兄弟会社の関係）

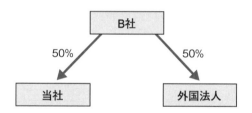

ⅲ）一方の法人（当社）が他方の法人（外国法人）の事業の方針を実質的に決定できる関係（実質支配関係）

　所有割合は50％未満であっても、過半数の兼務役員の存在や相当部分の取引・資金・無形資産（著作権・工業所有権・ノウハウ等）の依存がある場合などをいう。

ⅳ）上記ⅰ）〜ⅲ）による一定の連鎖関係がある場合

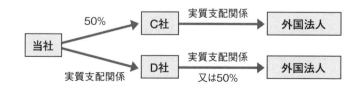

② 国外関連取引

国外関連取引とは、国外関連者との間で行った資産の売買取引のほか、有形資産の貸借取引や金銭の貸借取引、役務提供取引、無形資産の使用許諾（ロイヤルティ）又は譲渡取引など資本取引を除く多くの取引が含まれる。

なお、非関連者である第三者が介在した取引でも一定の要件を満たす場合には、その非関連者との取引は国外関連取引とみなされる。

13.4.3　独立企業間価格の算定
① 算定方法

日本の移転価格税制においては、国外関連者との取引における独立企業間価格（Arm's Length Price）の算定方法を以下のように定めている。独立企業間価格の算定は、原則として個々の取引ごとに行われるが、複数の取引を一の取引として扱うことに合理性がある場合には、この限りではない（図表13-5）。

また、各算定方法は、最も適切な方法を選定して算定することになってお

図表13-5　独立企業間価格の算定

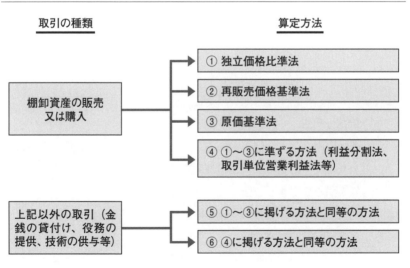

第3部 税務編

り、各算定方法に優先劣後は関係ない。

　以下、これらの方法について、棚卸資産の取引を例に説明する。

　ⅰ）独立価格比準法

　　同種の棚卸資産を、取引段階・取引数量その他が同様の状況下で、第三者間で売買した場合の対価の額を独立企業間価格とする方法。

　　つまり、この方法は、国外関連取引と比較可能な取引の価格を直接比較して独立企業間価格とするものである。

　ⅱ）再販売価格基準法

　　棚卸資産の買手が、この棚卸資産をさらに第三者である顧客に販売した対価の額から、通常の利潤の額を控除した金額を独立企業間価格とする方法。

　ⅲ）原価基準法

　　棚卸資産の売手が、購入、製造その他の取得原価の額に、「通常の利益率」を乗じて計算した通常の利潤の額を加算した金額を独立企業間価格とする方法。

　ⅳ）ⅰ）〜ⅲ）に準ずる方法
　　（a）利益分割法

　　　棚卸資産を購入・製造・販売して得た利益を、この利益の発生に寄与した程度に応じて法人と国外関連者にそれぞれ帰属するものとして対価の額を算定する方法。

　　　利益分割の方法として、以下のようなものがある。
　　　（ア）比較利益分割法
　　　（イ）寄与度利益分割法

（ウ）残余利益分割法

(b) 取引単位営業利益法

　　取引単位営業利益法は、取引ごとに営業利益の水準を比較する方法である。

　　わが国で規定された取引単位営業利益法は、次のような方法によってあるべき独立企業間価格を算定するものである。

　　（ア）売上高営業利益率を用いる取引単位営業利益法

　　（イ）総費用営業利益率（フルコスト・マークアップ率）を用いる取引単位営業利益法

　　（ウ）営業費用売上総利益率（ベリーレシオ）を用いる取引単位営業利益法

以上の独立企業間価格の算定方式をまとめると次のようになる。

　つまり、国外関連取引における売手の立場から算定する場合には原価アプローチ、一方、買手の立場から算定する場合は再販売アプローチが採用されている。

　さらに、比較対象取引の特定が困難な無形資産取引等に対する独立企業間価格算定方式として、ディスカウント・キャッシュ・フロー法（DCF法）が加えられている。

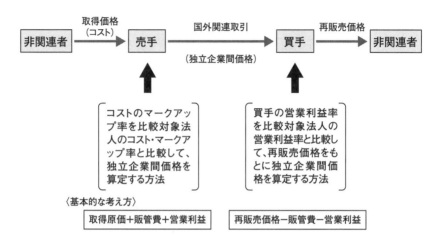

売手の利益を買手に移転するには、売手の利益は小さく、買手の利益を大きくということになるので、この利益を比較対象取引における利益率を用いることによって恣意的な利益移転を防止する趣旨の算定式となっている。

	算定方法	原価アプローチ（売手）	再販売アプローチ（買手）
①	独立価格比準法	―	―
②	再販売価格基準法		○
③	原価基準法	○	
④ 1. 利益分割法	イ．比較利益分割法	○	
	ロ．寄与度利益分割法	○	
	ハ．残余利益分割法	○	
④ 2. 取引単位営業利益法	イ．売上高営業利益率を基準とする方法		○
	ロ．総費用営業利益率を基準とする方法	○	
	ハ．営業費用売上総利益率を基準とする方法	○(注2)	○(注1)

＊表中の―は該当なしを表し、空欄は選択採用されないことを意味する。
（注1）買手の営業費用を用いる場合。
（注2）売手の営業費用を用いる場合。

② 事前確認制度（APA：Advance Pricing Arrangement）

　国外関連者との移転価格の決定においては、取引に係る特殊的状況や比較対象とする取引に対する総合的な判断が必要となる。また、自社で決定した移転価格が税務当局に受け入れられるかという不確実性もあるため、独立企業間価格の算定方法等について事前に税務当局に対して合意を得ることができる。事前確認には、一方の当事者が所在する国の税務当局から確認をもらうユニラテラルAPAと双方の当事者が所在する国それぞれの税務当局から確認をもらうバイラテラルAPAがある。

③ 相互協議（MAP：Mutual Agreement Procedure）の目的

　国外関連取引において、一方の法人がその国の税務当局から移転価格税制の適用により課税処分を受けた場合、他方の法人は、既に実際の取引価額により課税所得を計算し申告をしている場合が多い。この場合同一の所得に対して二重課税が発生することになる。このような国際間の二重課税を排除するために相手国の税務当局との間で相互協議が行われる。相互協議は、日本が締結している各国との租税条約の「相互協議」に関する規定がその法的根拠となっている。したがって、租税条約を締結していない国との間では適用はない。

13.4.4　国外移転所得金額の取扱い

　所得計算上、国外関連取引は独立企業間価格で行われたものとみなす。

　そして、取引対価と独立企業間価格との差額（国外移転所得金額）は、国外関連者に対する寄附金として認識せず、その金額を損金不算入（移転価格否認）とされる。

　以下、低額譲渡の場合を例にとって仕訳で示せば次のとおりである。

〈例〉

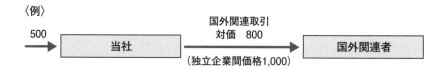

〈解答〉

会計上の仕訳	税務上の仕訳
現金　800　／　売上　800 原価　500　／　資産　500	現金　　800　／　売上　　1,000 贈与費用　200　／ 　↑ 損金不算入…移転価格否認（加算、社外流出） 原価　　500　／　資産　　500

税務修正仕訳

贈与費用　200　／　売上　200
　↑
損金不算入（移転価格否認）

13.4.5　国外関連者に対する寄附金の取扱い

　国外関連者に対する寄附金は、全額が損金不算入となる。

　たとえば、海外子会社の業績悪化に伴う子会社の経費負担などは、対価性のない取引であり、金銭の贈与と実質的にその性格が同じであるため、国外関連者に対する寄附金とされる。

　移転価格税制が適用されるものとの区分は次のとおりである。

	低額譲渡	高額取得	金銭贈与等
国外関連者以外	寄附金		
国外関連者	移転価格		寄附金 (全額損金不算入)

13.4.6 文書化制度

文書化制度については大きく分けて次の2つの制度があり、それぞれ次のようになっている。

(1) 多国籍企業グループが作成を要する文書[注1]

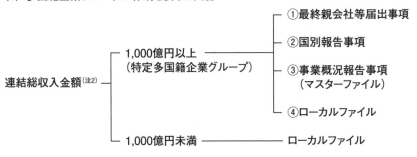

(2) 国外関連取引を行った法人が作成を要する文書　　ローカルファイル

(注1)「多国籍企業グループが作成を要する文書」は、OECDのBEPSプロジェクトの勧告を受け、2016 (平成28) 年度税制改正において整備されたものである。
(注2) 連結総収入金額
　　売上高、営業外収益、特別利益など連結財務諸表に計上したすべての収益の額をいう (措通66の4の4-1)。
　　そして、連結総収入金額が1,000億円以上の多国籍企業グループを「特定多国籍企業グループ」という。

第3部 | 税務編

13.5 | 外国関係会社合算税制（タックス・ヘイブン税制）

13.5.1 制度趣旨

　外国関係会社合算税制は、軽課税国等に設立された一定の外国関係会社の所得のうち、実質的な経済活動をともなわないものを内国法人の所得とみなして、その内国法人の所得に合算して課税する制度である。日本で創設された当初は「タックス・ヘイブン対策税制」と呼ばれていた。ここでは「外国関係会社合算税制」と称しているが、他の書籍等の多くは「外国子会社合算税制」と称している。

　この制度は、一定の外国関係会社の株式を10％以上保有する株主たる内国法人に課税されるのであって、一定の外国関係会社自身に対して日本で課税されるわけではない。

　つまり、当該国に所在する経済的合理性がないような一定の外国関係会社は、あたかも外国に支店を有する内国法人が外国支店の所得も合算されて日本で課税されるのと同様である。

　ところで、先述したBEPSの最終報告書（行動計画3）に基づいて、2017（平成29）年度税制改正において、この外国関係会社合算税制の抜本的な見直しが行われた。

　なお、改正は、外国関係会社の2018（平成30）年4月1日以後に開始する事業年度から適用されている。

13.5.2 合算課税の判定

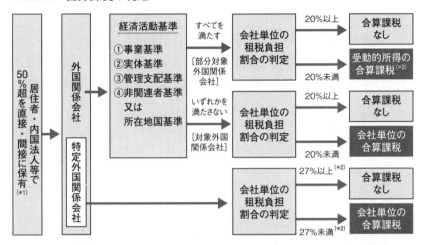

(*1) 50％超の株式等の保有を通じた連鎖関係や残余財産を請求できるなどの特別な契約関係等（実質支配関係）がある場合も含まれる。
(*2) 2024（令和6）年4月1日以後開始事業年度より適用される（従前は30％）。
(*3) 外国金融子会社等に該当するときは一部が除外されている。

(1) 適用対象となる法人（納税義務者）

直接及び間接の外国関係会社株式等の保有割合が10％以上である内国法人又は保有割合10％以上の一の同族株主グループに属する内国法人で、当該内国法人に係る一定の外国関係会社が適用対象金額を有している場合、当該内国法人に課税される。

さらに、2017（平成29）年改正で50％超の株式等の保有を通じた連鎖関係や残余財産をおおむね全部請求できるなどの特別な契約関係がある等（以下、「実質支配関係」という）の場合及びこの実質支配外国関係会社が10％以上保有している場合の内国法人も含まれることとなった。

(2) 外国関係会社の意義

ⅰ）居住者及びⅱ）内国法人並びにⅲ）これらの特殊関係非居住者の株式等の直接及び間接保有割合(※)が50％超の外国法人をいう。ⅲ）の特殊関係

非居住者とは、具体的には、居住者の親族等である非居住者や内国法人の役員及びその役員の親族等の非居住者をいう。

さらに、2017（平成29）年改正において、内国法人との間に外国法人の残余財産のおおむね全部を請求できる等の特別な契約関係等（実質支配関係）がある場合におけるその外国法人も外国関係会社の範囲に加えられた。

　（※）間接保有割合
　　　外国関係会社判定における2017（平成29）年改正前の「間接保有割合」とは、他の外国法人（A社）に対する当社の保有割合に、当該他の外国法人であるA社が保有する判定となる外国法人に対する保有割合を乗じた割合をいうとされていた。

間接保有割合は80％×60％＝48％となり、外国関係会社に該当しないこととなる。

しかしながら、2017（平成29）年改正では、50％超の株式等の保有を通じた連鎖関係がある外国法人の判定対象となる外国法人に対する持株割合等に基づいて算定することとなったため、上記の例では、外国法人（A社）の判定会社に対する持分は60％であり、判定会社は外国関係会社に該当することとなる。

ただし、適用対象法人の判定における「間接保有割合」は、改正後も改正前と同様、掛け算方式による。上記の例では、80％×60％＝48％≧10％。よって、当社は納税義務者と判定される。

(3) 特定外国関係会社

2017（平成29）年改正により、新たに外国関係会社のうち以下に該当する会社は「特定外国関係会社」として規定された。

特定外国関係会社は、基本的に会社単位の合算課税の対象となる。ただし、租税負担割合が27％以上の場合には合算課税の適用は免除される。

①ペーパー・カンパニー

主たる事業に必要な事業所等の固定施設をもたず、かつ、その本店所在地国で事業の管理・支配・運営を自ら行っていない会社。

ただし、以下の場合は、租税回避リスクが限定的であるとの理由からペーパー・カンパニーの範囲から除外されている。

(1) 持株会社である 　　一定の外国関係会社	外国子会社の株式等を保有する外国関係会社
	特定子会社の株式等を保有する外国関係会社
(2) 不動産保有に係る 　　一定の外国関係会社	不動産を保有する外国関係会社
	管理支配会社が自ら使用する不動産を保有する外国関係会社
(3) 資源開発等プロジェクトに係る一定の外国関係会社	

②事実上のキャッシュ・ボックス

キャッシュ・ボックスとは、単純にいえば、軽課税国の利用を目的とし、豊富な資本を有していながら特段の経済活動を行わない事業体で、以下の要件に該当するもの。

$$\frac{受動的所得}{総資産} > 30\%、かつ \frac{金融資産}{総資産} > 50\%$$

③ブラックリスト国所在会社

租税に関する情報交換に関する国際的取組みに対して非協力的な国又は地域として財務大臣が指定する国又は地域[注]に本店等を有する外国関連会社をいう。

(注) 2022（令和4）年9月1日現在、指定の告示はない。

(4) 経済活動基準

全業種共通	事業基準(※1)	株式及び債権の保有、工業所有権や著作権の提供、もしくは船舶・航空機の貸付けを主たる事業としないこと(注1)
	実体基準	本店所在国に主たる事業に必要な事務所、店舗、工場等を有すること(注2)
	管理支配基準	本店所在国において主たる事業の管理、支配及び運営を自ら行っていること(注2)
卸売業、銀行業、信託業、金融商品取引業、保険業、水運業又は航空運送業	非関連者基準(※2)	主たる取引の50％超が非関連者との間で行われていること(注2)
上記以外の業種（不動産業、製造業など）	所在地国基準	事業を主として本店所在国で行っていること(注3)

(注1) 2017（平成29）年改正で、一定の要件を満たす事業実体のある航空機リースは除かれた。
(注2) 保険業については特例がある。
(注3) 来料加工も製造業として認められるようになった。

（※1）事業持株会社に係る事業基準の特例

株式保有事業は事業基準を満たさないが、一定の要件を満たす事業持株会社(注)は例外とされている。

（注）事業持株会社とは、統括会社のうち一定の要件を満たすものをいう。

統括会社は以下の会社をいう。

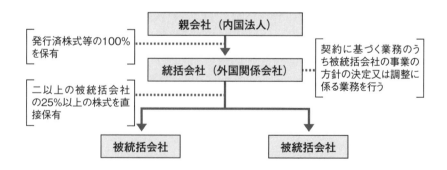

（※2）統括会社に係る非関連者基準の特例

海外子会社をめぐる国際税務 第13章

物流統括会社（卸売業を主たる事業として営む統括会社）と被統括会社
との間で行う取引は関連者取引から除外されている。

つまり、非関連者取引に含まれる。

(5) 一定の受動的所得

自ら積極的に経済活動をしなくても得ることができる性質を有する所得を
受動的所得といい、そのうち12種類のものが租税特別措置法において「特
定所得の金額」として具体的に規定されている。

---

①配当等

②利子等

③有価証券の貸付けの対価

④有価証券の譲渡損益

⑤デリバティブ取引損益

⑥外国為替差損益

⑦その他の金融所得（上記①から⑥を生じさせる金融資産等から生ずる
　上記各種所得以外の所得）

⑧保険所得

⑨有形固定資産の貸付けの対価

⑩無形資産等の使用料

⑪無形資産等の譲渡損益

⑫異常所得

---

(6) 租税負担割合

租税負担割合とは、法定税率ではなく、実際の税負担割合 $\left[\dfrac{外国法人税}{所得の額^{(注)}}\right]$
をいう。

（注）非課税所得なども含む。

425

なお、企業集団等所得課税規定（連結納税やパススルー課税規定）が適用される場合には、同規定を適用しないで租税負担割合を計算する。また、無税国に本店等を有する外国関係会社の租税負担割合については別途規定されている。

13.5.3 合算課税対象所得の計算

(1) 会社単位の合算課税

特定外国関係会社又は対象外国関係会社における会社単位合算課税の課税対象金額の計算プロセスは次のとおりである。

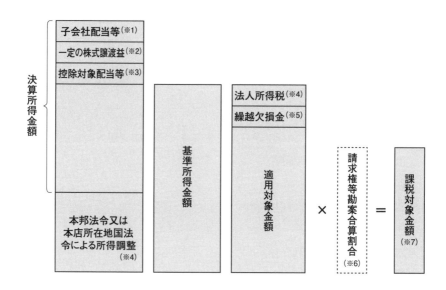

(※1) 子会社とは、25％以上の保有割合、6カ月以上の継続保有の会社をいう。
(※2) 一定の株式譲渡益とは、ペーパー・カンパニー等の整理にともなう特定の株式譲渡益をいう。
(※3) 合算課税の対象金額からの配当をいう。
(※4) 本店所在地国において企業集団等所得課税規定（連結納税やパススルー課

税）が行われている場合には、同規定を適用しないものとして計算される。
(※5) 前7年以内に開始した各事業年度において生じた繰越欠損金額。
(※6) 請求権等勘案合算割合（以下「合算割合」という）。

①国内法人との間に実質支配関係のある外国関係会社の場合

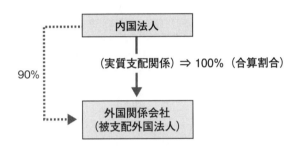

内国法人が外国関係会社株式の90％を保有していたとしても、実質支配関係があるため合算割合は100％となる。

②内国法人が外国関係会社の株式等を直接又は他の外国法人を通じて間接に保有している場合

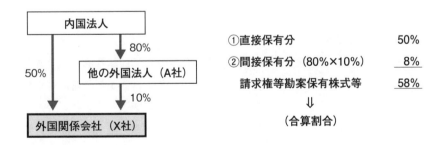

(※7) 課税対象金額（図表13-6）
内国法人の収益とみなして内国法人の益金の額に算入する。この課税対象金額の計算は、それぞれ外国関係会社ごとに行う（つまり、複数の外国関係

第3部 税務編

会社間で損益通算はできない）。また、外国関係会社の欠損は、内国法人の所得とは相殺できない。

図表13-6 課税対象金額の計算例

当社は、A国に本店を有する外国法人B社（自ら事業を行っておらず実体はない）の発行済株式総数の60%を所有している。なお、A国における法人税率等は10%である。
B社の2024（令和6）年9月30日終了事業年度の所得金額は、20,000円（日本円換算）である。納付の確定した外国法人税は5,000円（日本円換算）であった。
(1) 適用対象金額
　　20,000−5,000＝15,000
(2) 課税対象金額
　　15,000×60%＝9,000

(2) 受動的所得の合算課税

部分対象外国関係会社に対しては、会社単位の合算課税は適用されず、一定の受動的所得（特定所得）のみの合算課税が適用される。

また、部分対象外国関係会社が「外国金融子会社等」[注]に該当する場合には、さらに一定の受動的所得のうち一部のもの（①〜⑧）が金融機関の能動的所得に該当するとして除かれて合算課税が適用される。

（注）「外国金融子会社等」とは、外国金融機関及び外国金融持株会社等をいう。

部分適用対象金額の計算は、まず12種類の特定所得を2つのグループ（仮にAグループとBグループとする）に区分したうえで、基本的には、Aグループ所得の合計額とBグループ所得の合計額の総合計額が部分適用対象金額となる。

ただし、Bグループにおいて過去7年以内に生じた損失額（部分適用対象損失額）がある場合には、Bグループ所得の合計額から控除する。

なお、部分適用対象金額には少額所得除外基準[※]がある。

以上、一定の受動的所得（特定所得）の合算課税の部分適用対象金額の計算プロセスをまとめると次のとおりである。

第13章 海外子会社をめぐる国際税務

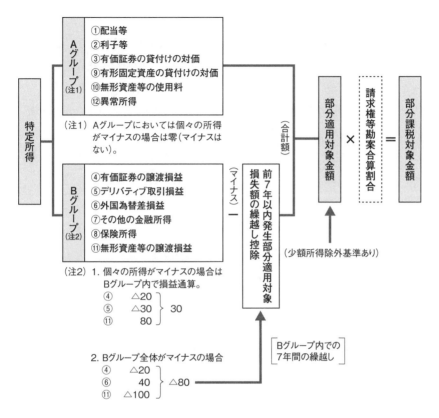

(※) 少額所得除外基準（デミニマス基準）
部分適用対象金額が以下のいずれかに該当する場合には、その該当年度については合算課税は適用されない。

429

13.5.4 外国税額控除

　外国関係会社の所得金額についてその所在地国で課税されている場合には、さらに日本で合算課税制度により外国関係会社の所得金額のうち課税対象金額部分に課税されると国際的二重課税がなされることになる。

　そこで、この二重課税を排除するために、外国関係会社が支払う外国法人税のうち課税対象金額に対応する額について、株主である内国法人が納付する控除対象外国法人税の額とみなして（実際に内国法人は納付していないが、間接的に納付したものとみなす）、外国税額控除を適用する。

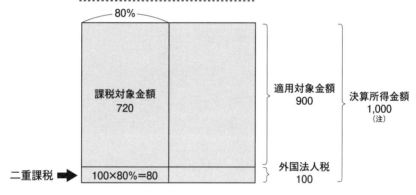

（注）所得金額には子会社からの配当等及び控除対象配当等は含まれていないものとする。
　　　株主である内国法人の株式保有割合は80％と仮定すると、外国法人税100のうち課税対象金額対応額80[※]は二重課税となる。
　　　なお、上記において内国法人の合算課税所得は800（720＋80）となる。
　　　つまり、控除対象外国法人税80は益金に算入され、税引前所得に戻される。

　　　　　課税対象金額　　　　　720
　　　　　対応外国法人税　　　　 80
　　　　　合算課税所得　　　　　800（加算・課税外所得）

（※）控除対象外国法人税額

$$\text{外国関係会社等の所得に課される外国法人税額(100)} \times \frac{\text{課税対象金額(720)}}{\text{適用対象金額(900)}} = 80$$

　なお、控除限度額の算定は、この外国関係会社に課された外国法人税だけで

なく、内国法人の全体として計算される仕組みとなっている。詳細については先述した13.2.2を参照。

13.5.5　受取配当等の益金不算入

(1) 益金不算入の趣旨

　合算課税の対象となった外国関係会社から利益を原資として支払われた配当につき、再度、課税を行うことは、日本において同一の所得に対し二重課税が行われることとなる。そこで、この二重課税を排除するために益金不算入とされるのである。

　先の外国税額控除が外国関係会社の本店所在地国と日本との国際間の二重課税排除制度であるのに対し、受取配当等の益金不算入は日本国内における二重課税排除制度といえる。

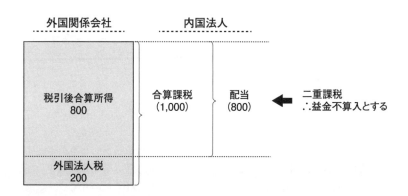

(2) 受取配当金及びそれに係る外国源泉税の課税上の取扱い

　外国関係会社からの配当に関する取扱いは、その外国関係会社が外国子会社に該当するか（外国子会社配当益金不算入制度が適用される）否かによってその取扱いが異なる。

　そこで、初めに外国子会社配当益金不算入制度との関係も含め、外国法人からの配当及び配当に係る外国源泉税の取扱いの全体像を示すと次のように

なる。

配当支払外国法人の区分					内国法人の課税上の取扱い	
					外国源泉税	配当金
外国法人	外国子会社 [25%以上、6カ月以上保有]			1	現金　　　　90 外国源泉税　10 ↑ × 損金不算入	受取配当金　100 ↑ 95%益金不算入
	外国関係会社	課税対象金額	（間接特定課税対象金額）（特定課税対象金額（※））	2	× 外税控除不可	
				3	○ 損金算入 × 外税控除不可	95%＋5%＝100%が益金不算入
				4	○ 損金算入 × 外税控除不可	100%益金不算入
	非外国子会社			5	○ 損金算入 又は ＞選択 ○ 外税控除可	益金算入
				6		

注) ○は損金算入又は外税控除適用可を示す。
　　×は損金不算入又は外税控除適用不可を示す。

（※）特定課税対象金額

　　　配当を受ける日を含む事業年度及び配当を受ける日を含む事業年度開始の日前10年以内に開始した事業年度において合算課税された課税対象金額（既に配当の益金不算入の適用を受けた部分の金額は除く）のうち、当該内国法人の直接保有株式等及び外国関係会社との間の実質支配関係の状況を勘案して計算した金額である。

第13章 海外子会社をめぐる国際税務

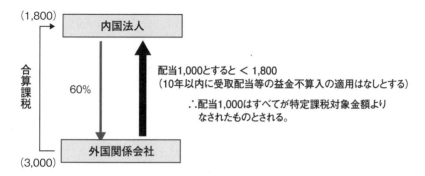

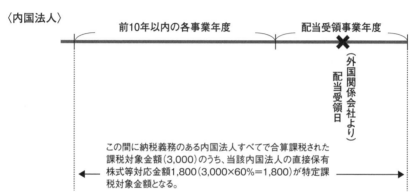

前ページ表の1～6の説明は以下のとおりである。
なお、外国関係会社からの配当に関する取扱いは2～5である。
1．外国子会社からの配当
　　外国子会社からの配当については、その95％が益金不算入とされる。
　　ただし、配当金の支払側において配当が損金算入されている場合には外国子会社配当益金不算入制度が適用されず100％益金算入される。
2．外国子会社に該当する外国関係会社からの配当で、特定課税対象金額又は間接特定課税対象金額以外からの配当の場合
　　（課税対象金額の部分からの配当である場合もあるし、それ以外からの配当の場合もある）
3．外国子会社に該当する外国関係会社からの配当で、課税対象金額のう

第3部 | 税務編

ち特定課税対象金額又は間接特定課税対象金額部分からの配当の場合
（なお、損金算入配当の場合も該当する）

4．外国子会社に該当しない外国関係会社からの配当で、上記3と同様、
課税対象金額のうち特定課税対象金額又は間接特定課税対象金額部分か
らの配当の場合

5．外国子会社に該当しない外国関係会社からの配当で、特定課税対象金
額又は間接特定課税対象金額以外からの配当の場合（上記2と同様）

6．外国子会社にも外国関係会社にも該当しない外国法人からの配当の場
合

第14章

子会社への事業支援と撤退にともなう税務

Tax

14.1 デット・エクイティ・スワップ（DES）
──子会社の譲渡のために行うDESの留意点

　業績が悪化して債務超過に陥っている子会社を、グループ外へ売却する際、持株会社が子会社へ貸し付けている貸付金をデット・エクイティ・スワップ（DES）によりバランスシートを改善した後に株式を譲渡することが考えられる。

　DESには、次の2つの類型がある。

① 現金振替型DES

　債務者が債務を弁済し、債権者は当該弁済された現金を債務者の第三者割当増資の払込金とする方法である。逆に、まず債権者が債務者の第三者割当増資の払込を行い、その払い込まれた現金を債務者が債権者に弁済する方法もある。

② 現物出資型DES

　債権者が、当該債務者への債権を現物出資する形で払込金に充当する方法である。

　また、現物出資型のDESについて、発行する株式の価額を債権の額面金額（券面額）とするか、債権の評価額とするかという観点から、券面額によるDESと評価額によるDESとに分類される。

435

第3部 税務編

図表14-1　DESの設例

債権者である持株会社（P社）が、傘下の債務超過に陥った子会社（S社）を救済するため、次のようなDESを行った。

・貸付金の額面金額　　　　　　　　　1,000
・貸付金の時価及び
　　DESで発行（取得）する株式の時価　200

S社のB/S（実施前）

資産　1,000	負債　1,500 （うちP社借入金　1,000）
欠損金 600	資本金　100

a　券面額によるDES（券面額説）

b　評価額によるDES（評価額説）

なお、法実務上は、東京地裁民事8部（商事部）において、券面額説を採用するようになったことから、最近の事例では現物出資型のDESについて、券面額によるDESが行われるケースが多いようである。

そこで以下では、現物出資型DESの税務上の取扱いについて図表14-1をもとに説明することとする。

14.1.1　債務者（S社）における税務上の取扱い

① 適格現物出資に該当する場合

適格現物出資に該当する場合には、会計上と同じく券面額説による処理が行われる。

つまり、債務者側で増加する資本金等の額は、貸付金額の移転直前の帳簿価額（1,000）となり、損益は発生しない。

| 借入金 | 1,000 | | 資本金 | 1,000 |

② 非適格現物出資に該当する場合

　非適格現物出資に該当する場合は、評価額説による処理が行われる。つまり、債務者側で増加する資本金等の額は、貸付金額の時価（200）となり、借入金との差額（800）は債務消滅益として益金に算入される。

| 借入金 | 1,000 | | 資本金 | 200 |
| | | | 債務消滅益 | 800 |

14.1.2　債権者（P社）における税務上の取扱い

① 適格現物出資に該当する場合

　適格現物出資に該当する場合には、移転資産である貸付金額の移転直前の帳簿価額（1,000）での取引となるため、貸付債権の譲渡損益は生じない。

| S社株式 | 1,000 | | 貸付金 | 1,000 |

② 非適格現物出資に該当する場合

　時価（200）で株式を取得したものとし、貸付金額の帳簿価額（1,000）との差額（800）は、損金とされる。

| S社株式 | 200 | | 貸付金 | 1,000 |
| 貸付債権譲渡損 | 800 | | | |

　ただし、債権譲渡損が損金に算入できるためには、当該DESが合理的な再建計画に基づくものである必要がある（法基通2-3-14）。

　また、P社とS社との間に完全支配関係があり、グループ法人税制が適用される場合は、債務者における債務消滅益及び債権者の債権譲渡損は繰り延べられる。

　以上のDESが実施された後のS社のB/Sは図表14-2のようになる。

437

第3部 | 税務編

図表14-2　S社のB/S（実施後）

S社のB/S（実施後）

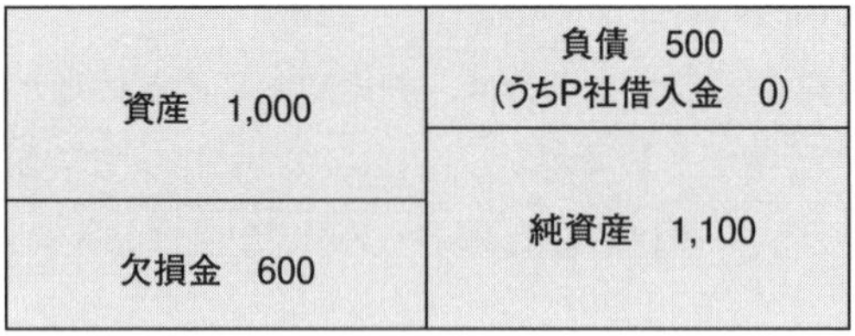

資産　1,000	負債　500 （うちP社借入金　0）
欠損金　600	純資産　1,100

14.2 株式の高額買取りの取扱い

14.2.1　資産の高額買取りと寄附金

　税務上、低額譲渡等については寄附金の明文規定があるものの（法法37条8項）、逆の高額買取りについては明文規定がない。しかし、高額買取りを容認すると、寄附金相当金額が買入資産の取得価額を構成し、これをベースとして、その後の譲渡原価や減価償却等の計算が行われることになり、寄附金が譲渡原価や減価償却という形にかえて損金算入される結果となる。そこで、この寄附金に相当する高額部分を除いたところで取得価額の計算がなされることとなる。

　たとえば、法人が不当に高額で買い入れた固定資産については、その買入価額のうち実質的に贈与をしたものと認められる金額がある場合には、買入価額からその金額を控除した金額が当該固定資産の取得価額となると規定されている（法基通7-3-1）。

　以上の取扱いは、このような明文規定はないが、棚卸資産や有価証券等の場合においても、同様に取り扱われる。

子会社への事業支援と撤退にともなう税務 | 第14章

14.2.2 高額部分に対する税務上の取扱い

業績不振の子会社に対する資金援助を目的として、100％子会社以外の子会社の所有する上場株式（A社株式）を時価相場（100）の3倍（300）で持株会社が取得することとした場合の取扱いについて以下説明する。

① 課税の時期

取得価額のうち実質的に贈与したと認められる部分については、税務上、寄附金とされる。しかし、寄附金として損金算入されたわけではないので、現実に課税される年度はいつかという問題が存在する。

〈会社の処理〉

（借方）A社株式　　　300　　　（貸方）現預金　　　300

会社の会計処理は、寄附金相当部分を含めてA社株式の取得価額としていても、税務上の処理は次のようになる。

〈税務処理〉

（借方）A社株式　　　100　　　（貸方）現預金　　　300

　　　　寄附金　　　　200

このようにA社株式を取得した年度において課税は生じない（逆に寄附金の損金算入限度額だけ損金算入される）。そのかわり、A社株式の税務上の帳簿価額が減額されているので、A社株式を売却した時点で課税が行われることとなる。

仮に売却時点で時価が300に回復していたとすれば、税務上の譲渡原価は100であるので、

〈会社の処理〉

（借方）現預金　　　300　　　（貸方）A社株式　　　300

〈税務処理〉

（借方）現預金　　　300　　　（貸方）A社株式　　　100

　　　　　　　　　　　　　　　　譲渡益　　　　200

という処理が行われ、課税が生じる。

439

第3部 | 税務編

② 寄附金課税の先行

ところで、本件のように、取得時点において当初から高額、つまり寄附金であることを認識していたような場合には、取得年度で原価の認容（損金）がなされず寄附金課税のみが先行することも考えられなくはない。

この場合は、譲渡年度においては譲渡原価はそのままということになると思われる（二重課税はないだろうということ）。しかし、この考え方は、先の法基通7-3-1との整合性において疑義が残る。

③ 更正期限経過後に譲渡があった場合の取扱い

高額部分（寄附金）を取得価額から除外計算をしないまま更正期限が経過し、その後これを譲渡した場合、譲渡原価はそのまま認められるのか、それとも高額部分を除いたところで計算されるのかという問題がある。

税法上、先の通達からも明らかなように、正しい取得価額は高額部分を除いたところである。これは、修正計算をしないまま更正期限が経過したからといってその誤りが正当化されるわけではない。ただし、現実問題として、更正期限の経過という長い時の経過によって高額取得の事実そのものが風化し、立証できなくなったためにそのまま譲渡原価として認められてしまうという例がないとはいえないと思われるが、これは次元の異なる別の問題である。

なお、高額部分の寄附金にかかる損金算入限度額の損金算入は、取得時点においてのみ可能であり、更正期限経過後においてはもはや損金算入の機会はないことになる。

14.3 子会社の解散・清算にともなう税務上の取扱い

14.3.1 清算事業年度の課税上の取扱い

清算事業年度においても基本的には通常の事業年度と同様の課税が行われ

440

る。

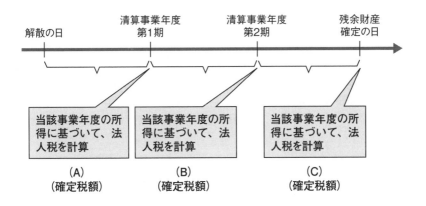

14.3.2 みなし事業年度

① 解散事業年度

その事業年度開始の日から解散の日までの期間（図表14-3）

② 清算中の事業年度

ⅰ）株式会社・一般社団法人・一般財団法人

解散の日の翌日から1年ごとの期間

ⅱ）持分会社（合名会社・合資会社・合同会社）・協同組合

解散の日の翌日から本来の事業年度終了の日までの期間、その後は本来の事業年度の期間

③ 残余財産が確定した年度（清算中の事業年度に含まれる）

その清算事業年度開始の日から残余財産の確定の日までの期間

図表14-3 みなし事業年度（株式会社の例）

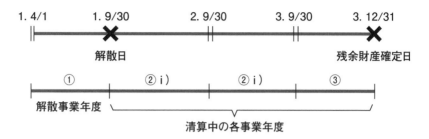

14.3.3 解散事業年度の課税

基本的には、通常の事業年度における所得計算と同様であるが、解散事業年度はその後の継続的活動を前提としないために若干の相違がある。

たとえば、

(1) 租税特別措置法で認められている特別償却のうち一定のもの
　適用できないものがある。
(2) 租税特別措置法上の諸準備金の設定
　新たな設定はできない。
(3) 圧縮記帳
　法人税法上及び租税特別措置法上の圧縮記帳は両方とも適用できるが、圧縮特別勘定は適用できないものがある。

なお、税額計算においても、通常の事業年度と適用に相違があるので注意されたい。

14.3.4 清算中の各事業年度の課税

基本的には通常の事業年度における所得計算と同様である。したがって、資産換価にともなう譲渡損益や債務免除益などは当然課税対象となるが、営

子会社への事業支援と撤退にともなう税務 | 第14章

業活動の継続を前提とした規定については解散事業年度同様、清算中の事業年度においても適用されないものがある。たとえば、

> (1) 租税特別措置法で認められている特別償却のうち一定のもの
>   解散事業年度で不適用とされたものと同じ。
> (2) 租税特別措置法上の諸準備金の設定
>   解散事業年度と同様。
> (3) 圧縮記帳
>   解散事業年度と異なり法人税法上及び租税特別措置法上ともに適用できない。
> (4) 収用換地等の場合の所得の特別控除
>   解散事業年度では適用できるが、清算中の事業年度から適用できない。

　以上のほか、清算中の各事業年度においてのみ適用できるものに、残余財産がないと見込まれることを条件として認められる期限切れ欠損金（期首現在マイナスの利益積立金に加え、マイナスの資本金等の額も含まれる）の損金算入がある。青色欠損金控除後の所得金額を限度として、期限切れ欠損金を損金の額に算入することができる。なお、残余財産有無の見込み判定は、清算中の各事業年度ごとに判定し、適用の可否が判定される。さらに、清算中の事業年度のうち、残余財産確定年度については、最終事業年度の事業税は損金に算入される。また、税額計算においても、通常の事業年度と適用に相違がある点は、解散事業年度の場合と同様である。

14.3.5　清算事業年度における法人株主の税務上の取扱い

　残余財産の分配の有無及び清算法人が100％子会社か否かによって税務上の取扱いが異なる。

443

① 残余財産の分配がない場合

	100％子法人の場合	その他の場合
子会社株式の消滅損	損金不算入（*1）	損金算入
子会社の未処理欠損金（10年内の繰越欠損金のうち未使用のもの）	引継ぎ可（*2）	引継ぎ不可

（*1）この場合の税務処理は次のようになる。
　　　資本金等の額×× ／ 子会社株式××
（*2）適格合併の引継制限同様、一定の引継制限がある。

② 残余財産の分配が行われた場合

次の設例を通して説明する。

〈設例〉
　子会社（S社）の残余財産確定時のB/Sは次のとおりであった。残余財産の分配は金銭分配される。
　なお、親会社（P社）のS社株式の簿価は400とする。

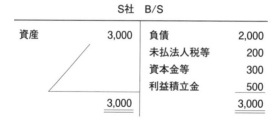

ⅰ）S社がP社の100％子会社であった場合

　グループ法人税制の自己株式の処理と同様、株主であるP社においては、S社株式の譲渡については譲渡損益はないものとされる（譲渡損益に相当する金額は資本金等の額の増減項目として扱われる）。

　また、残余財産の分配により交付される金銭800がS社の資本金等の額のうち、交付の基因となった当該法人の株式に対応する部分の金額300を超えるときは、その超える部分の金額500は配当等の額とみなされ、全額が受取配当等の益金不算入の対象となる。

子会社への事業支援と撤退にともなう税務 | 第14章

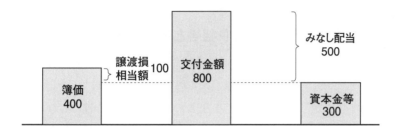

税務処理は次のようになる。

| 現金 | 800 | S社株式 | 400 |
| 資本金等 | 100 | みなし配当 | 500 |

ⅱ）P社がS社株式の所有割合50％であった場合（P社の所有するS社株式の簿価は200とする）

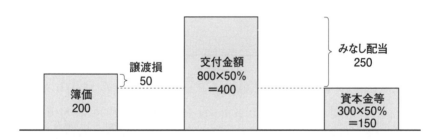

税務処理は次のようになる。

| 現金 | 400 | S社株式 | 200 |
| 譲渡損 | 50 | みなし配当 | 250 |

以上は、金銭による分配が行われた場合の株主の税務処理であるが、金銭でなく現物分配が行われる場合もある。その場合は、第9章の組織再編税制における適格現物分配、非適格現物分配を参照されたい。

第3部 税務編

14.4 子会社の整理損失負担等と寄附金課税

　不振が続く子会社の事業から撤退する場合、大きく分けて2つの方法が考えられる。1つは子会社を清算する方法、もう1つは子会社は存続したまま子会社の事業を実質的に他社に譲渡する方法である。

　子会社を清算する場合には、持株会社は子会社の損失を負担することが考えられる。本来、親会社と子会社とは法人格を別にするものであるため、子会社が経営危機に瀕して解散等をした場合でも、子会社整理にともなう費用を親会社が負担する当然の理由はないが、現実の経済社会においては親会社の子会社管理責任が問われることが多く、対外関係上、費用負担をせざるをえない場合が多い。そこで、これらの損失負担等に経済的合理性が認められるならば、税務上寄附金の認定課税はしない（法基通9-4-1）と規定されている。

法人税基本通達9-4-1

　法人がその子会社等の解散、経営権の譲渡等に伴い当該子会社等のために債務の引受けその他の損失負担又は債権放棄等（以下9-4-1において「損失負担等」という。）をした場合において、その損失負担等をしなければ今後より大きな損失を蒙ることになることが社会通念上明らかであると認められるためやむを得ずその損失負担等をするに至った等そのことについて相当な理由があると認められるときは、その損失負担等により供与する経済的利益の額は、寄附金の額に該当しないものとする。

　　注）子会社等には、当該法人と資本関係を有する者のほか、取引関係、人的関係、資金関係等において事業関連性を有する者が含まれる。

　国税庁からは、この通達の運用にあたり、より具体的な判断基準の指針と

でもいうべきものが質疑応答事例形式で発表されている。

それによると、検討項目の概要は、次のようにまとめられている。これらのすべてを満たせば、寄附金にはならないということになる。

① 事業関連性のある「子会社等」であるか

これは、資本関係、取引関係、人的関係、資金関係等の事業関連性を有するかということである。

持株会社が子会社を清算する場合には、資本関係上の子会社ということになる。

② 子会社等は経営危機に陥っているか

これは、整理損失を生じるか（実質債務超過か）、支援がなければ整理できないかということである。

③ 支援者にとって損失負担等を行う相当な理由はあるか

支援者が損失負担等を行って整理することにより、将来のより大きな損失の負担の回避ができるかということである。通達本文の表現と大差ないが、実務上これを具体的に証明することはそれほど容易ではない。

④ 損失負担額の合理性

損失負担額（支援額）は、整理するための必要最低限の金額となっているかということである。また、子会社等の財務内容、営業状況の見直し等及び自助努力（遊休資産の売却、経費の削減等）を加味したものになっているかということである。支援金額が過剰と認められる場合には、寄附金課税の対象となる。

⑤ 整理計画の管理等の有無

整理計画が長期間にわたる場合には、整理計画の実施状況の管理が行われ

第3部｜税務編

るかということである。一般的には、子会社の整理は速やかに行われるため、整理計画の管理についての検討は要しないものと思われる。

⑥　支援者の範囲の相当性

支援者の範囲は相当であるか。また、支援者以外の事業関連性を有する者が損失負担していない場合、合理的な理由があるかということである。

⑦　負担割合の合理性

事業関連性から見て、負担割合は合理的に決定されているかということである。

14.5 子会社の事業の譲渡
——子会社の事業を譲渡する場合の税務上の取扱い

14.5.1　事業譲渡の方法

子会社の事業を譲渡する場合、次のような方法が考えられる。
・株式譲渡
・事業譲渡、資産譲渡
・他社との会社分割、合併による事業の移転

これらのうち、いずれの方法を採るかにより、課税関係、手続等が異なるため、事業譲渡の目的や各々の方法のメリット・デメリットを勘案して、事前に十分な検討を行うことが必要となる。

14.5.2　各方法の相違点の比較

株式譲渡、事業譲渡、会社分割、合併における主な相違点を比較すると、図表14-4のようになる。

448

子会社への事業支援と撤退にともなう税務 | 第14章

図表14-4　事業譲渡手法の比較

項目	株式譲渡	事業譲渡	会社分割	合併
意義	株式会社の所有権を表す株式の売買（株主の移動）	単なる事業用財産だけでなく、「有機的一体としての事業」を契約により移転すること	会社の事業の全部又は一部を他の会社に包括的に承継させることにより、会社を分割する組織法上の行為	2社以上の法人がすべての資産・負債を含む一切の権利・義務を合一して1つの法人になること
手続	株式の売買手続のみ（譲渡制限付の会社は、取締役会の承認が必要）	株主総会の特別決議、一定規模以上の場合の公正取引委員会への届出等の手続が必要	事業譲渡と同様な法的手続が必要であり、債権者への公告手続等も必要	同左
権利義務の承継	株主としての権利義務が承継される	事業を構成する権利義務は個別的に承継され、納税義務は原則承継されない	原則として、債権者保護手続を前提に、権利義務は包括的に承継される	消滅会社の権利義務は、包括的にすべて承継され、納税義務も承継される
繰越欠損金の引継ぎ	株主が移動するのみなので、繰越欠損金は残る	引き継げない	合併類似適格分割型分割であれば、原則引き継げる	適格合併であれば、原則引き継げる
簿外債務等の引継ぎ	包括的承継のため、簿外債務等も引き継ぐ危険性がある	限定的な受入れが可能なため、簿外債務等を引き継ぐ危険性はない	包括的承継のため、簿外債務等も引き継ぐ危険性がある	同左
赤字会社の譲渡等	赤字会社の株式を買い取る場合には、価格に注意	譲渡側・譲受側が赤字会社であっても、何ら規制はない	債務超過の状態での会社分割及び分割法人が債務超過となるような会社分割は、原則として認められない	債務超過の会社を消滅会社とする合併は、存続会社の資本充実を害するおそれがあり、原則として認められない
譲渡対象となる資産・負債	譲渡対象は株式のみ	資産価値のないもの及び引当金・準備金は原則として引き継ぐことができない	資産価値のないものは対象とならないが、引当金・準備金は引継ぎ可能	同左
営業権	株式の譲渡価額の算定の中で考慮	発生する場合には譲受側で計上し、5年で均等償却	適格分割の場合には発生しないが、非適格分割の場合には発生する場合あり	適格合併の場合には発生しないが、非適格合併の場合には発生する場合あり
取得資産の受入価額	営業資産の譲渡は行われない	適正な時価（購入代価及び直接要した費用の合計額等）	原則時価だが、適格分割の場合には、簿価引継ぎ	原則時価だが、適格合併の場合には簿価引継ぎ
資金の授受	株式を譲渡する株主に支払う	譲受資産と負債の差額を譲渡者へ支払う	株式以外に金銭等が交付される場合には、非適格分割となる	合併交付金を除き、新株が発行されるのみ
法人税	（株主に対する課税の項目を参照）	譲渡側で譲渡益に対して課税される	非適格分割の場合、分割法人の譲渡益に対して課税	非適格合併の場合、被合併法人の譲渡益に対して課税
消費税	非課税取引である	個々の資産の譲渡等として課税関係が生じる	適格・非適格に関係なく、消費税の課税取引には該当しない	資産の譲渡等に該当せず、課税関係は生じない
登録免許税、不動産取得税等	株式のみの売買のため、課税関係は生じない	登録免許税及び不動産取得税等は通常どおり課税される	適格・非適格に関係なく、登録免許税は軽減され、不動産取得税は一定の要件を満たした場合、非課税	適格・非適格に関係なく、登録免許税は軽減され、不動産取得税は非課税
株主に対する課税	法人株主には譲渡益に課税。個人株主は譲渡所得として分離課税	該当なし	非適格分割の場合、みなし配当課税の適用あり。株式以外の資産の交付を受けた場合は、譲渡益課税	非適格合併の場合、みなし配当課税の適用あり。株式以外の資産の交付を受けた場合は、譲渡益課税

449

第3部 税務編

14.5.3 株式譲渡が採用されるケース

　株式譲渡は、子会社の法人格と事業を一体に残したまま、株主が代わるだけなので、契約関係や商号がそのまま承継される。したがって事業の承継は最もスムーズに行われるものと思われる。しかしながら、子会社の営む事業のうち一部だけを譲渡したいような場合には向かない。

　なお、消費税は、株式の譲渡は非課税となっている。

14.5.4 事業譲渡が採用されるケース

　株式譲渡の場合には株主である持株会社に譲渡代金が入金されるのに対して、事業譲渡の場合には、事業譲渡を行う子会社に譲渡代金が入金される。したがって、持株会社からの増資等の手続を経ずに、譲渡代金を借入金の返済原資にしたり、その子会社が営む他の事業に投資したりすることができる。

　消費税については、通常の資産の売買と同様に扱われるので、建物等の譲渡については課税され、土地等の譲渡は非課税と扱われる。この際、事業譲渡価額を税込価格とするか税抜価格とするかにより、消費税納付後の手取りが異なる点に留意が必要である。

　契約の承継には、相手先と個別に同意が必要になるので、譲受法人にとって必要な契約を取捨選択することができ、簿外債務を引き継ぐおそれがない一方、手続に手間がかかる。

14.5.5 会社分割、合併が採用されるケース

　子会社が分割法人又は被合併法人となり、事業の取得者が分割承継法人又は合併法人となる場合、共同事業を行うための分割又は合併であっても、分割法人又は被合併法人の旧株主である持株会社が割り当てられた株式を譲渡しなければ事業から撤退することにはならず、株式を譲渡することが見込まれていた場合には一般的には非適格ということになる。したがって、法人税法上の取扱いは事業譲渡と変わらないこととなる。

450

子会社への事業支援と撤退にともなう税務 | 第14章

　ただし、消費税については、非適格であっても課税対象外であり又その後の株式の譲渡は非課税であることから、課税されない。不動産取得税においては、非適格であっても一定の要件を満たす場合には非課税となり、移転資産における不動産価額が大きい場合には事業譲渡よりも適しているものと思われる。

　事業譲渡とは異なって事業の包括承継となり、取引先との個々の同意が基本的には不要となることも大きな違いである。

451

巻末資料

巻末資料

［資料1］ 社外取締役、社外監査役就任の要件一覧 （会社法2条15号、16号）

1　社外取締役は、株式会社の取締役であって、以下の要件のいずれにも該当するもの

イ　①当該株式会社又は②その子会社の

 a　業務執行取締役（代表取締役、代表取締役以外で取締役会決議により取締役
  会設置会社の業務を執行する取締役として選定されたもの、営業所長、工場長
  などとして会社の業務を執行した使用人兼取締役）

 b　執行役

 c　支配人その他の使用人

 （上記abcをまとめて「業務執行取締役等」という。以下同じ。）

 でなく、かつ

 d　取締役に就任の前10年間①当該株式会社又は②その子会社の業務執行取締役
 等であったことがないこと。

ロ　取締役就任の前10年内のいずれかの時において①当該株式会社又は②その子
 会社の

 a　取締役

 b　会計参与（会計参与が法人であるときは、その職務を行うべき社員。以下同じ。）

 c　監査役

 であったことがある者（業務執行取締役等であったことがあるものを除く。）に
 あっては、それらの役職に就任の前10年間①当該株式会社又は②その子会社の
 業務執行取締役等であったことがないこと。

 （たとえば、取締役就任の5年前まで4年間監査役であった者は、取締役就任の
 9年前にさかのぼる監査役就任時の前10年間業務執行取締役等であったことがな
 いことが要件となる。）

ハ　当該株式会社の

 a　親会社等（自然人であるものに限る。）

  （注：ここでいう「親会社等」とは会社法2条4号の2で定義されている「イ
  親会社　ロ株式会社の経営を支配している者（法人であるものを除く。）とし
  て法務省令で定めるもの」を指し、法務省令（会社法施行規則3条の2、2項）
  により「会社法2条4号の2ロに規定する法務省令で定めるものは、ある者
  （会社等であるものを除く。）が同号ロに規定する株式会社の財産及び事業の方
  針の決定を支配している場合における当該ある者とする。」とあるので、「親会
  社等」の中に自然人が含まれるのである。以下同じ。）

 b　親会社等の①取締役②執行役③支配人その他の使用人

 でないこと。

ニ　当該株式会社の親会社等の子会社等（当該株式会社及びその子会社を除く。
　注：つまり当該株式会社の兄弟会社）の業務執行取締役でないこと。

ホ　当該株式会社の①取締役②執行役③支配人その他の重要な使用人④親会社等
　（自然人であるものに限る。）の

　　a　配偶者

　　b　2親等内の親族（注：本人の子、孫、父母、祖父母、兄弟姉妹とその配偶者、
　　　配偶者の父母、祖父母、兄弟姉妹。以下同じ。）

　　でないこと。

2　社外監査役は、株式会社の監査役であって、以下の要件のいずれにも該当するもの

イ　監査役就任前10年間当該株式会社又はその子会社の

　　a　取締役

　　b　会計参与（会計参与が法人であるときは、その職務を行うべき社員）

　　c　執行役

　　d　支配人その他の使用人

　　であったことがないこと。

ロ　監査役就任前10年内のいずれかの時において当該株式会社又は子会社の監査
　役であったことがある者にあっては、当該監査役への就任の前10年間当該株式会
　社又はその子会社の

　　a　取締役

　　b　会計参与

　　c　執行役

　　d　支配人その他の使用人

　　であったことがないこと。

ハ　当該株式会社の

　　a　親会社等（自然人に限る。）

　　b　親会社等の①取締役②監査役③執行役④支配人その他の使用人

　　でないこと。

ニ　当該株式会社の親会社等の子会社等（当該株式会社及びその子会社を除く。）
　の業務執行取締役等でないこと。

ホ　当該株式会社の①取締役②支配人その他の重要な使用人③親会社等（自然人で
　あるものに限る。）の

　　a　配偶者

　　b　2親等内の親族

　　でないこと。

455

巻末資料

[資料2] 株式交換・株式移転通常手続の流れ

ただし、完全親会社、完全子会社とも株式会社で対価は株式の場合。会社法の条文は主なもの。

手続	株式交換	株式移転
1　取締役会決議	双方の会社で重要な業務執行につき必要。 362条4項	完全子会社となる会社の重要な業務執行につき必要。 362条4項
2　内容確定	双方の会社間で法定事項を定めた株式交換契約を締結。 767条、768条1項	法定事項を定めた株式移転計画作成。 772条
3　事前開示	双方の会社の本店に株式交換契約の内容等を書面又は電磁的記録で株主、債権者らに開示。 782条、794条	完全子会社となる会社の本店に株式移転計画の内容等を書面又は電磁的記録で株主、債権者らに開示。 803条
4　株主らへの 　　個別通知・公告	双方の会社で、株式交換効力発生日の20日前までに、その株主に法定事項を通知・公告。 785条3項、4項、 797条3項、4項 完全子会社となる会社で、同効力発生日の20日前までに、登録株式質権者、登録新株予約権質権者、株式交換契約新株予約権者等の新株予約権者らに対し、それぞれ法定事項を通知・公告。 783条5項、6項、 787条3項3号、4項 完全子会社となる会社で、株式交換契約新株予約権付社債権者に1カ月以上の異議申出期間等法定事項を公告・催告。 789条1項3号、2項、3項 完全親会社となる会社で、異議申出権のある債権者があれば、1カ月以上の異議申出期間等法定事項を公告・催告。 799条1項3号、2項、3項	完全子会社となる会社で、株主総会承認決議の日から2週間以内に、その株主、株式移転計画新株予約権等の新株予約権者に法定事項を通知・公告。 806条3項、4項、 808条3項3号、4項 同会社で、株式移転計画新株予約権付社債権者に1カ月以上の異議申出期間等法定事項を公告・催告。 810条1項3号、2項、3項

456

5	株主総会 （種類株主総会） 決議	双方の会社で株式交換効力発生日の前日までに、株主総会を開き特別決議。 　　309条2項12号、 　　783条1項、795条1項 譲渡制限株式ほか種類株式発行会社が当事会社となると、さらに種類株主総会特別決議を要する場合あり。 　　309条2項12号、 　　795条4項3号	完全子会社となる会社で、株主総会を開き特別決議。 　　309条2項12号、 　　804条1項 同会社が公開会社で、設立親会社から交付される対価が譲渡制限株式等なら特殊決議。 　　309条3項3号 完全子会社となる会社が種類株式発行会社の場合、種類株主総会決議を要する場合もある。 　　309条2項12号、804条3項
6	効力発生日	株式交換契約で、効力発生日と定めた日。 　　768条1項6号、769条 ただし、双方の会社が合意すれば、契約締結後でも変更できる。 　　790条	株式移転設立完全親会社設立登記の日。 　　49条、774条、925条
7	反対株主らから 株式等買取り	双方の会社で株式交換反対の株主から株式買取り。 　　785条、797条 完全子会社となる会社で新株予約権者からの請求で新株予約権買取り。 　　787条1項3号	完全子会社となる会社で株式移転反対株主から株式買取り。 　　806条、807条 同会社で新株予約権者からの請求で新株予約権買取り。 　　808条1項3号、809条
8	異議ある債権者 への対応	双方の会社で、株式交換に異議のある債権者に弁済、担保提供又は弁済のため相当財産信託。 　　789条1項3号、5項、 　　799条1項3号、5項	完全子会社となる会社で、株式移転に異議のある債権者に、弁済、担保提供又は弁済のための相当財産信託。 　　810条1項3号、5項
9	事後開示	双方の会社で共同して、効力発生後遅滞なく、株式交換で完全親会社が取得した完全子会社の株式数等法定事項の書面又は電磁的記録を作成し、これを効力発生日から6カ月間、それぞれの本店で開示。 　　791条1項2号、2項、 　　801条3項3号	双方の会社で共同して、完全親会社成立の日後遅滞なく、完全親会社が取得した完全子会社の株式数等法定事項の書面又は電磁的記録を作成し、これを完全親会社成立の日から6カ月間、それぞれの本店で開示。 　　811条1項2号、2項、 　　815条3項3号

巻末資料

[資料3] 吸収分割・新設分割通常手続の流れ

ただし、分割会社、承継会社とも株式会社で対価は株式の場合。会社法の条文は主なもの。

手続	吸収分割	新設分割
1 取締役会決議	双方の会社で重要な業務執行につき必要。 362条4項	分割会社(完全親会社となる会社)で重要な業務執行につき必要。 362条4項
2 内容確定	双方の会社間で法定事項を定めた吸収分割契約書を締結。 757条、758条	分割会社で法定事項を定めた新設分割計画書を作成。 762条、763条
3 労働者保護法規 手続の履行	分割会社(親会社となる会社)で、労働者・労働組合に対する通知、協議、労働者からの異議申出受理等。 労働契約承継法2条～6条	同左
4 事前開示	双方の会社の本店に吸収分割契約の内容等法定事項を書面又は電磁的記録で株主、債権者らに開示。 782条、794条	分割会社の本店に新設分割計画の内容等法定事項を書面又は電磁的記録で株主、債権者らに開示。 803条
5 株主らへの 個別通知・公告	双方の会社で、吸収分割契約効力発生日の20日前までに、その株主に法定事項を通知・公告。 785条3項、4項、 797条3項、4項 分割会社で、同効力発生日の20日前までに、登録株式質権者、登録新株予約権質権者、吸収分割契約新株予約権者らに法定事項を通知・公告。 783条5項、6項、 787条3項2号、4項 分割会社で、分割後分割会社に対し債務の履行を請求できない分割会社の債権者に1カ月以上の異議申出期間等法定事項を公告・催告。 789条1項2号、2項、3項 承継会社(子会社となる会社)で、債権者に1カ月以上の異議申出期間等法定事項を公告・催告。 799条1項2号、2項、3項	分割会社で、株主総会承継決議の日から2週間以内に、その株主、新設分割計画新株予約権者に法定事項を通知・公告。 806条3項、4項、 808条3項2号、4項 同会社で、新設分割後分割会社に対して債務の履行を請求できない分割会社の債権者などがあれば、1カ月以上の異議申出期間等法定事項を公告・通知。 810条1項2号、2項、3項

458

6	株主総会 （種類株主総会） 決議	双方の会社で吸収分割契約効力発生の前日までに、株主総会を開き特別決議。 309条2項12号、 783条1項、795条1項、 795条4項2号	分割会社で、株主総会を開き特別決議。 309条2項12号、804条1項
7	効力発生日	吸収分割契約で、効力発生日と定めた日。 758条7号、759条	新設分割設立会社（以下新設会社という）の設立登記の日。 49条、764条、924条
8	反対株主らから 株式等買取り	双方の会社で、吸収分割反対の株主から株式買取り。 785条、797条 分割会社で、新株予約権者からの請求で新株予約権買取り。 787条1項2号	分割会社で、新設分割反対の株主から株式買取り。 806条 分割会社で、新株予約権者からの請求で新株予約権買取り。 808条1項2号
9	異議ある債権者 への対応	双方の会社で、吸収分割に異議のある債権者に弁済、担保提供又は弁済のため相当財産信託。 789条1項2号、5項、 799条1項2号、5項	分割会社で、新設分割に異議のある債権者に弁済、担保提供又は弁済のため相当財産信託。 810条1項2号、5項
10	事後開示	双方の会社で共同して、効力発生日後遅滞なく、承継会社が承継した分割会社の権利義務等法定事項の書面又は電磁的記録を作成し、これを効力発生日から6カ月間、それぞれの本店で開示。 791条1項1号、2項、 801条2項、3項2号	双方の会社で共同して、新設会社成立日後遅滞なく、新設会社が承継した分割会社の権利義務等法定事項の書面又は電磁的記録を作成し、これを新設会社成立の日から6カ月間、それぞれの本店で開示。 811条1項1号、2項、 815条2項、3項2号

巻末資料

［資料4］持株会社定款の「目的」記載実例

株式会社大和証券グループ本社（2024（令和6）年12月25日現在）
　　当会社は、次の業務を営む会社及びこれに相当する業務を営む外国会社の株
式又は持分を所有することにより、当該会社の事業活動を支配・管理することを
目的とする。
（1）金融商品取引法に規定する金融商品取引業
（2）前号のほか、銀行法に規定する銀行業その他金融に関連する業務
（3）内外経済、金融及び資本市場に関する調査研究及びその受託に係る業務
（4）コンピュータによる計算業務の受託に係る業務
（5）ソフトウェアの開発及び販売に係る業務
（6）不動産の売買、賃貸借及びその仲介に係る業務
（7）貸金業法に規定する貸金業
（8）信託業法に規定する信託業
（9）生命保険の募集及び損害保険代理店業務
（10）証券事務処理に係る業務
（11）出版事業、広告代理業、放送事業及びその他の情報サービスに係る業務
（12）教育・文化に係る業務
（13）社会インフラに係る業務
（14）前各号に掲げる業務を営む会社及びこれに相当する業務を営む外国会社の
　　　株式又は持分を所有することにより、当該会社の事業活動を支配・管理する
　　　業務
　2　当会社は、前項に付帯する業務を営むことができる。

日本電信電話株式会社（2024（令和6）年12月25日現在）
　　本会社は、東日本電信電話株式会社及び西日本電信電話株式会社（以下「地
域会社」という。）がそれぞれ発行する株式の総数を保有し、地域会社による適切
かつ安定的な電気通信役務の提供の確保を図ること並びに電気通信の基盤となる
電気通信技術に関する研究を行うことを目的とする。
　2　本会社は、次の業務を営むものとする。
（1）地域会社が発行する株式の引受け及び保有並びに当該株式の株主としての権
　　　利の行使をすること。
（2）地域会社に対し、必要な助言、あっせんその他の援助を行うこと。
（3）電気通信の基盤となる電気通信技術に関する研究を行うこと。
（4）前3号の業務に附帯する業務
　3　本会社は、前項の業務を営むほか、その目的を達成するために必要な業務を営む
　　　ことができる。

[資料5] 企業結合審査のフローチャート

注) ハーフィンダール・ハーシュマン指数：市場集中度を示す指標であり、ある市場における各事業者の市場シェアの二乗の総和によって算出される。
出所) 公正取引委員会「企業結合審査に関する独占禁止法の運用指針」末尾添付。

巻末資料

［資料6］財務報告に係る全社的な内部統制に関する評価項目の例[注]

統制環境

- ・経営者は、信頼性のある財務報告を重視し、財務報告に係る内部統制の役割を含め、財務報告の基本方針を明確に示しているか。
- ・適切な経営理念や倫理規程に基づき、社内の制度が設計・運用され、原則を逸脱した行動が発見された場合には、適切に是正が行われるようになっているか。
- ・経営者は、適切な会計処理の原則を選択し、会計上の見積り等を決定する際の客観的な実施過程を保持しているか。
- ・取締役会及び監査役又は監査委員会は、財務報告とその内部統制に関し経営者を適切に監督・監視する責任を理解し、実行しているか。
- ・監査役又は監査委員会は内部監査人及び監査人と適切な連携を図っているか。
- ・経営者は、問題があっても指摘しにくい等の組織構造や慣行があると認められる事実が存在する場合に、適切な改善を図っているか。
- ・経営者は、企業内の個々の職能（生産、販売、情報、会計等）及び活動単位に対して、適切な役割分担を定めているか。
- ・経営者は、信頼性のある財務報告の作成を支えるのに必要な能力を識別し、所要の能力を有する人材を確保・配置しているか。
- ・信頼性のある財務報告の作成に必要とされる能力の内容は、定期的に見直され、常に適切なものとなっているか。
- ・責任の割当てと権限の委任がすべての従業員に対して明確になされているか。
- ・従業員等に対する権限と責任の委任は、無制限ではなく、適切な範囲に限定されているか。
- ・経営者は、従業員等に職務の遂行に必要となる手段や訓練等を提供し、従業員等の能力を引き出すことを支援しているか。
- ・従業員等の勤務評価は、公平で適切なものとなっているか。

リスクの評価と対応

- ・信頼性のある財務報告の作成のため、適切な階層の経営者、管理者を関与させる有効なリスク評価の仕組みが存在しているか。
- ・リスクを識別する作業において、企業の内外の諸要因及び当該要因が信頼性のある財務報告の作成に及ぼす影響が適切に考慮されているか。
- ・経営者は、組織の変更やITの開発など、信頼性のある財務報告の作成に重要な

影響を及ぼす可能性のある変化が発生する都度、リスクを再評価する仕組みを設定し、適切な対応を図っているか。

・経営者は、不正に関するリスクを検討する際に、単に不正に関する表面的な事実だけでなく、不正を犯させるに至る動機、原因、背景等を踏まえ、適切にリスクを評価し、対応しているか。

統制活動

・信頼性のある財務報告の作成に対するリスクに対処して、これを十分に軽減する統制活動を確保するための方針と手続を定めているか。

・経営者は、信頼性のある財務報告の作成に関し、職務の分掌を明確化し、権限や職責を担当者に適切に分担させているか。

・統制活動に係る責任と説明義務を、リスクが存在する業務単位又は業務プロセスの管理者に適切に帰属させているか。

・全社的な職務規程や、個々の業務手順を適切に作成しているか。

・統制活動は業務全体にわたって誠実に実施されているか。

・統制活動を実施することにより検出された誤謬等は適切に調査され、必要な対応が取られているか。

・統制活動は、その実行状況を踏まえて、その妥当性が定期的に検証され、必要な改善が行われているか。

情報と伝達

・信頼性のある財務報告の作成に関する経営者の方針や指示が、企業内のすべての者、特に財務報告の作成に関連する者に適切に伝達される体制が整備されているか。

・会計及び財務に関する情報が、関連する業務プロセスから適切に情報システムに伝達され、適切に利用可能となるような体制が整備されているか。

・内部統制に関する重要な情報が円滑に経営者及び組織内の適切な管理者に伝達される体制が整備されているか。

・経営者、取締役会、監査役又は監査委員会及びその他の関係者の間で、情報が適切に伝達・共有されているか。

・内部通報の仕組みなど、通常の報告経路から独立した伝達経路が利用できるように設定されているか。

・内部統制に関する企業外部からの情報を適切に利用し、経営者、取締役会、監査役又は監査委員会に適切に伝達する仕組みとなっているか。

巻末資料

モニタリング

- ・日常的モニタリングが、企業の業務活動に適切に組み込まれているか。
- ・経営者は、独立的評価の範囲と頻度を、リスクの重要性、内部統制の重要性及び日常的モニタリングの有効性に応じて適切に調整しているか。
- ・モニタリングの実施責任者には、業務遂行を行うに足る十分な知識や能力を有する者が指名されているか。
- ・経営者は、モニタリングの結果を適時に受領し、適切な検討を行っているか。
- ・企業の内外から伝達された内部統制に関する重要な情報は適切に検討され、必要な是正措置が取られているか。
- ・モニタリングによって得られた内部統制の不備に関する情報は、当該実施過程に係る上位の管理者並びに当該実施過程及び関連する内部統制を管理し是正措置を実施すべき地位にある者に適切に報告されているか。
- ・内部統制に係る開示すべき重要な不備等に関する情報は、経営者、取締役会、監査役又は監査委員会に適切に伝達されているか。

ITへの対応

- ・経営者は、ITに関する適切な戦略、計画等を定めているか。
- ・経営者は、内部統制を整備する際に、IT環境を適切に理解し、これを踏まえた方針を明確に示しているか。
- ・経営者は、信頼性のある財務報告の作成という目的の達成に対するリスクを低減するため、手作業及びITを用いた統制の利用領域について、適切に判断しているか。
- ・ITを用いて統制活動を整備する際には、ITを利用することにより生じる新たなリスクが考慮されているか。
- ・経営者は、ITに係る全般統制及びITに係る業務処理統制についての方針及び手続を適切に定めているか。

注) 全社的な内部統制に係る評価項目の例を示したものであり、全社的な内部統制の形態は、企業の置かれた環境や特性等によって異なると考えられることから、必ずしもこの例によらない場合があること及びこの例による場合でも、適宜、加除修正がありうることに留意する。

出所)「財務報告に係る内部統制の評価及び監査に関する実施基準」(参考1)(2023(令和5)年4月7日改訂、企業会計審議会)。

索　引

A 〜 Z

BEPS…………………………………398
Code of Conduct……………………87
CSR…………………………………13
ERM…………………………………64
ESG………………………………15, 133
Greenfield investment………………30
IFRS…………………………………14
Integrated Reporting………………14
ISSB………………………………164
J-SOX………………………………99
M&A…………………………………22
MBO………………………………45, 230
MBOと非上場化……………………45
PDCAサイクル……………………90
PMI…………………………………29
ROE…………………………………145
ROIC………………………………147
RPA…………………………………59
SDGs………………………………130
SSBJ………………………………164
TOB（Takeover Bid）…………185, 241
Tone at the Top……………………87
WACC………………………………148

あ 行

アームズ・レングス・ルール…………244
朝日放送事件…………………………248
意思決定機関…………………………151
一般集中規制…………………………238

売上高総利益率（粗利率）…………146
営業権………………………………46
オプトアウト（opt out）…………254, 255
オプトイン（opt in）………………255
オペレーティング・リース…………165
親会社………………………………151
親会社等状況報告書…………………243
親子上場……………………………44

か 行

会計参与……………………………221
外国会社……………………………189
外国法人……………………………253
会社支配力の源泉……………………178
会社分割……………………………192
会社分割差止請求……………………215
会社分割手続…………………………211
加算対象通算対象欠損調整額…………364
加重平均資本コスト…………………148
合併……………………………………9
合併と分割型分割……………………259
株式移転……………………185, 187
株式移転完全子会社…………………187
株式移転計画…………………………205
株式移転差止請求……………………207
株式移転設立完全子会社……………187
株式移転手続…………………………205
株式移転無効の訴え…………………207
株式移動方式…………………………185
株式買取価格決定前の早期支払い……216
株式買取請求権濫用の防止…………216

465

索 引

株式期待収益率……………………148
株式交換……………………………185
株式交換差止請求…………………204
株式交換手続………………………198
株式交換と株式移転………………262
株式交換無効の訴え………………205
株式交付……………………………189
株式交付制度………………………293
株式交付手続………………………207
株式交付無効の訴え………………210
株式譲渡制限…………………………66
株式譲渡制限会社……………………68
株式の相互保有……………………172
株式の併合…………………………288
株式評価………………………………45
株式リスクプレミアム……………148
株主資本……………………………146
株主資本コスト……………………148
株主資本比率………………………146
株主総会支配………………………237
株主総会特別決議……………………27
株主代表訴訟………………………226
簡易株式交換………………………202
簡易株式交付手続…………………210
簡易吸収分割………………………213
簡易新設分割………………………214
関係会社管理規程……………………81
監査等委員会委員…………………222
監査役………………………………221
完全親会社…………………………185
完全親子会社関係…………………185
完全子会社…………………………185
カンパニー制組織…………………122
管理会計……………………………158
関連会社……………………………151

機関投資家…………………………241
企業結合……………………………159
企業結合会計………………………159
企業支配株式………………………374
企業集団……………………………150
企業集団業務適正化………………225
企業買収……………………………192
規制産業………………………251, 252
機能別組織…………………………121
キャッシュアウト（Cash Out）……233
キャッシュ・アウト・マージャー……10
キャッシュ・フロー・バリュー……192
吸収分割……………………………193
吸収分割手続………………………211
競業取引……………………………228
共通支配下の取引…………………161
共同株式移転………………………188
共同支配企業………………………161
共同新設分割………………………196
共同持株会社設立…………………189
金融商品取引所持株会社…………246
金融商品取引法……………………241
金融持株会社…………………243, 252
グリーンフィールド・インベストメント……30
繰越欠損金の通算…………………344
グループ企業間の出向、転籍……249
グループ通算制度…………………323
グループ法人税制…………………305
グループ本社…………………………79
経済活動基準………………………424
計算書類………………………………11
決算短信………………………………12
欠損金の引継制限と使用制限………298
検査役による調査……190, 191, 198, 217
原則主義アプローチ………………109

索 引

現物出資·····················197, 198, 220
現物出資の募集株式手続·············190
現物分配と株式分配·················263
コアコンピタンス···················136
公益法人····························38
公開会社····························68
公開買付·······················185, 241
控除対象通算対象所得調整額·········365
合同会社···························185
行動規範····························87
高度情報通信社会（IT社会）·········253
高年齢者雇用安定法·················250
コーポレートガバナンス・コード·····75
子会社·························151, 240
子会社株式簿価減額特例·············377
子会社に対する閲覧、謄写権·········234
個人情報··························254
個人情報データベース等·············254
個人情報取扱事業者·················254
個人情報保護委員会·················254
個人データ························254
個人番号（マイナンバー）···········254
コスト・センター···················121

さ 行

債権者保護························214
債権者保護手続·····················191
財産価額塡補責任···················191
財産引受·······················197, 198, 220
財務会計··························158
債務超過会社·······················204
サステナビリティ···················164
差別的取扱い·······················249
産業競争力強化法···················217

事業·····························159
事業計画··························141
事業兼営持株会社·····················3
事業支配力過度集中規制·············240
事業支配力の過度の集中·············238
事業譲渡契約·······················193
事業セグメント·····················156
事業部制··························198
事業部制組織·······················121
事業分離··························162
事業報告····························11
事業持株会社···················3, 4, 218
自己資本··························146
事後設立·······················197, 221
自社株対策·························379
市場集中規制···················238, 239
事前確認制度·······················417
実効税率··························401
執行役····························70
実務家のための法人税塾·············257
私的独占··························238
支配·····························160
支配介入··························249
支配株····························189
支配力基準·························115
四半期開示·························165
資本コスト·························147
資本充実・維持の原則···············236
社外監査役·························222
社外取締役···················222, 229
借地権の設定·······················372
遮断措置··························357
受動的所得·························425
取得·····························160
純粋持株会社···················3, 4, 220

467

承継会社 193
商号 218
少数派株主 233, 234
使用総資本 146
剰余金の配当 193
新設分割 193
新設分割型分割 261
新設分割手続 213
人的分割 193
スクイーズアウト（Squeeze Out） 233
ストックオプション 391
スピンオフ 261
税制適格ストックオプション 395
性能偽装事件 226
税務上の特例措置 191
善管注意義務 225
全部取得条項付種類株式 234
全部条項付種類株式 193
全面時価評価法 154
相互協議 417
総資産回転率 146
組織再編税制 258
組織再編にともなう消費税 304
損益通算 343

た 行

大会社 68
大通算法人 332
大量保有報告 242
多重代表訴訟制度 232
他人資本 146
忠実義務 225
中小通算法人 332
適格組織再編 258

デット・エクイティ・スワップ（DES） 435
デュー・デリジェンス 25
統合報告 14
投資簿価修正 337
独占禁止法 224, 238
特定関係事業者 217
特定欠損金 344
特定譲渡制限付株式 387
特別支配株主 233
独立企業間価格 411
独立的評価 104
独立役員 13
取締役 221
取締役等の責任減免 230

な 行

内部統制 90
内部統制の基本的要素 93
内部統制の目的 92
内部統制報告書 12, 99
日常的モニタリング 104
認定株式分配（パーシャルスピンオフ） 279
抜殻方式 192
ねじれ現象 24
のれん 154

は 行

パーチェス法 160
働き方改革 137
非営利型法人 38
非営利法人 50
非業務執行取締役等 231
非財務報告 15, 109

非適格組織再編·····················258	持分法···························155
非特定欠損金·······················344	物言う株主·······················168
ファイヤー・ウォール···········244	物言う社員·······················168
複数持株会社型組織·················19	
不公正な取引方法···················239	
不正のトライアングル···········110	**や**行
物的分割···························193	
不当な取引制限···················238	役員兼任·························221
不当労働行為·····················249	有価証券報告書···················242
プロフィット・センター·········121	有利発行規制·····················191
分割型分割·······················193	
分社型分割·······················193	**ら**行
分社型分割と現物出資···········262	
文書作成義務·····················407	利益相反取引·····················228
ベストオーナー·····················57	利害関係者（ステークホルダー）·······133
保険金水増請求事件···············226	リスクマップ························63
保険持株会社·····················245	略式組織再編·····················203
	両利きの経営························55
	レピュテーション・リスク·········86
ま行	連結会社·························151
	連結企業グループ···············151
マネジメント・アプローチ·······156	連結財務諸表·············12, 150, 242
3つのディフェンスライン·········118	連結ディスクロージャー···········245
みなし配当·······················278	労使交渉·························248
目的·····························218	労働契約承継法··············196, 247
持株会社·······················2, 184	労働者派遣法·····················250

著者紹介

發知 敏雄（ほっち としお）

公認会計士・税理士。

国税専門官として、東京国税局管内の税務署にて法人税調査に従事。その間に公認会計士第三次試験に合格し、公認会計士となる。青山監査法人（プライスウォーターハウス）で会計監査業務に従事した後、野村證券MAS室において事業承継問題等の税務相談業務に従事し、現在は専ら税務コンサルティング業務に従事。また、大手証券会社ほか金融機関において、講演活動に豊富な経験を有する。元公認会計士試験委員（平成18〜20年、租税法担当）。元日本公認会計士協会（東京会）税務委員会委員。同協会学術賞審査委員。

主な著書：『会社節税マニュアル』『これで解決！ 事業承継50問50答』（以上、共著、ぎょうせい）、『会社税務重要問題精選500』（編集委員、ぎょうせい）、『そこが知りたい！ 税務調査の現場』『そこが知りたい！ 事業承継の現場』（以上、ぎょうせい）、「わが国における国際課税制度の基礎的な研究」「わが国における企業買収・合併の税務」（以上、日本公認会計士協会答申書）、『グループ会社の経営実務』（共編著、第一法規出版）等。

箱田 順哉（はこだ じゅんや）

公認会計士。社外役員、企業顧問等に従事。

主な著書：『社外監査役等ハンドブック』（共著、日本公認会計士協会出版局）、『テキストブック内部監査』（東洋経済新報社）、『新・国際内部監査基準対応 内部監査実践ガイド（第2版）』（編著、東洋経済新報社）、『コーポレートガバナンスと経営監査』『新しい経営監査』『アメリカの会計原則』（以上、共著、東洋経済新報社）、『企業グループの内部監査』（同文舘出版）、『社外取締役・監査役等の実務（第4版）』『バリューアップ内部監査Q&A』『会計専門家からのメッセージ』（以上、共著、同文舘出版）、『これですべてがわかる内部統制の実務（第4版）』（共著、日本経営調査士協会編、中央経済社）、『COSO 内部統制の統合的フレームワーク』（共監訳、日本公認会計士協会出版局）、『全社的リスクマネジメント フレームワーク篇』『全社的リスクマネジメント 適用技法篇』『企業価値を向上させるビジネスリスクマネジメント』（以上、共訳、東洋経済新報社）等。

大谷 隼夫（おおたに はやお）

東京エクセル法律事務所パートナー、弁護士。

商事、民事等に関する法律相談、訴訟等を主たる業務としている。

12年間検事を務めた後、1985年から弁護士。東京弁護士会会社法部会員。東京弁護士会常議員、綱紀委員、関東弁護士会連合会常務理事、日本弁護士連合会司法制度調査会商事経済部会副委員長等を歴任。現在、東京弁護士会裁判制度センター委員。

主な著書：『グループ会社の経営実務』（共編著、第一法規出版）、『会社・経営のリーガル・ナビQ&A』（共編著、民事法研究会）等。

初 版第1刷	1997年7月10日発行
第2刷	1997年8月 1 日発行
第3刷	1997年8月29日発行
第2版第1刷	2000年3月23日発行
第3版第1刷	2002年6月27日発行
第4版第1刷	2006年2月 9 日発行
第2刷	2006年7月13日発行
第5版第1刷	2007年9月13日発行
第6版第1刷	2012年3月29日発行
第2刷	2014年6月 6 日発行
第7版第1刷	2015年2月26日発行
第2刷	2016年7月29日発行
第8版第1刷	2018年2月 1 日発行
第2刷	2020年5月21日発行
第9版第1刷	2021年6月24日発行

持株会社の実務（第10版）

ホールディングカンパニーの経営・法務・税務・会計

2025 年 3 月 11 日発行

著　者──發知敏雄／箱田順哉／大谷隼夫
発行者──山田徹也
発行所──東洋経済新報社
　　　　　〒 103-8345　東京都中央区日本橋本石町 1-2-1
　　　　　電話＝東洋経済コールセンター　03(6386)1040
　　　　　https://toyokeizai.net/

装　丁………米谷　豪
ＤＴＰ………アイランドコレクション
印　刷………港北メディアサービス
製　本………積信堂
編集協力……小林茂樹
編集担当……渡辺智顕

©2025 Hotchi Toshio, Hakoda Junya, Ohtani Hayao　　Printed in Japan　　ISBN 978-4-492-55844-7

　本書のコピー、スキャン、デジタル化等の無断複製は、著作権法上での例外である私的利用を除き
禁じられています。本書を代行業者等の第三者に依頼してコピー、スキャンやデジタル化することは、
たとえ個人や家庭内での利用であっても一切認められておりません。
　落丁・乱丁本はお取替えいたします。